U0901323

中国信托业年鉴 2016—2017（上卷）

ALMANAC OF CHINA'S TRUSTEE

中国信托业协会　编

中国金融出版社

责任编辑：贾　真
责任校对：潘　洁
责任印制：程　颖

图书在版编目（CIP）数据

中国信托业年鉴．2016—2017（Zhongguo Xintuoye Nianjian. 2016—2017）：全2册/中国信托业协会编．—北京：中国金融出版社，2017. 12
ISBN 978－7－5049－9281－9

Ⅰ．①中…　Ⅱ．①中…　Ⅲ．①信托业—中国—2016—2017—年鉴　Ⅳ．①F832. 49－54

中国版本图书馆CIP数据核字（2017）第266131号

出版发行　中国金融出版社
社址　北京市丰台区益泽路2号
市场开发部　（010）63266347，63805472，63439533（传真）
网上书店　http://www.chinafph.com
（010）63286832，63365686（传真）
读者服务部　（010）66070833，62568380
邮编　100071
印刷　北京市松源印刷有限公司
尺寸　210毫米×285毫米
插页　82
印张　106
字数　410千
版次　2017年12月第1版
印次　2017年12月第1次印刷
定价　780.00元（上、下卷）
ISBN 978－7－5049－9281－9
如出现印装错误本社负责调换　联系电话（010）63263947

2016年12月26日，时任中国银监会党委书记、主席尚福林出席2016年中国信托业年会并讲话。

2016年10月17日，江西省政协副主席姚亚平一行莅临中航信托考察。

2016年12月22日，福建省委常委、常务副省长张志南莅临兴业信托调研指导工作。

2016年3月29日，中国银监会信托部主任邓智毅、陕西银监局局长潘光伟一行莅临陕国投调研指导工作。

2016年6月17日，中国银监会信托部主任邓智毅一行莅临英大信托指导工作。

2016年6月17日，中国银监会信托部主任邓智毅、副主任唐炜一行莅临中国民生信托指导工作。

2016年6月20日，中国银监会信托部主任邓智毅、副主任唐炜一行莅临金谷信托指导工作。

2016年6月20日，中国银监会信托部主任邓智毅、副主任唐炜一行莅临外贸信托指导工作。

2016年9月1日，中国银监会信托部主任邓智毅，中国信托业协会党委书记、专职副会长（常务）漆艰明出席华能信托、中航信托与北京银行共同召开的“慈心致远、善心未来”战略合作暨慈善信托业务签约发布会。

2016年7月31日，北京银监局局长苏保祥一行莅临中诚信托调研指导工作。

2016年8月4日，时任上海银监局局长廖岷一行莅临安信信托考察指导工作。

2016年12月5日，北京银监局局长苏保祥一行莅临外贸信托调研指导工作。

2016年12月6日，北京银监局局长苏保祥一行莅临金谷信托调研指导工作。

2016年5月12日，中国信托业保障基金公司总裁刘宏宇、首席投资官张利一行莅临渤海信托访问交流。

2016年5月19日，中国信托业保障基金公司总裁刘宏宇、首席投资官张利一行莅临陕国投访问交流。

2016年8月5日，中国信托业保障基金公司总裁刘宏宇一行莅临英大信托调研。

2016年9月6日，中国信托业保障基金公司总裁刘宏宇、副总裁张卫东一行莅临中原信托访问交流。

2016年10月8日，中国信托业保障基金公司总裁刘宏宇、首席投资官张利一行莅临山东信托访问交流。

2016年10月18日，中国信托业保障基金公司总裁刘宏宇一行莅临厦门国际信托访问交流。

2016年11月24日，中国信托业保障基金公司总裁刘宏宇一行莅临中国民生信托访问交流。

2016年12月7日，中国信托业保障基金公司总裁刘宏宇一行莅临华润信托开展调研。

2016年10月8日，中国信登筹备组文海兴、李元成一行到访中国民生信托。

2016年3月18日，重庆市江北区区委书记杜和平一行莅临新华信托调研指导工作。

2016年4月14日，上海市杨浦区区委书记李跃旗同志莅临安信信托指导工作并向安信信托总裁杨晓波颁发“突出贡献奖”奖杯。

2016年5月20日，河北省省长助理、省金融办主任江波一行莅临渤海信托调研指导工作。

2016年8月10日，内蒙古自治区国资委主任、党委书记张金亮莅临华宸信托调研指导工作。

2016年9月6日，福建省财政厅党组书记王永礼一行莅临兴业信托调研指导工作。

2016年12月7日，中国银监会法规部副主任王科进、浙江银监局副局长傅平江视察浙金信托。

2016年12月9日，中国银监会信托部副巡视员聂俊、国务院法制办财金司金融处处长周诚一行莅临华润信托就《信托公司条例》开展立法调研。

2016年3月11日，江苏银监局副局长章莳安、非银处处长沈浩兵一行莅临紫金信托视察指导工作。

2016年3月，安徽银监局副局长桂宗稳、非银处处长黄永中一行莅临国元信托调研指导工作。

2016年4月6日，山东银监局副局长王忠坦一行莅临山东信托召开2015年度审慎监管会议。

2016年4月28日，上海银监局副局长马立新一行莅临中海信托调研指导工作。

2016年6月16日，上海银监局副局长蔡莹莅临中泰信托调研指导工作。

2016年6月22日，厦门银监局局长张新潭一行莅临厦门国际信托调研指导工作。

2016年11月29日，江苏银监局副局长章莳安一行莅临国联信托调研指导工作。

2016年12月20日，北京银监局副局长逯剑、中国银监会现场检查局信托业务检查处处长杨新兰莅临五矿信托进行现场检查指导。

2016年2月23日，江西省省直机关工委主任邓剑锋一行莅临中航信托考察。

2016年3月28日，内蒙古自治区纪委驻国资委纪检组组长、党委委员赵光炯一行赴华宸信托召开内蒙古国资委出资监管企业负责人2015年度和第四任期公司负责人考核大会。

2016年5月18日，陕西省国资委副主任王浩生一行莅临陕国投调研“提质增效”工作开展情况并召开专题座谈会。

2016年5月26日，陕西省国资委纪委副书记、监察室主任、第三督导组组长魏国林带领省国资委党委“两学一做”学习教育第三督导组一行三人赴陕国投检查“两学一做”学习教育情况。

2016年6月16日，湖南省财政厅党组成员、副厅长郭秀宏一行莅临湖南信托指导工作。

2016年7月21日，中国信托业保障基金公司董事会秘书邵敏一行莅临陆家嘴信托开展访谈工作。

2016年8月25日，上海市委统战部副部长、市工商联党组书记赵福禧，上海工商界爱国建设特种基金会理事长任文燕，上海银监局副局长蔡莹，市工商联副主席、上海爱建集团股份有限公司董事长王均金出席上海爱建信托有限责任公司成立30周年座谈会。

2016年9月8日，深圳市政协人口资源环境委员会副主任安邦强一行莅临华润信托调研。

2016年12月2日，中国信托业保障基金公司副监事长毕文勇莅临五矿信托调研。

2016年12月7日，中国信托业保障基金公司副监事长毕文勇一行莅临中铁信托调研。

2016年12月9日，烟台市副市长王中一行莅临昆仑信托访问。

2016年12月17日，宁波市委常委、鄞州区委书记胡军一行莅临昆仑信托调研走访。

2016年12月19日，武汉市汉江区区委书记张俊勇、区长李湛一行莅临方正东亚信托调研指导工作。

2016年12月29日，宁波市鄞州区区长陈国军莅临昆仑信托慰问调研。

2016年6月28日，中国银监会非银一处处长柳芳一行莅临中国民生信托进行党务工作调研。

2016年12月14日，北京银监局领导莅临中粮信托指导工作。

2016年5月5日，中国人民银行武汉分行征信管理处副处长范先究一行莅临方正东亚信托指导工作。

2016年1月8日，中国信托业协会召开《中国信托业发展报告（2015—2016）》编前研讨会。

2016年1月26日，中国信托业协会召开“混改如何助力信托公司完善治理结构”主题沙龙。

2016年2月24日，中国信托业协会召开《信托公司行业评级指引（试行）》政策解读及实操专题培训会。

2016年2月26日，中国信托业协会主办、英大信托承办的中国信托业协会“信托业如何在‘一带一路’建设中发挥自身优势”主题沙龙在北京召开。

2016年3月17日，中国信托业协会召开《中国信托业2015年度社会责任报告》编制工作第一次座谈会。

2016年3月18日，中国信托业协会接受中国银监会巡视督导检查。

2016年4月13日，中国信托业协会召开中国信托业2015年度社会责任报告编制工作第二次座谈会。

2016年4月18日，中国信托业协会召开信托业务分类研讨会。

2016年4月19日，中国信托业协会参加民政部社会组织评估团现场评估，荣获5A称号。

2016年4月22日，中国信托业协会召开“营改增新政对信托业的影响”专题研讨会。

2016年4月28日，时任中国信托业协会专职副会长王丽娟和纪委书记朱宝明会见罗斯柴尔德资产管理公司全球负责人Jean-Louis Laurens先生。

2016年5月6日，中国信托业协会召开信托业专题研究重点课题竞标答辩评审会。

2016年5月9日，中国信托业协会与复旦大学经济学院合作举办2016年第一期中国信托业协会信托高层管理研修班。

2016年5月26日，中国信托业协会党委书记、专职副会长（常务）漆艰明一行莅临中粮信托调研指导工作。

2016年7月8日，中国信托业协会主办、长安信托承办的“基金化业务如何推动信托公司业务转型”主题沙龙在西安召开。

2016年7月22日，中国信托业协会首席经济学家蔡概还一行赴湖南信托调研。

2016年7月26日，中国信托业协会副秘书长郑方一行赴陕国投调研。

2016年7月27日，中国信托业协会副秘书长郑方一行赴西部信托调研。

2016年8月5日，中国信托业协会与英大信托开展党支部共建活动。

2016年8月16日，中国信托业协会党委书记、专职副会长（常务）漆艰明，北京银监局副局长逯剑一行调研英大信托光伏扶贫公益信托项目。

2016年8月25日，中国信托业协会会员权益保障工作小组成立。

2016年8月25日，中国信托业协会主办、中诚信托承办的“如何在司法实践中保障信托公司合法权益”主题沙龙在北京召开。

2016年8月29日，中国信托业协会召开教材修订组研讨会。

2016年9月8日，中国信托业协会在哈尔滨组织召开第七次联络员会议。

2016年9月8日，中国信托业协会召开《信托公司信托业务尽责指引》制定研讨会。

2016年9月22日，中国信托业协会主办、百瑞信托承办的“搭建我国信托金融理论体系”主题沙龙在郑州召开。

2016年10月10日，中国信托业协会党委书记、专职副会长（常务）漆艰明，专职副会长王丽娟一行莅临中信信托考察调研。

2016年10月13日，中国信托业协会召开第三届会员大会第十一次会议。

2016年10月13日，中国信托业协会召开会员权益保障工作小组会议。

2016年10月14日，中国信托业协会党委书记、专职副会长（常务）漆艰明一行莅临外贸信托考察调研。

2016年10月18日，中国信托业协会秘书长陈艳梅一行赴中国民生信托进行工作调研。

2016年10月，中国信托业协会与复旦大学经济学院合作举办“2016年第二期信托高层管理研修班”。

2016年11月10日，中国信托业协会副秘书长郑方一行赴交银信托调研。

2016年11月11日，中国信托业协会召开协会工会第一届一次会员大会。

2016年11月14日，中国信托业协会副秘书长郑方一行赴方正东亚信托走访。

2016年11月15日，中国信托业协会召开信托公司开展资产证券化业务自律工作座谈会。

2016年11月30日，中国信托业协会召开“构建合理高效的人才培养和激励机制”主题沙龙。

2016年12月5日，中国信托业协会党委书记、专职副会长（常务）漆艰明，深圳银监局非银处副处长王琦莅临平安信托调研指导工作。

2016年12月6日，中国信托业协会纪委书记朱宝明一行莅临华润信托指导工作。

2016年12月9日，中国信托业协会召开评级小组工作座谈会。

2016年12月13日，中国信托业协会召开“八大业务”内容编写及实务教材修订工作会议。

2016年12月14日，中国信托业协会召开2016年行业发展专题研究课题报告评审会。

2016年1月1日，渤海信托协办的“2016石家庄（正定）马拉松赛暨第四十三届元旦长跑”顺利举办。

2016年1月6日，四川信托在北京召开2016年资本市场投资策略报告会。

2016年1月6日，中信信托发布“家族信托”品牌。

2016年1月8日，渤海信托总裁郑宏赴广州拜访建设银行广东省分行。

2016年1月9日，北京信托对接相关院校举办校园招聘面试会。

2016年1月9日，东莞信托举办第二届“与爱同行”公益徒步活动。

2016年1月13日，大业信托召开2015年终工作会议暨2016年业务发展研讨会。

2016年1月14日，中航信托与北京蓝景圣诺尔能源技术有限公司签署战略合作协议。

2016年1月14日，国际货币基金组织访问中诚信托研究发展部。

2016年1月15日，四川信托成功召开2016年锦绣财富高峰论坛。

2016年1月19日，厦门国际信托举办“乐善有恒”公益信托成立仪式。

2016年1月19日，湖南信托荣获2015中国（湖南）自主品牌30佳企业。

2016年1月21日，华宸信托召开公司全体中层及以上干部2015年度党政工作会议。

2016年1月23日，中原信托在河南会展中心举行2016年客户答谢会。

2016年1月24日，百瑞信托举行2015年终总结表彰会暨2016年度责任目标签署会。

2016年1月26日，时任中国华电集团公司总经理程念高出席华鑫信托2016年工作会议。

2016年1月27日，华能信托召开党委书记抓党建工作述职会议。

2016年1月29日，北京信托举办新年团拜会。

2016年1月29日，中国民生信托召开2016年工作会议和新春联欢会。

2016年1月29日，国家电网公司总会计师、党组成员李汝革莅临英大信托调研。

2016年1月30日，中航信托参加黑崖沟祥和基金成立暨光伏养老爱心工程捐赠仪式。

2016年1月31日，陕国投举办2016年迎新春职工联欢会。

2016年1月31日，华能信托召开领导班子“三严三实”专题民主生活会。

2016年1月，朝阳永续、华宝信托主办2015年度（第十届）中国私募基金风云榜高峰论坛。

2016年2月1日，厦门国际信托举办投资策略报告会。

2016年2月1日，华能信托组织员工参加拓展训练。

2016年2月3日，陕国投纪委书记、工会主席王晓烨，市场总监王梦颖一行前往省级“两联一包”定点扶贫村进行扶贫慰问。

2016年2月4日，华鑫信托员工参加中国华电集团公司新春团拜会。

2016年2月4日，中航信托赴南昌小蓝经济开发区岗前村等地慰问困难群众。

2016年2月19日，华融信托举行2016年度爱心捐款仪式。

2016年2月19日，兴业信托与山西省政府、北京首创集团在太原签署山西省改善城市人居环境PPP投资引导基金合作协议。

2016年2月22日，中信信托布局互联网黄金行业，股权投资国内首个互联网黄金综合服务平台——AU金管家。

2016年2月25日，中国华电集团公司董事长李庆奎、总经理程念高到华鑫信托走访慰问。

2016年3月1日，国元信托党员、员工奉献爱心，“一对一”帮扶贫困生。

2016年3月3日，英大信托总经理张传良一行赴中铁信托访问座谈。

2016年3月3~4日，中粮信托召开中粮福临门大厦“信牵忠良　触碰未来”品牌推广会。

2016年3月7日，百瑞信托举办“你的心愿我来圆”专题女性员工关爱活动。

2016年3月8日，华鑫信托举办“三八国际妇女节”蛋糕料理活动。

2016年3月8日，国联信托举办“三八国际妇女节”烘焙活动。

2016年3月8日，陆家嘴信托举办“三八国际妇女节”陶艺活动。

2016年3月8日，中粮信托参加中粮集团“三八国际妇女节”活动。

2016年3月10日，国联信托组织女员工徒步健身活动。

2016年3月10日，中航信托组织“绿色理念　绿色行动”植树活动。

2016年3月11日，中原信托志愿者参加义务植树活动。

2016年3月11~12日，百瑞信托举办“走进阿里巴巴培训营”专题活动。

2016年3月12日，中建投信托团支部举办“寻找最美书店”活动，并在苏州诚品书店拉开帷幕。

2016年3月12日，国元信托举办春季健步走活动。

2016年3月13日，国元信托参加“3·15江淮晨报读者嘉年华”活动。

2016年3月13日，大业信托组织员工参加北京春季山地健行赛。

2016年3月14日，安信信托总裁助理高超代表安信信托向上海科普教育发展基金会捐款，并成立安信信托科普影视专项基金。

2016年3月15日，陕国投开展以“承担责任和谐金融”为主题的“3•15国际消费者权益日”宣教活动，并举办“担当责任和谐金融”3•15金融安全主题沙龙。

2016年3月16日，金谷信托召开党风廉政建设暨纪检监察工作会议。

2016年3月18日，山东信托召开一届五次董事会、一届二次监事会暨2016年第一次临时股东大会。

2016年3月18日，渤海信托参加由河北银监局和省金融办联合主办的“河北省银行业提高支持实体经济发展质效高层论坛”。

2016年3月21日，中信信托董事长陈一松、副总经理赵娜代表中信信托与北京中医药大学签署战略合作协议。

2016年3月25日，昆仑信托召开董事会、股东会、监事会会议。

2016年3月25日，江苏信托员工参加植树活动。

2016年3月25日，中海信托举办“三八国际妇女节”插花活动。

2016年3月26日，中航信托与当红齐天集团在北京宣布成立VR产业基金。

2016年3月27日，华润信托员工及家属参加2016年“创新深圳·绿色家园”植树活动。

2016年3月28日，昆仑信托与四川新华发行集团签署战略合作协议。

2016年3月28日，中原信托员工祝伟杰、秦鸣代表公司完成郑开马拉松比赛。

2016年3月30日，大业信托召开2015年度股东会、第二届董事会2016年第一次会议、第二届监事会2016年第一次会议。

2016年3月30日，英大信托董事长王剑波参加全球能源互联网大会。

2016年3月31日，华能信托公司纪委书记、工会主席周英序一行到华能信托板其希望小学参加竣工暨命名揭牌仪式。

2016年3月，中建投信托工会组织开展“三八妇女节•绘出美丽春天”活动。

2016年4月7日，华鑫信托召开公司2016年第一次"三会"会议。

2016年4月8日，中航信托党委书记姚江涛、工会主席罗国华一行赴定点扶贫永新县曲白乡浆坑村考察调研。

2016年4月10日，方正东亚信托参加武汉马拉松活动。

2016年4月12日，陕国投召开2016年度党建暨纪检监察工作会议。

2016年4月12日，中航信托、美国华平集团、魔方公寓三方举行投资签约仪式。

2016年4月15~16日，百瑞信托举行“凝心聚力　再创辉煌”主题拓展活动，并庆祝百瑞信托成立30周年。

2016年4月15日，国投泰康信托组织水长城春游活动。

2016年4月15日，厦门国际信托举办"乐善有恒"公益信托走进厦门市特殊教育学校活动。

2016年4月15日，四川信托在成都举办2016金融同业•天府论坛。

2016年4月15日，五矿信托工会主席孟元出席“亲情电教室”公益助学活动。

2016年4月16日，国联信托邀请江苏省内4家信托公司赴无锡交流研讨推进合作共赢。

2016年4月16日，五矿信托组织员工参加义务植树活动。

2016年4月17日，兴业信托员工助力上海半程马拉松赛安保志愿者活动。

2016年4月18日，中国铁建投资集团副总经理周京波（总会计师）、副总会计师刘应红带领相关部门负责人到陕国投进行合作交流。

2016年4月20日，建信信托执行董事、总裁王宝魁带队赴海南省代表建信信托与海南省国资委、建设银行海南分行签署战略合作协议。

2016年4月20~21日，陕国投董事长薛季民携投资银行部相关人员对安康阳晨现代农业集团有限公司、陕西莲花餐饮投资管理有限公司进行实地调研考察。

2016年4月21日，建信信托执行董事、总裁王宝魁一行应邀拜访中国船舶工业集团公司，双方签署战略合作协议。

2016年4月22日，华鑫信托开展金融从业人员廉洁警示教育活动，组织参观北京市反腐倡廉警示教育基地。

2016年4月22日，方正东亚信托召开公司第二届董事会第十三次会议。

2016年4月23日，中原信托财富中心在河南会展中心中原理财创新峰会上设立展台。

2016年4月24日，苏州信托组织开展环古城健步公益活动。

2016年4月26日，百瑞信托赴郑州市检察院警示教育基地开展专题警示教育活动。

2016年4月26日，湖南信托召开2015年度会议暨第四届董事会第九次会议、第四届监事会第九次会议、股东会2016年第一次会议。

2016年4月26日，中航信托与上海红星美凯龙投资有限公司举行合作恳谈会并举行签约仪式。

2016年4月26日，安信信托总裁杨晓波、副总裁梁清德代表公司参加与中国长城资产管理有限公司战略合作签约仪式。

2016年4月26日，渤海信托参加河北银监局组织召开的2016年第二次新闻媒体通报会。

2016年4月27日，中原信托在郑州召开股东会、董事会、年会。

2016年4月28日，平安集团总经理兼平安信托董事长任汇川出席由平安信托举办的“积极探索金融创新 助力实体经济腾飞”平安信托并购重组高峰论坛。

2016年4月29日，新时代信托综合管理部被内蒙古总工会授予“工人先锋号”荣誉称号。

2016年4月，中建投信托在北京举办“JIC 读书会”。

2016年5月4日，厦门国际信托连续第四年获思明区纳税超1亿元大户殊荣。

2016年5月4日，山东信托召开2015年度股东会暨一届八次董事会、一届三次监事会。

2016年5月4日，陕国投团总支举办纪念五四青年节“青春与使命”主题演讲活动。

2016年5月5日，中粮信托党支部召开“两学一做”专题研讨会。

2016年5月5~6日，光大兴陇信托组织“复兴之路”参观学习活动。

2016年5月5日，国民信托组织员工参加春游活动。

2016年5月5~8日，国元信托举行青年员工业务培训。

2016年5月6日，北京信托组织“新金融 新青年”第一届青年知识竞赛活动。

2016年5月6日，方正东亚信托组织云雾山徒步生日会活动。

2016年5月6日，中信信托举行在京外来务工人员子女爱心公开课。

2016年5月6~7日，陕国投举行部门正副职岗位竞聘演讲暨测评大会。

2016年5月8日，国联信托举办大型徒步活动。

2016年5月8日，外贸信托举办“感恩母亲节”活动。

2016年5月10日，紫金信托董事长陈峥一行莅临方正东亚信托开展业务交流。

2016年5月11日，华融信托董事长周道许拜访中国人寿保险（集团）公司。

2016年5月11日，中诚信托董事长牛成立会见恒大集团副总裁崔奥一行。

2016年5月11日，中粮信托组织公司全员进行“金融行业营改增”专题培训。

2016年5月12日，中共北京国际信托有限公司委员会组织召开“两学一做”学习教育工作会。

2016年5月12~13日，百瑞信托开展为期两天的“走进华为”专题培训营活动。

2016年5月14日，厦门国际信托组织开展同安白交祠徒步活动。

2016年5月14日，华能信托组织员工参加全民健身徒步活动。

2016年5月14日，中海信托组织开展佘山森林公园、辰山植物园活动。

2016年5月14日，中航信托组织“绿色理念 绿色行动”健步行活动。

2016年5月15日，渤海信托在石家庄举办2016年第一期理财讲堂公益活动。

2016年5月15日，外贸信托进行信诺三期培训。

2016年5月16日，万向信托举办年度资产配置策略会。

2016年5月16日，中融信托常务副总裁游宇出席中融信托全球金融论坛。

2016年5月17日，陕国投召开“两学一做”学习教育动员部署会议。

2016年5月18日，渤海信托举办2016年第2期“渤海讲堂”。

2016年5月18日，华宸信托组织全体员工参观内蒙古自治区预防职务犯罪警示教育基地。

2016年5月18日，百瑞信托召开剖案例、学“两规”暨“两学一做”学习教育启动会。

2016年5月19日，昆仑信托荣获宁波市江东区第四届慈善项目奖。

2016年5月20日，华能信托组织员工参加北京城市乐跑赛。

2016年5月20日，安信信托部分员工参加“至美公益+安信周转爱海上青焙坊”志愿公益活动。

2016年5月20日，陆家嘴信托向苏州木渎外来务工子女学校捐赠文体用具。

2016年5月21日，北京十一学校师生一行到华鑫信托参观，开展金融从业者“职业体验活动”。

2016年5月21日，方正东亚信托走访受资助的贫困学生。

2016年5月21日，天津信托员工参加“天津信托环保健步行活动”。

2016年5月26~28日，陕国投董事长薛季民、总裁助理张莉一行应邀参加“2016中国国际大数据产业峰会暨中国电子商务创新发展峰会”。

2016年5月27日，中粮信托开展党员领导干部党日活动。

2016年5月27日，国元信托参加2016安徽省政银担企对接会（南片）。

2016年5月27日，华能信托到长顺县青山小学和花红小学开展精准扶贫捐赠活动。

2016年5月28日，四川信托联合中华社会救助基金会、中国儿童电影公益基金，前往北京盛基艺术学校开展慈善公益活动。

2016年5月28日，上海信托召开成立35周年纪念暨信睿家族管理办公室品牌发布会。

2016年5月30日，鲁信集团党委常委、山东信托党委书记王映黎同志以"学党史，知党情，强党性"为题讲授党课。

2016年5月30日，北方信托参展2016中国•天津投资贸易洽谈会暨国际贸易投资博览会。

2016年5月31日，杭州工商信托举办湖山乡中心小学六一微心愿活动。

2016年5月，中建投信托与腾讯•大申网联合主办“银信封”计划公益行动。

2016年5月，粤财信托团支部与广州有轨电车有限责任公司、广东省诠爱社会服务中心联合开展主题为“电车齐体验，欢乐六一行”的公益活动。

2016年6月1日，国联信托组织员工子女参加国联集团“六一”儿童节活动。

2016年6月1日，中海信托董事长吴孟飞同志讲授扎实推进“两学一做”学习教育主题党课。

2016年6月3日，四川信托与康定市政府签署金融扶贫合作协议。

2016年6月3日，陆家嘴信托举办“Running Goal”全员拓展活动。

2016年6月4日，中建投信托在上海举办“JIC 读书会”。

2016年6月6日，安信信托赞助上海科普教育发展基金会在四川开机拍摄纪录片《大熊猫》。

2016年6月7日，中粮信托党员领导干部参加“两学一做”专题党课。

2016年6月8日，国联信托举行“加强党员教育学习、重温入党誓词”活动。

2016年6月13日，陕国投分别组织高管人员、中层干部和员工开展合规知识考试。

2016年6月14日，湖北金融租赁总经理李志勇一行莅临方正东亚信托访问交流。

2016年6月15日，湖南信托党总支召开党员大会，进行换届改选。

2016年6月16日，大数金融公司访问方正东亚信托。

2016年6月16日，中国东方资产管理公司副总裁胡小钢一行莅临大业信托指导工作。

2016年6月16~17日，百瑞信托举行领航2016专题培训班。

2016年6月17日，中建投信托举办“感恩父亲节”主题开放日活动。

2016年6月17日，国民信托举办水彩绘画活动。

2016年6月17日，陆家嘴信托在山东沂南高湖小学开展助学活动。

2016年6月18日，中原信托全体党员在红色基地红旗渠开展党课教育。

2016年6月18日，兴业信托参展第十四届中国•海峡项目成果交易会。

2016年6月20日，中铁信托与泸州市叙永县政府签订金融扶贫协议。

2016年6月22日，交银国际信托党组书记、董事长、总裁赵炯同志为公司全体党员做“两学一做”专题党课报告。

2016年6月23日，新时代信托深入社区广场开展普及金融知识宣传。

2016年6月24日，华润信托党委组织党员干部赴中国文化名人大营救纪念馆参观学习。

2016年6月24日，厦门国际信托党总支赴小嶝社区开展村居帮扶活动。

2016年6月24日，外贸信托成功举办“誉•见未来，和•创共赢”同业合作高端论坛。

2016年6月25日，吉林信托举办第五届职工羽毛球比赛。

2016年6月27日，国投泰康信托党总支支部书记傅强讲党课。

2016年6月27~28日，陕国投党委组织部分党员前往革命圣地延安践行“两学一做”学习教育，开展“学党史、感党恩、跟党走”主题教育活动。

2016年6月28日，国联信托开展建党95周年专题党建活动。

2016年6月28日，湖南信托党总支以支部为单位举行“两学一做”集中自学活动。

2016年6月29日，陕国投组织党员、预备党员和入党积极分子四十余名赴西安碑林廉政教育基地进行集体廉政教育学习。

2016年6月29日，中粮信托全体党员参加党支部党日活动。

2016年6月30日，湖南信托举行“2016年首届湖南信托论坛”。

2016年7月1日，华鑫信托召开纪念建党95周年暨专题党课报告会，开展共产党员“政治生日”纪念活动。

2016年7月1日，方正东亚信托举行2016年制度竞赛活动。

2016年7月1日，国投泰康信托组织2016年团队建设活动。

2016年7月1日，中诚信托全体员工参加庆祝中国共产党建党95周年大会。

2016年7月1日，中海信托召开纪念建党95周年暨“两优一先”表彰交流大会。

2016年7月1日，中航信托召开庆祝中国共产党成立95周年大会。

2016年7月1日，中融信托与四川信托举行篮球友谊赛。

2016年7月2日，中航信托举办公司第三届羽毛球比赛。

2016年7月4日，中航信托在苏州举办高峰论坛。

2016年7月5日，华宸信托员工参加“博爱人间热血真情”无偿献血活动。

2016年7月6日，陕国投信托总裁姚卫东、副总裁孙若鹏一行到中科建设开发总公司总部调研考察。

2016年7月8日，众邦资产董事长王丹莉一行访问方正东亚信托。

2016年7月8日，华融信托董事长周道许、总经理沈易明出席华融发展投资有限公司开业庆典暨合作签约仪式。

2016年7月9日，时任万向信托总裁助理斯伟波受邀参加“生态文明贵阳国际论坛2016年年会”之“生物多样性保护主流化与市场化”分论坛。

2016年7月11日，陕国投召开2016年上半年经营形势分析会。

2016年7月12日，中航信托与江西财智名家论坛有限公司在南昌签署战略合作协议。

2016年7月13日，百瑞信托党支部副书记、工会主席赵群一行赴法国参加“中华意蕴·中国油画艺术国际巡展”开幕式并致辞。

2016年7月14日，华润信托党委组织优秀党员干部赴贵州，先后参观遵义会议会址、息烽集中营和王若飞故居，重温党的光辉历程。

2016年7月14日，新华信托组织“爱心捐赠，情暖新华”活动，向已故同事徐颖家属爱心捐款。

2016年7月14日，中航信托工会主席罗国华及员工代表赴黑崖沟村参加电站竣工交接仪式，并现场考察光伏发电设施。

2016年7月14日，外贸信托领导班子赴延安开展“两学一做”学习活动。

2016年7月15日，四川信托举办合规专题培训。

2016年7月15日，新华信托开展廉政警示教育。

2016年7月15日，方正东亚信托召开公司半年会。

2016年7月15日，英大信托举办清洁能源投融资研讨会。

2016年7月17日，中航信托组织新员工学唱司歌。

2016年7月26日，国元信托向铜陵市义安区进行抗洪救灾捐赠。

2016年7月27日，陆家嘴信托参加2016青岛金家岭金融区金融人才篮球精英赛。

2016年7月27日，西部信托董事会协专业委员会拜访中海信托南京分部。

2016年7月28日，陕国投在西安举办“陕国投青年论坛”系列——“企业就是我的船”主题读书分享活动。

2016年7月28日，西部信托董事会协专业委员会拜访光大兴陇信托深圳区域中心。

2016年7月28日，西部信托董事会协专业委员会拜访中建投信托深圳分部。

7月28日，华宸信托召开2016年上半年党政工作会议。

2016年7月29日，国投泰康信托举办“我与国投共成长”走进国投泰康信托青年论坛活动。

2016年7月30日，中航信托举办“创新成就梦想 转型铸就辉煌”主题演讲比赛。

2016年7月，云南信托组织综合金融知识竞赛。

2016年7月，杭州工商信托党委组织“党旗在我心中”专题活动。

2016年8月3日，西部信托董事会协专业委员会拜访长安信托北京分部。

2016年8月4日，方正东亚信托组织公益活动夏令营。

2016年8月5日，昆仑信托员工参加无偿献血活动。

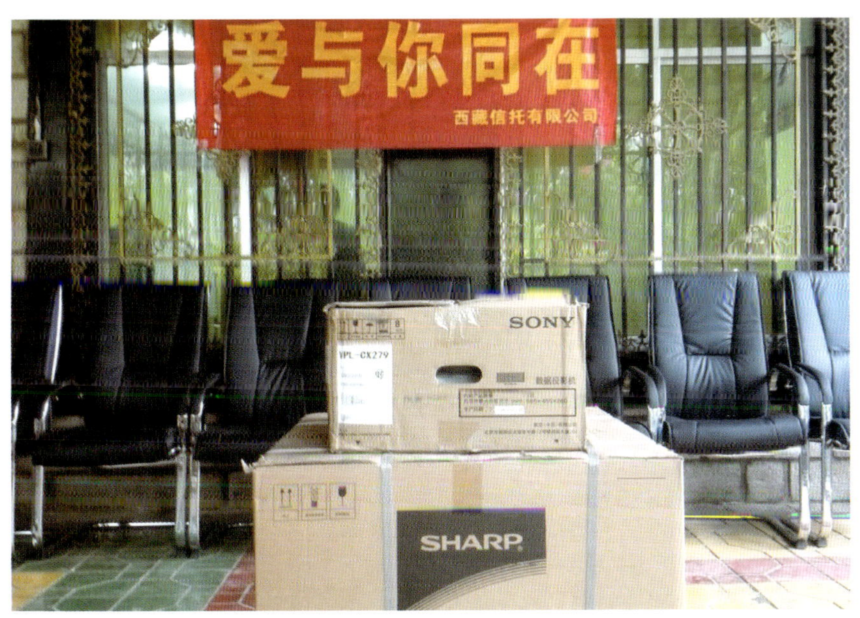

2016年8月6日，西藏信托开展雪堆白传统艺术学校捐赠活动。

2016年8月6~8日，华润信托在古田华润希望小镇组织“寻找最美瞬间”亲子夏令营。

2016年8月9日，华鑫信托召开第一次全体党员大会。

2016年8月9~13日，百瑞信托举办“走进集团，认识集团”系列活动。

2016年8月10日，中信信托在广州举办“财富管理新趋势论坛”。

2016年8月11日，西部信托董事会协专业委员会拜访五矿信托成都分部。

2016年8月12日，国投泰康信托协办国投“爱心助梦”支教活动。

2016年8月12日，大业信托召开2016年业务发展研讨会。

2016年8月12日，中航信托组织志愿者开展“夏日送清凉”活动。

2016年8月14日，渤海信托在深圳举办“缘聚渤海信托•悦享财富盛宴”财富中心客户联谊活动。

2016年8月15日，陕国投总裁姚卫东、业务总监黄琨一行赴捷信消费金融有限公司天津总部与首席执行官Ondrej Frydrych、总经理Roman Wojdyla等进行业务合作会谈。

2016年8月17日，百瑞信托党支部再次组织召开“两学一做”专题党课活动。

2016年8月17日，湖南信托联合红网推出N+1精准微扶贫“农村医疗援助公益信托计划”。

2016年8月18日，陕国投与陕西金融资产管理股份有限公司签署战略合作协议。

2016年8月18日，浙江省国际贸易集团有限公司董事长楼晶一行赴浙金信托调研指导。

2016年8月19~20日，渤海信托组织开展2016年信托业务知识考试。

2016年8月20日，国民信托召开2016年半年度中后台部门工作会议。

2016年8月20日，吉林信托举办第五届“吉信杯”职工篮球赛。

2016年8月24日，外贸信托财务总监帅立新，副总经理齐斌、李京，董事会秘书张 冰一行赴华润信托进行同业交流。

2016年8月24日，华能信托与北京银行联合组办慈善捐赠活动。

2016年8月24日，华融信托与湖北长江出版传媒集团签订战略合作框架协议。

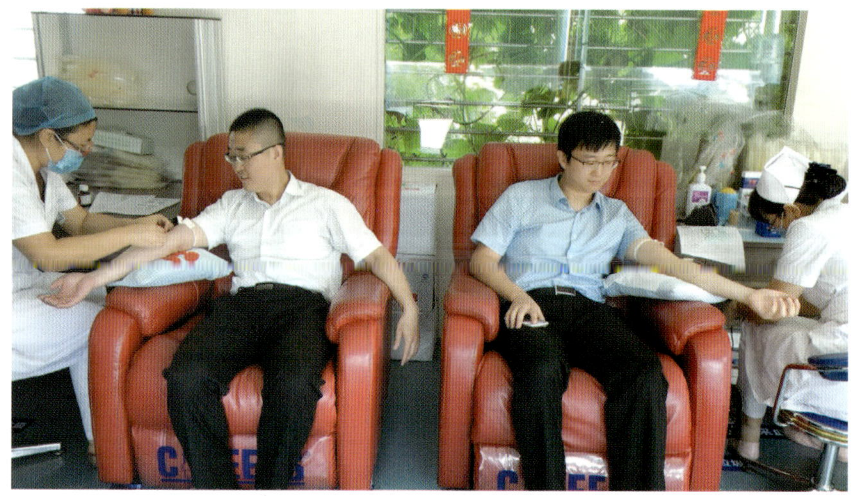

2016年8月24日，陆家嘴信托员工参加无偿献血活动。

2016年8月25日，安信信托总裁杨晓波出席“心系老战士”慈善公益项目启动仪式暨纪念陈毅元帅诞辰115周年座谈会。

2016年8月26日，爱建信托举办成立三十周年庆典活动。

2016年8月29日，中粮信托组织员工参观中粮智慧农场。

2016年8月30日，厦门国际信托主办牛牛慈善音乐会，募资捐款公益信托。

2016年8月30日，国元集团党委书记吴天率督导组赴国元信托督导“两学一做”学习教育工作。

2016年9月1日，国元信托开展“金融知识进万家”活动。

2016年9月1日，中江信托举行2016年金融知识进万家宣传活动启动仪式。

2016年9月1日，中航信托和软银中国共同组建的基金与加拿大H+公司签订A轮投资意向书。

2016年9月1日，上海信托在香港设立的全资境外机构上信（香港）控股有限公司收到香港证监会的邮件，同意上信香港4号和9号牌照申请。

2016年9月1日，新时代信托开展“金融知识进万家”宣传活动。

2016年9月1日，中铁信托召开中国中铁党委巡视动员会。

2016年9月2日，渤海信托志愿者赴石家庄市平山县东回舍镇新柏坡村开展扶贫慰问活动。

2016年9月3日，华宸信托开展“预防洗钱活动、打击洗钱犯罪、维护金融秩序”主题反洗钱现场宣传。

2016年9月3日，江苏信托开展“金融知识进万家”宣传活动。

2016年9月5日，四川信托举办志愿者服务队成立仪式。

2016年9月5日，北京信托与中融信托组织篮球友谊赛。

2016年9月6日，紫金信托与广发银行南京分行举办紫金信托•广发南京分行爱心助养信托签约仪式。

2016年9月7日，华鑫信托“鼎信”志愿者爱心团队成立。

2016年9月7日，华鑫信托开展赴昌平区西峰山小学"金秋助学"活动。

2016年9月8日，云南信托开展"扬帆起航"新员工培训。

2016年9月8日，中国航空工业集团公司副总经理顾惠忠一行莅临中航信托考察。

2016年9月10日，国元信托召开中国共产党安徽国元信托有限责任公司党员大会。

2016年9月10日，华鑫信托组织开展“凝洪荒之力 创精彩华鑫”户外文化拓展活动。

2016年9月11日，外贸信托参加中化集团运动会。

2016年9月13日，四川信托监事会主席兼工会主席孔维文及公司志愿者一行前往甘孜州康定市瓦泽乡水桥村看望和慰问村里的特困户。

2016年9月13日，中海信托举办第二届乒乓球比赛。

2016年9月13日，中航资本总经理录大恩赴中航信托视察。

2016年9月14日，华鑫信托举办公司“废改立”制度宣贯活动。

2016年9月20日，兴业银行行长陶以平莅临兴业信托调研指导工作。

2016年9月21日，新时代信托深入乡村开展金融知识宣传活动。

2016年9月22日，大业信托副总经理兼首席风控官赖革代表公司赴湛江市港门村对该村五保户及贫困户进行了节日慰问。

2016年9月22日，国投泰康信托工会举办茶艺活动。

2016年9月23日，宜信公司创始人、CEO唐宁，宜信公司理财产品部总经理侯林一行到陕国投访谈交流。

2016年9月23~25日，渤海信托组织华北区域干部员工赴北京延庆开展团队拓展活动。

2016年9月23日，大业信托携手广东粤宝集团共同开展“关爱环卫工人”活动。

2016年9月23日，国民信托组织健身活动。

2016年9月24日，北方信托参加天津银行业2016年运动会。

2016年9月24日，华宸信托开展“走向健康走向快乐 建功立业十三五”内蒙古金融系统职工健步走活动。

2016年9月24日，华能信托员工参加华能集团组织的乒乓球比赛。

2016年9月24日，中海信托参加上海市金融工委“民生杯”7人制足球大赛。

2016年9月26日，华鑫信托机关工会举办“精彩华鑫 羽你同行”羽毛球赛。

2016年9月26日，爱建信托首席财务官朱建高代表公司出席爱建信托——爱心图书室落成仪式暨慈善信托签约仪式。

2016年9月28日，国联信托开展防范和抵制非法集资宣讲活动。

2016年9月29日，昆仑信托举办首届“昆仑信托好声音”活动。

2016年9月29日，中国银行陕西省分行副行长牛长平一行到陕国投访谈交流。

2016年9月29日，英大信托组织公司党员、员工参观鱼子山抗日战争纪念馆。

2016年9月29日，湖南省信托有限责任公司党总支举办“两学一做”专题党课。

2016年9月30日，西藏信托开展日喀则五村捐赠活动。

2016年9月30日，中粮信托与北京薇普联合生物科技有限公司签署战略合作协议。

2016年9月，华澳信托总裁吴瑞忠先生到任。

2016年9月，云南信托开展“金融知识进万家”活动月。

2016年10月8~9日，外贸信托党员代表赴延安开展“两学一做”学习活动。

2016年10月9日，江苏南通三建集团公司董事长黄裕辉一行到昆仑信托访问。

2016年10月10日，国联信托组织开展营改增全员培训。

2016年10月13日，外贸信托举办即时奖励颁奖典礼。

2016年10月13日，方正东亚信托开展2016年新人训练营活动。

2016年10月13~14日，陕国投在陕西西安召开2016年第三季度经营形势分析会。

2016年10月14日，百瑞信托在郑州举行2016年EAP项目启动会。

2016年10月14日，国元信托举行“缅怀先烈 重温历史”“两学一做”教育实践活动。

2016年10月14日，杭州工商信托赴湖山乡中心小学进行捐资助学活动。

2016年10月15日，外贸信托举办篮球赛。

2016年10月15~16日，四川信托举行2016年干部职务竞聘会。

2016年10月16日，建信信托执行董事、总裁王宝魁，高级投资官王业强代表建信信托出席云南锡业集团与建设银行市场化债转股投资协议签约仪式。

2016年10月16日，江苏信托参跑南京马拉松。

2016年10月17~21日，陕国投随陕西省政府代表团参加“第六届陕粤港澳经济合作活动周”金融合作交流活动。

2016年10月18日，建信信托与陕西延长石油、建设银行陕西省分行签署战略合作协议。

2016年10月18日，大业信托选举产生新一届董事会、监事会及经营管理层。

2016年10月18日，天津信托党委召开中国共产党天津信托有限责任公司党员大会。

2016年10月19日，华融信托参加第二届系统职工文艺会演。

2016年10月20日，百瑞信托再次选派员工赴上海参加2016摩根大通企业竞跑赛。

2016年10月20日，粤财信托成功备案广州市首宗获批慈善信托。

2016年10月21日，北京信托举办第一届员工趣味运动会。

2016年10月21~22日，云南信托组织中高层管理人员培训。

2016年10月22日，金谷信托组织员工开展健步走活动。

2016年10月24日，新华信托召开第四季度工作会议暨五讲四美专题活动启动会。

2016年10月26日，渤海信托在北京举办“缘聚渤海信托•悦享财富盛宴”财富中心客户联谊活动。

2016年10月26日，东莞信托举办“普及金融知识 提升金融素养 共建和谐金融——金融知识进万家”讲座。

2016年10月26~27日，中粮信托中高层领导参加BMO-CEDP（经营管理发展计划）培训。

2016年10月27日，中航信托在北京金博会开设展区。

2016年10月28日，中原信托启动进村入户“结对帮扶”活动。

2016年10月28日，交银信托在公司重组成立9周年之际举行“爱国爱党、敬业爱岗”主题演讲比赛。

2016年10月28日，外贸信托在山西太原举办主题为“汇融基业 泽承世代”的家族财富传承论坛。

2016年10月29日，万向信托执行副总裁王永刚参加全国地方金融二十次论坛（2016）年会。

2016年10月30日，昆仑信托足球队在集团公司足球联赛中取得历史最好成绩。

2016年10月30日，安信信托官方赞助2016上海国际马拉松赛并组织员工组团参赛。

2016年10月30日，华澳信托参跑2016上海国际马拉松赛。

2016年10月31日，中江信托举行《反洗钱法》颁布实施十周年宣传活动启动仪式。

2016年11月1日，国元信托召开职工大会选举职工监事。

2016年11月1日，广西金融投资集团董事长蒙坤伟一行到方正东亚信托访问交流。

2016年11月2日，厦门国际信托承办全国信贷资产登记流转业务研讨会。

2016年11月3日，中海信托工会开展健康快乐徒步活动。

2016年11月4日，华鑫信托开展可交换债业务培训。

2016年11月4日，四川信托召开风险管理条线专题会议。

2016年11月4日，民生信托第二届主题运动会圆满召开。

2016年11月5日，百瑞信托理财中心及合规法律部员工走进美景天城，举办“防范非法集资集中宣传之合规知识进社区活动”。

2016年11月5日，平安信托组织“行善最乐　与爱同行”平安信托2016慈善行活动。

2016年11月5日，方正东亚信托在杭州举行固定收益宏观策略会。

2016年11月11日，四川信托在眉山黑龙潭组织中后台员工开展"携手共进 共创辉煌"主题秋游活动。

2016年11月11日，安信信托赞助支持第三届ART021上海当代艺术博览会。

2016年11月12日，平安信托主办“制度变革下的大资管发展之道”2016信托法律与业务高端论坛。

2016年11月12日，大业信托8名员工在副总经理陈玉鹏的带领下参加东方资产“中国东方杯”乒乓球联谊赛。

2016年11月13日，华宝信托作为支持单位参与“跑动金融圈”活动。

2016年11月14日，宿迁产业发展集团有限公司董事长韩锋、副总经理王兰建一行赴陕国投访谈交流。

2016年11月14~16日，天津信托党委举办“学习贯彻党的十八届六中全会精神、增强四个意识”培训班。

2016年11月16日，中国慈善联合会慈善信托委员会成立大会召开。

2016年11月24日，紫金信托成功发行江苏省首单慈善信托。

2016年11月24日，渤海信托举办2016年第6期渤海讲堂。

2016年11月25日，中信信托联合信诚人寿举办中国保险金信托业务研讨与展望论坛。

2016年11月26日，中信信托举办2016闽商财富管理论坛。

2016年11月29日，中融信托常务副总裁游宇与新时代信托员工进行座谈交流。

2016年11月，山西信托组织“送温暖、献爱心”社会捐款活动。

2016年11~12月，中建投信托团委举办第二期团员及年轻员工集中培训。

2016年12月1日，中粮信托举办2016年第三季度优秀团队及个人表彰会。

2016年12月1日，万向信托推出首次海外投资论坛。

2016年12月2日，陕国投与北京恒天财富投资管理有限公司举行家族信托业务合作签约仪式暨合作交流会，并签署了家族信托业务合作协议。

2016年12月2日，四川信托前往康定沙德镇开展"情系康定"慈善助学捐赠活动。

2016年12月2日，中国PPP基金与湖南信托签署合作协议。

2016年12月2日，英大信托举办电动汽车试乘试驾活动。

2016年12月2日，中航信托中航财富受邀首次亮相第十四届上海理财博览会，展示了军工央企的金融风采。

2016年12月2日，中融信托举办第一届“中融杯”英语项目路演大赛。

2016年12月3日，方正东亚信托举行投资者教育活动。

2016年12月6日，百瑞信托在郑东新区郑州之林举办“百瑞信托有限责任公司2016年度运动会”。

2016年12月6日，雅戈尔集团董事长李如成到昆仑信托访问。

2016年12月8日，紫金信托举办以“市场展望与投资机遇”为主题的2017紫金信托投资论坛。

2016年12月8日，湖南信托携手湖南省扶贫基金会举办“感恩社会 温暖同行”爱心扶贫捐赠仪式。

2016年12月8日，中航信托与东久工业地产（中国）投资有限公司在上海联合举行东久至彦股权投资基金发布会。

2016年12月8日，中粮信托组织2016年下半年经理人廉洁从业知识测试。

2016年12月9日，英大信托举办供应链金融服务研讨会。

2016年12月11日，兴业信托荣获兴业银行集团2016年足球联赛亚军。

2016年12月12日，安信信托参加第十四届上海理财博览会。

2016年12月13日，吉林信托召开改革发展研讨会。

2016年12月16日，中航信托与红星美凯龙在上海举行签约仪式，宣告联合成立家居产业私募股权投资基金。

2016年12月16日，外贸信托工会小组看望孤独症儿童。

2016年12月17日，华润信托举办明星私募投资策略会，为客户分享市场投资策略。

2016年12月[illegible]日，渤海信托华南地区干部员工前往广东汕头，开展以“渤海信托，极速前进”为主题的团队拓展及环保活动。

2016年12月17日，华融信托组织2016年新员工培训。

2016年12月18日，陕国投携手陕西爱乐乐团举办以“不忘初心•筑梦新长征”为主题的新年交响音乐会。

2016年12月22日，中海信托召开换届选举党员大会。

2016年12月25日，厦门国际信托与在厦金融机构开展青年联谊活动。

2016年12月26日，上海信托“上善”系列：浦发银行“放眼看世界”困难家庭儿童眼健康公益手术项目慈善信托发布仪式在上投大厦举行。

2016年12月26日，兴业信托向“福建省农村幸福院”捐赠医疗保健用品。

2016年12月28日，恒大集团副总裁刘永灼、恒大集团贵州公司董事长崔奥、恒大互联网金融集团副总经理花蕾一行到访方正东亚信托。

2016年12月，东莞信托到对口扶贫村进行走访慰问。

2016年，华能信托举行公司年会。

上　卷

下　卷

重要文献与政策法规

重 要 文 献

在2016年中国信托业年会上的讲话

中国银监会主席　尚福林
（2016年12月26日）

尊敬的杨市长，女士们、先生们：

大家上午好！很高兴参加2016年中国信托业年会。在此，我代表中国银监会，对长期以来关心支持中国信托业发展的各地、各部门表示衷心感谢！

这次年会的主题是"信托业可持续发展之路"，这个主题符合当前国际、国内的宏观背景，也符合行业发展的共同关切。希望大家群策群力，共商行业发展大计。信托业是一个古老悠久的行业，有着独特的制度优势和功能作用，具有顽强的生命力。我国信托业自1979年正式恢复经营以来，跌宕起伏，风雨兼程，走过了30余年的改革与发展历程，既有深刻的历史教训，也有宝贵的发展经验。时至今天，信托业发展基础逐步夯实，风控能力不断提升，服务水平持续提高，整体而言，行业发生了很大的变化。主要体现在以下五个方面。

一是信托业成为我国金融体系中的重要一员。信托公司充分发挥信托的制度优势，主动回归业务本源，逐步形成了独特的优势，各项业务获得了长足的发展，行业规模逐步扩大，服务质效逐步提高，风控能力逐步增强，与30多年前相比，已不可同日而语。截至2016年11月末，全行业管理的信托资产余额已达18.91万亿元，成为我国金融体系中不可或缺的重要一员。

二是信托业成为服务实体经济的重要力量。近年来，信托公司积极贯彻落实国家宏观经济政策和产业政策，充分利用其业务经营综合性、灵活性、敏锐性的特点，以市场化方式聚集社会资金，通过多方式运用、跨市场配置，以债权融资、股权投资、投贷联动、产业基金、资产证券化等多种方式将社会闲置资金引入实体经济领域，有效弥补了传统银行信贷的不足，在支持"一带一路"建设、京津冀协同发展、长江经济带建设等国家重大战略方面，支持传统产业优化升级、战略性新兴产业发展、中小企业成长等国家重大政策实施方面都发挥了积极作用。

三是信托业成为国民财富创造的重要途径。随着我国经济持续增长，企业和个人财富迅速增加，对不同类型资产配置和财富传承的需求日益旺盛。信托业顺应这一趋势变化，发挥资产管理方面的专业优势，开发设计出多样化的信托产品，适应了金融消费者投资、消费、财富管理、慈善等多样化、特色化、个性化的金融需求，为客户资产的保值、增值提供了更多的渠道。截至2016年11月末，信托公司直接为超过43万名自然人投资者、近7万家机构投资者提供了信托服务，本年累计支付信托受益人收益达6 668.88亿元。

四是风险治理成为信托业管理的重要内容。我国信托业发展史，就是风险与治理的交替演进史。过去，信托业习惯“一条腿走路”，片面强调业务的快速拓展，“规模意识”“速度情结”根深蒂固，风险管理简单粗犷，因而屡屡陷入“大发展—大整顿”的怪圈。近年来，信托业深刻吸取了历史教训，普遍重视公司治理机制和内控机制的建设，积极构建与业务发展相匹配的科学风险管理体系，实现“两条腿走路”，“讲风控”的文化正在逐步形成，信托业实现了风险可控下的稳步发展。

五是信托业专业化监管迈出了重要一步。中国银监会成立之后，全面总结了信托公司的发展特点和规律，以“新两规”颁布为标志，建立起了一整套适合信托业发展的监管体系框架。2015年初，为适应信托业快速发展的需要，引领信托业科学转型，中国银监会成立信托监管部，进一步强化信托监管专业化水平。近年来，信托业各项监管规章制度日趋完善，行业监管评级和业务分类即将颁布，以风险为本的监管方式和监管工具不断丰富，监管工作的科学化、专业化、精细化水平有效增强。同时，信托业保障基金落地并有效运行，信托市场化风险处置工作稳步推进，行业保障机制初步建立。今天，中国信托登记有限责任公司的正式揭牌，将推动统一、有效的信托市场逐步形成，市场纪律和约束将进一步强化。加上之前已经成立的履行行业自律职能的中国信托业协会，在信托公司自身不断加强风控能力的同时，支持信托业发展的“一体三翼”架构全面建成，形成了监管部门为监管主体，行业自律、市场约束、安全保障为补充的多层次、多维度的信托业风险防控体系，支持信托业转型发展。

信托业能取得上述成绩，离不开党中央、国务院的正确领导，离不开社会各界的大力支持，更离不开全体信托从业人员和各级监管人员的共同努力，在此对大家的辛勤工作表示衷心的感谢！

当然，在看到成绩的同时，我们也要清醒地认识到当前信托业还存在着行业发展大而不强、战略定位模糊不清、风控能力有待加强等问题，需要我们在今后的工作中认真研究解决。中央经济工作会议刚刚闭幕，中央提出了2017年是供给侧结构性改革的深化之年。随着供给侧结构性改革的持续深入，我国经济转型升级步伐必将加快，给正处于转型发展路口的信托业提供了重要的战略机遇。我们要全面贯彻党的十八大和十八届三中、四中、五中、六中全会精神，在思想上、政治上、行动上与以习近平同志为核心的党中央保持高度一致，不断增强政治意识、大局意识、核心意识、看齐意识，认真学习、全面贯彻中央经济工作会议精神，坚持稳中求进的发展总基调，牢固树立和贯彻落实新发展理念，坚持信托本源特色，服务实体经济，强化创新意识，有效管控风险，努力打造信托特色品牌，培育信托“百年老店”。就下一步信托业发展，我讲五点意见。

一要坚持回归信托本源的基本定位。充分发挥信托本源价值和制度优势是信托公司安身立命之本。作为一项历史悠久、管理方式现代的财产管理和传承制度设计，信托的运用方式、范围和领域正在日益扩大。随着我国经济持续发展和社会财富的不断积累，信托业迎来重塑经营模式的重大机遇。今后，信托公司要继续坚持信托本业为主体、固有和其他中间业务为补充的总体思路，逐步由受托人发起向由委托人发起转型，聚焦资产管理、财富管理和受托服务三大领域，提升专业的资产管理能力，构建比较优势，致力于提供门类齐全、功能齐备的信托产品和信托服务，在优势领域巩固领先地位，在特色领域形成竞争优势，力争信托业发展根深本固、长盛不衰。

二要坚持服务实体经济的根本宗旨。支持实体经济是金融业生存发展的根本。信托公司必须坚持服务实体经济的本质要求，纠正目前行业发展“脱实向虚”的苗头，以提升实体经济发展的质量和效益为中心，以深化供给侧结构性改革为主线，加快发展战略转型，发挥好多层次、多领域、多渠道配置资源的独特优势，去通道、去链条、降杠杆，为实体经济提供针对性强、附加值高的金融服务，实现信托业与实体经济的良性互动、协调发展。要通过积极开展投贷联动、债转股、并购基金、资产证券化等业务，支持优质企业通过兼并重组去产能，去杠杆，升级做强；要研究推出信托直接融资工具，帮助企业降低融资成本；要积极探索土地流转信托，助力农业供给侧结构性改革、棚户区改造和新型城镇化建设；要规范发展消费信托、互联网信托，服务扩大内需、消费升级和民生改善；要扩大公益（慈善）信托规模，推动精准扶贫、精准脱贫，积极履行社会责任。

三要坚持创新发展的市场化导向。信托公司一直都处于我国金融创新的前沿，快速响应市场需求和市场化运作模式是信托业的发展动力和优势。信托公司要顺应我国经济结构调整、产业转型升级的大趋势，按照“三个有利于”原则（有利于提升服务实体经济的效率、有利于降低金融风险、有利于保护投资者的合法权益）积极开展创新。要真正发挥“实业投行”资源禀赋优势，主动创新适应市场需求的业务和产品，有效搭建起资金市场和实业市场的桥梁，大力支持国企改革、战略性新兴行业、科技企业发展，提高服务实体经济的效率；要按照“透明、隔离、可控”的原则开展交叉产品创新，不能为规避监管和隐匿风险而搞变相创新，始终做到风险“看得见、管得了、控得住”，降低跨市场和跨行业金融风险；要进一步丰富信托产品的供给，提高客户服务质量，为金融消费者提供多样化选择，保护投资者合法权益。

四要坚持培育有信托业特色的风控文化。信托业作为一个极富特色的金融子业，其业态和风险特征与传统银行业有诸多差异。以往历次信托业清理整顿的根本原因就是信托公司偏离了信托的实质，把信托业务做成了信贷业务，致使风险在信托公司体内积聚并爆发危机。信托公司要认真吸取历史经验与教训，准确把握“卖者尽责、买者自负”的信托本质文化，下决心在体制机制上解决“信息不对称”问题，谨慎、勤勉履行受托责任，构建符合信托业特点的风控文化、经营理念、组织架构、交易工具和信息系统，在转型发展中守住合规底线。要完善信托业“八大机制”建设，强化信托业“八大责任”意识，清晰界定信托公司在不同类型业务中的受托责任，不断加强信托文化的培育发扬，加强金融消费者教育引导，为信托业健康发展打造良好的发展环境。

五要坚持审慎、从严的监管导向。当前，信托公司在发展过程中，显性和隐性风险同时存在，需要不断提高审慎监管的前瞻性和主动性，确保信托业风险总体可控，从而维护金融体系的稳健性。要夯实监管基础，进一步丰富符合信托业务特点的风险监管指标和工具，强化风险资本约束，完善净资本管理，培育信托公司的审慎经营理念，督促行业不断提高风险识别、计量、管理和控制水平，筑牢防范单体机构风险的第一道防线。要以监管评级体系为抓手，合理配置监管资源，有效实施分类监管，充分体现扶优限劣；按照“一司一策”的原则紧盯重点风险领域，适时开展风险排查，及时做好风险防范和化解工作。要继续研究完善监管规制和长效机制建设，积极适应新的监管形势要求，及时洞察新兴业务领域的风险演化趋势，构建常态化的风险揭示机制，坚决守住不发生系统性金融风险的底线。要强化属地监管责任，加强联动监管，既要各司其职，又要加强协同，优化监管方式，形成监管合力，杜绝监管盲区。要继续加大“放管服”改革，进一步贯彻落实简政放权的精神要求，围绕营造公平竞争环境强化监管，探索适合信托业发展特点和风险特征的审慎监管方式，使信托业包容有序、充满活力。

同志们，我国经济正处于转型升级发展的重要战略机遇期，信托公司发展空间广阔，我们对信托业可持续发展的前景充满信心。让我们紧密团结在以习近平同志为核心的党中央周围，坚定信心，坚持特色，奋发有为，加倍努力，共同创造信托业更加辉煌的未来，为我国经济金融发展贡献更大的力量！

谢谢大家！

引导回归信托本源　积极服务实体经济 推动信托业持续稳健发展

中国银监会信托部主任　邓智毅

2016 年，在中国银监会党委的正确领导下，信托监管系统认真贯彻落实国务院领导关于信托业监管的重要批示精神和会党委的决策部署，多措并举落实监管责任，不断完善监管体系和市场基础设施建设，加大风险防控力度，推进行业改革发展，积极支持实体经济。一年来，信托业转型发展势头良好，经营状况持续改善，行业风险总体可控，跳出了历史上信托业每逢经济调整必整顿的怪圈，正处于历史发展的较好时期。

一、2016 年信托业发展取得较为显著的成绩

（一）转型发展势头良好，回归本源初见成效

一是回归信托主业。信托业务成为行业利润增长的主要来源，2016 年全行业实现信托业务收入 749.61 亿元，占营业收入的 67.76%，同比上升 8.26 个百分点。二是回归实体经济。信托公司加大创新力度，充分利用其业务经营综合性、灵活性、敏锐性的特点，积极支持实体经济。截至 2016 年末，全行业投入实体经济领域的信托资产达 12.71 万亿元，同比增长 20.07%。三是回归信托本源。信托公司积极布局家族信托、企业年金信托、慈善信托、资产证券化等信托本源业务，主动压缩通道类信托业务，积极打造“专属捕鱼区”。四是回归风险防控。信托公司开始普遍重视公司治理机制和内控机制的建设，从战略高度强化风险管理，提升风险管理技术，优化绩效考核体系，实现风险可控下的稳步发展。

（二）经营状况持续改善，行业地位稳步提升

一是资产规模稳步增长。截至 2016 年末，全行业受托管理信托资产余额为 20.22 万亿元，同比增长 24.01%，成长为金融业第二大子业；固有资产余额为 5 569.96 亿元，同比增长

20.47%。二是盈利能力持续提高。全行业实现净利润608.06亿元，同比增长4.12%。三是资本实力不断增强。截至2016年末，全行业所有者权益为4 501.86亿元，其中，实收资本为2 038.16亿元，同比增长23.34%。四是投资者收益逐年增加。2016年，信托公司清算信托项目累计支付受益人收益合计7 587亿元，同比增加318亿元，清算信托项目平均年化综合回报率达7.72%，处于市场同类产品前列。五是行业风险整体可控。2016年末，信托资产风险率为0.58%，比年初下降0.02个百分点；平均净资本覆盖率为197.26%，保持较高水平。

（三）创新方式支持“去降补”，服务实体经济质效显著提高

一是优化信托资产投向结构。主动对接“一带一路”、京津冀协同发展、长江经济带建设等重大项目，降低地方政府融资平台、房地产和产能过剩行业的信托资产占比，不断增加新兴产业的信托业务。二是帮助企业“去杠杆”。信托公司通过探索开展投贷联动，支持科创企业发展；联合银行设立债转股基金，以股权投资置换银行贷款，帮助优质企业去杠杆。三是助力产业结构升级。通过设立并购基金帮助产能过剩领域的龙头企业兼并重组、升级做强；通过消费信托将消费权益与金融服务有机结合，促进文化、教育等第三产业增加有效供给。四是积极“补短板”。信托公司通过股权投资、股债结合、应收账款收益权融资等信托产品，拓宽小微企业融资渠道。截至2016年末，投向小微企业的信托资产为1.77万亿元，同比增长54.27%。大力支持保障性住房建设、棚户区改造等惠民生项目，投向保障性安居工程的信托资产为1 318.89亿元，同比增长6.47%。

（四）行业顶层设计深入推进，监管质效持续提升

一是更新信托公司监管评级制度。新评级制度同时评估信托公司单体机构经营稳健度和系统性风险影响，评级结果更科学、全面。同时，评级结果与业务市场准入直接挂钩，将分类监管落到实处。二是推动慈善信托写入《慈善法》。新颁布的《慈善法》专设“慈善信托”一章，明确了慈善信托的受托人可由信托公司担任，支持信托本源业务发展的制度环境不断完善。三是“一体三翼”监管运行体系初步建立。2016年12月，中国信托登记有限责任公司（以下简称信登公司）正式成立，标志着中国银监会构建的信托业“一体三翼”监管运行体系初步形成。“一体”指中国银监会及其派出机构对信托业的监管工作；“三翼”指信托业协会发挥行业自律作用，信托业保障基金发挥行业保障机制作用，信登公司建设信托产品登记和交易流转机制发挥市场约束作用。“一体”和“三翼”相互支持，监管合力逐步增强，共同为信托业转型发展保驾护航。四是加强监管协调。督促信托公司属地银监局和异地业务所在地银监局建立监管协调互动机制。强化信托部和各银监局上下监管联动，加强政策指导、风险提示和信息沟通。与中国证监会等其他监管部门建立交叉产品信息共享和监管协作机制，定期共享监管数据，积极参

与统一监管规制建设，取得较好效果。

二、加强监管引领，促进信托回归业务本源

当前，信托业转型发展正处于关键时期，我们要按照中国银监会党委的工作部署，将监管工作的重点放在推动信托业回归本源上来，推动信托业围绕制度优势来确定竞争优势，在金融子业中始终保持重要独特的地位。

（一）引导信托公司完善公司治理

指导信托公司制定科学清晰的发展战略和可操作的业务规划，逐步回归资产管理、财富管理和受托服务三大本源领域。督促信托公司优化股权结构，完善“三会一层”的制衡机制，维护公司经营管理的独立性。督促信托公司致力于构建“激励相容、权责对等”的激励约束机制，按照“受益人利益最大化”的原则，培育良好的受托文化，切实履行好诚信、谨慎管理的受托义务。

（二）积极推进信托公司业务分类试点

业务分类是厘清信托业务界限、重构信托业务模式、促进信托回归本源的重要基础性工作。监管部门将在遵循自愿原则下选择部分信托公司开展前期试点，认真总结试点工作经验并完善分类，不断提高信托业务的规范化、透明化程度。

（三）鼓励信托公司稳步开展创新

坚决纠正信托公司“不当创新”的错误做法，鼓励信托公司围绕市场需求和回归本源价值开展创新。鼓励信托公司围绕新的市场需求，在体现信托本源的业务上加大创新，充分发挥信托关系独有的制度优势，打造专属领域。鼓励信托公司选择适合自身深耕的业务领域，积极创新业务品种，逐渐培育竞争力，打造特色品牌，在市场上牢牢占据一席之地。

三、围绕供给侧结构性改革，提升服务实体经济水平

2017 年是供给侧结构性改革的深化之年，信托监管条线要在深刻理解“经济决定金融、金融服务经济”辩证关系的基础上，加强监管引领，督促信托公司紧扣“三去一降一补”，调整业务结构，优化产品体系，提升服务水平，更好地支持实体经济发展。

（一）引导信托公司积极支持国家重大发展战略

引导信托公司紧紧围绕“十三五”规划纲要确定的全局性、基础性、战略性重大工程项目提供金融服务，加大对“一带一路”、京津冀协同发展、长江经济带建设的支持力度，支持信托公司开展投贷联动业务，服务科技创新企业发展，鼓励信托公司开展铁路发展基金专项信托业务试点，强化对铁路建设中长期资金的支持。

（二）引导信托公司积极支持去产能

对技术设备先进、产品有竞争力、发展前景良好的企业，引导信托公司继续给予合理的资金支持。对于暂时困难的企业，引导信托公司积极加入债权人委员会，维护信托公司合法权益。对不符合国家产业政策规定的落后产能企业和“僵尸”企业，逐步压缩退出，稳步化解风险项目。

（三）引导信托公司积极支持去库存

坚决贯彻落实国家房地产宏观调控政策，合理控制热点城市房地产信托业务规模，支持三四线城市公共基础设施建设和棚户区改造。大力发展资产证券化业务，拓展信贷资产证券化基础资产范围，积极探索开展企业资产证券化。拓展消费信托业务，将传统消费品制造业去库存与促进消费升级结合，增加高端消费有效供给，提高消费水平。

（四）引导信托公司积极支持去杠杆

积极参与市场化债转股业务，帮助企业降杠杆；鼓励信托公司探索通过股权投资专业子公司，提高股权投资业务专业化水平；创新信政合作业务，通过开展 PPP 业务等方式降低地方政府负债水平。

（五）引导信托公司积极支持降成本

督促信托公司主动去通道、去链条，研究推出信托直接融资工具。清理不合理收费，严格控制收费水平。创新中小企业金融产品和服务方式，解决融资难、融资贵的问题。

（六）引导信托公司积极支持补短板

鼓励信托公司积极开展慈善信托，扩大公益（慈善）信托规模；鼓励信托公司创新农业金融产品体系和服务模式，提供农业供应链一条龙金融服务，加大优质农业企业股权投资，拓宽农产品消费信托范围，服务农业供给侧结构性改革；支持信托公司探索绿色金融模式，将信托资金投向清洁能源、生态建设等新兴产业。

四、着力防控重点风险，坚决守住风险底线

当前，虽然信托业风险水平整体可控，但在经济增速放缓、产业结构深度调整的背景下，信托业风险正在加快暴露，与其他行业风险相互传染性增强，而风险识别和统计却明显滞后，信托业实际风险水平可能会比我们预估的要高，风险隐患不容忽视，对此必须保持高度警惕并有清醒认识。2017 年，要把防控金融风险放在更重要的位置，坚持问题导向，突出重点、统筹兼顾，做好应对更加复杂、更加严峻局面的准备。

（一）严控信用风险

强化信用风险识别监测，加强房地产、产能过剩、信政合作等重点领域信用风险防控力度，关注信托公司以各种接盘方式处置风险的真实性，督促信托公司真实、妥善化解风险，督促信托公司加强资本管理，足额计提拨备，提高风险抵御能力。

（二）严盯流动性风险

建立流动性风险监管制度和指标体系，确保流动性风险监管全覆盖；加强流动性风险识别、计量、监测和控制，做好流动性风险防控预案；发挥信托业保障基金在防范、化解流动性风险方面的积极作用；推动信托产品登记流转平台建设，为信托公司化解、处置风险提供市场便利。

（三）严管交叉性金融风险

加强政策引导，督促信托公司提高主动管理能力和信托服务水平，逐渐降低对通道类信托的依赖度；加大检查力度，督促信托公司以合同形式厘清交叉金融业务参与各方的权利和义务，明确主体责任；落实穿透原则，强化信息披露和资金流向监测。

（四）严查合规风险

完善合规风险治理体系；督促信托公司系统梳理相关制度，查漏补缺、补齐短板，同时强化合规执行力度，加大查处问责力度。

（五）严防操作风险

指导中国信托业协会发布《信托公司尽职管理指引》，明确尽职管理相关要求；加强经营行为全流程监管，定期排查隐患、报告问题、整改落实；督促信托公司落实金融消费者权益保护

的主体责任，强化消费者权益保护。

（六）有效弥补监管空白或不足

加强集团并表管理，防止母子公司风险传导和监管套利。规范信托公司开展的私募投资基金以及与非金融机构开展的业务合作，加强合规管理和风险治理。

五、强化责任担当，提高监管工作质效

2016 年，中央经济工作会议明确提出，要提高和改进监管能力，要求金融监管部门严格监管。中国银监会年初工作会议也强调 2017 年监管工作的重点是强化责任担当，做到敢于监管、敢于担当、敢于亮剑，并把能不能担当作为检验党性强不强的重要标准。监管部门 2017 年要进一步增强责任感和使命感，强化监管履职和担当，敢于直面矛盾和问题，让监管真正强起来、严起来，真正成为国家和人民放心的看门人和守夜人。

（一）加大监管制度建设力度

制定《慈善信托管理办法》，促使慈善信托成为慈善事业的一股清流并不断发展壮大；推动《信托公司条例》立法进程；加强信托业务分类制度建设，为加强全面风险防控奠定基础；探索信托公司并表管理制度，研究出台信托公司专业子公司管理制度办法。

（二）加大检查处罚力度

加强信托监管信息平台建设，提高信息采集质量和效率；强化风险排查，摸清风险底数；强化现场检查，保质、保量完成中国银监会部署的各项专项行动和专项治理现场检查；强化监管处罚，坚持有查必处，严格处罚标准，实行罚管挂钩，使查处真正成为监管的利剑。

（三）加大联动监管力度

进一步完善强化中国银监会与“一行两会”的跨业监管联动，中国银监会与各银监局之间、各银监局相互之间的系统内部联动，以及银监局与地方政府间的地方联动，切实提高监管有效性。

（四）加大市场机制建设力度

指导中国信托业协会继续履行好行业自律职能，完善信托业保障机制，指导信托产品登记信息系统尽快建成并上线运行。

六、加大从严治党力度，落实党建工作责任

信托监管系统要认真学习党的十八大和十八届三中、四中、五中、六中全会以及习近平总书记系列重要讲话精神，进一步增强“四个意识”特别是核心意识、看齐意识，更加紧密地团结在以习近平同志为核心的党中央周围，更加坚定地维护以习近平同志为核心的党中央权威，更加自觉地在思想上、政治上、行动上同以习近平同志为核心的党中央保持高度一致，更加扎实地把党中央的各项决策部署落到实处，确保中央金融工作方针政策和中国银监会党委各项工作部署在信托业得到坚决全面贯彻落实。同时，要坚决把管党治党、从严治党的政治责任扛在肩上，坚持把纪律和规矩挺在前面，培养造就一支具有铁一般信仰、铁一般信念、铁一般纪律、铁一般担当的信托监管队伍，坚决完成好中国银监会党委赋予我们的信托监管工作任务。

2017 年是供给侧结构性改革的深化之年，也是信托业改革转型的深化之年。面对 2017 年光荣而艰巨的监管工作任务，我们要按照中国银监会党委的工作部署，坚定信心，强化担当，奋力拼搏，引导信托业回归业务本源，提升服务经济质效，坚决守住不发生系统性风险的底线，以优异的监管成绩迎接党的十九大胜利召开！

政策法规

中华人民共和国慈善法

（中华人民共和国主席令第四十三号）

《中华人民共和国慈善法》已由中华人民共和国第十二届全国人民代表大会第四次会议于2016年3月16日通过，现予公布，自2016年9月1日起施行。

中华人民共和国主席　习近平

2016年3月16日

（2016年3月16日第十二届全国人民代表大会第四次会议通过）

第一章　总　则

第一条　为了发展慈善事业，弘扬慈善文化，规范慈善活动，保护慈善组织、捐赠人、志愿者、受益人等慈善活动参与者的合法权益，促进社会进步，共享发展成果，制定本法。

第二条　自然人、法人和其他组织开展慈善活动以及与慈善有关的活动，适用本法。其他法律有特别规定的，依照其规定。

第三条　本法所称慈善活动，是指自然人、法人和其他组织以捐赠财产或者提供服务等方式，自愿开展的下列公益活动：

（一）扶贫、济困；

（二）扶老、救孤、恤病、助残、优抚；

（三）救助自然灾害、事故灾难和公共卫生事件等突发事件造成的损害；

（四）促进教育、科学、文化、卫生、体育等事业的发展；

（五）防治污染和其他公害，保护和改善生态环境；

（六）符合本法规定的其他公益活动。

第四条 开展慈善活动，应当遵循合法、自愿、诚信、非营利的原则，不得违背社会公德，不得危害国家安全、损害社会公共利益和他人合法权益。

第五条 国家鼓励和支持自然人、法人和其他组织践行社会主义核心价值观，弘扬中华民族传统美德，依法开展慈善活动。

第六条 国务院民政部门主管全国慈善工作，县级以上地方各级人民政府民政部门主管本行政区域内的慈善工作；县级以上人民政府有关部门依照本法和其他有关法律法规，在各自的职责范围内做好相关工作。

第七条 每年9月5日为“中华慈善日”。

第二章 慈善组织

第八条 本法所称慈善组织，是指依法成立、符合本法规定，以面向社会开展慈善活动为宗旨的非营利性组织。

慈善组织可以采取基金会、社会团体、社会服务机构等组织形式。

第九条 慈善组织应当符合下列条件：

（一）以开展慈善活动为宗旨；

（二）不以营利为目的；

（三）有自己的名称和住所；

（四）有组织章程；

（五）有必要的财产；

（六）有符合条件的组织机构和负责人；

（七）法律、行政法规规定的其他条件。

第十条 设立慈善组织，应当向县级以上人民政府民政部门申请登记，民政部门应当自受理申请之日起三十日内作出决定。符合本法规定条件的，准予登记并向社会公告；不符合本法规定条件的，不予登记并书面说明理由。

本法公布前已经设立的基金会、社会团体、社会服务机构等非营利性组织，可以向其登记的民政部门申请认定为慈善组织，民政部门应当自受理申请之日起二十日内作出决定。符合慈善组织条件的，予以认定并向社会公告；不符合慈善组织条件的，不予认定并书面说明理由。

有特殊情况需要延长登记或者认定期限的，报经国务院民政部门批准，可以适当延长，但延长的期限不得超过六十日。

第十一条 慈善组织的章程，应当符合法律法规的规定，并载明下列事项：

（一）名称和住所；

（二）组织形式；

（三）宗旨和活动范围；

（四）财产来源及构成；

（五）决策、执行机构的组成及职责；

（六）内部监督机制；

（七）财产管理使用制度；

（八）项目管理制度；

（九）终止情形及终止后的清算办法；

（十）其他重要事项。

第十二条 慈善组织应当根据法律法规以及章程的规定，建立健全内部治理结构，明确决策、执行、监督等方面的职责权限，开展慈善活动。

慈善组织应当执行国家统一的会计制度，依法进行会计核算，建立健全会计监督制度，并接受政府有关部门的监督管理。

第十三条 慈善组织应当每年向其登记的民政部门报送年度工作报告和财务会计报告。报告应当包括年度开展募捐和接受捐赠情况、慈善财产的管理使用情况、慈善项目实施情况以及慈善组织工作人员的工资福利情况。

第十四条 慈善组织的发起人、主要捐赠人以及管理人员，不得利用其关联关系损害慈善组织、受益人的利益和社会公共利益。

慈善组织的发起人、主要捐赠人以及管理人员与慈善组织发生交易行为的，不得参与慈善组织有关该交易行为的决策，有关交易情况应当向社会公开。

第十五条 慈善组织不得从事、资助危害国家安全和社会公共利益的活动，不得接受附加违反法律法规和违背社会公德条件的捐赠，不得对受益人附加违反法律法规和违背社会公德的条件。

第十六条 有下列情形之一的，不得担任慈善组织的负责人：

（一）无民事行为能力或者限制民事行为能力的；

（二）因故意犯罪被判处刑罚，自刑罚执行完毕之日起未逾五年的；

（三）在被吊销登记证书或者被取缔的组织担任负责人，自该组织被吊销登记证书或者被取缔之日起未逾五年的；

（四）法律、行政法规规定的其他情形。

第十七条 慈善组织有下列情形之一的，应当终止：

（一）出现章程规定的终止情形的；

（二）因分立、合并需要终止的；

（三）连续二年未从事慈善活动的；

（四）依法被撤销登记或者吊销登记证书的；

（五）法律、行政法规规定应当终止的其他情形。

第十八条 慈善组织终止，应当进行清算。

慈善组织的决策机构应当在本法第十七条规定的终止情形出现之日起三十日内成立清算组进行清算，并向社会公告。不成立清算组或者清算组不履行职责的，民政部门可以申请人民法院指定有关人员组成清算组进行清算。

慈善组织清算后的剩余财产，应当按照慈善组织章程的规定转给宗旨相同或者相近的慈善组织；章程未规定的，由民政部门主持转给宗旨相同或者相近的慈善组织，并向社会公告。

慈善组织清算结束后，应当向其登记的民政部门办理注销登记，并由民政部门向社会公告。

第十九条 慈善组织依法成立行业组织。

慈善行业组织应当反映行业诉求，推动行业交流，提高慈善行业公信力，促进慈善事业发展。

第二十条 慈善组织的组织形式、登记管理的具体办法由国务院制定。

第三章 慈善募捐

第二十一条 本法所称慈善募捐，是指慈善组织基于慈善宗旨募集财产的活动。

慈善募捐，包括面向社会公众的公开募捐和面向特定对象的定向募捐。

第二十二条 慈善组织开展公开募捐，应当取得公开募捐资格。依法登记满二年的慈善组织，可以向其登记的民政部门申请公开募捐资格。民政部门应当自受理申请之日起二十日内作出决定。慈善组织符合内部治理结构健全、运作规范的条件的，发给公开募捐资格证书；不符合条件的，不发给公开募捐资格证书并书面说明理由。

法律、行政法规规定自登记之日起可以公开募捐的基金会和社会团体，由民政部门直接发给公开募捐资格证书。

第二十三条 开展公开募捐，可以采取下列方式：

（一）在公共场所设置募捐箱；

（二）举办面向社会公众的义演、义赛、义卖、义展、义拍、慈善晚会等；

（三）通过广播、电视、报刊、互联网等媒体发布募捐信息；

（四）其他公开募捐方式。

慈善组织采取前款第一项、第二项规定的方式开展公开募捐的，应当在其登记的民政部门管辖区域内进行，确有必要在其登记的民政部门管辖区域外进行的，应当报其开展募捐活动所在地的县级以上人民政府民政部门备案。捐赠人的捐赠行为不受地域限制。

慈善组织通过互联网开展公开募捐的，应当在国务院民政部门统一或者指定的慈善信息平台发布募捐信息，并可以同时在其网站发布募捐信息。

第二十四条 开展公开募捐，应当制定募捐方案。募捐方案包括募捐目的、起止时间和地域、活动负责人姓名和办公地址、接受捐赠方式、银行账户、受益人、募得款物用途、募捐成本、剩余财产的处理等。

募捐方案应当在开展募捐活动前报慈善组织登记的民政部门备案。

第二十五条 开展公开募捐，应当在募捐活动现场或者募捐活动载体的显著位置，公布募捐组织名称、公开募捐资格证书、募捐方案、联系方式、募捐信息查询方法等。

第二十六条 不具有公开募捐资格的组织或者个人基于慈善目的，可以与具有公开募捐资格的慈善组织合作，由该慈善组织开展公开募捐并管理募得款物。

第二十七条 广播、电视、报刊以及网络服务提供者、电信运营商，应当对利用其平台开展公开募捐的慈善组织的登记证书、公开募捐资格证书进行验证。

第二十八条 慈善组织自登记之日起可以开展定向募捐。

慈善组织开展定向募捐，应当在发起人、理事会成员和会员等特定对象的范围内进行，并向募捐对象说明募捐目的、募得款物用途等事项。

第二十九条 开展定向募捐，不得采取或者变相采取本法第二十三条规定的方式。

第三十条 发生重大自然灾害、事故灾难和公共卫生事件等突发事件，需要迅速开展救助时，有关人民政府应当建立协调机制，提供需求信息，及时有序引导开展募捐和救助活动。

第三十一条 开展募捐活动，应当尊重和维护募捐对象的合法权益，保障募捐对象的知情权，不得通过虚构事实等方式欺骗、诱导募捐对象实施捐赠。

第三十二条 开展募捐活动，不得摊派或者变相摊派，不得妨碍公共秩序、企业生产经营和居民生活。

第三十三条 禁止任何组织或者个人假借慈善名义或者假冒慈善组织开展募捐活动，骗取财产。

第四章 慈善捐赠

第三十四条 本法所称慈善捐赠，是指自然人、法人和其他组织基于慈善目的，自愿、无偿赠与财产的活动。

第三十五条 捐赠人可以通过慈善组织捐赠，也可以直接向受益人捐赠。

第三十六条 捐赠人捐赠的财产应当是其有权处分的合法财产。捐赠财产包括货币、实物、房屋、有价证券、股权、知识产权等有形和无形财产。

捐赠人捐赠的实物应当具有使用价值，符合安全、卫生、环保等标准。

捐赠人捐赠本企业产品的，应当依法承担产品质量责任和义务。

第三十七条 自然人、法人和其他组织开展演出、比赛、销售、拍卖等经营性活动，承诺将全部或者部分所得用于慈善目的的，应当在举办活动前与慈善组织或者其他接受捐赠的人签订捐赠协议，活动结束后按照捐赠协议履行捐赠义务，并将捐赠情况向社会公开。

第三十八条 慈善组织接受捐赠，应当向捐赠人开具由财政部门统一监（印）制的捐赠票据。捐赠票据应当载明捐赠人、捐赠财产的种类及数量、慈善组织名称和经办人姓名、票据日期等。捐赠人匿名或者放弃接受捐赠票据的，慈善组织应当做好相关记录。

第三十九条 慈善组织接受捐赠，捐赠人要求签订书面捐赠协议的，慈善组织应当与捐赠人签订书面捐赠协议。

书面捐赠协议包括捐赠人和慈善组织名称，捐赠财产的种类、数量、质量、用途、交付时间等内容。

第四十条 捐赠人与慈善组织约定捐赠财产的用途和受益人时，不得指定捐赠人的利害关系人作为受益人。

任何组织和个人不得利用慈善捐赠违反法律规定宣传烟草制品，不得利用慈善捐赠以任何方式宣传法律禁止宣传的产品和事项。

第四十一条 捐赠人应当按照捐赠协议履行捐赠义务。捐赠人违反捐赠协议逾期未交付捐赠财产，有下列情形之一的，慈善组织或者其他接受捐赠的人可以要求交付；捐赠人拒不交付的，慈善组织和其他接受捐赠的人可以依法向人民法院申请支付令或者提起诉讼：

（一）捐赠人通过广播、电视、报刊、互联网等媒体公开承诺捐赠的；

（二）捐赠财产用于本法第三条第一项至第三项规定的慈善活动，并签订书面捐赠协议的。

捐赠人公开承诺捐赠或者签订书面捐赠协议后经济状况显著恶化，严重影响其生产经营或者家庭生活的，经向公开承诺捐赠地或者书面捐赠协议签订地的民政部门报告并向社会公开说明情况后，可以不再履行捐赠义务。

第四十二条 捐赠人有权查询、复制其捐赠财产管理使用的有关资料，慈善组织应当及时主动向捐赠人反馈有关情况。

慈善组织违反捐赠协议约定的用途，滥用捐赠财产的，捐赠人有权要求其改正；拒不改正的，捐赠人可以向民政部门投诉、举报或者向人民法院提起诉讼。

第四十三条 国有企业实施慈善捐赠应当遵守有关国有资产管理的规定，履行批准和备案程序。

第五章 慈善信托

第四十四条 本法所称慈善信托属于公益信托，是指委托人基于慈善目的，依法将其财产委托给受托人，由受托人按照委托人意愿以受托人名义进行管理和处分，开展慈善活动的行为。

第四十五条 设立慈善信托、确定受托人和监察人，应当采取书面形式。受托人应当在慈善信托文件签订之日起七日内，将相关文件向受托人所在地县级以上人民政府民政部门备案。

未按照前款规定将相关文件报民政部门备案的，不享受税收优惠。

第四十六条 慈善信托的受托人，可以由委托人确定其信赖的慈善组织或者信托公司担任。

第四十七条 慈善信托的受托人违反信托义务或者难以履行职责的，委托人可以变更受托人。变更后的受托人应当自变更之日起七日内，将变更情况报原备案的民政部门重新备案。

第四十八条 慈善信托的受托人管理和处分信托财产，应当按照信托目的，恪尽职守，履行诚信、谨慎管理的义务。

慈善信托的受托人应当根据信托文件和委托人的要求，及时向委托人报告信托事务处理情况、信托财产管理使用情况。慈善信托的受托人应当每年至少一次将信托事务处理情况及财务状况向其备案的民政部门报告，并向社会公开。

第四十九条 慈善信托的委托人根据需要，可以确定信托监察人。

信托监察人对受托人的行为进行监督，依法维护委托人和受益人的权益。信托监察人发现受托人违反信托义务或者难以履行职责的，应当向委托人报告，并有权以自己的名义向人民法院提起诉讼。

第五十条 慈善信托的设立、信托财产的管理、信托当事人、信托的终止和清算等事项，本章未规定的，适用本法其他有关规定；本法未规定的，适用《中华人民共和国信托法》的有关规定。

第六章 慈善财产

第五十一条 慈善组织的财产包括：

（一）发起人捐赠、资助的创始财产；

（二）募集的财产；

（三）其他合法财产。

第五十二条 慈善组织的财产应当根据章程和捐赠协议的规定全部用于慈善目的，不得在发起人、捐赠人以及慈善组织成员中分配。

任何组织和个人不得私分、挪用、截留或者侵占慈善财产。

第五十三条 慈善组织对募集的财产，应当登记造册，严格管理，专款专用。

捐赠人捐赠的实物不易储存、运输或者难以直接用于慈善目的的，慈善组织可以依法拍卖或者变卖，所得收入扣除必要费用后，应当全部用于慈善目的。

第五十四条 慈善组织为实现财产保值、增值进行投资的，应当遵循合法、安全、有效的原则，投资取得的收益应当全部用于慈善目的。慈善组织的重大投资方案应当经决策机构组成人员三分之二以上同意。政府资助的财产和捐赠协议约定不得投资的财产，不得用于投资。慈善组织的负责人和工作人员不得在慈善组织投资的企业兼职或者领取报酬。

前款规定事项的具体办法，由国务院民政部门制定。

第五十五条 慈善组织开展慈善活动，应当依照法律法规和章程的规定，按照募捐方案或者捐赠协议使用捐赠财产。慈善组织确需变更募捐方案规定的捐赠财产用途的，应当报民政部门备案；确需变更捐赠协议约定的捐赠财产用途的，应当征得捐赠人同意。

第五十六条 慈善组织应当合理设计慈善项目，优化实施流程，降低运行成本，提高慈善财产使用效益。

慈善组织应当建立项目管理制度，对项目实施情况进行跟踪监督。

第五十七条 慈善项目终止后捐赠财产有剩余的，按照募捐方案或者捐赠协议处理；募捐方案未规定或者捐赠协议未约定的，慈善组织应当将剩余财产用于目的相同或者相近的其他慈善项目，并向社会公开。

第五十八条 慈善组织确定慈善受益人，应当坚持公开、公平、公正的原则，不得指定慈善组织管理人员的利害关系人作为受益人。

第五十九条 慈善组织根据需要可以与受益人签订协议，明确双方权利义务，约定慈善财产的用途、数额和使用方式等内容。

受益人应当珍惜慈善资助，按照协议使用慈善财产。受益人未按照协议使用慈善财产或者有其他严重违反协议情形的，慈善组织有权要求其改正；受益人拒不改正的，慈善组织有权解除协议并要求受益人返还财产。

第六十条 慈善组织应当积极开展慈善活动，充分、高效运用慈善财产，并遵循管理费用最必要原则，厉行节约，减少不必要的开支。慈善组织中具有公开募捐资格的基金会开展慈善活动的年度支出，不得低于上一年总收入的百分之七十或者前三年收入平均数额的百分之七十；年度管理费用不得超过当年总支出的百分之十，特殊情况下，年度管理费用难以符合前述规定的，应当报告其登记的民政部门并向社会公开说明情况。

具有公开募捐资格的基金会以外的慈善组织开展慈善活动的年度支出和管理费用的标准，由国务院民政部门会同国务院财政、税务等部门依照前款规定的原则制定。

捐赠协议对单项捐赠财产的慈善活动支出和管理费用有约定的，按照其约定。

第七章　慈善服务

第六十一条 本法所称慈善服务，是指慈善组织和其他组织以及个人基于慈善目的，向社会或者他人提供的志愿无偿服务以及其他非营利服务。

慈善组织开展慈善服务，可以自己提供或者招募志愿者提供，也可以委托有服务专长的其他组织提供。

第六十二条 开展慈善服务，应当尊重受益人、志愿者的人格尊严，不得侵害受益人、志愿者的隐私。

第六十三条 开展医疗康复、教育培训等慈善服务，需要专门技能的，应当执行国家或者行业组织制定的标准和规程。

慈善组织招募志愿者参与慈善服务，需要专门技能的，应当对志愿者开展相关培训。

第六十四条 慈善组织招募志愿者参与慈善服务，应当公示与慈善服务有关的全部信息，告知服务过程中可能发生的风险。

慈善组织根据需要可以与志愿者签订协议，明确双方权利义务，约定服务的内容、方式和时间等。

第六十五条 慈善组织应当对志愿者实名登记，记录志愿者的服务时间、内容、评价等信息。根据志愿者的要求，慈善组织应当无偿、如实出具志愿服务记录证明。

第六十六条 慈善组织安排志愿者参与慈善服务，应当与志愿者的年龄、文化程度、技能和身体状况相适应。

第六十七条 志愿者接受慈善组织安排参与慈善服务的，应当服从管理，接受必要的培训。

第六十八条 慈善组织应当为志愿者参与慈善服务提供必要条件，保障志愿者的合法权益。

慈善组织安排志愿者参与可能发生人身危险的慈善服务前，应当为志愿者购买相应的人身意外伤害保险。

第八章　信息公开

第六十九条 县级以上人民政府建立健全慈善信息统计和发布制度。

县级以上人民政府民政部门应当在统一的信息平台，及时向社会公开慈善信息，并免费提供慈善信息发布服务。

慈善组织和慈善信托的受托人应当在前款规定的平台发布慈善信息，并对信息的真实性负责。

第七十条 县级以上人民政府民政部门和其他有关部门应当及时向社会公开下列慈善信息：

（一）慈善组织登记事项；

（二）慈善信托备案事项；

（三）具有公开募捐资格的慈善组织名单；

（四）具有出具公益性捐赠税前扣除票据资格的慈善组织名单；

（五）对慈善活动的税收优惠、资助补贴等促进措施；

（六）向慈善组织购买服务的信息；

（七）对慈善组织、慈善信托开展检查、评估的结果；

（八）对慈善组织和其他组织以及个人的表彰、处罚结果；

（九）法律法规规定应当公开的其他信息。

第七十一条 慈善组织、慈善信托的受托人应当依法履行信息公开义务。信息公开应当真实、完整、及时。

第七十二条 慈善组织应当向社会公开组织章程和决策、执行、监督机构成员信息以及国务院民政部门要求公开的其他信息。上述信息有重大变更的，慈善组织应当及时向社会公开。

慈善组织应当每年向社会公开其年度工作报告和财务会计报告。具有公开募捐资格的慈善组织的财务会计报告须经审计。

第七十三条 具有公开募捐资格的慈善组织应当定期向社会公开其募捐情况和慈善项目实施情况。

公开募捐周期超过六个月的，至少每三个月公开一次募捐情况，公开募捐活动结束后三个月内应当全面公开募捐情况。

慈善项目实施周期超过六个月的，至少每三个月公开一次项目实施情况，项目结束后三个月内应当全面公开项目实施情况和募得款物使用情况。

第七十四条 慈善组织开展定向募捐的，应当及时向捐赠人告知募捐情况、募得款物的管理使用情况。

第七十五条 慈善组织、慈善信托的受托人应当向受益人告知其资助标准、工作流程和工作规范等信息。

第七十六条 涉及国家秘密、商业秘密、个人隐私的信息以及捐赠人、慈善信托的委托人不同意公开的姓名、名称、住所、通讯方式等信息，不得公开。

第九章　促进措施

第七十七条 县级以上人民政府应当根据经济社会发展情况，制定促进慈善事业发展的政策和措施。

县级以上人民政府有关部门应当在各自职责范围内，向慈善组织、慈善信托受托人等提供慈善需求信息，为慈善活动提供指导和帮助。

第七十八条 县级以上人民政府民政部门应当建立与其他部门之间的慈善信息共享机制。

第七十九条 慈善组织及其取得的收入依法享受税收优惠。

第八十条 自然人、法人和其他组织捐赠财产用于慈善活动的，依法享受税收优惠。企业慈善捐赠支出超过法律规定的准予在计算企业所得税应纳税所得额时当年扣除的部分，允许结转以后三年内在计算应纳税所得额时扣除。

境外捐赠用于慈善活动的物资，依法减征或者免征进口关税和进口环节增值税。

第八十一条 受益人接受慈善捐赠，依法享受税收优惠。

第八十二条 慈善组织、捐赠人、受益人依法享受税收优惠的，有关部门应当及时办理相关手续。

第八十三条 捐赠人向慈善组织捐赠实物、有价证券、股权和知识产权的，依法免征权利转让的相关行政事业性费用。

第八十四条 国家对开展扶贫济困的慈善活动，实行特殊的优惠政策。

第八十五条 慈善组织开展本法第三条第一项、第二项规定的慈善活动需要慈善服务设施用地的，可以依法申请使用国有划拨土地或者农村集体建设用地。慈善服务设施用地非经法定程序不得改变用途。

第八十六条 国家为慈善事业提供金融政策支持，鼓励金融机构为慈善组织、慈善信托提供融资和结算等金融服务。

第八十七条 各级人民政府及其有关部门可以依法通过购买服务等方式，支持符合条件的慈善组织向社会提供服务，并依照有关政府采购的法律法规向社会公开相关情况。

第八十八条 国家采取措施弘扬慈善文化，培育公民慈善意识。

学校等教育机构应当将慈善文化纳入教育教学内容。国家鼓励高等学校培养慈善专业人才，支持高等学校和科研机构开展慈善理论研究。

广播、电视、报刊、互联网等媒体应当积极开展慈善公益宣传活动，普及慈善知识，传播慈善文化。

第八十九条 国家鼓励企业事业单位和其他组织为开展慈善活动提供场所和其他便利条件。

第九十条 经受益人同意，捐赠人对其捐赠的慈善项目可以冠名纪念，法律法规规定需要批准的，从其规定。

第九十一条 国家建立慈善表彰制度，对在慈善事业发展中作出突出贡献的自然人、法人和其他组织，由县级以上人民政府或者有关部门予以表彰。

第十章 监督管理

第九十二条 县级以上人民政府民政部门应当依法履行职责，对慈善活动进行监督检查，对慈善行业组织进行指导。

第九十三条 县级以上人民政府民政部门对涉嫌违反本法规定的慈善组织，有权采取下列措施：

（一）对慈善组织的住所和慈善活动发生地进行现场检查；

（二）要求慈善组织作出说明，查阅、复制有关资料；

（三）向与慈善活动有关的单位和个人调查与监督管理有关的情况；

（四）经本级人民政府批准，可以查询慈善组织的金融账户；

（五）法律、行政法规规定的其他措施。

第九十四条 县级以上人民政府民政部门对慈善组织、有关单位和个人进行检查或者调查时，检查人员或者调查人员不得少于二人，并应当出示合法证件和检查、调查通知书。

第九十五条 县级以上人民政府民政部门应当建立慈善组织及其负责人信用记录制度，并向社会公布。

民政部门应当建立慈善组织评估制度，鼓励和支持第三方机构对慈善组织进行评估，并向社会公布评估结果。

第九十六条 慈善行业组织应当建立健全行业规范，加强行业自律。

第九十七条 任何单位和个人发现慈善组织、慈善信托有违法行为的，可以向民政部门、其他有关部门或者慈善行业组织投诉、举报。民政部门、其他有关部门或者慈善行业组织接到投诉、举报后，应当及时调查处理。

国家鼓励公众、媒体对慈善活动进行监督，对假借慈善名义或者假冒慈善组织骗取财产以及慈善组织、慈善信托的违法违规行为予以曝光，发挥舆论和社会监督作用。

第十一章 法律责任

第九十八条 慈善组织有下列情形之一的，由民政部门责令限期改正；逾期不改正的，吊销登记证书并予以公告：

（一）未按照慈善宗旨开展活动的；

（二）私分、挪用、截留或者侵占慈善财产的；

（三）接受附加违反法律法规或者违背社会公德条件的捐赠，或者对受益人附加违反法律法规或者违背社会公德的条件的。

第九十九条 慈善组织有下列情形之一的，由民政部门予以警告、责令限期改正；逾期不改正的，责令限期停止活动并进行整改：

（一）违反本法第十四条规定造成慈善财产损失的；

（二）将不得用于投资的财产用于投资的；

（三）擅自改变捐赠财产用途的；

（四）开展慈善活动的年度支出或者管理费用的标准违反本法第六十条规定的；

（五）未依法履行信息公开义务的；

（六）未依法报送年度工作报告、财务会计报告或者报备募捐方案的；

（七）泄露捐赠人、志愿者、受益人个人隐私以及捐赠人、慈善信托的委托人不同意公开的姓名、名称、住所、通讯方式等信息的。

慈善组织违反本法规定泄露国家秘密、商业秘密的，依照有关法律的规定予以处罚。

慈善组织有前两款规定的情形，经依法处理后一年内再出现前款规定的情形，或者有其他情节严重情形的，由民政部门吊销登记证书并予以公告。

第一百条 慈善组织有本法第九十八条、第九十九条规定的情形，有违法所得的，由民政部门予以没收；对直接负责的主管人员和其他直接责任人员处二万元以上二十万元以下罚款。

第一百零一条 开展募捐活动有下列情形之一的，由民政部门予以警告、责令停止募捐活动；对违法募集的财产，责令退还捐赠人；难以退还的，由民政部门予以收缴，转给其他慈善组织用于慈善目的；对有关组织或者个人处二万元以上二十万元以下罚款：

（一）不具有公开募捐资格的组织或者个人开展公开募捐的；

（二）通过虚构事实等方式欺骗、诱导募捐对象实施捐赠的；

（三）向单位或者个人摊派或者变相摊派的；

（四）妨碍公共秩序、企业生产经营或者居民生活的。

广播、电视、报刊以及网络服务提供者、电信运营商未履行本法第二十七条规定的验证义务的，由其主管部门予以警告，责令限期改正；逾期不改正的，予以通报批评。

第一百零二条 慈善组织不依法向捐赠人开具捐赠票据、不依法向志愿者出具志愿服务记录证明或者不及时主动向捐赠人反馈有关情况的，由民政部门予以警告，责令限期改正；逾期不改正的，责令限期停止活动。

第一百零三条 慈善组织弄虚作假骗取税收优惠的，由税务机关依法查处；情节严重的，由民政部门吊销登记证书并予以公告。

第一百零四条 慈善组织从事、资助危害国家安全或者社会公共利益活动的，由有关机关依法查处，由民政部门吊销登记证书并予以公告。

第一百零五条 慈善信托的受托人有下列情形之一的，由民政部门予以警告，责令限期改正；有违法所得的，由民政部门予以没收；对直接负责的主管人员和其他直接责任人员处二万元以上二十万元以下罚款：

（一）将信托财产及其收益用于非慈善目的的；

（二）未按照规定将信托事务处理情况及财务状况向民政部门报告或者向社会公开的。

第一百零六条 慈善服务过程中，因慈善组织或者志愿者过错造成受益人、第三人损害的，慈善组织依法承担赔偿责任；损害是由志愿者故意或者重大过失造成的，慈善组织可以向其追偿。

志愿者在参与慈善服务过程中，因慈善组织过错受到损害的，慈善组织依法承担赔偿责任；损害是由不可抗力造成的，慈善组织应当给予适当补偿。

第一百零七条 自然人、法人或者其他组织假借慈善名义或者假冒慈善组织骗取财产的，由公安机关依法查处。

第一百零八条 县级以上人民政府民政部门和其他有关部门及其工作人员有下列情形之一的，由上级机关或者监察机关责令改正；依法应当给予处分的，由任免机关或者监察机关对直接负责的主管人员和其他直接责任人员给予处分：

（一）未依法履行信息公开义务的；

（二）摊派或者变相摊派捐赠任务，强行指定志愿者、慈善组织提供服务的；

（三）未依法履行监督管理职责的；

（四）违法实施行政强制措施和行政处罚的；

（五）私分、挪用、截留或者侵占慈善财产的；

（六）其他滥用职权、玩忽职守、徇私舞弊的行为。

第一百零九条 违反本法规定，构成违反治安管理行为的，由公安机关依法给予治安管理处罚；构成犯罪的，依法追究刑事责任。

第十二章 附 则

第一百一十条 城乡社区组织、单位可以在本社区、单位内部开展群众性互助互济活动。

第一百一十一条 慈善组织以外的其他组织可以开展力所能及的慈善活动。

第一百一十二条 本法自 2016 年 9 月 1 日起施行。

民政部、中国银行业监督管理委员会关于做好慈善信托备案有关工作的通知

（民发［2016］151 号）

各省、自治区、直辖市民政厅（局），各计划单列市民政局，新疆生产建设兵团民政局；各银监局：

慈善信托是社会各界参与慈善事业的载体之一，是推动慈善事业创新发展的重要方式。根据《中华人民共和国慈善法》（以下简称《慈善法》）、《中华人民共和国信托法》、《中华人民共和国银行业监督管理法》等法律法规，现就做好慈善信托备案有关工作通知如下：

一、确定备案管辖机关

信托公司担任慈善信托受托人的，由其登记注册地设区市的民政部门履行备案职责；慈善组织担任慈善信托受托人的，由其登记的民政部门履行备案职责。

信托公司设立慈善信托项目实行报告制度，新设立的慈善信托项目应当在信托成立前 10 日逐笔向银行业监督管理机构报告。

二、明确程序和要求

（一）设立备案。

慈善信托受托人按照《慈善法》规定向民政部门提出备案申请的，应提交以下书面材料：

1. 备案申请书（格式见附件 1）。
2. 委托人身份证明（复印件）。
3. 担任受托人的信托公司的金融许可证或慈善组织的社会组织法人登记证书（复印件）。
4. 信托合同、遗嘱或者法律、行政法规规定的其他书面信托文件。信托文件至少应载明以

下内容：（1）慈善信托的名称；（2）慈善信托的慈善目的；（3）委托人、受托人的姓名、名称及其住所；（4）不与委托人存在利害关系的不特定受益人的范围；（5）信托财产的范围、种类、状况和管理方法；（6）受益人选定的程序和方法；（7）信息披露的内容和方式；（8）受益人取得信托利益的形式和方法；（9）受托人报酬；（10）如设置监察人，监察人的姓名、名称及其住所。

5. 开立慈善信托专用资金账户证明、商业银行资金保管协议。

6. 其他材料。

以上材料一式四份，提交民政部门指定的受理窗口。

申请备案材料符合要求的，由民政部门当场出具备案回执（见附件2）；不符合要求的，应当一次告知受托人补正相关材料。

（二）重新备案。

慈善信托设立后，出现受托人违反信托义务或者难以履行职责情形致使受托人变更的，变更后的受托人到原备案民政部门重新备案时，应提交以下书面材料：

1. 原备案的信托文件。

2. 重新备案申请书（见附件3）。

3. 原受托人出具的慈善信托财产管理运用情况报告。

4. 作为变更后受托人的信托公司的金融许可证或慈善组织的社会组织法人登记证书（复印件）。

5. 重新签订的信托合同等信托文件，信托文件应载明内容同设立备案要求。

6. 开立慈善信托专用资金账户证明、商业银行资金保管协议。

7. 其他材料。

以上书面材料一式四份，提交民政部门原备案受理窗口。

申请重新备案材料符合要求的，由民政部门当场出具备案回执（见附件4）；不符合要求的，应当一次告知受托人补正相关材料。

三、依法管理和监督

民政部门依法履行受理慈善信托受托人关于信托事务处理情况及财务状况报告、公开慈善信托有关信息、对慈善信托监督检查及对受托人进行行政处罚等管理职责。银行业监督管理机构依法履行对信托公司慈善信托业务和商业银行慈善信托账户资金保管业务监督管理职责。

民政部门和银行业监督管理机构根据各自法定管理职责，对慈善信托受托人应当履行的受托职责、管理慈善信托财产及其收益的情况、履行的信息公开和告知义务以及其他与慈善信托相关的活动进行监督检查。具体包括：

（一）受托人履行的受托职责：1. 依照慈善信托文件管理信托财产；2. 对不同的慈善信托财产，分别管理、分别记账；3. 根据慈善信托文件的约定，及时向受益人支付信托利益；4. 编制慈善信托财务会计报告；5. 妥善保存处理信托事务的完整记录；6. 自慈善信托终止事由发生之日起十五日内，将终止事由和终止日期报告慈善信托备案民政部门；7. 慈善信托终止后，编制处理信托事务的清算报告。

（二）受托人管理慈善信托财产及其收益的情况：1. 处理、使用慈善信托财产及其收益，符合慈善目的；2. 不得为自己或他人牟取私利；3. 除合同另有特别约定之外，慈善信托财产及其收益应当运用于银行存款、政府债券、中央银行票据、金融债券和货币市场基金等；4. 按照信托目的，恪尽职守，履行诚信、谨慎管理的义务。

（三）受托人履行的信息公开和告知义务：1. 根据慈善信托文件约定、慈善法规定，在民政部门统一指定的平台上发布真实慈善信息；2. 向社会公开信托事务处理情况及财务状况；3. 向受益人告知其资助标准、工作流程和工作规程等信息。

（四）除依法设立的信托公司或依法登记（认定）的慈善组织外，其他单位和个人不得以“慈善信托”“公益信托”等名义开展活动。

每年 3 月 31 日前，慈善信托的受托人应当向备案的民政部门报告上一年度信托事务处理情况及财务状况，具体包括但不限于上述四项内容。对受托人将信托财产及其收益用于非慈善目的，或未按照规定将信托事务处理情况及财务状况向民政部门报告或者向社会公开的，依法予以行政处罚。

四、加强信息公开

接受备案民政部门应当在统一的信息平台上，及时向社会公开慈善信托的下列信息：

（一）慈善信托备案事项；

（二）对慈善信托检查、评估的结果；

（三）对慈善信托受托人的行政处罚决定；

（四）慈善信托终止事由和终止日期；

（五）其他需要依法公开的信息。

五、做好组织保障

（一）加强组织领导。各级民政部门、银行业监督管理机构要高度重视慈善信托备案工作。明确接受备案的内设机构和责任人，并严格责任考核。建立民政部门和银行业监督管理机构的协同机制，加强沟通协调，及时通报情况，形成工作合力，共同履行好相应的监管职责。

（二）提高工作能力。针对慈善信托业务新、专业性强等特点，加强对工作人员的业务培训。通过信息化手段，提高备案受理及监督管理的工作效率，为信息公开、信息共享及其他服务工作提供支撑。

（三）注重研究探索。各地可依照相关法律法规和本通知精神制定相应的配套政策文件。对工作中遇到相关法律法规和本通知没有规定的情形，各地要从促进和规范慈善事业发展角度，根据慈善信托本质要义和立法本义研究相关处理措施。注重实践创新，鼓励有条件的地方结合当地实际先行先试，探索慈善信托发展的不同模式和支持举措，为完善后续法规政策措施奠定基础、积累经验。

（四）强化风险防控。各地要在发展慈善信托的同时，强化风险防控，确保慈善信托有序健康发展。监督受托人严格按照有关规定管理慈善信托财产，规范投资行为，保障资金安全。及时发现和化解苗头性问题，防止借慈善信托名义从事非法集资、洗钱等活动。

各地要将慈善信托备案和开展情况以及执行过程中发现的问题形成专报信息，自今年10月起，每季度末向民政部和中国银行业监督管理委员会报送。对工作中出现的问题，请及时报告。

附件；1. 慈善信托备案申请书
2. 慈善信托备案存单及回执
3. 慈善信托重新备案申请书
4. 慈善信托重新备案存单及回执

民政部　中国银行业监督管理委员会

2016年8月25日

附件 1

慈善信托备案申请书

受理编号：

委托人姓名（名称）：
委托人身份证明号码：
住所：
邮政编码：
联系电话：

受托人名称：
受托人资格证书号码：
住所：
邮政编码：
联系电话：

（如设监察人）
监察人姓名（名称）：
监察人身份（资格）证明号码：
住所：
邮政编码：
联系方式：

慈善信托名称；
慈善信托目的：（不超过 50 字）

信托财产：

________________：（接受备案民政机关）

为了促进慈善事业发展，________（委托人）为了___________（慈善目的），设立___________（慈善信托名称），由________（受托人）担任受托人。

根据《中华人民共和国慈善法》有关规定，申请备案。

________（委托人）承诺信托财产是合法所有的财产。

________（委托人）和________（受托人）承诺所填报的备案信息真实、准确、完整，所提供的备案书面材料完整、合法、有效。

委托人签章　　　　　　　　　　受托人签章

年　月　日　　　　　　　　　　年　月　日

注：1. 受理编号规则：行政区划代码＋备案主体区别码＋受理自然序号（六位）。

2. 备案主体区别码：信托公司作为受托人，区别码为0；慈善组织作为受托人，区别码为1。

附件2

（备案编号：　　　）

慈善信托备案存单

________（受托人）于　年　月　日办理___________（慈善信托文件名称）备案手续，备案文件符合备案要求，予以备案。

经办人签字：

备案回执单领取人签字：

身份证号：

联系电话：

（备案编号：　　　）

慈善信托备案回执

________（受托人）：

你机构于　年　月　日办理___________慈善信托文件备案手续，备案文件符合备案要求，现予以备案。

慈善信托文件内容变更或慈善信托终止，请持此回执单重新办理相关手续。

年　　月　　日

注：1. 备案编号规则：行政区划代码＋备案主体区别码＋备案确定自然序号（六位）。

2. 备案主体区别码：信托公司作为受托人，区别码为0；慈善组织作为受托人，区别码为1。

附件3

慈善信托重新备案申请书

原慈善信托备案回执编号：

重新备案受理编号：

慈善信托名称：

原受托人名称：

原受托人资格证明号码：

住所：

邮政编码：

联系方式：

变更后受托人名称：

变更后受托人资格证明号码：

住所：

邮政编码：

联系方式：

变更受托人事由：（选择划√）

1. 受托人违反信托合同义务

2. 受托人出现分立、合并或者单程规定的解散事由，申请解散的

3. 受托人被依法撤销的

4. 受托人被宣告破产的

5. 受托人申请注销主体资格的

6. 其他原因

慈善信托目的：（不超过50字）

信托财产：

____________：（接受重新备案民政机关）

原备案号________慈善信托因出现上述变更受托人事由第____项原因，现申请变更受托人为________（受托人名称）。

根据《中华人民共和国慈善法》有关规定，申请重新备案。

________（委托人）和________（受托人）承诺所填报的备案信息真实、准确、完整，所提供的备案书面材料完整、合法、有效。

委托人签章　　　　　　　　　　受托人签章

年　月　日　　　　　　　　　　年　月　日

注：1. 重新备案受理编号规则：R＋行政区划代码＋备案主体区别码＋受理自然序号（六位）。

2. 备案主体区别码：信托公司作为受托人，区别码为0；慈善组织作为受托人，区别码为1。

附件4

原备案编号：

重新备案编号：

慈善信托重新备案存单

________（受托人）于　年　月　日办理____________（慈善信托文件名称）重新备案手

续，备案文件符合备案要求，予以备案。

经办人签字：

备案回执单领取人签字：

身份证号：

联系电话：

原备案编号：

重新备案编号：____________

慈善信托重新备案回执

________（受托人）：

你机构于　　年　　月　　日办理____________慈善信托文件重新备案手续，备案文件符合备案要求，现予以备案。

慈善信托文件内容变更或慈善信托终止，请持此回执单重新办理相关手续。

年　　月　　日

注：1. 重新备案编号规则：R + 行政区划代码 + 备案主体区别码 + 重新备案确定自然序号（六位）。

2. 备案主体区别码：信托公司作为受托人，区别码为0；慈善组织作为受托人，区别码为1。

中国银监会办公厅关于进一步加强信托公司风险监管工作的意见

（银监办发［2016］58号）

各银监局：

为有效解决2015年信托监管有效性检查发现的问题以及日常监管薄弱环节，进一步提高信托公司风险监管前瞻性、主动性和有效性，防范化解信托业风险，严守风险底线，促进信托业稳健发展，结合2016年信托业监管工作会议部署，现提出以下工作意见：

一、推进风险治理体系建设，建立风险防控长效机制

（一）健全风险治理体系

各银监局要将风险治理体系建设作为引导信托业务转型发展的监管重点，推动信托公司优化股权结构，深化治理体系改革。督促信托公司落实股东实名制，如实披露股东关联关系信息，推进实际控制人信息“阳光化”，落实股东责任。督促信托公司董事会将风险战略纳入公司战略规划，明确风险偏好，建立风险挂钩的薪酬制度，培育良好风险文化，并根植于从董事会、高管层直至一线员工的经营管理各环节中。支持信托公司探索专业子公司制改革，增强资产管理专业能力，重视架构复杂化带来的管理难度和潜在风险，完善内部交易管理。

（二）完善全面风险管理框架

各银监局要重视信托公司风险并表管理，督促信托公司将固有表内外业务和信托业务纳入全面风险管理体系，杜绝风险管理盲区。指导信托公司梳理表内外风险转化途径、母子公司风险传导途径、与其他机构业务合作存在的风险传染途径，完善相关风险管理政策、程序、方法和工具，提高风险管理主动性和有效性。

（三）研究开展压力测试工作

各银监局要督导信托公司研究建立压力测试体系，合理确定情景设置，定期开展压力测试，将压力测试结果充分运用于制定经营管理决策、应急预案和恢复与处置计划。要及时审查信托公司压力测试报告，必要时对压力测试情况进行后评价，作为信托公司风险评估和监管评级的参考因素。

（四）强化数据质量管理

各银监局要高度重视信托公司非现场监管报表、信托项目要素表和风险项目要素表的报送质量，切实加强数据审核工作，严格执行“四单”制度，对信托公司错报、漏报、瞒报问题，加大问责处罚力度并限期整改。督促信托公司高管层签订“数据责任承诺书”，加强信息系统建设，提高数据加工和信息管理能力。各银监局要组织开展监管报表质量信托公司自查和核查工作。银监会信托部将组织抽查，要将抽查发现问题与信托公司评级和相关银监局监管有效性评价结果挂钩。

二、加强风险监测分析，提高风险识别和防控能力

（一）切实加强信用风险防控

1. 完善资产质量管理。各银监局要督促信托公司将承担信用风险的固有非信贷资产、表外资产及信托资产纳入资产质量管理体系。固有业务不仅要加强贷款五级分类管理，还要重点关注与接盘信托风险项目相关的表内各项投资、应收款项和表外担保等资产风险分类情况。信托业务要重点关注融资类信托资产、风险责任划分不清的事务管理类融资性信托资产、投资类信托所涉非标债权资产、结构化信托产品优先级资产的风险分类情况，尤其是相关逾期信托项目风险情况，要将已发生风险的信托项目及时纳入信托风险项目要素表监测。

2. 加强重点领域信用风险防控。各银监局要督促信托公司关注房地产、地方政府融资平台、产能过剩等重点领域信用风险，定期开展风险排查并做好风险缓释准备。对于房地产信托，要加强分区域、分业务类别的风险监测，合理控制业务规模、优化业务结构；对于政信合作信托，要密切跟进地方政府性债务置换工作，做好存量业务风险防控，审慎开展增量业务；对于产能过剩风险，要认真落实国家相关政策，按区别对待原则选择过剩行业中优质企业审慎开展业务。

3. 提升风险处置质效。各银监局不仅要关注信托项目兑付风险化解，更要重视实质风险化解。指导信托公司完善信托产品违约处理机制，做好舆情监测和正向引导、投资者教育和安抚、

风险处置预案等工作；综合运用追加担保、资产置换、并购重组、诉讼追偿等方式，积极化解信托存量风险；加大固有不良资产风险化解和核销力度。要特别关注信托公司通过各类接盘方式化解信托项目兑付风险情形，应将接盘的固有资产及为第三方接盘提供的担保纳入不良资产监测，将接盘的信托项目（如资金池项目、TOT 项目）纳入信托风险项目要素表持续监测，督促化解实质风险。对于涉及面广的大型客户风险暴露，引导所涉信托公司积极参加债权人委员会，联合行动，争取多方支持，促进风险化解。

（二）高度重视流动性风险防控

1. 实现流动性风险防控全覆盖。各银监局不仅要持续监测传统的表内流动性风险指标，也要关注表外担保业务及信托业务带来的流动性管理压力。督促信托公司将各类显性或隐性表外担保纳入流动性管理范畴，加强各信托产品的流动性管理，识别表内外业务的各类风险转化为表内流动性风险的传导途径。

2. 加强信托业务流动性风险监测。各银监局要加强对各信托产品资金来源与运用的期限结构分析，特别是资金来源为开放式、滚动发行、分期发行的信托产品期限错配情况，对复杂信托产品要按“穿透”原则监测底层资产流动性状况。要加大非标资金池信托排查清理力度，摸清底数，督促信托公司积极推进存量非标资金池清理，严禁新设非标资金池，按月报送非标资金池信托清理计划执行情况，直至达标为止。

（三）充分重视市场风险防控

1. 加强固有业务市场风险防控。各银监局要督促信托公司不断完善固有业务市场风险管理政策、程序、方法和系统支持，加强交易性资产和可供出售类资产估值管理，及时反映资产公允价值变化对当期损益和资本的影响。督促信托公司将自营股票交易规模控制在合理范围内，避免市价大幅下跌对资本的过度侵蚀。

2. 加强信托业务市场风险防控。各银监局要督促信托公司依法合规开展股票投资等信托业务，配备专业管理团队和信息系统支持，建立健全风险管理和内控机制，切实做好风险揭示、尽职管理和信息披露。督促信托公司合理控制结构化股票投资信托产品杠杆比例，优先受益人与劣后受益人投资资金配置比例原则上不超过 1:1，最高不超过 2:1，不得变相放大劣后级受益人的杠杆比例。

（四）提升操作风险防控水平

1. 明确案件防控责任。各银监局要督促信托公司落实案件防控主体责任和第一责任人的责任，实行案防目标责任制和一把手负责制，建立清晰明确的内部案防工作责任体系。

2. 完善操作风险防控机制。各银监局要督促信托公司完善操作风险管理体系，充分发挥业务管理、风险合规、内部审计三道防线作用，建立并落实内部问责制度，提升内控管理水平。督促信托公司完善全流程操作风险防控，覆盖信托产品设计、发行、销售、管理、信息披露等各个环节，尤其不能忽视信托产品营销过程的操作风险管理，不得通过第三方互联网平台、理财机构向不特定客户或非合格投资者进行产品推介，不得进行夸大收益和风险承担承诺的误导性销售，严格执行“双录”制度，完善合同约定，明确风险承担责任。

3. 强化从业人员管理。各银监局要督促信托公司加强员工队伍建设，强化职业操守和法制观念教育；加强员工行为排查、岗位制衡和岗外监测，加强对重点人员、重要岗位、案件多发部位、异地展业团队的监控；完善员工违规处罚信息库，建立“灰名单”，杜绝违规人员“带病提拔”、“带病流动”。

（五）加强跨行业、跨市场的交叉产品风险防控

1. 建立交叉产品风险防控机制。各银监局要加强对信托创新产品的风险监测分析，使跨业、跨境、跨市场资金流动始终“看得见、管得了、控得住”，防范风险传染和监管套利。督促信托公司建立交叉产品风险管理机制，在合同中落实各参与方的风险管理责任，建立针对“具有交叉传染性”特征信托产品的风险识别、计量、监测、预警和管理体系。

2. 提高复杂信托产品透明度。各银监局要督促信托公司按“穿透”原则向上识别信托产品最终投资者，不得突破合格投资者各项规定，防止风险蔓延；同时按“穿透”原则向下识别产品底层资产，资金最终投向应符合银、证、保各类监管规定和合同约定，将相关信息向投资者充分披露。

三、推动加强拨备和资本管理，提升风险抵补能力

（一）足额计提拨备

各银监局要督促信托公司根据“穿透”原则对承担信用风险的表内外资产足额计提风险拨备。其中，对信托公司贷款和非信贷资产根据资产质量分别足额计提贷款损失准备和资产减值准备；对担保等表外资产根据资产质量足额确认预计负债；对信托风险项目，根据资产质量，综合考虑其推介销售、尽职管理、信息披露等方面的管理瑕疵以及声誉风险管理需求，客观判断风险损失向表内传导的可能性，足额确认预计负债。此外，督促信托公司对公允价值大幅下跌或持续下跌的可供出售类资产及时确认减值损失。

（二）强化资本管理

各银监局要督促信托公司严格落实净资本管理制度，提高资本计量准确性，强化资本约束。督促信托公司建立资本平仓和补仓制度，风险拨备缺口应在净资本中全额扣减，避免资本虚高；净资本不足部分，应推动股东及时补足。

（三）加大利润留存

各银监局要督导信托公司进一步增强利润真实性和可持续性，加快发展转型，培育新的利润增长点。督促信托公司审慎制定利润分配政策，优先补充资本，增强资本自我积累能力。

（四）完善恢复和处置计划

各银监局要督促信托公司及时更新、完善恢复和处置计划，当信托公司业务模式、管理架构和整体风险状况发生重大变化时应及时进行更新，确保涉及资本和流动性的相关恢复处置措施具有可操作性和有效性。

四、加强监管联动，形成监管合力，提升监管实效

（一）加强市场准入、非现场监管和现场检查联动

各银监局要将信托公司非现场监管成果与准入事项审核、现场检查频度范围等挂钩，建立"扶优限劣"正向激励机制，合理配置监管资源，提高监管效率。要落实风险处置和准入事项挂钩制度，通过市场准入审批引导信托公司优化治理机制、落实风控责任、稳健开展业务。要将非现场监管发现的信托公司风险疑点和管理问题及时纳入现场检查计划，深入核查问题根源，严格问责，督促整改，整改落实情况要在日常监管过程中持续跟踪。

（二）加强银监局之间的横向监管联动

对信托公司异地业务，各属地银监局要加强与异地业务所在地银监局之间的信息共享和监管合作。一方面，属地银监局要强化法人监管主体责任，督促异地展业的辖内信托公司强化总部决策、运营和管理功能，密切跟踪其异地展业情况和风险控制情况。另一方面，信托公司异地业务所在地银监局要将监管过程中发现的该信托公司违规行为和风险苗头及时与属地银监局沟通并协调行动。

（三）加强上下监管联动

各银监局要于每月15日前向信托部报告上月辖内信托公司市场准入、治理机制建设、风险分析、业务创新和经营转型等情况，发生重大风险、突发事件和异常变动时应及时报告。信托部要加强信托行业发展动向和风险趋势分析，将行业共性问题和风险苗头，及时提示各银监局。

（四）加强内外联动

各银监局信托监管部门要与信托公司的母公司或子公司所涉银行、证券、保险监管部门加强信息共享，促进跨业监管合作；要加强与信托公司外审机构联动，定期沟通信息，充分发挥外审监督作用；要加强与地方政府和司法机关联动，争取各方力量支持，促进信托风险处置。

（五）加大监管问责力度

对非现场监管和现场检查发现的信托公司违法违规问题，各银监局要综合运用行政处罚、监管措施和监管建议等手段，加大监管问责和处罚力度，维护监管权威，促进提升监管有效性。对于监管发现问题整改不到位的信托公司，各银监局也要加大问责力度，必要时采取行政处罚措施，督促相关整改措施按时落实到位。

中国银行业监督管理委员会办公厅

2016年3月18日

行业发展报告

行业发展报告

2016 年信托业回顾与展望

一、"20 万亿元"时代：稳步增长，风险可控

2016 年，中国宏观经济缓中趋稳，供给侧结构性改革持续深化，"三去一降一补"政策效果明显，以不变价格测算的国内生产总值为 735 149 亿元，GDP 实现了 6.7% 的增长率。中国信托业协会发布"2016 年信托公司主要业务数据"各项指标表明：信托业积极推进自身的供给侧结构性改革，加速转型升级，强化风险治理，寻求增长动力，回归信托本源，科学构建商业模式，实现行业可持续发展。2016 年，信托资产规模跨入"20 万亿元"时代，信托作为我国金融体系的重要一员，已成为服务实体经济的重要力量和国民财富创造的重要途径，从而为 2017 年信托业的持续发展，夯实了基础。

截至 2017 年 4 月 30 日，68 家信托公司年报已经全部披露，行业经营概貌露出清晰轮廓。与往年相比，业内同行、同业机构、社会各界对信托公司 2017 年的集体亮相似乎更为关注。一方面，说明伴随信托业的不断壮大，其社会影响力和关注度有较大提升；另一方面，说明伴随资管市场竞争的加剧和部分信托公司个案风险的暴露，广大投资者对信托公司经营状况和市场信誉也更加敏感。

自 2008 年以来，各信托公司平均信托资产规模持续增加。2012 年出现了 55.27% 的增幅。2016 年，信托行业管理信托资产规模继续增长，平均信托资产规模达到 2 973.32 亿元，同比增长 24.01%，超过 2015 年 2 397.59 亿元的历史次高值；在 2008 年国际金融危机阴云尚未散去、欧洲主权债务危机持续发酵、国内金融政策和货币政策趋紧的背景下，信托公司的信托资产规模在 2016 年出现持续增长，显示出我国信托业在近年来强劲的发展势头。同时，我们必须注意到平均信托资产规模虽然持续增长，但是自 2012 年以来涨幅持续收窄，2014 年的涨幅相比 2013 年收窄了近 6%，而 2015 年比 2014 年大幅收窄 13%，2016 年虽有所反弹，但信托收入却出现了

近8年以来的首次下跌。虽然这也符合行业发展的规律，但是也显示出2016年信托市场不同于往年的一些消极的变化。

在信托资产规模稳步增长的同时，从信托公司经营业绩的相对数指标来看，平均年化综合信托报酬率在2016年比2015年出现了较大上涨，但人均利润却出现了小幅下跌。其中，人均利润增长率自2010年以来就持续增长，但从2013年开始下跌，值得注意的是平均年化综合信托报酬率，该指标自2011年短暂上涨后连续3年小幅下跌，2015年出现小幅反弹，2016年上升至0.73%。

自2010年以来，平均年化综合信托报酬率在0.5%~0.8%波动，最低值为2014年的0.51%，最高值为2010年的0.76%。2016年，平均年化综合信托报酬率相比2015年上升0.2个百分点。自2010年以来，平均年化综合信托报酬率除在2012年和2015年上升外，一直在持续下滑。2016年，平均年化综合信托报酬率扭转了近年以来的持续下滑趋势，恢复至0.73%。平均年化综合信托报酬率的上升在一定程度上反映出各信托公司在2016年追求信托资产规模增长的同时，开始重视信托产品附加值和产品的科技含量，整个行业综合创新能力有所提升。这也是2016年信托行业出现的可喜变化，虽然整体盈利水平有所下降，但这更有利于整个行业的长期健康发展。

2010—2015年，人均利润总体趋势持续增长。其中，2011年和2012年人均利润出现了17%左右的高速增长。由于受到行业从业人员数量增长等因素的影响，2014年信托公司人均利润出现小幅下跌。2016年，人均利润出现了近7年以来第二次下跌。值得注意的是，2015年信托公司人均利润达到319.91万元的历史最高值，2016年在2015年的基础上出现下跌，人均利润回落至316.1万元。

（一）信托资产规模

截至2016年末，全国68家信托公司管理的信托资产规模达到20.22万亿元，同比增长24.01%，环比增长11.29%。从季度环比增速看，2016年四个季度环比增速分别是1.70%、4.25%、5.11%和11.29%。自2015年第二季度以来，信托资产同比增速是逐季下降的，从2016年第三季度开始则呈现增长态势。

在资产来源方面，2016年第四季度单一资金信托余额为101 230.99亿元，占比为50.07%，较上季度降幅明显，单一资金信托占比在2016年呈现持续下降趋势；集合资金信托余额为73 353.32亿元，占比为36.28%，与上季度相比上升1.47个百分点，集合资金信托占比在2016年呈现波动上升趋势；管理财产信托余额为27 601.75亿元，占比为13.65%，较上季度小幅上升。集合资金信托和管理财产信托余额占比已接近50%，表明信托资产来源呈多样化分布趋势，业务结构不断优化。

在资产功能方面，2016 年第四季度事务管理类信托余额为 100 667.8 亿元（占比为 49.79%），规模和占比较上季度分别提高了 17 630.56 亿元和 4.08 个百分点，事务管理类信托占比在 2016 年呈现持续上升趋势；投资类信托余额为 59 893.74 亿元（占比为 29.62%），规模和占比较上季度分别提高了 1 416.69 亿元和降低了 2.57 个百分点；融资类信托余额为41 624.49 亿元（占比为 20.59%），规模和占比较上季度分别增加了 1458.26 亿元和降低了 1.52 个百分点。投资类、融资类和事务管理类信托产品三分天下的局面进一步改变，事务管理类信托产品发展速度明显快于其他两类产品。

从大资管市场视角来看，信托资产规模落后于银行，也低于宽口径的“大证券”机构，因为在 2016 年上半年，“券商资管 + 基金管理公司 + 子公司专户业务资管”的资产规模就已经达到约 31 万亿元，已远超信托行业全年 20.22 万亿元的规模。

2017 年信托业应进一步发挥混业经营优势，充分整合、联通资金、资本以及实业三大市场，灵活组合金融工具，为企业提供多样化投融资服务，帮助企业实现产融结合的发展目标，支持实体经济，更好地发挥金融对经济结构调整和转型升级的支持作用。

（二）固有资产与权益

固有资产类别体现了信托公司主动配置资产的能力。2016 年末，固有资产规模达到 5 569.96亿元，较 2015 年末的 4 623.28 亿元同比强劲增长 20.48%，较 2016 年第三季度末环比增长 10.50%。就资产类别而言，投资类资产一直是固有资产的主要形式，2016 年四个季度投资类资产情况：第一季度为 3 433.99 亿元，占比为 74.50%；第二季度为 3 576.78 亿元，占比为 73.30%；第三季度为 3 763.06 亿元，占比为 74.66%；第四季度为 4 137.36 亿元，占比为 74.28%，规模较 2015 年末 3 265.35 亿元同比增长 26.71%，较 2016 年第三季度末环比增长 9.95%。贷款类资产 2016 年末规模为 294.03 亿元，同比下降 15.84%，较第三季度末环比下降 8.25%。2016 年末，货币类资产规模达到 684.87 亿元，较 2015 年末的 725.60 亿元同比下降 5.61%，较 2016 年第三季度末的 486.85 亿元环比增长 40.67%。

2016 年末，信托业的所有者权益为 4 501.86 亿元，比 2015 年同期的 3 818.69 亿元增长 17.89%，比 2016 年第三季度末的 4 130.43 亿元增长 8.99%。

从净资产的组成部分来看，信托行业的实收资本自 2013 年以来呈现企稳上升趋势，其 2013 年至 2015 年占所有者权益比例分别为 43.70%、43.38%、43.27%。2016 年第四季度实收资本总额变化延续了上述趋势，总额达到 2 038.16 亿元，占比为 45.27%，较上年第四季度同比增长了 385.65 亿元。

就信托赔偿准备而言，截至 2016 年第四季度末，信托赔偿准备规模为 187.03 亿元，同比增长 14.39%，环比增长 18.83%。2016 年四个季度的信托赔偿准备规模分别是第一季度为 161.06

亿元，第二季度为161.32亿元，第三季度为163.5亿元，第四季度为187.03亿元。其占所有者权益的比例较上年整体水平有小幅增加，由2015年末的4.12%增长到2016年末的4.15%。信托赔偿准备规模地不断扩大，说明信托公司在有意识地抵御风险，缓解信托行业风险。

信托行业固有资产与所有者权益规模持续高速增长，主要得益于信托行业的增资扩股和风险治理的强化。随着信托行业评级的实施和信托监管评级的调整，信托公司资本扩张的动力增强。自2016年以来，为了支持业务扩张，共计有20家信托公司完成增资，平均每家公司增资约17亿元。其中，增资额最大的昆仑信托，增资金额为72.27亿元。另外，在行业整体保持盈利的基础上，部分信托公司的利润并没有全部分配，留存利润积累进一步促进了固有资产和所有者权益的增长。

（三）行业风险总体可控

信托风险项目个数和资金规模自2015年第四季度持续快速增加以来，2016年第四季度实现双双回落。2016年末，信托业的风险项目个数为545个，较第三季度减少61个，资产规模为1 175.39亿元，较第三季度末的1 418.96亿元减少243.57亿元，环比下降17.17%。在1 175.39亿元的风险项目中，其中集合类信托为600.71亿元，占比为51.11%，较第三季度降低21.12%；单一类信托为556.92亿元，占比为47.38%，较第三季度降低12.52%；财产管理权信托风险项目资金规模为17.76亿元，占比为1.51%，较第三季度降低14.71%。

伴随着信托业保障基金的有效运行、中国信托登记有限责任公司的正式揭牌，加上之前已经成立的履行行业自律职能的中国信托业协会，在信托公司自身不断加强风控能力的同时，支持信托业发展的“一体三翼”架构基本建成，形成了监管部门为监管主体，行业自律、市场约束、安全保障为补充的多层次、多维度的信托业风险防控体系。因此，对应20.22万亿元的信托资产规模，不良率为0.58%的中国信托行业，风险总体可控。

二、积极应对挑战，经营业绩稳中有升

2016年，信托公司依赖于外部市场环境刺激、利用相对灵活的制度安排追求“短频快”短期套利模式已经不可持续，信托业已经进入一个短期回落调整阶段。其中，受累于2016年证券市场的低迷，实体经济投资回报水平下降，信托投资收益增速大幅回落，信托业经营收入与信托项目年化综合实际收益率均呈现回落状态；但与此同时，伴随着信托公司风险治理的完善，成本控制能力的提升，以及逐渐回归信托本源，主营业务凸显，信托业利润总额持续上升。

（一）经营业绩喜中隐忧

首先，经营收入同比下降。2016年末，信托业实现经营收入为1 116.24亿元，较2015年末

的 1 176.06 亿元同比下降 5.09%。从具体构成来看，利息收入与信托业务收入占经营收入比均呈现上升趋势，而投资收益占比则呈现下降趋势。具体而言，2016 年末利息收入为 62.75 亿元，较 2015 年末同比上升 5.57%，同期的利息占比从 5.05% 上升为 5.62%；2016 年末投资收益为 270.73 亿元，较 2015 年末同比下降 28.02%，同期的投资收益占比从 31.98% 下降为 24.25%；而信托业务收入占经营收入比例，则从 2015 年的 58.61% 增加到 2016 年的 67.16%。

其次，利润总额保持增长势头。2016 年末，信托业实现利润 771.82 亿元，较 2015 年末的 750.59 亿元增长 2.83%。2016 年四个季度的利润分别是第一季度为 139.84 亿元、第二季度为 199.43 亿元、第三季度为 179.37 亿元、第四季度为 253.18 亿元，第四季度较第三季度环比增长 41.15%。

最后，人均利润指标下降。人均利润是衡量行业盈利水平的主要指标，2015 年末人均利润为 319.91 万元，2016 年末则下降到 316.1 万元，同比下降 1.19%。

（二）受托管理成效相对下调

2016 年第四季度，清算信托项目 1 882 个，平均年化综合信托报酬率为 0.73%，略高于 2015 年第四季度的 0.53%。2016 年前三个季度的平均年化综合信托报酬率分别是第一季度为 0.50%、第二季度为 0.50%、第三季度为 0.58%。就清算信托项目为受益人的年化综合实际收益率而言，2016 年四个季度分别是第一季度为 8.18%、第二季度为 6.35%、第三季度为 7.59%、第四季度为 7.60%。而 2015 年四个季度其数值分别是第一季度为 8.11%、第二季度为 10.19%、第三季度为 7.30%、第四季度为 13.96%。因此，2016 年信托项目年化综合实际收益率，相对于 2015 年而言，整体呈现下降趋势。

2016 年弱周期环境下信托业仍实现利润稳步增长，主要有以下三个原因。

一是提价值。面对低迷的投资环境，信托公司发力信托业务，加大主动管理业务的比重，努力提高信托产品的科技含量和附加值。2016 年，全行业实现信托业务收入合计 1 116.24 亿元，尽管同比略有回落，但在国际经济环境和国内增长周期都低迷不振的大环境下，取得如此成绩实属不易。

二是降成本。信托公司综合管理能力普遍提升，经营成本控制达到较高水平。2016 年，信托公司普遍加强资产清收，资产减值大幅减少，初步统计总成本仅 300 多亿元，同比下降超过 25%。

三是促转型。转型创新步伐大幅度加快，市场深度深度拓展，盈利模式得以升级。2016 年，信托公司的转型创新力度得以实质性推进。呼吁多年的基金化信托产品落地开花，广为运用。基金化信托产品的广泛操作，在化解信托公司潜在风险压力的同时，大幅度拓展了信托公司的盈利来源，使得信托公司不仅可以通过固定的管理佣金获得利润，而且还可以通过基金投资分成获得浮动收益。

三、坚守信托本源，彰显信托文化

随着供给侧结构性改革的持续深入，我国实体经济转型升级步伐加快。信托业也在转型路口迎来了发展机遇期。2016 年 12 月 26 日，中国银监会主席尚福林在中国信托业年会“信托业可持续发展之路”中重点提到信托业要回归信托本源并且服务实体经济。首先，回归本源业务就是信托公司要以信托本业为主体，聚焦资产管理、财富管理、受托服务。其次，服务实体经济是指信托公司要通过开展投贷联动、债转股等业务支持实体产业的发展，通过并购基金促进落后产能转型升级，通过资产证券化盘活市场流动性，将社会闲置资金引入实体经济领域，有效弥补传统银行信贷的不足。

（一）信托资产功能进一步优化

2016 年第四季度，事务管理类信托余额为 100 667. 84 亿元（占比为 49. 79%），规模和占比较上季度分别提高了 17 630. 56 亿元和 4. 08 个百分点，事务管理类信托占比在 2016 年呈现持续上升趋势；投资类信托余额为 59 893. 74 亿元（占比为 29. 62%），规模和占比较上一季度变动分别提高了 1 416. 69 亿元和降低了 2. 57 个百分点，其中占比较上年同期降幅明显；融资类信托余额为 41 624. 49 亿元（占比为 20. 59%），规模和占比较上季度分别增加了 1 458. 26 亿元和降低了 1. 52 个百分点。投资类、融资类和事务管理类信托产品三分天下的局面进一步改变，事务管理类信托产品发展速度明显快于其他两类产品。

（二）信托资金来源结构日益合理

2016 年第四季度，单一资金信托余额为 101 230. 99 亿元，占比为 50. 07%，较上季度降幅明显，单一资金信托占比在 2016 年呈现持续下降趋势；集合资金信托余额为 73 353. 32 亿元，占比为 36. 28%，与上季度相比上升 1. 47 个百分点，集合资金信托占比在 2016 年呈现波动上升趋势；管理财产信托余额为 27 601. 75 亿元，占比为 13. 65%，较上季度小幅上升。集合资金信托和管理财产信托余额占比已接近 50%，表明信托资产来源呈多样化分布趋势，业务结构不断优化。

（三）信托业务服务实体经济能力增强

2016 年，信托财产的投向依旧是在工商企业、基础产业、证券投资、金融机构和房地产五大领域。2016 年第四季度末，信托资产投向工商企业占比为 24. 82%，基础产业占比为 15. 64%，证券投资占比为 16. 21%，金融机构占比为 20. 71%，房地产占比为 8. 19%，其他占比为14.44%。相较于2015年第四季度，工商企业占比上升2.31个百分点，证券投资占比下降4.14个百分点，金融机构占比上升2.78个百分点，基础产业占比下降2.25个百分点。

1. 工商企业。2016年第四季度末，工商企业继续保持其资金信托的第一大配置领域，规模为43 328.03亿元，占比为24.82%。工商企业占比较2015年第四季度的22.51%上升2.31个百分点，较2016年第三季度的23.79%上升了1.03个百分点。

2. 金融机构。2016年，金融机构成为资金信托的第二大配置领域。2016年第四季度末，资金信托对金融机构的运用规模为36 150.18亿元，占比为20.71%。自2015年第二季度以来，金融机构占比就呈上升趋势。2016年第一季度金融机构占比为18.49%；2016年第二季度金融机构占比为19.56%；第三季度稍有下降，占比为19.10%；第四季度回升占比20.71%。2016年金融机构占比已上升2.78个百分点。

3. 证券投资。2016年第四季度末，证券投资为资金信托的第三大配置领域。自2015年第四季度以来，证券投资占比一直在下降。从2015年第四季度的20.35%到2016年第四季度末的16.21%，降低了4.14个百分点。2016年第四季度证券投资信托规模为28 297.44亿元，较2015年第四季度环比下降5.37%。证券投资（基金）信托规模为2 800.99亿元，其在信托资金投向的占比为1.60%，占比较2016年第三季度的2.04%下降了0.44个百分点；证券投资（债券）信托规模为19 239.46亿元，其在信托资金投向的占比为11.02%，占比较2016年第三季度末的12.70%下降了1.68个百分点；证券投资（股票）信托规模为6 256.99亿元，其在信托资金投向的占比为3.58%，占比较2016年第三季度末的2.98%上升了0.6个百分点。

4. 基础产业。2016年，基础产业占比持续下降，最终在第四季度末成为资金信托的第四大配置领域，规模为27 298.94亿元，占比为15.64%。2016年第一季度为18.02%，第二季度为17.31%，第三季度为16.60%，第四季度更是跌落至15.64%。

5. 房地产。2016年第四季度末，房地产依然是资金信托的第五大配置领域。2016年第四季度末，资金信托投向房地产领域的规模为14 295.37亿元，占比为8.19%，占比较2015年第四季度的8.76%下降了0.57个百分点，较2016年第三季度的8.45%下降了0.26个百分点。房地产信托占比在2016年一直持续下降，与房地产市场调控密切相关。

四、贴近市场前沿，持续推进转型创新

2017年是深化供给侧结构性改革的一年，是“十三五”规划中的一个战略发展重点。当前，资本金融时代已经到来，坚持资本思维尤为重要。资本思维的精髓是结构性重组，宏观层面上的资本运作包括对全社会的资源进行整合，发挥资源效益。在产业链上淘汰和重组过剩产能，以进一步提升全社会资源配置和生产效率。微观层面的资本运作，包括进行国企改革，关停低

效、高污染、高耗能的企业，优化市场上的资源主体。在此背景下，2017 年我国信托业将呈现如下趋势。

（一）信托业深化转型压力持续

2016 年，信托资产规模持续增长，风险因素也在逐步积累。这一方面与中国宏观经济的大环境有关，另一方面与信托业自身的结构性问题、业务短板有关。中国银监会主席尚福林在 2016 年中国信托业年会上提到未来行业发展的基础是风险可控，因此 2017 年信托业发展将更加关注于风险防控与监管，伴随较大的信托资产存量，预计 2017 年信托业资产规模增速将有所放缓。

从大资管市场背景来看，大资管市场行业竞争加剧，挤压了信托业的市场占有率，影响了信托公司的业务收入。一方面，信托公司通道业务利润微薄，但风险却逐步上升，信托业“去通道”趋势将越来越明显，市场占有率出现下行压力；另一方面，信托公司非通道业务将面临其他机构相关业务的激烈竞争，经营成本的上升可能会降低信托公司业务收入。

但与此同时，信托业在 2016 年对这些问题进行了消化并尝试变革，初步形成了新的发展驱动力。因此，信托业在 2017 年将继续面临深化转型的压力。

（二）信托资产支持领域日益广泛

2017 年，信托资产将在传统投资领域与新兴投资领域广泛布局。在传统投资领域中，受宏观经济基本面因素和房地产市场调控政策的影响，在证券投资领域和房地产投资领域，信托资产投资将会延续 2016 年的趋势。但在并购重组领域及政府与社会资本合作（PPP）领域，信托资产投资将会持续增加。这是因为：一方面，并购重组是去过剩产能、整合产业链条的重要手段。2017 年，我国将进入经济结构调整的深水区，过剩产能行业的“三去一降一补”将继续促进企业转型发展，并购重组金融服务需求也会保持较高增长。信托公司可以通过信托贷款、股权投资等产品的设计支持实体企业并购重组。另一方面，PPP 投融资需求巨大。在 PPP 领域，2016 年 PPP 信托项目资金规模超过 32 亿元，平均单个信托项目规模为 2. 69 亿元，与其他领域相比依旧偏小。2016 年 12 月中旬举行的中央经济工作会议，对 2017 年经济工作提出战略部署，要求深入实施西部开发、东北振兴战略，要通过政策扶持引导产业结构优化。在此过程中，基础设施投资缺口依然较大。因此，2017 年 PPP 业务预期将有一定的成长空间。信托公司应挖掘金融服务优势与政府建立产业投资基金，有效对接资产运用端和资金来源端。

在新兴投资领域，受政策的支持与引导，2016 年消费信托、公益（慈善）信托、绿色信托发展较快。《慈善法》颁布后，经过一段时间的摸索，预计 2017 年全社会慈善热情将空前旺盛，信托公司也将与慈善基金会充分合作，开发慈善信托产品。同时，信托公司有机会参与到土地经营权确认和流转环节，发挥制度优势，提高农业资源的流动性和利用效率，提高农业生产率。

另外，伴随老龄化程度加剧、产业结构的转变和消费模式的变化，2017 年信托业将在养老服务、旅游资源开发、网络购物等新兴领域崭露头角。

（三）信托公司业务加速创新

在信托业务上，2017 年伴随居民财富的快速积累以及营改增的试点，财产信托、事务类信托有望迎来更广阔的发展空间，在信托业务回归本源的行业发展方向指引下，预计市场占比将有所提高。然而，融资类信托发展则存在诸多不确定性。首先，融资类信托的发展受到企业贷款需求的约束，不能无限扩张。其次，融资类业务仍将面临严格的监管，中小信托公司难以满足资本监管要求，开展融资类信托业务也会受到政策制约。当然，预计 2017 年信托公司会通过产品创新来缓解这一问题。一方面，信托公司将加大投贷联动的创新力度。另一方面，资产证券化也是信托公司技术创新的有效途径。而且 2017 年，中国信托登记有限责任公司正式上线运营，非标信托产品标准化趋势可能逐步显现。因此，预计资产证券化信托的市场需求会更加旺盛。不良资产证券化、PPP 资产证券化等创新业务领域有望成为新的行业发展动力。同时 2017 年，预计信托公司与互联网的结合将更加紧密。信托与互联网的结合有助于在通道业务被迫收缩的背景下，吸收积累潜在的客户群体，拓展信托业务平台。

（四）信托业监管规则逐步完善

信托行业的风险可以分为两类，即资金来源和资金运用端。资金来源风险主要表现为合同文本风险，是销售端的操作风险；而资金运用风险是信托业面临的主要风险。实践中，信托公司除了承担传统的信用风险之外，还要承担市场风险、合规风险、战略风险等，信托业风险管理形势趋于复杂化。因此，针对信托业风险的监管规则将越发细化完善。

首先，从行业监管视角来看，2016 年监管层相继出台《关于进一步加强信托公司风险监管工作的意见》《银行业金融机构全面风险管理指引》，从四个方面（强调实质风险化解、引导配资业务、加大非标资金池清理力度、强化资本管理）明确提出信托公司要严守风险底线，促进行业稳健发展。其次，信托行业评级体系和信托监管评级体系分别建立，信托业实现了行业自律性监管与监管机构监管的完美结合，信托公司风险控制、资产质量、合规经营全面纳入监管体系。最后，中国信托登记有限责任公司的成立使信托业“一体一翼”监管框架建成，信托产品统一的交易、流转平台的出现将极大地促进行业健康发展。

信托大数据平台建立与制度的完善也使监管工具更加灵活，信托保障基金费率的差异化调整有可能成为新常态。

公司发展与创新

中信信托有限责任公司

中信信托有限责任公司（以下简称公司）始终秉承“无边界服务、无障碍运行”的经营理念，坚持“金融普惠，资本分享”的原则，积极探索社会主义市场经济条件下信托公司的发展规律，依靠“智慧型”信托，创造性地为客户提供综合金融解决方案，领军行业发展。

一、2016 年经营概况

2016 年，公司继续保持平稳上升发展势头，各项经营指标持续增长。截至 2016 年末，公司全口径管理资产规模近 1.7 万亿元，连续 10 年保持行业第一；全年营业收入 58 亿元，利润总额 39 亿元，净利润超过 30 亿元；公司注册资本 100 亿元；公司股权市值、信用价值、品牌市场价值保持在行业领先水平。

公司建立起金融消费者权益保护管理体系，向投资者提供了回报稳定且风险可控的投资产品，为受益人分配信托利润超过 561 亿元。同时，公司信托业务的委托客户账户逾 14 万个，其中机构客户户均资产达 1.16 亿元/户，个人客户户均资产达 300 万元/户。

公司稳定优异的市场表现，赢得了社会各界的肯定和认同。监管部门、主流媒体和学术机构授予公司“全国法治宣传教育先进单位”“全国金融系统职工代表大会制度建设示范单位”“年度最具影响力信托公司”“中国优秀信托公司奖”等多个奖项（见下表）。《金融时报》将公司誉为“中国信托业创新发展的风向标”。

中信信托 2016 年度获奖情况

2016 年 1 月	中信信托获评《金融理财》“年度金牌信托公司”
2016 年 5 月	中信信托获评《中国证券报》“年度金牛集合信托公司奖”
2016 年 6 月	中信信托荣膺全国金融系统职工代表大会制度建设示范单位
2016 年 7 月	中信信托荣膺《证券时报》“中国优秀信托公司”
2016 年 10 月	中信信托荣膺全国法治宣传教育先进单位称号
2016 年 12 月	中信信托荣获“2016 金融界杰出品牌奖”
2016 年 12 月	中信信托荣膺《金融时报》“年度最具影响力信托公司”
2016 年 12 月	中信信托荣膺网易“年度最佳信托公司”

二、创新业务案例

通过各类信托服务和产品互相整合匹配，公司依托综合金融服务平台优势，以更高效的方式连接资金端和资产端，满足投融资两端的客户需求，业务涵盖投资银行、资产管理与财富管理和服务信托三大板块。

在投资银行业务方面，该业务主要利用权益、债务等工具，为政府部门、企业、金融同业机构等卖方客户，提供灵活多元化的融资方案。公司凭借其广泛的高净值个人客户和理财机构客户的网络，高效、直接地寻找到匹配的资金配置需求，通过向买方客户发行信托产品等方式募集所需资金。目前，公司提供相关服务主要包括权益融资、债务融资、结构化融资、并购业务等融资服务，而其中的PPP业务更是在此基础上衍生出来的一项综合融资解决方案。

在资产管理与财富管理业务方面，该业务是为高端个人客户和金融同业、投资基金等机构客户，提供多元化的资产配置与理财服务。公司凭借跨金融市场和实业领域的独特优势和平台整合能力，为客户找到有投资潜力的资产，让客户享受到绝佳的投资机会，满足其个性化的财富管理需求。这也正是公司和其他金融机构形成差异化竞争的地方。截至2016年末，公司配置的金融产品包括货币、固定收益、权益类投资等，并根据不同的客户类型设立了家族信托、保险金信托、专户理财等差异化的细分服务。

在服务信托业务方面，该业务是为客户安全地持有资产并提供相应的配套管理和服务，帮客户解决资产的独立性、流动化、托管等问题。目前产品主要包括股权信托、消费信托、资产证券化、企业年金信托、财产权信托、公益信托等。公司拥有多元化的专业团队，可提供财务、法律、税务、金融等方面全方位的咨询和服务。信托服务属于轻资本业务，将会是公司未来发展的主要动力之一，其手续费收入及顾问收入也正成为公司利润的重要来源。

（一）家族信托

2016年公司正式推出“中信信托·家族信托”的品牌，分别为起点3 000万元的定制化服务与起点600万元的标准化服务。另外，根据家族信托客户的不同需求，公司设立了保险金信托等定制产品。截至2016年末，家族信托的客户已逾650位，受托资产规模约为60亿元，均位居信托业前列。

（二）政府与社会资本合作（PPP）业务

2016年，公司中标成为贵州省PPP基金管理人，该基金规模为100亿元。公司旗下的中国国际经济咨询有限公司已成为财政部第一批推荐专业咨询机构，提供PPP项目的法律咨询、示范项目评审、项目库和专家库建设等服务。

（三）资产证券化

公司是全国第一批获准从事资产证券化业务的信托公司。截至2016年末，公司信贷资产证券化业务规模累计突破2 300亿元，稳居信托业第一位。

（四）消费信托

消费信托的推出主要为满足中国不断升级的消费需求，打通消费者端和产业端。公司的消费信托产品涉足领域广泛，包括影视文化、旅游休闲、养老产业、黄金钻石、高端医疗等。2016年，公司推出了"乐买宝"互联网金融产品，规模迅速攀升至22亿元。

（五）海外业务

下属专业子公司中信信惠国际是公司的海外平台，这是首家获中国银监会批准的信托海外控股公司，是公司开展境外业务的重要着陆点，其设立了我国信托业第一只海外对冲基金——环球机遇基金（Global Opportunities Fund）。同时，聚信资本投资的云南聚信海荣已获批可开展人民币境外直接投资和海外贷款业务。

三、社会责任履行情况

公司以"信行天下、信惠百姓"为企业愿景，以"为客户提供最佳的增值服务，为股东创造最大的价值，为职工搭建实现自我价值的平台，为行业发展贡献智慧，为社会作出最大的贡献"为使命，积极践行《信托公司社会责任公约》，不断丰富企业社会责任的实践内容。

2016年，公司积极响应国家绿色金融政策，大力扶持资源节约型、环境友好型产业发展，设立了"中信·民生青州宏利水务""中信·民生潍坊东兴建设"等多个基础设施建设项目，推动了当地乡镇供水中心建设、湿地和路网配套设施修建。公司继续运作中信航天发展基金，大力支持中国航天科技事业发展；设立推出北京市第一个双受托人慈善信托，资助致力于荒漠化防治、绿色供应链与污染防治、生态保护与自然教育、环保公益行业发展等领域的初创期中国民间环保组织；举办"信托文化中国行""美丽中国的信托推动力"等宣传教育活动；与公益组织合作，组织员工参加"城市定向挑战赛"等公益活动。在员工权益保护方面，公司持续完善工会组织建设，积极保护职工合法权益；设立"举手制"等绿色成长通道，为职工发展提供广阔平台；举办业务知识竞赛，鼓励员工在职继续学习、完善自我成长；支持员工俱乐部开展各类文体活动，丰富员工业余生活。

四、2017 年发展规划

（一）指导思想

坚持“利润创造 + 价值创造”的发展思路，不断提高资本使用效率，不断挖掘新的业务价值，不断提高风险管理水平，促成公司价值稳定增长。

（二）企业愿景

致力于成为信托法规范下综合金融解决方案的提供商和多种金融功能的集成者，做一家国内领先、综合优势明显、国际化、公众型的信托公司。

（三）战略定位

资本实力雄厚，时刻关注实体经济结构变化，以信托投行和服务信托为基石，推动资产管理和财富管理的发展，发挥差异性比较优势，积极建立多领域的专业子公司，适度布局权益型投资业务。

（四）价值创造

一是资本价值：提升公司价值，助推中信股份不断提升公司价值；二是品牌价值：巩固行业领先地位，提升中信品牌价值；三是战略价值：经受经济周期考验，成为信托行业乃至中国整个金融行业内一家真正的系统重要性公司。

（五）战略分析与选择决策

打造具有价值创造能力的公司，建立富有创新能力的智慧型团队，形成有效风险管理能力，提供丰富的综合金融服务，形成稳固的客户基础及合作资源，不断根据市场打造和延伸服务平台。及时调整信托投行业务运用行业。随着中国经济转型升级，不同行业的融资需求、融资方式在发生变化。公司未来看好八大领域：医疗与养老、大消费、先进制造业、节能环保、现代农业、“互联网 +”、新能源汽车、国防军工等。

英大国际信托有限责任公司

一、2016 年经营概况

2016 年是“十三五”开局之年，面对复杂多变的市场环境和繁重的改革发展任务，英大国际信托有限责任公司（以下简称公司）深化“转型、提质、合规、发展”理念，以发展新思路应对经济新常态，以改革新举措创造事业新成效，实现了“十二五”的良好开局。一是发展方向进一步明确。坚定综合化经营、专业化发展策略，积极打造“清洁能源领域金融服务领航者”品牌，探索实践基金化、平台化、国际化、证券化发展路径。二是全局性、战略性工作有序推进。制定了《全面深化改革工作方案》，稳步推进市场化改革。与意向方深入接触，积极推进战略投资者引进工作。三是盈利能力进一步增强。公司管理资产总规模为 2 385 亿元，全年实现经营收入 10.5 亿元，利润总额 8.55 亿元，人均创利 570 万元，累计为受益人分配信托收益近 120 亿元，信托项目兑付率继续保持 100%。四是服务电网能力持续提升。年内高效、准确运作国网总部及系统内单位资金超过 1 000 亿元。在助力“国网阳光扶贫行动”、集体企业创新合作以及深化产融、融融合作等方面取得实质性或阶段性成果。围绕电力体制改革，深入开展了以信托方式服务配售电改革、电能替代、电动汽车等工作大局的研究。五是市场化转型成效显著。全年市场化信托收入同比增长 46%，集合信托规模增长 46%，收入和利润结构明显优化。蓝天伟业产业基金运作势头良好，电网供应链、房地产等领域基金化、平台化业务稳步推进，“蓝天”“联赢”“鼎鑫”等系列信托产品在业内树立了良好口碑。资产证券化、PPP 业务领域和规模不断扩大，首单公益信托、家族信托、境外证券投资业务成功落地，股指期货、QDII 等创新业务资格顺利获批。六是发展基础不断夯实。优化市场化激励约束机制，推进市场化选人、用人机制改革。大风控、营销、研发体系持续优化。协同监督闭环管理体系不断完善。七是社会影响力进一步提升。公司在行业评级中获评最高等级 A 级，再次荣获“年度最具创新力信托公司”称号，已连续九年荣登中国金融机构排行榜。

二、创新业务案例

2016 年，公司基金化、平台化、国际化、证券化发展路径逐步明晰。成功举办清洁能源产业投融资研讨会、电网供应链金融服务研讨会，“清洁能源领域金融服务领航者”品牌内涵不断彰显；蓝天伟业清洁能源产业基金稳步发展，蓝天东旭、许继蓝天基金管理公司成功设立；电网供应链基金、房地产基金稳步推进，合作洽谈、项目储备工作进展顺利；发行“蓝天”“鼎鑫”“联赢”等系列产品近 70 款，信托产品品牌体系逐步建立。顺利取得 QDII 业务资格，创新资质进一步健全。发行“企富”系列等资产证券化产品；首单信贷资产流转业务落地操作；成功中标首单信用卡不良资产证券化项目。顺利操作济南海绵城市、枣庄南郊电建等 PPP 项目 14.37 亿元。“财富传承”系列家族信托、国奥集团旅游消费信托取得创新突破，探索回归本源特色业务。

三、社会责任履行情况

公司作为中央企业控股的金融机构，秉承“诚信为本、依法理财”的经营理念，积极践行“诚信、责任、创新、奉献”的核心价值观，凝聚可持续发展合力，追求经济、社会、环境综合价值最大化的社会责任理念，致力于将责任理念融入企业战略和经营管理之中：服务实体经济，合理引导资源配置，助推我国经济结构调整和发展方式转变；坚持以客户为中心，创新金融服务方式，切实保障受益人利益；关注社会发展，热心社会公益，积极回馈社会。

公司依托电网股东背景，坚持产融结合，充分发挥信托制度的优势和灵活性，大力支持我国能源互联网、特高压、智能电网建设和农村电网改造升级工程。2016 年，公司累计为电网建设提供信托服务超过 1 000 亿元，为进一步优化我国电网结构，实现电网发展现代化，拉动经济增长贡献了力量。

2016 年，公司“蓝天”系列产品继续引领清洁能源信托服务的潮流，全年发行规模超过 15 亿元，有力地支持了全国光伏发电、风力发电、生物质发电等清洁能源产业发展，为我国能源发展方式转变、雾霾治理、经济社会发展作出了积极贡献。

2016 年，公司坚持服务实体经济，大力支持国家基础设施建设，促进相关地区经济发展和就业增加，在传统政信合作基础上成功升级操作了济南海绵城市、枣庄南郊电建、商河金砖城市等 PPP 项目，涉及规模近 30 亿元。

2016 年，公司累计分配受益人收益近 120 亿元，信托项目兑付率始终保持 100%，极大地丰富了客户收入渠道，有效地实现了客户资产的保值增值。

2016 年，公司首单光伏精准扶贫公益信托项目，“英大梦圆 001 号——国网青海阳光扶贫公益信托计划”成功落地，该项目支持建设的青海省“格尔木 10MWp 阳光扶贫光伏电站项目”年发电量可达 1 562 万千瓦时，发电纯收益将全部用于支持青海省玛多县贫困人口脱贫。

四、2017 年发展规划

2017 年，公司将坚持市场化方向、坚持产融结合、坚持服务实体经济，积极打造“清洁能源领域金融服务领航者”品牌，探索实践基金化、平台化、国际化、证券化发展路径，狠抓改革攻坚，突出创新驱动，推动公司转型发展再上新台阶。

（一）加强顶层设计和统筹部署，深化改革创新

立足公司实际，遵循市场规律和企业发展规律，加强系统谋划，深入推进各项改革工作。一是开展意向战略投资者的搜寻、筛选，力争完成引入 1 ~2 家战略投资者，优化股权结构，放大国有资本的影响力。二是深入推进选人、用人和薪酬分配机制建设，持续完善市场化激励约束机制。三是完成设立子公司，优化产业布局，捋顺投资产权关系，力促公司转型发展。

（二）创新产融结合模式，积极服务电网发展

深化电网融资模式创新，丰富电网融资渠道，重点围绕电网内部资金管理、债券发行与资本运营服务、企业年金运作、阳光扶贫行动等方面提升金融服务的内涵和质量。创新商业模式服务国网公司国际化进程。统筹利用产业和金融平台的客户、渠道资源，加强与系统内单位的融融、产融合作及业务协同，丰富服务模式和业务品种。发挥信托优势，积极把握集体企业改制、配售电改革、电能替代等领域的业务机遇。

（三）依托股东资源，大力开拓市场业务

依托股东资源优势，走差异化、特色化、专业化道路，突出核心业务，打造优势产品，积极拓展大型机构客户，拓宽资金、项目来源，不断提高市场份额和竞争力。统筹资源运作好清洁能源、电网供应链等产业基金，进一步打开市场、扩大影响。发力资产证券化业务，继续扩大业务领域和规模。启动国际业务，利用 QDII 资格进入海外资本市场。积极稳健开拓房地产、基础设施建设、证券投资等行业主流业务。巩固家族信托、消费信托、公益信托等前沿业务的已有成果，努力实现创新突破。

（四）加强人才队伍和信息化建设，健全合规风控、营销、研发体系

优化完善员工职业发展系列制度，进一步畅通发展通道。加大对专家人才及业务模式创新

人才的培养力度。优化用工配置机制，推行员工岗位适应性评估。创新培训机制，加大全员性、封闭性培训力度。利用互联网思维、先进的现代信息通信技术等手段加强信息化建设。健全全面风险管理制度与流程，优化“大风控”体系运转，深化以净资本为核心的风险偏好体系。实行信托经理准入与分级管理，强化项目后期管理的及时性和专业性，提高监察审计对业务的检查、发现和指导作用，建立健全风险预警与处置机制。探索创新财富管理模式，拓宽营销渠道，加强机构营销。进一步完善“研究与开发结合、自研与外脑结合、宏观与微观结合”的研发体系。

（五）加强党的建设，推进全面从严治党

通过修订完善《公司章程》，把企业党组织内嵌到公司治理结构之中，健全党组织参与重大事项决策的体制机制，确保党的领导核心和政治核心作用有效发挥。优化协同监督机制，强化纵向监督和专业监督。巩固“两学一做”学习教育成果，加强党的基层组织建设不放松，创新落实“三会一课”等制度，真正把党支部建设成团结群众的核心、教育党员的学校、攻坚克难的堡垒。强化党风廉政建设，营造干事干净、风清气正的良好氛围。

北京国际信托有限公司

一、2016 年经营概况

2016 年，北京国际信托有限公司（以下简称公司）实现收入总额 17.3 亿元（含税 18.1 亿元）；实现净利润 9.75 亿元，同比增长 2%；固有资产总额 84 亿元，负债总额 7.7 亿元，不良资产率为零。2016 年末，受托管理信托资产总额为 2 586.21 亿元，实收信托总额为 2 527.36 亿元，存续项目为 631 个。年内累计向信托受益人分配收益 125 亿元。各项监管指标继续达标，信托赔偿准备金足额提取，达到注册资本金的 32%。

二、创新业务案例

（一）家族信托业务

2016 年，公司家族信托业务规模迅速扩张，品牌效应彰显，已具有较为完善的业务模式：完全实现了客户定制，满足客户风险偏好、期限、收益率等个性要求；帮助诸多面临家业交替、代际传承的中国民营企业家以及其他高净值人士实现了财务自由、决策自主与生活自在的人生目标。2016 年，公司家族信托三个系列存续 218 单，客户超过 200 位，存续管理资产规模 42 亿元。较 2015 年相比，客户数量增加 150%，管理资产规模上涨 100%。公司推出的家业恒昌系列信托产品荣获第十届“诚信托”最佳家族信托产品奖的价值产品奖。

（二）小账户理财业务

公司针对高端私人客户财富管理需求，聘请专业律师团队，制定全套信托业务方案，初步搭建了高端私人客户财富管理的平台，为高端私人客户提供资产配置开辟了新的有效途径。2016 年，小账户业务总共有 5 笔，总规模约 2.1 亿元，累计受理业务 5 笔。

（三）养老消费信托

2016 年，公司推出的养老消费信托产品为信托投资人提供了灵活多样的选择。投资者可选择货币收益或实现养老消费权益，提前锁定未来养老消费的价格及优先权益，从而获得金融理财与养老消费相结合的综合性金融服务。

（四）资产证券化

2016 年，公司开展的银行信贷资产证券化业务规模进一步扩大，首次设立了私募型信贷资产证券化项目，新增规模为 325.27 亿元。同时，企业资产证券化业务取得新突破，以国电集团各电厂持有的电费资产实现证券化，为中央企业盘活存量资产、降杠杆提供了服务；与福建医科大学附属协和医院等知名三甲医院合作的应收账款信托项目，募集规模为 9.35 亿元，提高了医疗企业资金的使用效率。

三、社会责任履行情况

公司积极履行行业组织社会责任承诺，十分重视对社会各方利益相关者的责任与担当，在加强信托业务领域拓展、推进业务创新、继续保持经营效益稳步提升的同时，积极为社会发展承担应尽的职责和作出应有的贡献。

（一）中小企业金融服务

截至 2016 年末，公司以信托融资方式累计为 1 100 家中小企业提供 1 084 笔信托融资支持，总融资规模为 123 亿元。新增 100 余家贷款支持企业，新增 16 亿元贷款规模。

（二）创新服务区域经济模式

公司服务推进京津冀协同发展战略，作为信托机构独家与其他 7 家银行合作共同设立了 300 亿元海淀建设发展基金；与北京市建工集团合作共同设立 200 亿元的京津冀基础设施建设产业基金；参与北京市“昌平区建设发展基金”子基金的设立并认购优先级有限合伙份额合计约为 170 亿元。采取“股债结合 + PPP + 信托受益权”创新模式、国有资本与社会资本合作共同运作山东潍坊阳光大厦等项目；通过发行信托计划，设立有限合伙基金并控股该基金，支持安徽亳州基础设施建设，首期成功发行 50 亿元，创公司主动管理类集合信托规模之最。

（三）农村资产管理

公司发行的富民系列信托产品规模扩大，为北京市门头沟、怀柔等区超过 50 个自然村提供了累计25亿元规模的农村集体资产管理服务，2016年分配收益超过1.5亿元，增加了农村集体财产性收入。

（四）慈善信托

公司积极探索“家族财富管理+慈善信托”“互联网+慈善信托”等创新方向，发起设立以捐助贫困地区或经济条件较为困难但有艺术潜力的青年艺术工作者和帮助自闭症儿童减轻病症的公益活动为信托目的的慈善信托；设立了30万元规模的大病关爱慈善信托。

（五）金融消费者权益维护与投资者教育

公司自觉加强对客户合法权益的保护。在产品营销推介前，客户经理都经过了专业的产品培训；在营销推介产品时，不允许夸大宣传和向客户承诺“保本保收益”“项目无风险”等，同时对客户进行的包括反洗钱和防犯非法集资、风险提示等内容的宣传教育已成为必经程序，并对所有直销产品进行录音录像工作。

有效保护客户权益。2016年公司研发上线了新客户关系管理系统（CRM系统），通过岗位职责和系统权限设置及硬件设备的配置，保证客户信息安全。

在投资者教育方面，公司通过官方网站、签约现场文宣资料和客户活动等途径开展的宣传教育活动已成常态，对提升消费者金融安全意识起到了积极作用。

（六）努力降低办公能源消耗

公司利用办公楼顶空间，将2011年建成的太阳能发电装置用于办公区域照明设施供电。截至2016年末已持续发电165万千瓦时，按同等发电量相比较节省标煤52万公斤；减排二氧化碳161万公斤；减排二氧化硫4.9万公斤；减排氮氧化合物2.4万公斤；灰尘减排量44.9万公斤。同时，利用太阳能发电余量向市电网贡献了11.39万千瓦时，为改善环境、节能减排作出了贡献。

（七）管控风险，稳健运行

公司高度重视风险管理，制定了系统的风险管理制度和实施细则，如《风险管理办法》《项目审议实施细则》《业务审批权限授权管理办法》《合规与风险控制执行委员会工作细则（试行）》等，形成了涵盖组织结构、授权管理、财会核算、资金预算、报告制度、稽核审计等方面的风险控制制度。

公司的法人治理结构及各层机构职责和职权清晰，在董事会、公司经营层面、业务部门和中台部门等各级建立顺序递进的监控防线，各层、各条线有条不紊地开展工作。投融资决策委员会实行委员问责制，对项目进行综合评判、直接审查。公司风险管理条线各职能部门，全面组织和落实公司合规与风险管理工作。

（八）为员工发展创造机会和条件

公司始终视人力资源为公司发展最重要的生产力要素，不断完善激励机制，培养造就领军人才，努力为员工搭建发挥才智、实现个人价值的平台，鼓励员工与公司共同成长、发展。截至2016年末，公司员工总人数为237人，平均年龄36岁。从员工学历结构看，硕士及以上学历161人，占公司总人数比例为67.9%，同比增长了4.4%。

1. 支持员工发展

公司重视员工能力培养、素质提升和员工职业生涯发展。

一是完善公司英才工程人才培养计划。2016年，结合公司五年战略规划和三年人力资源规划，构建了三类英才及其后备的胜任素质模型，并按照人才梯队建设要点，确定了公司人才盘点和测评的工作思路，设计了四个人才库对应四类人才的详细培养方案，明确了轮岗制、导师制和IDP的机制和工具。

二是基于胜任素质模型，突出岗位基本功培训。2016年公司推出岗位基本功系列课程，系统打造员工职业素质和展业基础能力。年内组织开展了公文写作培训和冲突管理培训，参训超过300人次。

三是完善并创新新员工培训模式，提升培训针对性。2016年共举办两期新员工培训，27名新员工分批次参加了培训，培训采用连续两天集中封闭的形式，由公司内部讲师团队系统讲授信托业务基础、公司内控制度、信息系统操作、人力资源政策等10门课程，并进行考试、交流、答疑，提升了培训效果。

四是筛选确定优秀外部培训资源，集中管理选派参加。与信托业协会、银行业协会、监管机构、各类高校和培训机构保持合作，公司全年累计选派骨干人员参加业务类、财税类、风险类和管理类培训和交流活动逾100人次。

2016年公司发布《岗位职级体系管理暂行办法》，建立了员工职业发展双轨制，进一步优化了人才成长环境。

2. 注重员工关爱

公司贯彻“以人为本”的精神，用心关爱员工，营造和谐温暖的大家庭氛围。

一是关注员工需求，推出“员工关爱计划”。定期征集员工需求，整合相关资源，同需求涉及部门协商，共同形成员工关爱需求计划，并向员工公布落实情况，受到了员工的欢迎。

二是公司工会开展多次慰问活动。除按规定为全体会员发放节日慰问品外，还开展了生病员工、离退休干部、困难职工和员工亲属去世等40人次的慰问活动，为1人申请超封顶线职工互助基金。

三是组织丰富的文体活动，不断提升公司凝聚力。2016 年 10 月，公司组织开展了“信者无疆、仰山逐鹿”公司首届趣味运动会，参与人数达 230 人；还组织了健步走、庆六一“家”年华、新春团拜会、五四青年节第一届知识竞赛、读书会以及与相关机构的联谊活动等。

3. 维护员工权益

一是对办公场所、食堂等进行了改造升级，美化了办公环境，增加了员工用餐面积 30% 左右；实现了公司物业服务统一管理，完成了基础设施和设备的检修保养工作，集中对公司办公场所空气、饮水质量等进行了检测。

二是为各部门配备空气净化器，并为员工发放口罩和防霾用品等，组织员工年度体检，开展健康知识专题讲座等。

四、2017 年发展规划

遵照中央经济工作会议精神和北京市委十二次全会意见，确定年度经营指标和经营思路，公司将继续坚定地贯彻执行“稳中求进”的发展方针，在金融改革中，紧密结合信托业的自身定位和行业转型发展的主题，积极加强风险防控，加强公司在业务创新方面的力度，提升主动管理能力，继续围绕以六大资产配置为核心的展业理念，推动公司的业务发展。

（一）主要经营目标

2017 年公司主要经济指标：公司营业收入指标为 20 亿元，利润指标为 14 亿元，综合费用率为 25%，净资产收益率为 13.7%。

（二）主要经营思路

第一，坚持六大类资产配置方向不动摇。

第二，增加投资类资产占比，大力发展投贷联动。

第三，建立以提高净资产收益率为核心的经营思路。

第四，进一步提升财富管理水平。

第五，正确理解和处理规范与效率的关系。

第六，加强风险管控，守住风险底线。

华宝信托有限责任公司

一、2016 年经营概况

华宝信托有限责任公司（以下简称公司）成立于 1998 年，是中国宝武钢铁集团有限公司（以下简称宝武集团）旗下的金融板块成员公司，宝武集团持股 98%，浙江省舟山市财政局持股 2%。公司注册资本金为 37.44 亿元（含 1 500 万美元），旗下控股华宝兴业基金管理有限公司（中法合资）。

公司始终以“受益人利益最大化”为经营理念，以专业化和差异化发展为基本战略，以资产管理与信托服务为两大主业，立足资本市场，不断强化能力建设、渠道建设和品牌建设。公司业务门类齐全、专业化分工清晰、团队阵容整齐、主动管理与创新能力强大、业绩持续良好。目前，公司为中国信托业协会第三届理事会副会长单位，公司董事长任中国信托业保障基金有限责任公司董事。

公司为投资者创造了良好收益，1998 ~ 2016 年累计为客户实现收益 1 326 亿元。从 2006 年起，公司进入快速发展阶段，2006 ~ 2016 年累计清算信托项目 1 113 个，成功兑付率为 100%。截至 2016 年末，公司管理的信托资产规模逾 5 300 亿元（含年金）。公司也为股东创造了良好收益，自 1998 年成立以来，公司连续 19 年都实现盈利。

截至 2016 年末，公司存续信托计划共 1 298 个（含现金增利分期发行），管理的信托资产规模逾 5 300 亿元（含年金）。全年合并口径净利润 11.9 亿元，同比增长 67.6%。

2016 年，公司共新增信托计划 434 个（含现金增利分期发行），较 2015 年同期增加 144 个，涵盖证券业务、现金管理类、QDII、投融资等领域。主动管理型新增合同 229 个，占新增总量的 53%，其中，证券投资类 180 个、组合投资类 21 个、融资类 23 个、股权投资类 5 个；被动管理型新增信托 205 个，占比为 47%，其中，事务管理类 185 个、融资类 7 个、股权投资类 3 个、证券投资类 5 个、组合投资类 5 个。

公司在开发产品拓展业务的同时，也致力于风险控制与中后台运营能力提升。2016 年，公司继续以“认真履行受托职责，遵循诚实、信用、谨慎、有效管理的原则，恪尽职守，为受益人的最大利益处理信托事务”为宗旨，有效地保障了受益人利益。2016 年，公司共有 142 个产品到期清算，全部正常清算缴付。2016 年全年公司未发生未付和延迟支付受益人利益的情况，无不规范运作行为的发生。

近年来，公司在各类专业行业评选中多次荣获优秀公司、知名品牌、最佳创新、最佳经理、最佳产品等各类奖项。其中，2016 年，公司荣获东方财富风云榜“2016 年度最佳信托公司”，《21 世纪经济报道》“金贝奖”年度最佳品牌建设信托公司，《证券时报》第九届中国优秀信托公司评选“优秀组合投资基金类信托计划”奖、“优秀证券投资信托计划”奖。

目前，公司产品利用多种结构和工具覆盖了资本市场、货币市场、实体经济。同时，在风控方面，公司形成了由董事会及管理层直接领导，以风险管理部门为依托，相关职能部门配合，与各个业务部门全面联系的三级风险管理组织体系，公司治理结构及风险控制水平行业领先。

展望未来，公司将继续以机构、高端客户需求为核心，专注于证券、投融资、产业金融深度服务、国际业务、信托服务等专业领域，提供综合财富管理和整体金融解决方案，打造中国领先的特色金融服务商。公司将进一步丰富产品线及提升信托服务能力，为客户打造更好的产品，提供更好的服务，让更多的市场主体参与信托，享受信托制度的优势。

二、创新业务案例

2016 年，在实体经济增速放缓，信托行业转型的背景下，公司顺应行业发展趋势，明确了以受托/资产管理业务模式作为发展方向，并持续推动业务转型，顺应监管要求，注重风险控制，提高主动管理水平，通过创新开拓新的业务和市场以保持竞争优势。

公司积极探求“向内、向外、向新”领域的业务布局和转型，特别是在家族信托、资产证券化、产业基金及其他服务型信托等领域开拓创新，不断提升信托服务水平、资产管理能力和信托品牌，继续加快产品创新进程。具体表现在以下几个方面：

在产业金融深度服务方面，2016 年，公司与宝钢湛江、宝钢股份、宝钢金属创新完善了“华宝产融交辉系列”财产权信托模式并落地实施，进一步提升了产融服务的深度和内涵。公司还与宁波宝新合作推出宝理通——供应商应收账款融资项目，实现了施工企业应收款的类保理创新模式。公司推出宝享系列产品，从产品、客户、服务三个维度为欧冶金融提供全方位网络化服务支持。

在 QDII 方面，公司受托境外理财业务发展势头持续良好。2016 年，公司继续成功发行两单集合 QDII 产品，并完成了首单策略保本型跨境结构化集合产品的设计和发行。另外，公司推出海外员工持股计划，利用公司年金账管系统和 QDII 的优势，解决境外上市公司在员工持股计划管理工作中的一揽子需求。截至 2016 年末，公司存续的 QDII 资产管理规模约为 185 亿元，在信托行业继续排名第一位。

在家族财富管理方面，2016 年公司正式启动家族信托创新业务，组建了一支来自海外家族信托机构、国内私人银行、律师事务所等的专业团队，推出“世家华传”和“基业宝承”两个子系列，并落地多单家族信托产品。公司围绕客户在财产保护、财富传承、经营管理、信息保密、税务优化等多方面的需求，并逐步扩展至家族企业治理、家族关系协调、家族精神传承等多层次领域。

在资产证券化业务领域，2016 年公司积极向新的资产领域开拓，拓展医疗产业基金业务，针对公立二甲以上的医院，通过贷款、委托租赁及租赁资产受让等多种方式，形成稳定的医院还款现金流，丰富作为证券化基础资产包的内容，开拓新的产品模式。

在 PPP 领域，2016 年公司与中冶集团、葛洲坝集团等公司开展了深度合作，以联合体形式在上海、四川、湖北、广东、广西等多地参与 PPP 项目招投标，为后续进一步打开 PPP 项目市场目标奠定了良好的基础。

在互联网金融领域，公司通过与欧冶金融在内的互联网金融企业合作，为实业企业尤其是集团上下游解决投资、融资需求，建立互联网金融生态圈，构建“互联网 +”产业基金的模式。

此外，公司在信息化建设和客户服务方面持续提升，已经形成以核心业务系统为中心的业务支撑、营销活动以及客户服务体系，有力地支持了公司管理能力的提升；公司不断加强品牌形象建设，推进综合客服外包项目，持续提升客户体验及满意度。

在经济新常态下，我国经济增速虽然放缓，但实际增量依然可观，增长速度将更趋平稳，增长动力更为多元，而且随着经济结构的优化升级，经济发展前景将更加稳定。在此背景下，公司将在日常经营过程中把合法合规和风险可控视为展业的首要前提，深度发掘资本市场业务潜力，发挥创新能力优、业务结构多元化、中台与后台技术支持能力全面、内部协同能力强的管理优势，严控风险，在业务转型的过程中稳中求进，实现快速、平稳发展。

三、社会责任履行情况

2016 年，公司继续荣获浦东新区“金融业突出贡献奖”，纳税额保持区内领先，再一次体现出公司作为国际金融中心行业带头标兵的形象。公司以“受益人利益最大化”为理念，通过不断丰富公司产品线和服务创新，满足不同客户需求，体现信托公司“受人之托、代人理财”的专业价值和形象。

2016 年，公司把加强风险管理制度建设和制度执行作为提升风险管理体系的工作重点，通过不断完善公司治理结构和风险管理体系，公司风险控制能力和客户服务水平得到了进一步提升。

2016年，公司通过多种途径积极开展投资者教育方面的工作，包括客户沙龙，以及组织投资者开展各层次各类型线上、线下的投资者教育活动等。作为业内第一家在公开媒体开展信息披露的信托公司，公司通过公司网站及官方指定信息披露媒体《上海证券报》《中国证券报》《证券时报》进行公司重要信息披露。

此外，公司积极履行企业社会责任，通过一系列企业文化建设活动，为员工提供良好的工作环境和发展空间。公司建立了系统化、立体化、多元化的人才开发与管理体系，坚持员工与公司共同成长，提供员工全面的内部、外部培训机会。同时，公司关注员工发展，通过举办各类活动，倡导员工快乐工作。2016年，公司本着“我运动，我快乐”的宗旨，在成都、上海和深圳三地作为支持单位参与“跑动金融圈”活动，将金融与跑步相结合，奉献了一场属于金融人自己的跑步盛会，也向员工们传达了健康向上的生活理念。

四、2017年发展规划

公司将以上海为中心，向长三角、珠三角、北京、成都、武汉等地区辐射，以机构、高端客户需求为核心，积极探求“向内、向外、向新”领域的发展之路。“向内”延续传统业务优势，加快推进产业深度金融服务业务布局；“向外”持续推进国际业务发展，加强全球化资产配置和管理能力；“向新”在家族信托、资产证券化等领域勇于创新，积极开拓新的业务模式。公司将继续专注于证券、投融资、产业金融深度服务、国际业务、信托服务等专业领域，为客户提供综合财富管理和整体金融解决方案，打造中国领先的特色金融服务商。

华宸信托有限责任公司

一、2016 年经营情况

2016 年，华宸信托有限责任公司（以下简称公司）努力克服宏观经济增速持续放缓、传统行业不景气等诸多不利因素，稳步推进各项工作，取得了一定成效。公司全年实现营业收入 9 390万元，实现利润总额 2 192 万元，实现净利润 3 687 万元。

信托业务方面，公司根据外部经营环境和行业监管环境，将业务重心从集合类信托业务向单一类信托业务转变，进一步强调规模的重要性，由重收入向收入规模一起抓转变。同时，大力开展学习研究，深入了解国家产业政策走向和较为前沿的新型信托业务，并结合内蒙古自治区实际，不断完善项目交易模式、结构，在风险可控的前提下，进一步贴近客户需求，推动产品创新，积极探索信托业务转型。同时，多方联系，积极接触潜在客户，储备优质项目，为下一步业务开展做好准备。截至 2016 年末，公司管理信托资产总额 95 亿元，较年初增加 0. 48 亿元，全年实现信托手续费收入 7 102 万元。2016 年新增信托项目 12 个，募集资金 861 670 万元。兑付信托项目 59 个，兑付信托资金 856 860 万元，分配受益人收益 67 572 万元。

固有业务方面，公司以加强贷后管理为年度工作重点，积极推进风险项目的处置工作。同时，基于稳健投资的思路，积极开展自有资金投资工作，合理调度，将资金投向新股申购、货币基金等业务，保障公司流动性需要的同时，提高投资收益。2016 年，公司主动管理自有资金 60 516 万元，实现收益 3 627 万元，年化收益率 5. 99% 。

2016 年，公司着力提升风险管理水平，按季度对自营资产进行五级分类，持续跟踪自营资产质量情况，确保公司整体风险可控。对于新增项目，公司加大事前审查力度，坚决执行“初审—预审—决策”的审查流程，层层把关，有效地从源头上控制风险。对于存续项目，严抓后续管理，加大监控力度，组织人员开展全面风险排查工作、项目风险评级工作和年度贷后检查工作，尽早发现风险隐患，及时采取有效措施，最大限度地控制风险，年内未新增风险项目。同时，对于已发生风险的项目，公司本着积极应对的思路，多方协调，逐一落实，着力推进项目风险处置工作，取得了一定成效。

此外，公司根据不断变化的监管环境及实际工作需要，继续推进内控制度体系建设工作，制定、修订制度70余项，内容涵盖公司治理、内部控制、风险、业务、财务、案件防控、反洗钱管理等多个方面。同时，进一步完善绩效考核体系，强化考核力度，充分发挥激励监督作用，有效地促进各项制度贯彻落实，确保公司各项工作在制度约束的轨道内规范开展。继续探索、建立和完善体现行业特点、与人才队伍相适应的市场化激励机制，充分激发市场化业务人员的积极性，为公司经营业绩作出了积极的贡献。

二、创新业务案例

2016年末，公司与建设单位组成的联合体通过资格预审、公开招标，完成了包头高新技术特色产业基地PPP项目的投标工作。包头高新技术特色产业基地PPP项目是内蒙古自治区推出的首批PPP示范项目，采用公开招标的方式遴选社会资本。该PPP项目的尝试，主要有以下几点创新。

1. 充分论证并谨慎参与PPP项目

对于政府而言，严格按照《财政部关于印发〈政府和社会资本合作模式操作指南（试行）的通知〉》（财金［2014］113号）规定，只有通过物有所值和财政承受能力两大方面评价验证的项目，方能以PPP模式实施。对于金融机构而言，应当从过去对政府财政实力的单一考量，转变为对PPP项目未来预期收益的测算分析，兼顾政府信用和财政实力的评价，综合论证后再行决策。

2. 择优选择合作伙伴，强强联合

PPP项目竞标中，投标人大多组成联合体进行投标，以增强整体竞标实力，有效分担项目风险。联合体伙伴选择应遵循能力互补和战略协同原则，综合项目具体情况和合作方的各自意愿，在合作模式、投资模式、退出模式、项目公司设立运作等方面量身定做出具体合作方案。

3. 依法投标，确保合法中标

本项目对社会资本的选择采用公开招标方式，公司牵头成立的联合体严格按照招标条件制作标书，并参与投标。

三、社会责任履行情况

公司党委认真贯彻中央和内蒙古自治区扶贫精神，公司全年派出三批帮扶人员深入兴安盟帮扶点。一是对2015年已经落实的延伸帮扶项目建设情况进行持续性地跟踪、协调，确保每一个项目都能落地，确保全嘎查农牧民受益。二是根据建档立卡要求，配合嘎查党支部和村委会重新核定贫困人口，为扶贫攻坚提供可靠依据。三是加大金融扶持力度。2016 年再为扎赉特旗新增信托融资 5 000 万元（截至 2016 年末，公司累计为该旗政府提供信托资金达到 1 亿元），为该旗早日摘掉国贫旗县帽子再添一把柴。公司被内蒙古自治区直属机关工委和扶贫办评为“帮扶工作先进单位”，一位帮扶干部被评为自治区帮扶工作“先进个人”称号。

公司积极响应内蒙古自治区反洗钱工作协调领导小组号召，由公司总经理、副总经理带队，从各部门抽调青年骨干进行了现场宣讲和资料派发，向市民宣传反洗钱法律法规、普及反洗钱基本知识，让市民充分了解到洗钱这一犯罪行为对国民经济秩序的影响，对使“预防洗钱活动、打击洗钱犯罪”成为社会公众共识起到了积极的推动和促进作用。

此外，公司还组织员工参加了“博爱人间·热血真情”无偿献血等公益活动。

四、2017 年发展规划

2017 年，公司将坚持问题导向，深化内部管理水平提升，以增资扩股为契机，进一步增强公司实力，充分发挥作为内蒙古自治区直属国有信托公司的优势，服务经济社会发展。

1. 全力推进增资扩股

增资扩股是目前制约公司生存发展的首要问题，也是公司步入可持续发展轨道的必然选择。该项工作得到了内蒙古自治区政府和各监管部门的高度关注和大力支持。公司将加强与各方的沟通协调，全力推进后续实施工作。

2. 规划发展战略，完善法人治理

以增资扩股为契机，引入新的战略投资者，充分考虑公司发展的内外环境，整合新老股东的资源和优势，积极规划适应行业发展要求、符合公司实际的发展战略。同时，重构公司的法人治理结构，健全公司“三会一层”高管人员配置，进一步明确职权范围，切实形成决策、执行、监督相互制衡的法人治理结构。

3. 在转型创新中探索新的业务模式和盈利模式

积极探索业务发展和转型的新思路，搞好理论学习、研究，进一步强化业务创新能力，尽快找到真正迎合行业发展趋势、符合公司发展实际的展业领域、模式。同时，稳步推进市场化进程，充分激发市场化信托业务部门的区域优势，为公司培育新的利润增长点提供有益尝试。

4. 继续提升公司整体管控能力

继续强化内部管理，健全以合规、风险管理为主线的内控体制机制建设，推动各项制度贯彻执行，确保各项工作在制度约束的轨道内有序开展。

华润深国投信托有限公司

一、2016 年经营概况

根据"十三五"规划实施要求，2016 年，华润深国投信托有限公司（以下简称公司）聚焦"金融行业微笑曲线"，布局资产管理、信贷融资、受托服务等业务领域，使融资业务敏捷化、基金业务精品化、平台业务精益化。为此，公司在四条业务线，包括证券投资业务、结构金融业务、同业金融业务、财富管理业务，积极实践、稳步发展，为公司深化战略转型落地和体制机制改革奠定了坚实的基础。

2016 年公司业务保持稳健发展，截至 2016 年末，公司总资产为 189.80 亿元，实现营业收入为 30.02 亿元，信托收入为 8.74 亿元，净利润为 19.39 亿元。

公司证券投资业务以"主动管理、增值服务、增量收入"为指导方针，不断创新产品结构、丰富服务内涵，始终保持行业领先地位。年内发布的监管新政为证券投资业务带来新机遇，截至 2016 年末，公司证券投资信托规模为 4 593 亿元，同比增长 21.16%，通过自主管理产品，探索增值服务和平台能力建设新途径，促进风险控制能力提升。

结构金融业务努力创新，大力探索业务增长点，截至 2016 年末，实现信托业务收入 5.27 亿元，占公司信托收入的 51%，信托规模 913 亿元。公司在基金化转型方面取得了阶段性成果，创新性尝试"股 + 债 + 基金管理人"的地产基金模式，作为资产挖掘者、资金适配者、架构搭建者，牵手华润置地成立横琴万象项目。新虹桥医疗产业基金项目作为公司在非房领域的探索，通过母基金形式进行组合投资，培育公司在医疗领域的投资能力和资产管理能力。

资产证券化产品线日趋丰富和完善，从信贷资产证券化业务延伸至私募信贷资产证券化、企业资产证券化、银行业信贷资产登记流转中心非标转标及类 REITs 等业务方向，产品创新能力处于行业领先地位，年内发行全国首单信用卡不良贷款证券化产品、首单通信业信托型资产支持票据。截至 2016 年末，华润信托共发行公募 ABS 产品 16 只，总规模为 714.61 亿元，位列市场排名第四。2016 年，公司同业金融业务收入为 9 729 万元，信托规模为 1 864 亿元。

二、创新业务案例

（一）发行首单通信业信托型资产支持票据

公司作为信托发行载体的“中国铁塔 2016 年第一期信托型资产支持票据”在银行间债券市场成功发行。该产品不但是公司首个信托型资产支持票据产品，且实现了国内同类产品的多个创新突破：首单通信行业应收账款资产支持票据，首单由中央企业作为发起机构，单笔发行规模最大。

该项目的基础资产为中国铁塔股份有限公司对中国电信、中国移动、中国联通三大通信运营商提供通信塔设备服务获取的应收款项债权，应收账款付款义务人主体等级较高。产品发行总规模 50 亿元，采取优先级/次级交易结构，优先级票据占比为 99%，债项评级为 AAA，发行利率仅为 2.86%/年。项目发起机构中国铁塔股份有限公司为优先档资产支持票据本息兑付提供流动性支持。项目成功解决了中国铁塔成立时间不足三年无法发行债务融资工具的障碍，且发行利率也创近期同期限债券利率新低，为企业客户拓宽融资渠道。

（二）和萃系列不良资产证券化项目

2016 年 4 月、6 月和 9 月，公司分别完成了和萃系列不良资产证券化项目，基础资产涵盖信用卡不良债权、小微不良贷款和对公不良贷款三类典型银行不良信贷资产的证券化项目落地。其中和萃一期涉及信用卡不良债权以及和萃二期涉及的小微不良贷款证券化，分别是我国资产证券化历史上首单信用卡不良贷款证券化以及首单小微不良贷款证券化。两单创新产品的发行，对于优化我国零售类贷款业务模式、促进银行消费金融发展、丰富我国资产证券化产品基础资产类型有着重大意义，上述不良贷款资产证券化业务的开展为银行在拓宽多元化不良资产处置手段和渠道，创建市场化、透明化不良资产处置流程等方面更有借鉴意义。

三、社会责任履行情况

公司秉承“践行社会责任，做诚信企业”的社会责任理念，以受益人的最大利益处理信托事务，恪尽职守，履行诚实、信用、谨慎、有效管理的义务。公司倡导全面的诚信观，诚信于股东、诚信于客户、诚信于员工、诚信于社会。坚持对信托事业的一腔热忱和对“受人之托、忠人之事”庄严承诺的信守，树立经营企业、服务社会、造福大众的根本宗旨。致力于为大众提供美好高尚的生活方式，通过与其他群体和组织、社会和政府部门进行密切合作，以人为本、尊重人文精神、改善人们生活，营造和谐社会，促进社会发展。

（一）关注民生发展

公司关注民生发展，积极与深圳市政府协同“加大保障性安居工程建设力度”，设立私募投资基金投向深圳市保障性住房项目建设。通过对该项目的深度参与和管理，助力深圳市保障性住房建设，对于深圳市委、市政府落实“五大发展理念”、推进供给侧结构性改革、吸引和集聚人才、保障和改善民生、扩大投资稳增长都有着重要意义。

（二）推动公共事业发展

上海新虹桥国际医学中心是经上海市人民政府批准设立的以从事高端、国际化的健康管家服务园区，公司深度参与了园区建设，与上海新虹桥国际医学中心的运营方上海新虹桥国际医学中心建设发展有限公司合作。通过基金投资园区引入的第一期第二批的部分医疗、医技及医药企业，包括医院药事外包服务、独立影像检查、信息化的商业医疗保险支付平台、医生集团、专科医院及高端诊所等，支持国家区域医疗体制改革。

（三）开展公益性客户活动

公司将希望小镇客户活动作为品牌文化宣贯的重要形式，每年组织客户及家属赴华润希望小镇开展拓展活动。2016 年 8 月组织 30 余名高净值客户及家属开展“寻找最美瞬间”古田华润希望小镇亲子夏令营。公司积极参与华润集团基于感恩回报、履行企业社会责任的价值观念设立的华润慈善基金会，探索公益新模式。华润慈善基金目前已经在西柏坡、韶山、百色等八个革命老区建立了华润希望小镇。

四、2017 年发展规划

2017 年是“十三五”规划实施的关键之年，也是国家供给侧结构性改革的深化之年。公司将继续砥砺前行，积极把握大局大势和发展机遇，坚持问题导向，不断创新化解各类问题的方法和机制，继续着力从实际出发破解公司困境和困难的路径措施，促进公司的稳健经营和业绩增长。为此，要着力统筹抓好以下重点工作。

（一）提升风险管理能力，明晰风险决策机制

公司将持续完善关于项目尽职调查、业务审批、后期管理、信息披露等方面制度，提

升风险管理水平。在投贷后管理方面，采取非现场监控与现场检查相结合的方式，持续提升预警（异动）事项处理能力，动态掌握项目风险情况，加大全面风险排查力度，提高定期风险监测频率和存续项目风险排查频率，通过开展压力测试、完善风险监测工具、强化现场监管和抽查走访等方式，加强对投贷后管理工作的常态化监督，促进投贷后管理的常规化、标准化与透明化，保障项目安全退出。2017 年，公司将探索建立以“资本计量”为核心的风险管理体系规划，优化以项目类型为分类标准的风险决策机制和流程，支持信托业务发展。

（二）起步基金化、加速平台化

2017 年，公司将继续在微笑曲线两端用重力，中端使巧劲，通道业务通过交易化、标准化、规模化向平台类发展，提高毛利率；信托项目通过结构化、净值化、组合化向基金类发展，降低边际成本。首先，平台化路径以阳光私募和资产证券化为切入点，从信托本源出发，在现有经验和积累的基础上更高水准地完善、规划和建设资产与财富管理服务系统，顺应金融科技发展大潮，逐步打造行业领先的运营与 IT 服务系统平台化模式。其次，标准资产基金化着眼于债券基金、量化基金、组合基金、非标转标债券基金，逐步培养主动管理标准化基金能力。最后，基于国家“创新、协调、绿色、开放、共享”的发展理念，借鉴华润集团产业经验，按照公司制定的“十三五”“五大一高”（大基建、大健康、大环保、大消费、大文化、高科技）行业战略，进一步聚焦从房地产和医疗切入的非标资产基金化。

（三）打造信息化平台，多举措提能增效

以“华润汇”建设为契机，持续推进信息系统建设，通过掌握核心技术打造差异化竞争优势，全面支持业务发展、提高三大核心能力。2017 年，公司将进一步推动公司各业务的系统建设，降低运营成本、提高工作效率。首先，针对资产证券化业务建立相关支持系统并投入使用。其次，优化私募基金云平台服务系统，规划并建设对冲基金敏捷运营平台、完善对冲子系统、TOS 数据中心、投研框架及评价体系。最后，项目管理系统建设完成公司财富管理、证券业务及自有业务的需求迭代咨询工作。

（四）以党建引领、以文化凝聚、以培训提升

2017 年，公司将加大人才引进力度，通过拓宽人才引进渠道，规范制度和流程，尝试更灵活、多样化的机制，吸引招募优秀人才加入，逐步优化人员结构。在人才选育方面，按照从严治党、从严治企、党管干部的原则，加大德才兼备、以德为先的人才吸引力度，以党建引领团队建设；在文化融合方面，利用线上、线下多种渠道进行集团、公司的文化和价值观的培训与

宣贯，培养全体员工对华润文化的认同感，促进人员文化和经验融合，提升人才保留实力；在人才培养方面，建立领导力、专业人才和新员工培养相结合的人才培养体系，让每位员工在职业发展的不同阶段、不同岗位都能获得全面的学习机会和实现个人价值的升华，坚持人才强企策略，为构建三大核心能力奠定团队基础。

华信信托股份有限公司

一、2016 年经营概况

2016 年，华信信托股份有限公司（以下简称公司）通过开展规范化的金融信托业务，不断完善法人治理结构，坚持防范风险、合规经营、持续创新、稳健发展的方针，响应国家宏观经济和产业政策号召，积极参与实体经济建设，充分利用信托行业综合性、灵活性、敏锐性的特点，采取债权信托、股权信托、标品信托、财产信托、资产证券化信托等业务模式，为社会提供灵活多样的金融服务，在取得良好经济效益的同时，也为全面振兴东北老工业基地、推动实体经济发展作出了贡献，赢得了社会各界的广泛好评。

（一）完成增资扩股，夯实了资本实力

2016 年，公司注册资本由 33 亿元增至 66 亿元，资本实力位居同行业前列。增资扩股的成功完成，一方面增强了资本实力，积累了发展后劲；另一方面也进一步提高了抵御风险的能力。

（二）主要经营管理指标良好

2016 年末，公司固有资产总额为 134. 97 亿元，负债总额为 15. 26 亿元，所有者权益总额为 119. 71 亿元。2016 年，公司实现营业收入为 23. 1 亿元，利润总额为 22. 04 亿元。

（三）稳步开展信托业务，信托资产继续保持高质量

2016 年末，公司共发行信托计划规模 105. 46 亿元，较 2015 年增长 6%，实收信托余额 1 200. 64亿元，较 2015 年增长 31%。全年信托业务实现营业收入 809 766 万元，较 2015 年增长 4%；实现信托利润 703 916 万元，较 2015 年增长 6%。所有到期信托计划均按期兑付，投资者获得的实际收益率都达到了信托计划发行时的预期收益率。

二、创新业务案例

为满足投资者，特别是机构投资者日益增长的境外理财需求，公司申请获批受托境外理财业务（QDII）资格。2016 年 12 月 28 日，公司成立了华信——新加坡市场单一资金信托计划第 001 期，委托人为招商银行，信托资金规模约为 2 238. 93 万美元，信托期限为 2 年，信托期限满 1 年后委托人可随时提出终止，信托计划预期年收益率为 6. 3%，信托资金全部用于投资北京华联商厦股份有限公司在新加坡新交所主板发行的 REITs（房地产信托投资基金，代码为 BMGU）的公众信托持有人份额。信托收益主要来源于 BMGU REITS 分红和二级市场出售溢价。截至 2016 年末，公司共发行 QDII 信托产品 3 只，发行规模近 1 亿美元。

三、社会责任履行情况

自 1981 年成立起，公司始终将积极履行企业社会责任作为一项重要的战略举措和对社会的郑重承诺，在追求经济效益、保护股东利益的同时，合理保护员工合法权益，诚信对待投资者，维护公共利益，支持公益事业，帮助弱势群体，保护生态环境，积极承担企业应尽的社会责任。

2016 年，公司响应中共中央、国务院关于全面振兴东北地区等老工业基地的号召，脱虚向实，加大对实体经济支持力度。2016 年，公司累计为实体企业提供资金支持 603. 79 亿元，其中小微企业为 356. 01 亿元，解决了部分小微企业融资难、融资贵的问题。

自 2002 年开办资金信托业务以来，公司管理的所有信托计划均按期兑付，收益率都达到或者超过了信托计划发行时的预期收益率，充分保障了股东和受益人的权益，在大连理财市场和信托行业内树立起了诚信服务、健康发展的企业形象。

公司于 2012 年成立了大连市金融干部人才培训中心，该中心聘请国内知名高校教职人员、金融企业高级管理人员，长期义务为在校学生培训金融行业相关知识，为大连市区域性金融中心建设培养并输送了大批金融人才。

公司积极开展校园招聘、社会招聘等，吸收各类专业人才。始终坚持注重保障员工的合法权益，在合理引导、发挥员工才能的同时，积极开展各项培训活动，不断提升员工综合素质，为员工实现自我价值提供优秀的平台。公司尤其注重青年干部培养，在中层管理人员中，四十岁以下人员占比超过 50%。

公司依法诚信纳税，积极履行企业法人的纳税义务，助推地方经济发展，连续多年荣获大连市 AAA 级纳税企业。

公司注重党建工作，积极发展新党员，为党组织输送了新生力量。根据上级党委要求，完成了党员信息核查。完成了党组织关系划归，并迁至北京，为加强系统党建，发挥好对公司发展的引领与核心作用打下了基础。

热心公益事业，积极帮助定点扶贫帮困村解决困难。倡导绿色办公和环保理念，引导全员在工作和生活中厉行节约，降低能耗，减少污染。

四、2017 年发展规划

按照全域化、综合化、市场化的基本发展方向，以提升资产管理能力和盈利能力为核心，以风险控制为前提，以团队建设为关键，以机制完善为保障，致力于发挥信托功能优势，为客户提供安全稳健的金融产品和高效便捷的金融服务，将公司建设成为业内领先、品牌卓著、核心竞争力突出、牌照齐全的金融企业，以卓越的金融产品和服务为客户、股东、员工创造最大化价值。为实现上述目标，公司将实施以下发展战略。

（一）全域化战略

目前，公司已在北京、上海、深圳等一线城市及沈阳、成都等省会核心城市设立了区域业务总部，负责本地及周边地区业务拓展。其他区域按照先做业务再设机构的原则，业务量和收入达到一定规模后，再设立专门机构，形成基本覆盖全国主要经济区域的业务营销网络。

（二）大客户战略

公司将金融机构、大型民企、上市公司、房地产企业、中央企业或国有企业、政府平台公司作为营销重点目标客户。继续推进“总部对总部”战略合作，根据公司目标客户定位，大力开发流动性好、收益合理、涵盖不同领域的优质资产。

（三）资源整合战略

自截至 2016 年末，公司旗下具有证券、期货等金融业态以及私募基金管理公司等准金融业态，金融租赁公司、证券投资基金管理公司正在筹备中，金融业态齐全。要进一步整合旗下金融资源，重点推进各子公司间形成优势互补与业务合作，在项目融资、资产管理、财富管理、投资银行等各业务领域全面整合，提升综合金融服务能力和整体竞争力。

（四）市场化人事薪酬战略

根据业务发展需要，面向市场引进各类人才，并配备与市场接轨、具有竞争力、长短期兼顾的薪酬待遇体系。建立科学、透明的考核政策，将员工职级、薪酬与个人业绩完全挂钩，实现能进能出、能上能下，始终保持员工队伍的活力。以优秀的企业文化和市场化的人事薪酬政策，打造一支具有高度责任感、充满凝聚力、战斗力、创造力和成长性的高素质团队。

（五）创新型业务发展战略

根据当前经济发展新趋势、市场新需求，深入研究资产证券化、家族财富信托、消费信托、产业投资基金等创新型业务，为业务发展提供新动力；加大在私募股权、证券定增、MOM/FOF等产品方面的人力投入，扩大利润来源；探索投贷联动业务，优化现有房地产融资结构。

平安信托有限责任公司

自2016年以来，国内宏观环境稳中有好，国家战略、行业变革带来新的投资机遇，泛资产管理市场蕴藏着超百万亿元的巨大需求，高净值家庭数量保持较快增长。面临新形势下的发展新机遇，信托行业需契合国家战略、提升投融资效率、服务实体经济，实现行业的可持续发展。

为了适应经济和行业发展形势，平安信托有限责任公司（以下简称公司）主动以“财富+基金”作为发展新模式，围绕“财富管理、资产管理和私募投行”三个核心业务，不断精进专业理财和投资能力，落实“受人之托、代人理财”的义务，促进差异化、特色化发展，服务实体经济，助力经济转型，致力于成为中国最领先的信托公司。

一、2016年经营概况

2016年，公司业务实现稳健增长，各项指标领先行业。信托计划资产管理规模为6 772.21亿元，同比增长21.27%；实现净利润37.97亿元，位列行业第一，同比增长22.12%。同时，公司继续秉承“风险创造价值，风控引领市场”的风控理念，融合信托的专业型和商业银行的精细化风控管理，打造全员参与、全流程管控、业务全覆盖的风险管控体系。

个人财富管理业务方面，公司以客户为核心，从渠道、产品、服务、系统及风控等方面着力，推动覆盖客户全生命周期的财富管理服务。活跃财富客户数实现稳步增长，截至2016年12月31日，活跃财富客户数达5.25万人，较年初增长39.4%。推动家族信托业务快速增长并得到客户与市场的高度认可，摘得由《中国经营报》评定的2016“卓越竞争力家族信托管理公司”；推出保险金信托业务，实现财富传承、财富管理与保险的嫁接。

机构资产管理业务方面，公司以投资能力为抓手，重点开拓保险公司、城市商业银行、农村商业银行客户，同时打造项目资金撮合及资产转换、卖断平台，为机构投资者提供专业、高效、差异化的服务。

私募投行与股权投资业务方面，公司积极把握行业的变化趋势，不断加强与优质客户合作，以股权、债权、夹层融资等多种方式服务于国内众多优秀企业；以服务实体经济为目标，在地产、基建、新能源、PPP、“一带一路”、国企混改等国家重点支持的诸多领域都发挥着积极的作用。公司还积极推动基金化转型，深耕健康医疗、消费升级、节能环保、现代服务和先进制造等行业。

二、创新业务案例

2016 年，公司持续贯彻“以客户为中心”的服务理念，积极推进业务模式和产品能力的改革创新。通过金融产品和服务创新，引领行业发展。

（一）推出国内首个资本市场并购重组业务机构合作平台——“并购赢家”

2016 年，公司推出业内首个定位于资本市场并购重组业务的机构合作平台——“并购赢家”，通过定向增发、并购基金等多样的业务模式以及灵活的交易结构设计，实现资产与资金的无缝对接。在东旭集团收购宝安地产（更名为东旭蓝天）后，公司“并购赢家”通过与东旭集团深入接触，成功设计了“投贷联动”的金融服务方案，通过集团内部资产注入及外部光伏电站并购，帮助东旭蓝天迅速做大资产规模，成功实现了东旭集团的资产整合与新能源发电的产业链一体化。

（二）发行国内首单信托型 ABN 产品——远东一期 ABN 创新项目

2016 年，公司抓住资产证券化大方向深挖优质企业客户，由公司担任受托人和发行载体管理机构的“远东国际租赁有限公司 2016 年度第一期信托资产支持票据”发行成功，成为国内首单公开发行的信托型资产支持票据项目（信托型 ABN），发行总规模达 20.68 亿元人民币，有利于解决企业融资难融资贵的问题，降低发起人的综合融资成本。同时，通过引入信托型 ABN，不仅拓宽了发起人融资渠道，同时也有利于其提升存量资产利用效率，优化资产负债结构，提升金融服务实体经济效率。

（三）推出保险金信托服务，实现财富传承、财富管理与保险的嫁接

自 2012 年公司首单家族信托落地以来，公司家族信托团队为适应国内高净值人群财富管理的多元化需求，不断摸索新的模式。2016 年公司联合平安人寿推出保险金信托服务，创造性地将保险与信托进行跨界结合，为高净值客户提供全面的资产配置及财富传承服务，实现“1 +1 >2”的效果；该业务不仅丰富了公司家族信托业务线，也是信托公司回归本源业务的一次重大创新。

三、社会责任履行情况

（一）推出国内首只慈善信托，间接出资 200 万元并担任受托人

2016 年 9 月 1 日，公司推出管理国内首只永续型集合慈善信托“中国平安教育发展慈善信

托计划”，首期募集资金为1 007.6万元，其中公司间接出资200万元并担任受托人，首创“公益+金融”的慈善模式。2016年，该信托计划管理理事会批准教育类慈善项目5个，慈善资金支出316万元。

此外，由公司打造的业内首个公益慈善平台“中国平安公益信托产品平台”荣获2016年度深圳市金融创新奖。该平台囊括公益慈善信托、公益性家族信托、公益基金会全权委托信托。截至2016年末，公司已经分别在三类产品领域创新性地发行了行业标杆产品。

（二）携手高净值客户，为湛江丰背明园小学搭建远程网络教室

2016年12月，公司携手高净值客户一行30余人，为广东湛江偏远地区的丰背明园小学捐助22.5万元的爱心善款及物资，包括校服、书包、文体用品等。活动当日，丰背明园小学远程网络教室正式启动，借助互联网平台，以远程网络实时教学的方式，为乡村学童带去来自城市乃至全球的先进教育。“圆梦行动”环节中，公司爱心客户帮助该校50多名孩子实现了自己的梦想。

（三）儿童节前夕，为深圳民爱特殊儿童福利院儿童带去物质慰问和关怀

2016年儿童节前夕，公司工会与30余名信托志愿者一同来到深圳民爱特殊儿童福利院，为福利院儿童带来2.8万元爱心款项，并将精心准备的儿童节礼物送到了孩子们身边。公司艺术团为孩子们准备了一堂名为“满满的，都是爱”的舞蹈课，并刻制了舞蹈教学光碟，留做孩子们的康复教材。这是公司践行公益慈善的第八个年头。

四、2017年发展规划

2017年，公司将把工作重点着力在战略转型上，积极推进“零售+基金”的新模式落地，持续优化业务结构。

（一）深化个人财富管理业务

2017年，公司将继续坚持以客户为工作核心，以扩大客户规模、积累资产为目标，以搭建主账户、客户聚焦、产品多元、NPS触点管理和销售合规控制为主要经营策略，重点发展家族信托业务，着力于为不同风险偏好的客户提供合适的产品系列，不断优化客户体验、不断强化财富管理的经营能力，为客户及公司创造价值。

（二）突破发展机构资产管理业务

2017年，公司将继续以面向机构投资者的资产管理服务为重点，充分挖掘保险资金、企业

年金、银行同业等机构投资者的资产配置需求；设立机构销售部，集中机构客户管理，以做稳同业资金渠道、深化机构客户合作为目标，不断提升综合金融服务能力，满足机构投资者的差异化业务需求；并探索同业资产资金交易平台的搭建和同业合作新模式的创新，研究发展同业信托。

（三）积极发展私募投行与股权投资业务

房地产投资板块将进一步加强与核心优质房企客户合作，加强机构资金拓展，重点发展符合监管导向的去刚兑、主动管理业务，并加强存量项目风险防控。

基建投资板块将继续积累与发挥自身专业，聚焦城市基础设施、交通、新能源等基础产业领域，支持国家"一带一路"倡议。

区域投资板块将深化利用区域优势，探索在基建投资、区域龙头产业、国有企业混改、产业整合并购等领域挖掘有价值的投资机会；同时强化创新，坚持行业研究指导业务开展，继续着眼于清洁能源、PPP、租赁资产、资产证券化等领域的探索，有效服务实体经济。

债券和资本市场业务方面，创新发展灵活多样的债券产品，做大基金规模；在资本市场业务上，探索可转化债和可交换债业务，推动资本市场主动管理能力培养，并逐步建立一级半市场投资能力。

PE 投资业务继续将依托集团"资产管理 + 健康管理"，以及"医、食、住、行、玩"的发展战略和优势资源，打造"平安 PE 生态圈"，聚焦消费升级、医疗健康、现代服务、高端制造、环保五大领域，通过"募、投、管、退"四个环节，为被投企业提供融资服务、资产管理、财务顾问、并购重组等全生命周期、一站式金融服务。

（四）统筹信用、流动性、市场及操作风险管理

公司将充分发挥风险管理委员会的作用，统筹公司信用风险、流动性风险、市场风险及操作风险管理；制定 2017 年风险偏好体系，推动风险偏好体系在公司决策管理中的应用；不断深化量化管理工具的应用；建立存量资产的风险预案机制，动态监控项目实际情况，灵活化解风险项目；持续加强人员风险防控意识，强化全员、全流程风险管理理念，助推业务健康、有序发展。

上海国际信托有限公司

一、2016 年经营概况

2016 年是“十三五”规划的开局之年，面对外围政治经济环境更趋复杂，国内宏观经济增速换挡、供给侧改革深入推进、泛资管行业竞争加剧、利率市场化和人民币国际化改革深入、金融风险防控压力上升等严峻形势，上海国际信托有限公司（以下简称公司）坚持以创新为抓手，大力推进信托业务转型，探索建立起新的业务类型和可持续的发展模式。公司在 2016 年积极把握加入浦发银行带来的巨大机遇，推进信托业务和自营业务持续、健康增长，以改革促转型，以风控保发展，做到风险可控、积极创新，不断增强核心竞争力。截至 2016 年末，公司管理的信托资产规模达 8 181 亿元，实现营业收入 25. 64 亿元，其中手续费及佣金收入为 21. 42 亿元，利润总额为 19. 33 亿元，实现净利润 15. 06 亿元。公司信托规模和信托业务收入分别从三年前的行业第 20 位左右双双跃居至行业前茅，利润总额恢复至分立前行业排名，为行业发展和稳定作出突出贡献，并在行业首次评级中荣获 A 级，实现了公司“十三五”的良好开局。

二、创新业务案例

（一）上善系列“放眼看世界”慈善信托

2016 年 9 月 1 日，中国公益慈善领域首部基础性、综合性法律《慈善法》正式施行。《慈善法》设专章规定慈善信托，明确了信托公司可担任慈善信托受托人，这给信托公司发展慈善信托事业带来巨大的发展机遇。公司作为一家国有背景的大型信托公司，一直积极探索以信托架构参与社会公益事业的模式和产品架构，早在 2014 年，就创设“上善”系列公益慈善类信托产品，并推出了多款产品，涉及领域包括教育助学、援建希望小学、支持艺术文化发展等，并且形成“上善”系列公益慈善产品品牌，成功注册了“上信上善”和“上善公益”两个公益商标。

"上善"系列浦发银行"放眼看世界"困难家庭儿童眼健康公益手术项目慈善信托（以下简称"上善"系列"放眼看世界"慈善信托）是公司在前期公益慈善项目运行的基础上，在《慈善法》正式颁布实施后，按现行法律法规要求和慈善信托标准模式设计的首款信托产品。该慈善信托于2016年11月25日成立，由战略发展总部负责落地实施，是上海市首批备案的慈善信托。公司通过搭建信托架构，成立慈善信托，为慈善公益项目引入了更多社会爱心资金，搭建了社会公众参与慈善公益事业的平台。

"上善"系列"放眼看世界"慈善信托由浦发银行作为委托人出资发起，公司与上海市儿童健康基金会、上海市眼病防治中心进行了合作，由儿童基金会负责对公益慈善项目进行运行管理和组织协调，由眼防所负责眼疾儿童的诊断、手术筛选和手术治疗。公司任受托人，协调和督促各方履行职责，对信托资金进行积极管理，按要求对捐赠资金进行分批划拨，并对拟手术儿童的资料进行确认审核，对手术预算总额进行核对，确保信托资金全部用于约定的"上海市困难家庭眼疾儿童免费手术公益慈善项目"，帮助困难家庭眼疾儿童免费实施手术治疗。为了让更多经济较为困难家庭患有眼疾的儿童受益，本次慈善信托的受益人群体除了斜视儿童外，还新增了对两项重大眼疾病的手术治疗资助，扩大了受益群体的范围，使爱心之举得以延展。

（二）上信—TBN 2016年第6期（TBN—武汉信用—16G107）

2016年经济下行压力依然较大，市场对优质资产的争夺十分激烈，资产荒愈演愈烈，资产收益率持续下行。同时，在"去杠杆、防风险"的大背景下，原有的融资业务利润空间将受到更严重的挤压，风险不断加大，利润空间显著收窄。在此背景下，信托行业传统融资业务模式日益受到挑战，需要建立起新的盈利模式为公司长远发展进行布局。

中国银监会办公厅早在2014年发布的《关于信托公司风险监管的指导意见》（银监办发［2014］99号）中，要求信托公司要研究推出债权型信托直接融资工具，指出信托公司要改造信贷类集合资金信托业务模式，研究推出债权型信托直接融资工具。然而，信托产品由于非标准化、无法流通、无主流机构评级的特征，造成了信托一直以私募的方式发行，直接融资渠道无法覆盖或无法满足的交易对手才会考虑与信托公司合作，债权型信托直接融资工具在行业中鲜有发展。2016年4月，中国银监会发布《关于规范银行业金融机构信贷资产收益权转让业务的通知》（银监办发［2016］82号，以下简称82号文），明确了在银行业信贷资产登记流转中心完成转让和集中登记的信贷资产收益权，相关资产不计入非标准化债权资产统计，为信托行业实现信托标准化提供了平台。

公司顺应信托行业转型发展的使命，迎难而上，肩负起推进信托资产标准化改造的使命，在前期TBN1.0版本和2.0版本的基础上，打破固有思维的桎梏，革新产品设计理念，力图推出真正意义上的标准化TBN产品。尤其是在82号文发布之后，公司投资银行总部积极接洽银登中心，频繁沟通，确认了 TBN 产品在银登中心进行登记的方案、步骤和操作流程。“上信—TBN2016 年第 6 期（TBN—武汉信用—16G107）”产品 2016 年成立，并通过在银登中心登记、挂牌、交易，TBN 产品实现了从非标、准标到标准化的彻底改造，掀开了公司发展新篇章，为信托行业探索和实践了一条可行的发展道路，得到监管部门的高度肯定和认可。

三、社会责任履职情况

（一）推动信托行业自律，完善社会责任体系

公司作为信托业协会副会长单位，与协会保持了紧密联系，并积极主动参与、承担、配合协会开展的各项工作，主要工作包括：

一是重视和参与行业性的研究工作，积极申请并参加协会 2016 年专项课题竞标、答辩工作。

二是积极参与协会牵头的各项年度研究报告撰写工作，包括《信托业社会责任报告》《中国信托业年鉴》《中国信托行业发展报告》等。

三是积极参与协会的各项制度修订和研究工作，包括《信托公司条例》《信托行业评级办法》《信托业务尽责指引》等。

四是积极支持协会开展各项行业性工作，包括参加信托业年会、各类研讨会和沙龙、信托行业全员培训、接待协会以及同业信托公司的调研等；认购定向用于行业研究工作的“百瑞安鑫信托金融理论研究信托”100 万元，全力支持协会的各项工作。

五是积极参与信托保障基金的筹备和认缴工作，参股信托保障基金公司 5 亿元，并按时缴纳保障基金。截至 2016 年末，公司股权投入信托业保障基金公司及认购信托业保障基金的资金已达 40.48 亿元。

（二）发挥信托制度优势，实现社会责任效果

公司结合信托业务开展，从信托服务对象和信托制度本源两个角度出发，不断强化社会责任的实施效果，加大以履行社会责任为导向和具有良好社会效应的信托项目的开发力度和资源投入，主要措施包括：一是不断推进公益慈善信托发展，除了积极做好 2014 年成立的两单“上善”系列公益类信托计划的运营管理工作外，2016 年乘着《慈善法》出台的东风，加大对慈善信托的拓展力度，对慈善信托进行产品孵化，不断扩充产品种类和捐赠领域。二是不断完善家族信托服务网络，从事务管理、法律顾问、财务顾问、其他服务四个维度，努力为委托人在家族传承和企业发展等方面提供专业化的服务。三是在消费信托、养老信托等领域积极布局，进一步丰富公司产品线，全面提高公司的市场美誉度和品牌影响力。

（三）提升信托公司战略，强化社会责任落实

公司作为一家全球化的大型信托公司，秉持“服务社会、改善民生”的使命，始终将追求卓越、稳健合规、客户至上和诚信勤勉作为企业的核心责任，积极承担对员工、对利益相关方、对环境和社会的责任，不断推动社会进步，赢得了良好的信誉。经过不懈努力，公司已经形成全方位、多层次的社会责任理念和价值体系。同时，公司制定社会责任工作的战略规划和年度工作计划，在此基础上部署、安排社会责任工作，广泛地深入开展与社会责任机构、公益团体和其他社会组织的合作，加强社会责任沟通与传播。

四、2017 年发展规划

2017 年是“十三五”的第二年，也是浦发银行集团三年行动计划承上启下的关键一年。公司将努力把握加入浦发银行和业务转型带来的巨大机遇，全力推进公司发展再上新台阶。2017 年，公司主要发展规划：全面贯彻浦发银行 2016 年全行战略管理会议和 2017 年工作会议精神，继续保持基金化业务、投资银行业务、家族财富管理和资产证券化等领域的快速稳健发展，同时聚焦股权业务突破、财富管理转型和传统业务创新，以“数字化、集约化”破解公司发展瓶颈，进一步提升经营活力和经营效率，不断增强公司的核心竞争力。

中国对外经济贸易信托有限公司

一、2016 年经营概况

2016 年，回归信托本源、培育核心竞争力正逐渐成为行业的关键词。信托业正处于从传统的粗放式增长到精细化、集约化发展的深入转型期，中国对外经济贸易信托有限公司（以下简称公司）正确认识形势，准确把握定位，业务不断聚焦，可持续发展能力不断增强，战略转型取得明显成效。

（一）业务持续推进

公司充分发挥信托“受人之托、代人理财”的制度优势，在严控风险的前提下，努力拓展信托业务。2016 年，公司实现营业收入 20 亿元，税前利润 14 亿元，管理信托规模 4 500 亿元，净资产 75 亿元。同时，公司秉持转型升级理念，持续聚焦于金融同业、证券信托、资本市场、小微金融、产业金融、财富管理六大业务方向，信托主业日趋成熟，业务结构日趋均衡，核心业务逐步形成可持续的发展模式，在细分市场建立了领先地位。2016 年实现核心业务收入 16. 15 亿元，收入占比超过 80%，成为公司业绩的重要支撑。

（二）风控体系日益完善

公司始终将风险控制作为管理工作的主线，不断推动风险管控模式的创新，积极推行风控矩阵管理，构建以三道防线为组织基础，以把控实质风险为原则的全面风险管理体系，实现项目全生命周期风险管理。

（三）运营水平逐渐提升

公司建立了“以战略为导向，以客户为焦点，以业务流程化、流程规范化为目标”的质量管理和内部控制体系。通过严格的内部审计、执行过程管理、全面风险评估等方式，实现内部控制及风险管理及时、有效地监控。

（四）IT 建设全面推进

2016 年，在公司信息化委员会的努力下，IT 治理水平显著提升。在前期金融专用机房、自主研发能力等软硬件设施的保证下，紧密围绕核心战略推进信息化工作，证券、小微、财富系统持续优化，全年各系统可用性指标超计划水平，信息化水平实现全方位提升。

（五）市场声誉良好

公司稳健经营、锐意创新，受到同业和投资者的普遍认可，市场地位稳步提升。2016 年斩获“最佳信托机构”“金牛资本市场服务信托公司”“优秀创新信托计划”“中国房地产信托优秀品牌企业”“优秀家族信托服务金臻奖”“最具竞争力家族服务平台机构”等多项大奖。

二、创新业务案例

（一）小微金融业务

作为国内最早涉足消费金融业务的信托公司，公司充分发挥信托制度优势和运营管理优势，通过设计风险可控的交易结构，与小微零售服务商合作，提供快速、便捷的普惠金融服务。坚定“平台 + 数据”的战略方向，深入发掘市场机遇，在严控风险的基础上不断丰富产品类型，构建多元化业务结构，保持细分领域市场领先地位，市场占有率居行业之首。积极开发新客户，推动客户分级管理评价体系建设，建立可量化的客户准入标准。着力打造信用类、抵（质）押类成熟产品体系，形成了小微多元化产品布局。夯实贷前、贷中、贷后全流程运营管理体系，实现小微信贷系统 2.0 版本上线，大幅提升运营管理效率。截至 2016 年 12 月末，公司个人消费金融存量规模已突破 300 亿元，累计向 760 万人发放 690 亿元贷款，市场占有率超过 30%，业务规模及各类创新均位居信托行业之首，有效提升了个人金融服务的覆盖面和普及率。

（二）海外资产配置

公司将海外资产配置作为核心业务方向之一并加速进行国际化战略布局，继“全球资产配置一期”平稳运行一年后，公司于 2016 年成立了“全球资产配置三期”，规模为 2.82 亿元，QDII 业务取得进一步突破。该项目在投资中资美元债、中资金融机构优先股两类资产基础上，首次加入量化策略，挂钩三大工业国大类资产，实现风险分散和间接对冲，助力境内委托人实现资产保值。该项目是目前信托业投资品类最丰富的主动管理类 QDII 集合信托产品，充分体现了公司在资本市场投资领域中较强的自主管理能力。

（三）资产证券化业务

公司积极参与资产证券化业务，研究开展从资产筛选、产品设计、运营管理到市场营销的全链条增值服务，形成集多种类基础资产设计管理能力的专业技术优势。目前，公司开展的公募及私募资产证券化业务涉及的资产类型较为丰富，包括银行对公贷款、中小企业个体工商户贷款，汽车消费贷款等。2016 年，公司持续打造全链条增值服务，主导发行了以信托受益权为标的物进行公募的双 SPV 创新产品、实现了 ABS 产品在交易所上市；同时积极推动信贷资产收益权转让业务，与工商银行合作成立公司首单公募不良资产证券化项目及首单通过银登中心操作的资产证券化项目。2016 年，公司银行间信贷资产证券化发行规模在信托业内排名第六位，位居前列。

（四）证券信托业务

自 2007 年始，公司专注于为私募基金提供募资、清算、交易、分配等服务。2016 年末，证券信托资产规模近 2 000 亿元，位居行业前茅。公司借助在千亿元管理服务类标品信托基础上沉淀的大量投顾资源、渠道客户、数据积累、风控经验，大力提升资本市场主动管理能力，主动投资类产品投资领域覆盖固定收益类、对冲类、权益类三大条线，推出“乾元”“坤元”“晋元”三大产品系列，为不同风险收益偏好的投资人提供了完备的资产配置工具和方案，产品收益率在同类组合投资产品中名列前茅。截至 2016 年末，主动投资类规模突破 10 亿元，形成了被动服务类和主动管理类的证券信托“两翼齐飞”的态势。

（五）家族信托业务

随着高净值人群理财需求日益增长，公司积极拓展家族信托业务，回归信托制度本源。自 2013 年 5 月推出境内私人银行首单家族信托服务以来，业务持续发展。截至 2016 年末，信托生效 240 余单，实际交付信托财产规模突破 50 亿元，业务规模和服务种类位居行业前列。2016 年继续为市场各种类型的高净值人士提供内容更加丰富的家族财富管理服务。截至 2016 年末，公司的家族信托签约数量、签约规模、创新品种均在行业内遥遥领先，同时自主研发保险金信托，推动养老信托、慈善信托、上市公司股权信托等创新产品。

（六）产业金融业务

在发展绿色金融方面，公司逐渐聚焦于节能环保领域的投融资，运用信托丰富的金融工具，以大环保及相关行业为重点，致力于使大环保领域的投融资业务成为公司的可持续性业务。2016 年公司积极利用“一带一路”战略赋予的机遇，参与了由招商局资本（母公司招商局集团）发起的基于“一带一路”战略的城市发展基金，规模为100亿元。该基金先从国内开始，联合城市基础设施建设商和运营商、金融机构，采用包括PPP模式在内的各种投融资手段，向城市基础设施和交通基础设施领域进行投资。

在提升“三农”金融服务水平方面，公司与中化现代农业有限公司（中化农业）合作成立“产融结合系列信托计划”，推出信托业内首单农贷金融集合信托产品。未来，以此农贷金融业务为切入点，通过对不同区域、不同类型合作机构的拓展，能够实现该模式的复制和推广，从而支持更多农业经营主体的发展，服务更广阔的农业生产区域。

三、社会责任履行情况

公司是中化集团金融业务板块的骨干企业，继承了中化集团优秀的企业文化，在“稳健思变，诚客礼才”的核心价值观指引下，将社会责任纳入公司整体经营管理活动的方方面面，切实践行作为企业对社会、对股东、对客户、对员工的责任。

（一）公司对社会的责任

公司始终严格遵守国家法律法规，坚持诚信经营，自觉履行纳税义务，恪守社会公德和商业道德，关注社会整体利益，坚决履行反洗钱义务，维护国家金融秩序和金融安全。

积极落实国家宏观经济政策和产业政策，利用业务经营综合性、灵活性、敏锐性的特点，以市场化方式聚集社会资金，通过多方式运用、跨市场配置，支持实体经济，促进消费金融、环保、慈善等领域发展。

积极参加社会公益，关爱弱势群体，进行爱心捐助。组织员工参加中化集团圆梦行动，为对口扶贫的西藏、青海、内蒙古等地贫困学生捐赠助学基金，组织员工捐献衣物、书籍并慰问孤独症儿童。

（二）公司对股东的责任

2016年，面对宏观经济、金融市场及信托行业的复杂经营形势，公司坚定战略转型，主动调整业务结构，通过全体员工的共同努力，实现主要经营指标的稳步增长，当期利润总额扣除风险拨备以后仍超额完成预算，顺利兑现了对股东的承诺。

（三）公司对客户的责任

公司持续践行“全面风险管理”的理念，实现风险管理全覆盖。2016年，信托业务整体保持风险可知、可控、可承受，全年信托项目均正常兑付清算，为投资者创造收益近220亿元。

公司采取多种措施积极保障消费者权益，建立了完善的消费者权益保护制度体系。2016 年，根据监管部门对消费者权益保护工作的新要求和新标准，进一步完善了组织架构体系，修订了相关管理办法，建立了消保工作内部激励机制，并加强投资者教育，严格执行“双录”规定，注重产品的风险提示，实时进行信息披露，保障金融消费者权益。此外，公司还秉承“以客户为中心”的理念，提供全方位、体系化的财富管理增值服务。

（四）公司对员工的责任

公司积极关注人才发展，给员工提供广阔的事业平台和成长空间。公司致力于持续打造学习型组织，建立专业能力培养、梯队人才培养两条线相结合的培训体系。通过专题研修班、业务课堂、前沿学堂、业务沙龙、职场讲堂等提升员工专业能力，通过新员工、青年人才、管理骨干、核心管理者的分层培养，建立梯队人才结构。

公司大力加强党建文化建设，进行“两学一做”学习活动，倡导“健康工作、快乐生活”的工作理念，构建党政工团一体的企业文化平台。以鲜活的主题、生动的形式、用心的方式关怀员工，营造活力正气、创业创新的文化氛围，强化员工对企业的归属感，提升企业队伍的凝聚力。

四、2017 年发展规划

2017 年，公司将以创新引领发展，从解决客户的需求出发，聚合资源和能力，丰富主动管理的内涵，构建以客户为中心的产品力和组织力的核心竞争优势，全力打造行业领先的金融公司。

在具体业务领域方面，小微金融横向通过“平台 + 数据”提供专业运营服务，纵向通过参股合作伙伴面向个人消费者。证券信托横向提供行政清算业务，纵向开展 FOF 自主管理业务。金融同业横向开展受托服务，纵向进行同业资管。资本市场主动投资业务横向扩大资管规模，纵向积极进行策略创新。产业金融横向进行产业布局，纵向加大模式创新。财富管理横向提高客户服务水平，纵向进行资产配置。

安徽国元信托有限责任公司

一、2016 年经营概况

2016 年，作为地处内陆省份的信托公司，安徽国元信托有限责任公司（以下简称公司）积极应对宏观经济金融形势的深刻变化和行业竞争发展格局的深度调整，以保持一定的发展速度、提升盈利水平为核心，围绕业务拓展能力、风险控制能力、创新转型能力、精细化管理能力建设，加大业务结构调整力度，取得了较好的经营成果，实现了“十三五”的良好开局。

截至 2016 年 12 月末，公司管理信托资产规模为 1 209. 64 亿元，较年初增长 4. 73%；公司固有资产为 62. 41 亿元，较年初增长 7. 49%。实现各项业务收入 8. 77 亿元，利润总额 6. 78 亿元，净利润 5. 84 亿元。

2016 年，公司新增信托项目 200 个，规模为 872. 98 亿元，较上年增长 45. 20%。12 月末，公司存续信托项目 410 个，规模为 1 209. 64 亿元，较上年增长 4. 73%。

2016 年，公司面对市场新变化，积极调整固有资金投资思路，在做好传统业务的同时，积极盘活存量，并在增量资产配置中提高权益类资产投资比重，稳健运作固有资金，保障固有业务的持续发展。截至 12 月末，公司固有资产中，优质资产占总资产的 98%。其中，金融股权为 36. 58 亿元，占总资产的 58. 61%；贷款为 8. 07 亿元，占总资产的 12. 93%；信托产品投资为 4. 46 亿元，占总资产的 7. 15%。公司资产结构稳定，质量优良，盈利能力和财务状况良好。

2016 年，公司在安徽省政府对全省金融机构支持地方经济发展经营业绩考核中，获评良好等级。公司荣获由安徽金融工会颁发的“安徽金融五一劳动奖”。在《证券时报》举办的“第九届中国优秀信托公司评选活动”中，公司荣获“区域影响力信托公司”称号，“永盈 2015 年第一期消费信贷资产支持证券”项目荣获“优秀创新信托计划奖”；在中国资产证券化论坛和清华大学国家金融研究院联合主办的“第二届中国资产证券化论坛年度奖”评选活动中，由公司担任受托机构的“永盈 2015 年第一期消费信贷资产支持证券”被评选为“年度优胜奖”。

二、创新业务案例

作为当前国内金融机构积极发展的领域，公司将资产证券化作为转型创新的业务方向之一，通过建立专业化团队，不断提升在产品设计及受托管理等全方位的服务能力和水平。经过近年来的大力拓展，公司已经在信贷资产证券化领域取得了一定的成绩。自开展此项业务以来，公司已累计发行资产证券化项目13个，资金规模为308.30亿元。截至2016年末，公司存续资产证券化项目规模为172.78亿元。业务开展中，公司一方面，继续深化与商业银行的合作。以个人消费贷款、对公企业贷款、住房抵押贷款、中小企业信贷资产等为入池资产，开展资产证券化业务。另一方面，积极开展与汽车金融公司等其他金融机构的合作，以个人汽车抵押贷款为入池资产发行资产支持证券项目，不断丰富合作机构和合作方式，提升合作水平。2016年，公司新增各类资产证券化信托项目8个，资金规模为183.12亿元，同比增长46.29%。

公司加强与股东单位的合作，设立了公司首单类PPP项目——宁波冀和投资管理合伙企业（有限合伙）投资集合资金信托计划，募集信托资金2.5亿元，作为有限合伙人投资有限合伙企业，该合伙企业资金全部运用于政府基础设施建设。

三、社会责任履行情况

公司以建立健全社会责任组织结构为基础，持续开展社会责任管理工作，并逐步探索完善具有自身特色的社会责任管理体系。

在业务开展过程中，公司始终坚持经济效益和社会责任的统一，积极履行和实践企业社会责任的价值标准和行为准则，以开拓创新、稳健经营的专业风格积极拓展信托业务，支持企业发展壮大，服务地方经济社会建设，为投资者打造安全、稳健、多样的投资渠道。同时，为员工成长与全面发展创造良好条件；为社区和谐建设承担应尽责任；为环境友好型发展承担责任义务，为构建和谐社会贡献力量。

（一）支持地方建设和实体经济发展

2016年，公司积极贯彻国家区域协调发展战略，结合地方资源禀赋和区域特点，充分发挥信托功能，开发贷款、股权投资、债权投资等多种信托产品，服务地方建设和实体经济。2016年，共募集资金141.42亿元，支持安徽地方经济社会发展。

2016年，公司坚持在稳健合规的前提下进行业务创新，积极探索新形势下服务实体经济的新路径。公司注重开发股权投资、债权投资、受益权投资等多种贷款替代性产品，通过发行系列化、基金化的信托产品对实体经济予以重点扶植，实行信贷倾斜政策，对符合政策导向的产业升级、实体企业开辟加快审批、提高效率的“绿色通道”；以多种形式建立起公司与实体经济企业的信息沟通机制，搭建与融资方的交流平台，宣介公司金融扶持政策，有效地提升了广大融资方主动了解信托、运用信托工具的意识。截至2016年末，公司存续支持实体发展信托项目101个、资金规模为268.22亿元，投资行业包括汽车部件生产、农产品加工、印刷业和新能源开发等多领域。公司服务实体经济和中小企业的发展成果在省政府金融办、安徽银监局的考核评价中得到肯定。

（二）关注社会公益，投身慈善事业

1. 公益信托实践

作为地方金融机构，多年来公司在努力实现自身发展的同时，积极履行社会责任，大力弘扬扶贫济困的精神风尚，发挥信托功能优势，投身社会公益事业。2014年，经安徽省民政厅和安徽银监局批准，公司发行了“国元爱心慈善公益信托”。作为安徽省首只公益信托产品，该项目运行以来，有效撬动和整合公益资源，凝聚社会公益力量，助力公益事业发展。截至2016年末，公司通过该项目累计募集资金137.04万元，用于支持安徽教育事业、文化科技、医疗卫生发展和扶贫助困、抗灾救助等。

未来，公司将继续发挥信托工具优势，探索创新信托推动社会公益事业新模式，促进扶贫、教育、文化、科技及医疗卫生等公益事业的发展。

2. 热心公益慈善

公司积极组织或参与社会公益慈善活动。2016年，公司累计捐款108万元参与支持扶贫共建、抗洪救灾、捐资助学，取得了良好的社会效益。其中，捐款20万元帮助金寨县郭店村做好扶贫搬迁工作；向潜山县逆水村捐资45万元，用于光伏电站项目建设；向安徽省含山中学捐资10万元，为学校购买教学设备。

2016年6月，安徽境内发生洪涝灾害。为帮助受灾群众重建家园、尽早恢复生产生活，公司向铜陵市义安区捐赠抗洪救灾款20万元；公司全体党员、员工为灾区群众捐款、献爱心，捐助救灾资金6万余元，与受灾群众携手共渡难关。

（三）维护员工权益，助力员工发展

公司坚持民主管理，并从法人治理、内控管理、企业文化等多方面构建保障。一是公司严格执行“三重一大”决策制度和决策程序，集体研究、民主决策。在制定公司重大制度和政策中，充分听取员工的意见建议。二是公司工会依法运作，为员工民主参与提供有效渠道。同时，致力建设和谐民主、团结高效的企业文化，为员工民主参与创建氛围。三是高度重视员工能力

提升和职业发展，建立了全方位、多层次的员工职业发展路径。针对员工专业特长，科学安排工作岗位，使其学有所用；安排新进员工到业务一线，深入业务实践，为员工快速成长提供条件；按照公司绩效考核办法和人力资源管理办法，激励员工成长进步。四是加强员工培训，鼓励青年员工参加创新研发，及时关注行业动态，进行资料收集、业务模式探索和研讨，激发员工的主人翁意识、工作责任感和创新热情。五是重视维护员工权益，认真执行国家劳动法和相关劳动保护法规条例，切实维护员工的各项权益。公司重视劳动合同管理，劳动合同签署覆盖率100%，并按要求办理劳动合同备案手续。及时为员工缴纳社会保险费用和住房公积金，保障员工合法权益。同时，建立多元化的福利保障体系，提升员工保障水平。在假期管理方面，公司严格执行国家法定假日及相关年休假制度，鼓励员工在处理好工作的同时合理休假，保障员工休假权利。六是注重关爱员工，重视员工健康安全，每年组织员工身体健康检查，并按照体检信息统计，科学安排下一年体检项目。

四、2017 年发展规划

2017 年是实施“十三五”规划的重要一年和推进供给侧结构性改革的深化之年，稳中求进、深入推进“三去一降一补”依然是经济工作的重要任务。与此同时，在宏观经济形势大背景下，信托行业转型升级面临机遇和挑战。当前，传统业务发展动力不足，创新业务主导尚需时日，信托业的发展处于转型发展期。2017 年，公司将着力做好七方面工作。

（一）加强政策学习和市场研究，挖掘市场机会

积极把握政策导向，贯彻 2016 年信托业年会精神和信托业务“八大分类”要求，紧跟市场节奏，结合公司实际，积极拓展业务范围、领域和方式，努力开创公司信托业务发展新局面。

（二）坚持合规经营，严守风险底线

业务拓展中，坚持项目标准不降低，风险偏好稳健统一；前台业务部门要加强风险意识，严格落实项目后期管理规定动作，中台、后台风控部门要强化风险监测，及时提示风险。操作管理方面，要规范尽职调查、资金募集、投后管理、资金退出等操作规程。项目管理方面，要抓住集合项目、单一项目风险控制节点，予以动态跟踪，及时研究市场变化，加大对重点领域的风险控制，及早发现风险苗头、提前处置。兑付管理方面，要切实按照公司要求的时间节点，落实还款资金来源，扎实做好兑付工作。

（三）盘活存量、优化增量，加快提升公司固有资产的板块布局和资金配置能力

加强对现有资金的运作管理，提高效率、提升投资效益。做好对外股权投资的管理工作。

同时，寻求符合国家产业政策、代表未来行业发展方向的公司进行股权投资。综合研究国内金融市场发展变化，加强对资本市场的研判，科学合理、不失时机地做好投资板块布局。

（四）发挥信托功能优势，助力地方建设和实体经济发展

要加强政策学习和市场研究，充分利用地缘优势和比较优势，继续依托信政合作、银信合作，做精做优传统优势项目，稳增长、保利润。

要发挥信托功能支持地方建设和实体经济的发展。围绕供给侧结构性改革，落实“三去一降一补”要求，服务国家重大战略实施，加快转型创新，在控制风险的前提下，积极研究新路径，“去通道”降低企业融资成本，力争在长江经济带建设、“合芜蚌”等区域建设和产业转型升级、战略性新兴产业、文化旅游产业发展以及各级经济园区建设等方面发挥更大作用。

（五）顺应发展趋势，加快推进业务创新

公司继续大力推进资产证券化业务，探索开展产业基金和股权投资基金业务；加强资本市场研究，提升资本市场投资配置能力，适度开展与上市公司及其关联人的投融资业务，条件成熟时推出风险可控的证券投资产品；推进基于信托本源的家族信托、养老信托、公益（慈善）信托等新型信托业务；探索全功能财富管理团队建设及设立专业子公司开展资产管理业务的可行性。

（六）全面落实从严治党要求，深入推进党建工作

2017 年，公司将围绕稳健发展主基调，扎实推进党建工作。坚持把反腐倡廉教育摆在突出位置，立足教育、着眼防范、注重实践、常抓不懈。采取多种形式，打牢廉洁从业的思想基础，筑牢拒腐防变的防线，为经营管理提供政治保障。

（七）加强队伍建设，培育积极优秀的企业文化

继续做好人力资源建设，切实把优秀人才吸引进来，加大培训工作力度，提升人员综合素质，打造高素质、专业化人才队伍。积极营造以人为本、创新进取、开放包容的企业文化，不断提升全员创新意识，打造公司核心竞争力。

长安国际信托股份有限公司

一、2016 年经营概况

2016 年，经济新常态下，监管环境趋严，同业竞争加剧，在宏观经济尚未企稳的大背景下，信托公司展业面临的风险压力和转型压力依然较大。面对复杂多变的市场环境，在中国银监会陕西监管局、陕西省市金融办的科学监管和正确引导下，在董事会的正确领导下，长安国际信托股份有限公司（以下简称公司）坚持依法合规经营，严守风险底线，一方面，继续深耕传统领域，聚焦低风险的平台类业务；另一方面，强化对创新业务的组织推动，债券业务、资产证券化业务、家族信托业务、慈善（公益）信托业务、国际业务等在不同层面均有突破、有亮点、有业绩。2016 年公司信托业务收入、管理的信托资产规模再创新高，总体上取得了良好的经营成绩。

截至 2016 年末，公司总资产为 73.92 亿元，净资产为 56.13 亿元，实现营业总收入 17.65 亿元（其中信托收入 18.78 亿元，固有业务亏损 1.13 亿元），净利润为 9.51 亿元，管理的信托资产规模为 3 642 亿元。公司财富中心参与自主发行产品 145 个，全年发行规模 486.86 亿元。

2016 年，公司经营格局进一步完善，年末共有 88 个部门（含筹建），其中业务部门 40 个，异地业务部门 34 个，分布在全国 23 个经济发达城市；长安财富中心部门数量为 28 个；中台、后台部门 19 个；自营部门 1 个。共有员工 622 人，其中研究生及以上学历人员 331 人，占 53%；本科学历人员 253 人，占 41%；大专及以下人员 38 人，占 6%。

二、创新业务案例

公司在 2016 年持续提升创新业务研发力度，用业务创新推动业务转型，在创新中寻找新的业务增长点。2016 年在业内推出 3 项创新业务模式。

一是长安权——宜昌绿色发展集合资金信托计划。该项目是公司 2016 年确立的“七大重点业务方向”之一，属于政府投资基金业务模式。该产品所发行信托资金用于和当地政府及国企成立基金管理公司，并通过基金管理公司进一步管理宜昌绿色发展基金，盘活地方政府存量资产，进一步提升公司基金化业务管理能力。

该项目依托于基金管理公司的独占性与排他性，为公司与地方政府业务合作建立了全新的平台，由于业务模式较为清晰，可在各地政府间大规模复制推广。在传统政信合作业务模式受到政策性限制的背景下，通过开展基金化业务合作，为公司持续做大政信业务规模，开辟了新的途径。

二是长安宁——银行信贷资产转让系列信托计划。该系列产品是公司首次成功通过银登中心开展的银行信贷资产转让业务，为公司打开了与商业银行合作的新模式。

在信托行业内，只有少数的几家信托公司成功通过银登中心开展信贷资产转让业务，该项目通过设立“单一信托或财产信托”的方式，为银行信贷资产以及不良资产出表提供了有效的途径，有效契合了银行在当下的业务需求。在业务开展过程中，为公司厘清了银登中心资产转让的完整流程，并在业务审批端得到了监管部门的支持，可复制性较强。

三是平安银行—长安信托——私礼传家系列家族信托。该系列家族信托是公司 2016 年七大重点业务方向之一，是公司首单与商业银行私人银行条线合作的家族信托业务。

家族信托具有信托公司专属性及存续长期性的特点，在该模式中，信托公司充分发挥牌照优势，通过专户管理，并借助银行产品线丰富的特点，满足私行客户财富传承、财产隔离、移民税收筹划及家族慈善需求，在机构合作间实现了双赢。

上述三项创新业务是公司在 2016 年复杂的经济形势下，积极探索、主动创新的智慧结晶。同时，这些创新成果在公司内部及行业内具备可复制性和大范围推广价值。

三、社会责任履行情况

公司始终将回报社会作为企业重要的发展理念，积极履行《信托公司社会责任公约》，始终以成为企业社会责任的实践者、推动者和引领者为己任，从服务实体经济、保护投资者权益、履行公益责任等方面开展了一系列企业社会责任实践活动，以实现全面覆盖、充分履行、日臻完善、行业领先的社会责任目标，为推动科学发展、促进社会和谐作出自己应有的贡献。2016 年，公司分别在诚信纳税、服务实体经济、维护消费者权益、公益事业、环境保护等方面积极履行社会责任，回馈社会。

（一）依法诚信纳税，支持实体经济发展

公司始终以国家利益为重，在谋求自身稳健、创新发展的同时，恪守诚信之道，合法经营，坚持依法按时缴纳税款、积极履行扣缴义务人代扣代缴税款的义务。2016 年，上缴国家税收

43 769.65万元，连续多年被国家税务局、陕西省地方税务局联合授予“纳税信用A级纳税人”称号，树立了诚信纳税的良好企业形象和品牌信誉。

公司充分发挥自身优势，大力支持地方经济发展。2016年，为陕西省提供资金支持共计1 123 222万元。其中，向西安市提供了934 222万元，主要投向基础设施建设、园区建设等。

（二）履行受托人职责，维护消费者合法权益

公司始终坚持“以信立市”、“以信承托”，在恪守受托人职责的同时不断提升消费者权益保护水平。公司将消费者权益保护工作纳入发展战略，从董事会层面进行整体部署和推动。通过“电影进社区”“金融知识普及月”“金融知识进万家”等系列宣传活动，引导公众自觉抵制非法集资。通过全面落实“一区双录”，有效防范员工私售“飞单”、误导销售，切实维护消费者的合法权益，树立并普及“买者自负，卖者有责”的投资理念。

截至2016年末，公司管理信托资产规模3 642亿元，同比增长25.52%。全年新增业务规模2 326.34亿元，同比增加925.95亿元，增幅66.12%。全年按期兑付项目458个，兑付信托资金15 925 736.81万元，分配信托收益1 914 666.07万元。信托项目全部按期兑付，较好地履行了受托人职责。

（三）热心公益事业，设立慈善信托

公司热心公益事业，支持慈善信托发展。通过设立慈善信托部、注册成立北京长安公益基金会、加入中慈联慈善信托委员会并成为副主任委员单位等举措，为慈善信托业务开展提供了平台保障。在《慈善法》生效当日，成功设立了“山间书香·儿童阅读慈善信托”，后续又成立了“长安慈——未来创造力1号教育慈善信托”和“长安慈——环境保护慈善信托”，形成了良好的社会影响。截至2016年12月末，公益（慈善）信托存续5单，规模658万元。

（四）提倡环保理念，推进绿色金融

公司一直以来积极推行绿色办公、低碳办公，倡导厉行节约，建设节约型社会。公司在管理上节约成本、降低能耗，利用资源共享建立OA办公系统，在大型会议试行电子化材料，利用现代信息技术手段，推进无纸化办公；提高公司和员工的环保意识，从节约每度电、每滴水、每张纸开始，提升资源的循环利用，降低办公能耗。公司身体力行地参与到环境保护的工作中，并将绿色办公作为坚持不懈履行社会责任的理念和义务，推进公司可持续和谐发展。

同时公司积极支持新能源及节能减排产业，推进绿色金融项目。截至2016年末，已设立了“健康生活HCT一号野生动物和生态保护信托”“长安信托海科陕鼓新能源产业基金集合资金信托计划”“宜昌绿色发展集合资金信托计划”等一批绿色环保信托项目。

（五）强化制度建设，提升风控合规管理能力

公司高度重视风控合规工作，通过不断加强制度建设和文化建设来提高风控合规管理水平。一方面，通过成立全面风险管理小组、建立常态化的讨论机制和沟通机制及出台《全面风险管理制度》为基石，制定和实施了多项业务指引和管理细则，实现了全员、全流程、全业务的风险管理，有效提升了公司整体风险管理能力。另一方面，通过建立内部控制的一系列制度，内部控制的完备性和有效性得到了增强，推动公司实现管理的科学化、规范化。全面风险管理体系和内部控制体系为公司转型发展提供了机制保障，从战略和整体高度上加强公司风险控制能力，降低遭遇重大损失的可能性。

四、2017 年发展规划

2017 年是实施“十三五”规划的重要一年，是供给侧结构性改革的深化之年，也是公司三十年再出发的“开局之年”，更是公司抓转型提速的“落实年”。公司将根据中国银监会全国银行业监督管理工作会议精神及陕西银监局各项监管要求，继续重合规，调结构，控风险，抢转型。

业务方面，合理布局，精准推动。一方面，继续深耕传统领域，进一步夯实传统政信类业务优势地位，以多样的基金化模式稳步推动业务开展，推进 PPP 项目落地；另一方面，加强对创新业务的支持，强化对创新业务的组织推动，在债券业务、资产证券化业务、家族信托业务、慈善（公益）信托业务、国际业务等方面扩大战果，持续打造符合发展方向的创新业务专业体系，同时将持续发挥信托制度和功能优势，深化与金融同业的合作。

管理方面，重合规、控风险。持续推进全面风险管理体系及内控体系建设，全面风险管理工作要在体系、机制、套路上定型。内控体系建设工作要以内控手册为抓手，使全面内控管理工作制度化、常态化，同时要加强总部对业务支撑，全面推动创新转型。

2016 年股东大会通过了中期发展战略，公司将通过建设“四轮两翼一平台”以及“七个保障”来实现将公司打造为“专注于资产管理和财富管理的领先金融服务商”的战略目标。“四轮两翼一平台”即公司将在私募投行、资产管理、财富管理及固有业务四大领域提升再造，实现四轮驱动，依托“互联网＋”和国际化的两翼战略促进公司转型升级，最终构建一个可以有效整合公司内外部资源为客户提供一流的资产管理及财富管理服务的金控平台。“七个保障”即资本保障机制、人力及组织保障机制、风控保障机制、合规保障机制、创新保障机制、消费者权益保障机制、品牌和企业文化保障机制。

国投泰康信托有限公司

一、2016 年经营概况

国投泰康信托有限公司（以下简称公司）依托股东优势资源，坚持“规模适当、业绩优良、风险可控、发展健康”的发展思路，紧贴市场、锐意创新、控制风险、提升品牌，打造实业投行、资产管理、财富管理三大业务板块，走市场化、专业化、特色化、国际化的发展道路，全力实现中高速发展和中高端转型，力争用 3 ~ 5 年成为国内精品信托公司。

近年来，公司大力发展业务，各项指标稳步增长。2016 年，公司实现经营收入 10.43 亿元，利润总额为 8.54 亿元，合并利润总额为 11.18 亿元。公司在首次行业评级中获评 A 级，进一步提高了品牌声誉与影响力。

公司于 2015 年顺利完成了泰康人寿、泰康资产、悦达资产三家战略投资者的引进工作，注册资本由 12.05 亿元增至 21.91 亿元，名称变更为国投泰康信托有限公司，实现了股权结构多元化改革。截至 2016 年末，公司净资本为 43.18 亿元，净资本/风险资本为 152.64%，经营状况良好，抵御风险的能力较强。

固有业务方面，2016 年公司优化资产配置策略，提高固有资金投资管理水平，实现固有业务收入 5.7 亿元。公司积极开拓融资渠道，不断争取外部流动性支持，通过融入信托业保障基金、申请银行同业拆入授信额度及买入返售业务授信额度等方式提升公司的资金实力，并加强固有资金对信托业务的支持力度，助力现金管理产品发行，同时提高公司信托产品在市场上的竞争力。

信托业务方面，公司积极推动业务转型，不断调整优化业务结构，提高主动管理水平，2016 年末管理信托资产规模为 2 642.66 亿元，同比增长 118%；实现信托业务收入 5.01 亿元，保持了信托业务的稳健发展态势。公司新组建了房地产业务部、小微金融部、证券业务部、供应链金融部、投资银行部等部门，打造专业化的业务条线。

业务创新方面，公司不断加强业务转型与创新，取得了显著成绩。2016 年公司获批特定目的信托受托机构资格以及受托境外理财业务资格，推出了现金管理产品，落地了个人消费金融、私募资产证券化等创新项目，《慈善法》正式生效的当天成功发行国内首两单慈善信托并正式完成北京民政局备案，取得了慈善信托业务的行业领先地位。

财富管理方面，公司制定了财富管理专项战略规划，不断完善财富管理体系，扩大财富团队规模，提升客户服务能力，大力推进产品的自主销售，着力提升国投财富品牌，2016 年合计销售规模 196.96 亿元，同比增幅达 155.79%，核心个人客户数量超过 1 500 人，增长 20%。公司借助信息系统与互联网手段，不断提升服务水平，CRM 系统完成升级，提高了客户管理效率与准确性；“双录”功能正式启用，国投财富新版 APP 正式上线，微信功能号框架搭建完成，实现了产品推介与对外宣传的整合。

在信托行业风险偶发的形势下，公司不断完善内控体系，全面加强风险管理，牢牢把控风险底线，所有信托项目均未出现风险事故，在行业处于绝对领先地位，得到了投资者的充分认可，树立了公司的良好品牌形象，2016 年相继获得“卓越稳健发展信托公司奖”“2016 年度金牌创新力信托公司奖”“2016 优秀研发团队奖”“年度新媒体 TOP100”等多个奖项。

二、创新业务案例

公司在以下产品、服务与技术手段方面取得突破。

（一）慈善信托

在 2016 年 9 月 1 日《慈善法》正式实施当天，公司成立行业首两单慈善信托“国投慈善 1 号慈善信托”和“真爱梦想 1 号教育慈善信托”，并率先完成北京民政局正式备案。两款慈善信托特色明显、类型不同，具有很强的示范效应。开展慈善信托业务不仅提升了公司品牌形象，也是公司向受托管理方向转型的重要举措，奠定了公司在慈善信托领域的行业领先地位。

（二）消费金融

普惠金融成为经济热点，业务空间巨大。开展此项业务不仅能获取较高的利润率，而且通过满足业务合作渠道的全方位需求增加渠道黏性，提升业务稳定性。公司成立了小微金融部，与天津捷信合作落地公司首单个人消费金融项目，实现小微金融领域的新突破。

（三）资产证券化

资产证券化是金融机构和企业盘活存量资产、提高资金周转率的重要手段，市场空间广阔；公司从操作更为便捷的私募资产证券化业务入手，与华中租赁合作落地了私募资产证券化项目，并大力推进信托型 ABN 项目落地。

（四）现金管理

公司推出了现金管理产品，不仅满足了客户的现金管理需求，也为信托业务发展提供了低成本资金支持，年末存续规模超过50亿元。

（五）供应链金融

公司成立供应链金融部，聚焦以应收账款转让、质押、管理为主的供应链金融业务，为产业链上下游盘活资金、加速周转提供服务，成功落地第一单当代置业应付工程款信托计划。

三、社会责任履行情况

作为中央企业控股的信托公司和中国信托业协会理事单位，公司秉承“有道而正、信则人任”的核心价值观，以务实的精神、稳健的作风以及细致的服务，为客户、为股东、为社会、为员工创造最大价值。公司严格遵守国家法律法规、监管部门规章、规范性文件以及《信托公司社会责任公约》《公司章程》的规定，依法合规稳健经营，所有产品均实现平稳运行，树立了良好的社会形象，荣获“卓越稳健发展信托公司奖”“2016年度金牌创新力信托公司奖”“2016优秀研发团队奖”“年度新媒体TOP100”等多个奖项。

公司积极履行社会责任，主动投身公益慈善事业，将开展公益信托、慈善信托作为重要的战略方向。在《慈善法》正式生效的9月1日当天，公司成功发行国内首两单慈善信托，并正式完成北京民政局备案，其中“真爱梦想1号教育慈善信托”是信托公司与慈善组织创新合作模式的代表，由自然人出资，信托目的是促进发展中小学校素养教育，慈善项目的执行人为中国最具有公信力的慈善组织——上海真爱梦想基金会；“国投慈善1号慈善信托”是中央企业率先创新慈善模式的代表，由国家开发投资公司出资，信托财产及收益将全部用于改善贫困地区群众生活及发展贫困地区教育事业。同时，公司通过志愿者活动、基金会校长培训计划、爱心捐助等活动实现对社会慈善公益事业全方位、立体化的深度参与。

在经营过程中，公司高度重视利益相关方的权益保护工作，高度注重风险管控，依照诚实、信用、谨慎、有效的原则，审慎管理信托资产，切实维护客户权益，年度内所有到期项目均实现正常兑付，存续项目运转良好，为客户投资理财的安全性、稳定性提供了必要保障。公司不断健全客户服务体系，以实际行动践行普惠金融的理念；持续完善客户投诉受理机制，全年未发生客户投诉举报事件。公司重视和保护员工合法权益，定期组织职业培训，关心员工成长。公司还按照监管部门要求，积极有效开展反洗钱、治理商业贿赂和案件防控工作，为维护社会安定和金融秩序作出努力。

四、2017 年发展规划

2017 年，公司将继续深化改革，建立与公司转型相适应的更加市场化的激励机制、更加专业的风控体系和更加科学的管理体系，进一步落地战略规划，开拓市场，提高风险管理能力，提升队伍战斗力，推进党建和企业文化建设工作。

杭州工商信托股份有限公司

一、2016 年经营概况

（一）主要经营指标

截至 2016 年 12 月末，杭州工商信托股份有限公司（以下简称公司）总资产为 40.11 亿元，净资产为 33.25 亿元。2016 年 1～12 月，公司实现总业务收入 97 600 万元，同比增长 9.68%，其中，信托业务收入为 75 328 万元；主营业务收入占比（信托业务收入/总业务收入）为 77.12%；实现利润总额 69 039 万元，实现净利润 51 707 万元，同比增长 19.27%。2016 年，公司的资本利润率约为 17.01%。

（二）信托资产规模保持稳步增长

截至 2016 年 12 月末，公司管理的信托资产规模为 337.29 亿元，同比增长 3.66%，其中，集合信托产品 41 个，合计规模 304.84 亿元，同比增长 4.51%；单一信托 14 笔，规模 32.45 亿元。

（三）推进业务发展战略实施，积极探索新业务

2016 年，公司密切关注实体经济的金融需求，关注战略性新兴产业发展，聚焦收购兼并业务，结合投资者理财需求，积极探索新业务，并取得了初步成效。公司分别推出“杭信·伊木海淘通 2 号集合资金信托计划”“远洲旅业投资集合资金信托计划”等集合信托产品和“景瑞申花郡”并购项目，推出京津冀一体化、广深一体化投资类产品，以及通过公司的全资子公司平台，以发起设立“蓝桂资产—蓝桂携领海外投资集合资产管理计划”等，或与合作方共同组建管理公司，从事不同主题的私募基金管理业务，分别在农产品供应链、酒店服务、医疗等新领域及并购业务、基金化信托产品、PE 基金等领域进行积极探索与实践，充分发挥信托的“投融资兼备”功能及专业子公司的平台优势，支持实体经济发展。

（四）获批创新业务资格

2016年12月30日，公司收到《中国银监会浙江监管局关于杭州工商信托股份有限公司以固有资产从事股权投资业务资格的批复》（浙银监复［2016］497号），正式获得以固有资产从事股权投资业务的资格。

（五）信托业务清算情况

2016年1～12月，公司共清算信托项目本金194.73亿元（未包括存续项目部分兑付），其中，完全清算兑付集合资金信托计划41个，规模合计175.77亿元，受益人加权平均实际年化收益率10.19%；单一资金信托7笔，规模合计18.96亿元，受益人加权平均实际年化收益率7.55%。已清算项目为投资者实现了良好收益。

（六）风险管理进一步加强

2016年，公司风险管理的制度化、系统化建设有序推进。随着《风险管理办法》《合规风险管理办法》《产品（业务）洗钱风险评估管理办法》等一系列风险管理制度的修订、制定及实施、存续房地产信托项目按季度进行压力测试、按月开展风险排查，风险管理与合规管理培训、合规午餐制度等已融入公司合规文化体系，有助于进一步推进公司风险治理体系建设，建立风险管理长效机制。

二、创新业务案例

（一）业务模式创新——推进“基金化”战略实施

杭信·恒信增利集合资金信托计划在产品设计层面采取了“资产端组合投资+资产动态风险调整与拨备+主动流动性管理+产品端分级设计+普通级超额收益缓冲垫”五维一体的风险缓释措施，旨在控制风险的前提下，实现投资者和管理人的利益一致和价值最大化。在资金募集和自身角色定位层面，恒信增利根据自身优势，与传统信托产品“项目融资驱动、产品销售主导”的业务模式不同，力求实现“资金驱动、投资客户主导的资产管理模式”，积极探索深化信托业务模式的转型升级。

恒信增利作为集合信托形式的债性投资基金，业务设计和管理方式层面创新主要以控制风险为核心，针对资产端主要面临的信用风险、流动性风险、操作风险，以及产品端对投资风险、收益、期限的差异化偏好和需求，在组合层面进行匹配和相容的动态定量管理，有效防控风险，为实施公司战略、维护投资者利益、服务业务转型提供实践经验。

（二）创新并购金融服务

2015 年 11 月，公司及其全资子公司浙江蓝桂资产管理有限公司联手上市公司迪安诊断，共同发起设立医疗健康产业基金，该产业基金专项投资于医疗健康产业密切相关的公司。该产业基金采用有限合伙形式设立，其中，蓝桂资产与迪安诊断合资成立有限公司，担任有限合伙企业的执行事务合伙人，并出资认购普通合伙份额，杭州信托以发行集合资金信托计划方式募集社会资本认购有限合伙份额。该项目结合资本与产业优势，在“健康中国”的战略背景下，综合运用金融工具组合投资于符合未来产业发展方向之一的医疗健康产业，扶持行业内区域领先企业在全国范围内的发展和扩张，实现资本增值及医疗大健康相关领域的产业整合。

三、社会责任履行情况

公司积极响应中国银监会、中国信托业协会、浙江银监局和省银行业协会的号召，参与“金融知识进万家”“有效服务实体经济普及金融知识万里行”等活动，开展形式多样的客户交流会，在公司网站、微信平台和营业场所等对外窗口增设投资者教育专栏，帮助投资者了解相关信息。2016 年，公司持续通过网站、微信等不同渠道对客户开展了一系列宣传教育活动，并重点加强销售“双录”制度的宣传普及，帮助消费者充分理解实施“双录”对保障自身权益的重要意义。为引导客户合理投资、准确评估风险承受能力，公司对财富管理团队进行了严格的培训，坚持合规推介信托产品，并开通 400 热线，再次有效对投资者进行风险提示。

公司还先后开展了“联乡结村活动”、“春风行动”、助学捐赠等活动，积极承担社会责任。2016 年，公司在“联百乡结千村帮万户”活动中出资 25 万元帮扶单位桐庐合村乡解决实际困难；为丽水市遂昌县湖山小学及丽水西坑村捐赠 3. 5 万元，给家庭贫困的学生带去资助和关怀。公司被杭州市委、市政府授予“杭州市 2016 年‘春风行动’先进单位”。在浙江省阳光教育基金会建立的“杭州工商信托阳光助学基金”专户，2016 年与《丽水日报》共同发起了“六一·微心愿”公益活动，为丽水市遂昌县湖山小学的留守儿童送去“六一”节惊喜，并在学校举行以“用爱播种希望”为主题的捐资助学结对活动。公司被杭州市委、市政府授予“杭州市 2016 年‘春风行动’先进单位”、杭州市社会责任建设最佳企业。公司已连续十六年参加春风行动活动，为杭州市的弱势群体献一份爱心，为建设和谐杭州担当一份责任。

2016 年 10 月，杭州工商信托参与发起“价值连城”浙江法人金融机构战略合作联盟。该联盟包括杭州工商信托在内的 19 家浙江法人金融机构，旨在整合各法人金融机构优势，增强区域金融凝聚力，回归金融本质，服务实体经济，为浙江经济持续发展贡献金融力量。

在稳健经营过程中，公司继续以财富俱乐部为平台，通过举办投资者见面会、投资论坛、简报编印、推出官方微信平台、加强媒体宣传报道等，普及并传播信托投资理念，加大投资者教育力度。

四、2017 年发展规划

（一）资产端——深化以投资和投资管理为方向的业务转型

一是在投资领域，公司内树立投资理念和投资文化，不断深化以投资和投资管理为方向的业务转型。在信托领域综合运用各种金融工具积极开展投资业务。以收购兼并与“房地产＋”两大领域为主要投资方向，深入执行公司的投资化战略。同时，研究并尝试在长期资产领域的投资，将公司的投资模式逐步从“打猎”模式转为“农耕”模式，更好地进行投资领域的系统化布局。加大收购兼并领域的投资力度。结合公司自身的资源和业务特色，在房地产延伸领域实施转型。

二是在组合投资领域，坚持以组合投资管理为主要特征的信托基金的业务实践，以恒信增利为基础，进一步总结、深化、复制、提升，强调提高系列化产品的资产配置与风险管理的科学性与严密性，最终形成可持续的基金化业务模式和具有竞争力的产品品牌，进一步稳定信托资产规模、培养基石客户，提高客户黏性，改善客户体验。

三是在房地产业务领域，保持较高的合作伙伴选择标准、项目筛选标准及项目（产品）风控要求，聚焦重点区域、重点项目，深化业务模式。加强产业研究，尝试对具有长期稳定回报的领域进行投资，并通过管理、运营，提升被投资资产的价值。

四是在“房地产＋”领域，利用已有的客户基础、团队能力、信托功能及品牌优势，深度挖掘房地产延伸领域及相关细分市场的股权投资机会及合作机会，提高投资能力。

五是在资本市场投资领域，收购兼并本身（投行业务及直接投资）及购并融资服务。探讨或尝试公募基金管理公司的发起设立。

六是在资产证券化业务领域，利用已获取的牌照资源，拓展市场化的资产证券化业务，探讨交易型业务。

七是在直接投资领域，强化自有资金的主动投资力度；加强子公司建设。

（二）资金端——创新营销模式优化客户结构

一是全面梳理客户的结构、分类、需求，促进精准销售，优化客户结构。

二是创新营销模式、方法、手段，提升销售效率和响应度。

三是完善产品的定价策略和定价机制，并与绩效管理及绩效考核挂钩。

（三）加强与深化内部管理

一是结合业务实际，专题研究专业子公司建设。

二是建立一个开放、共享、合作、高效的内部机制。

三是继续加强对事件和流程的审计，提高项目检查的及时性，提升内部审计的广度和深度。

四是根据对监管政策、税收新政及产业政策的研究，更前瞻性、针对性、系统性地规划公司各类业务的布局与拓展。

五是加强人力资源管理及企业文化建设。

六是健全全面风险管理体系。

华能贵诚信托有限公司

2016年，华能贵诚信托有限公司（以下简称公司）坚持战略定位不动摇，把“优化、完善以一体两翼为主体的金融资产池的结构和内涵”作为全年的中心工作，按照“明确目标、精准发力、严明责任、狠抓落实”的工作要求，推动公司转型升级，培育核心竞争力。

一、2016年经营概况

全年新增信托规模8 461亿元，存续管理规模由2015年的5 226亿元增至7 016亿元，增幅34.25%，高于行业平均增幅；集合管理规模3 795亿元，占比为54%，增幅48%，高于行业平均水平。

全年实现营业收入29.21亿元，同比增长9.13%；全年实现利润23.06亿元，同比增长14.6%，高于行业平均增幅；公司净资产收益率达到21.38%。

通过完成第四次增资扩股工作，公司注册资本金达到42亿元，加上历年分红后的积累，公司净资产已跻身信托行业“百亿俱乐部”，达到109.34亿元。

全年实现信托规模6 671亿元，到期项目全部实现按期兑付，没有发生经营风险，公司风险防控能力进一步加强。

由于以上经营目标的实现，公司连续四年保持了行业前十的竞争优势，2016年资产管理规模排名上升到第七位。

二、创新业务案例

（一）立足于发挥“5+1”工作组牵引带动作用，着力于抢抓“十三五”开局和供给侧结构性改革难得的业务发展机遇

2016年，“5+1”工作组找准全年工作的主攻方向和关键发力点。国家战略及实体经济转型领导组，抢抓“十三五”规划开局之年的有利时机，在精耕细作和延展服务上下工夫，提高公

司在基础设施建设领域、重点发展区域、战略性新兴产业上的合作规模和水平；金融创新及资产证券化领导组，通过资产证券化等业务的创新，在寻求高信用、低收益资产嫁接公开市场低成本资金、“非标转标”以及开发结构化产品上取得新突破；资本市场领导组，按照稳中求进、风险可控可承受的原则，扩大与战略性机构投资者的合作，稳步推进多层次资本市场业务，扩大公司股权投资信托规模；大客户领导组，通过多样化的金融解决方案，深化对老客户的服务，增加老客户的黏性，同时积极开发新的战略性大客户；多层级营销体系建设领导组按照“供给侧改革”思路，反向传导，根据资金客户需求，推动资产端业务生产与其资金端客户需求相适应的产品。在“5+1”工作组的牵引带动下，公司各级各部门齐心协力，统筹运作，抢抓“十三五”开局和供给侧结构性改革难得的业务发展机遇。

（二）立足于构建具有华能特点资产池外在特征，着力于拓展资产池外在空间，深化与资产和资金两端客户的合作，提高资产池资产质量和配置效率

一是大力拓展资产池外在空间。紧紧围绕“一带一路”“长江经济带建设”“京津冀协同发展”三大战略，加大与沿线、沿边省市重点承建企业和项目的合作，成功入围贵州等省、市基础设施建设基金，与项目主体共同承接深圳等城市旧改项目，参与北京定福庄保障房建设等。二是新开发中林集团、中建材等大型央企客户，积极在物流、仓储、港口等细分业务领域进行合作。紧追服务领域新需求，与阿里巴巴、腾讯和捷克捷信等国内外大的互联网、消费金融公司建立战略合作关系，积极开发小微金融、消费金融两大业务，使之成为公司未来新的利润增长点。三是深化与资产和资金两端客户的合作。在服务资产端客户中，通过永续债、投贷联动等创新交易模式、交易工具以及延伸服务，着力解决联投集团、北大资源、清控集团等战略级大客户的深层次问题和软肋问题，提高公司服务的有效性和针对性。公司积极依托集团公司产业背景，创新出电力供应链融资业务，并在中央企业电力集团中推广。在服务资金端客户中，信托业务总部组织相关业务部门持续对接渠道资金，定期汇总分析渠道资金的采购需求，反向传导，引导资产端业务更加精准高效，提高公司资产池的撮合效率。四是在“资产荒”和“降成本”的大背景下，公司周密设计、精心安排，有步骤地解决存量资产面临的提前还款和收益下降问题，稳住了存量资产的收入贡献。通过上述工作，公司资产池外在特征初步显现，撮合效率更高，经营效益更好，受到了广大合作机构的赞誉。

（三）立足创新引领和创新驱动，着力增强公司发展的内生原动力

2016年，公司积极推进创新工作，加大创新对业务发展的引领和驱动。一是加强本源创新和集成创新。在资产证券化领域，公司加快推进自主型、资产导向型业务的发展，深度介入资产证券化业务的全产业链。在公募市场上，公司发行数量跻身行业第六位，发行规模跻身行业

第七位，在中国证监会资产证券化市场上作为原始权益人的发行规模排名整个市场交易主体的第三位。在中证报价系统，公司成功发行 5 单信托受益权资产证券化产品，位居行业首位。公司积极参与银行债权资产私募证券化业务，全年发行规模 1 535.44 亿元，成功推出国内首个不良资产收益权流转标准化产品——“苏誉 2016 年第一期不良资产收益权转让集合信托计划”，不仅受到人民银行总行和中国银监会的高度评价，而且还成为区域城市商业银行、农村商业银行非标债权资产流转和交易不可或缺的合作伙伴。二是加大股权信托融资业务的开发，稳步发展家族信托、慈善信托。子公司贵诚汇鑫注册成立，已经完成了私募基金管理人的备案登记，为发展股权融资业务奠定了良好的基础。《慈善法》实施当日，公司成为国内首批在民政机关登记备案发行标准化慈善信托产品的公司，发行的“尊承槿华慈善信托”于当日落地，得到了业内的广泛关注和好评。三是公司固有投资业务大力配置经营稳健、低估值、高分红的权益类资产，在股市整体下跌的情况下实现了绝对收益。以固有资金设立的主动管理类权益型净值产品，通过主动运营，净值表现良好，为将来设立主动管理类产品提供了有益的借鉴。四是与兴业银行总行合作开发的主动管理类固定收益净值型产品成功落地，对公司转型升级的意义重大。

三、社会责任履行情况

一是有力支持了实体经济发展。2016 年，公司坚持为实体经济服务的大方向，一方面，投入实体经济的资金达到 5 744 亿元，占全年存续规模的 81.9%；另一方面，通过减少交易环节、强化成本管理等措施，使所服务支持的实体经济企业投融资成本平均下降 2 个百分点。

二是为投资者和合作单位的贡献度进一步提高。2016 年，公司为投资者提供委托理财收入 348.17 亿元，比上年提高 5.3%；为合作银行创造中间业务收入达到 314.56 亿元，比上年提高 5.65%。投资者和合作单位对“华能贵诚”的信托品牌更加信赖。

三是加大了支持贵州经济社会建设的力度。2016 年，公司在坚持为贵州经济建设提供了投融资服务（当年融资规模达到 434 亿元，比上年增长 13.6%；为贵州地方贡献税收 10.54 亿元，比上年增长 14.1%）的同时，发挥信托优势，一是成功加入贵州省区域发展基金、产业发展基金、铁路发展基金，支持贵州经济社会发展对周边区域的覆盖功能；二是围绕推进“大扶贫”战略，与工商银行贵州省分行和贵州有关部门合作，在全国首家发起设立第一只省级脱贫发展基金“贵州省脱贫攻坚基金”，该基金首只成立的“极贫乡（镇）脱贫攻坚壹号投资基金”，合作规模达 167 亿元，首期规模 50 亿元，为贵州省 20 个极贫乡镇推进精准扶贫提供资金支持，受到贵州省委、省政府的表彰和社会各界的高度评价。

四、2017 年发展规划

以党的十八大和十八届三中、四中、五中、六中全会精神为指导，紧紧围绕把公司建设成为国内最优秀的金融资产生产商和供应商的战略目标，深化具有华能特点的、以一体两翼为主体金融资产池的建设，通过制定有针对性的工作举措，推动公司在结构优化、动能培育等方面取得突破性进展，进一步增强核心竞争力。

全面完成贵诚信托董事会下达的年度经营任务，全年实现利润不低于 23 亿元；继续保持规模、收入行业前十位，更加注重监管评级、行业评级的综合提升；深化华能特点“资产池”的建设，力争在服务实体经济上取得突破，推动公司业务结构更加合理，发展更加科学；不发生经营风险事故，确保公司安全运行。

华融国际信托有限责任公司

一、2016年经营概况

2016年，在宏观经济环境复杂、市场竞争压力大、利差收窄等诸多挑战下，华融国际信托有限责任公司（以下简称公司）坚持“稳中求进、险中取胜、创新转型、适度增长、效益优先”的发展主基调，围绕“调结构、促转型、补短板、防风险、提质量”五大中心任务，全体干部员工凝心聚力，大力促进公司发展，经营成绩显著。

（一）经营业绩迈上新台阶

充分发挥中国华融品牌影响力和中国华融“一体两翼”协同效应，一方面要践行“平台化”创新发展策略，构建“总部管控”“业务转型”“财富管理”三大转型平台，形成条块清晰、管控有序、激励相容、治理科学的立体化发展架构；另一方面要践行“基金化”创新经营策略，围绕“资产管理”“财富管理”“股权投资”三大业务板块，打造以资金端到资产端“3+3+N”的基金化产品架构为依托，布局多元化金融产业链。2016年，公司实现净利润9.3亿元，同比增长22.29%；实现营业收入19.21亿元，同比增长16.21%。截至2016年末，公司总资产规模达到101.67亿元，总负债规模为33.91亿元，净资产规模为67.76亿元。公司2016年荣获“2015年度中国债券市场优秀发行人”“2015年度金牛集合信托公司奖”“优秀财富管理品牌奖”等多个奖项，发展成绩得到业界肯定。

（二）信托业务结构持续优化

在资产端方面，截至2016年末，公司存续信托资产规模达到2 425.93亿元，同比增长14.19%；公司信托资金主要投向金融机构、房地产、基础产业、工商企业、证券投资，占比分别为35.5%、17.8%、14.1%、13.8%和13.1%，信托资产分布较为均衡。在资金端方面，公司更加注重资金渠道建设，先后与国寿年金、华安财险等金融机构建立了战略合作关系，实现在银行、券商之外的渠道建设，丰富了低成本资金来源。

（三）风险管理工作成效突出

2016 年，公司持续推进全面风险管理理念，完善内部控制体系，梳理修订风险管理相关制度办法，制定了《2016 年业务准入指引》等制度文件。加强存量信托项目管理，排查存量项目风险隐患，确保公司不出现流动性风险，声誉不受损失。控好增量信托项目风险，加强对监管法规的研究，细化完善新增项目审查标准，提高审查精准度和专业性，确保经营依法合规、风险可控。推动业务结构调整，优先选择国家支持鼓励行业开展信托业务，鼓励多做风险资本消耗少的项目。积极参与业务创新和风险管控手段创新，增强前台、中台、后台协同能力，提高公司整体的资产管理能力。公司开展了内部管控自查、“两个加强、两个遏制”回头看自查等工作，不断完善内控体系；实施开展“操作风险百日主题教育活动”，促进全体员工形成“操作风险就在我身边”的风险意识，将操作风险管理内化于心、外化于行。

（四）信息化建设初显成效

一是进一步优化业务综合管理平台，建设公司 OA 系统，实现了移动办公、费用报销、人力资源管理、现金管理等业务和管理系统模块上线；二是公司借助互联网进行品牌推广，新上线了外网和手机 APP，推出了微信公众号及重大节日祝福单页，达到了宣传公司形象、传递企业文化的良好效果。

（五）党建及培训工作持续推进

一是做好党建工作。根据“两学一做”学习教育方案，公司召开了干部会议，党委书记针对“两学一做”开展了党课辅导，并先后组织开展了四次专题研讨活动。同时，公司召开党委会明确了各项党建工作。二是邀请外部专家在公司内部开展资产证券化、PPP、消费信托等方面的专题培训，针对新入职员工组织开展了新员工培训，取得了良好的培训效果。

二、社会责任履行情况

公司高度重视注册地经济社会发展，积极支持新疆经济发展和社会进步，2016 年为新疆经济建设新增融资约 32 亿元，支持了新疆城市基础设施建设、新能源等行业和领域。在追求自身发展的同时，公司也积极主动履行社会责任。2016 年 2 月，公司结合“关爱员工、扶危济困、爱心支助”的人文关怀，举行了 2016 年爱心捐款仪式，共募集善款 100 450 元，全部用于社会公益事业；先后向四川宣汉、新疆塔什库尔干县马尔洋乡布候其拉甫村定点扶贫地区捐款 70 万元，大力开展精准扶贫；向抚州教育基金捐款 20 万元，支持当地教育事业发展。2016 年，公司连续第八年被授予新疆维吾尔自治区“精神文明单位”称号。

三、2017 年发展规划

当前，公司既面临信托登记公司成立、《信托公司条例》有望出台以及基金子公司监管收紧的良好市场环境，也面临居民财富保值增值需求不断释放、国内战略性新兴产业发展对于投融资、产业基金、资产证券化等多种金融服务的需求，以及信托制度在财富传承、土地流转、企业年金管理、资产证券化等方面的独特优势和价值得到不断挖掘和认可等有利机遇。同时，也要看到全球经济政治不稳定因素较多，资产管理市场开放进程加快，市场竞争更加激烈，信托公司转型发展仍面临较大挑战。

2017 年是公司深入推进转型发展的关键一年，需要抓住有利机遇，勇于应对挑战，趋利避害。公司将以“增比进位”为主基调，以“抓发展、控风险、增利润、上规模、重管理、快转型、强党建”为总任务，继续践行“大客户”战略，提升全面和专业的资产管理能力，深入挖掘各类客户的需求特性，营销优质项目资产，拓展低成本资金渠道，实现信托业务更好更快发展；强化“一体两翼”协作，加强与中国华融分公司合作，加强与当地政府、企业合作，储备一批优质客户，为公司增收创利作出贡献；加强与银行、知名基金管理机构、私募机构的合作，有效借助金融同业的资源平台，实现合作共赢，通过业务合作、共同进行过程管理的方式逐步培育自己的专业化团队；强化风险识别和监测能力，丰富风险管理工具，塑造优良的合规文化，全面掌握融资企业内外部经营发展信息，确保第一还款来源充足、可靠，确保第二还款来源合法、易变现，把项目审查前的风险识别工作做精、做细、做到位，实现“无风险”的利润；继续完善公司规章制度，建立统一的业务标准、操作要求和管理标准，实现“制度管人、流程管事”，加强对合规管理遵守情况的监督和检查力度，优化激励约束机制，加大力度实施风险问责，实现主动合规的良好结果；继续推出既满足市场需求又有盈利效果的创新业务产品，形成一批有行业影响力的拳头产品，尤其是重点关注资产证券化业务，进一步关注 PPP 资产证券化、不良资产证券化、商业物业资产证券化等创新业务品种，关注资本市场业务，围绕上市公司的定增、股票质押、市值管理、员工持股等综合金融服务方案；为适应公司发展的新形势，进一步加大人才队伍开发力度，采取由点到线、由线到面的培训模式，对各层级员工开展有针对性的培训，不断增强培训的实效性；深入贯彻“科技引领未来”的信息化建设理念，统筹公司内外部资源，加强基础系统整合、配备先进科技设备、优化运营管理平台，推动公司迈向新台阶。

江苏省国际信托有限责任公司

一、2016 年经营概况

江苏省国际信托有限责任公司（以下简称公司）坚持“发展、创新、高效、稳健”的经营理念，积极按照新两规的要求，履行“受人之托、代人理财”的职责，立足信托本业，完善治理结构，改善经营机制，探索业务创新，加强人才开发，经济效益稳步增长，切实维护委托人的最大利益。公司业务聚焦于产业金融、金融同业、证券信托、主动投资、财富管理等领域，成功发行多个基础设施建设信托产品、房地产投资信托产品、私募股权信托产品、资产证券化信托产品及证券投资信托产品。

截至 2016 年末，公司资产总额为 115.28 亿元，同比增长 26.66%；所有者权益为 98.81 亿元，同比增长 12.90%；信托规模为 4 610.94 亿元，同比增长 33.38%。公司实现营业收入 16 亿元，利润总额 14.74 亿元，净利润 13.29 亿元，与上年基本持平；其中信托手续费收入 6.65 亿元，同比增长 21.77%。

截至 2016 年末，公司净资产为 98.81 亿元，净资本为 85.16 亿元，各项业务风险资本之和为 63.01 亿元，净资本/各项业务风险资本之和为 135.15%，净资本/净资产为 86.19%；同业拆入余额/净资产比值为 2.02%；一般风险准备金余额为 16 718.59 万元，信托赔偿准备金余额为 75 642.89 万元，各项指标均优于监管要求。

二、创新业务案例

（一）PPP 业务

2016 年，公司顺应政府投融资改革的大方向，设立了 PPP 业务管理中心，从 PPP 基金业务着手，提供综合化、全项目周期、全产业链的投融资管理服务。公司稳步推进 PPP 基金项目运营，积极履行江苏省 PPP 融资支持基金管理人职责，截至 2016 年末，共投资 10 亿元，占总投资规模的50%，受到了江苏省财政厅的高度评价，并负责江苏省PPP基金与国家级基金对接，拟成立中央—地方合作型PPP基金。

（二）ABS业务

公司积极部署资产证券化（ABS）业务，加快业务探索与研讨，并以私募类资产证券化业务为突破口，努力推动资产证券化业务的顺利实施。2016年5月，公司联合券商、评级公司及律师事务所等机构，在江苏省率先推出信托受益权私募ABS产品“德苏1号专项资产管理计划”，并在上海证券交易所固定收益平台挂牌发行，得到了多家银行机构的积极参与。与此同时，公司积极开拓资产证券化受托服务业务，目前受托资产规模逾百亿元，累计新增信托手续费收入近千万元，资产证券化业务已成为重要创新与转型方向。

（三）家族信托业务

公司持续纵深推进家族信托业务，一方面加大与潜在客户的交流；另一方面积极联系其他金融机构协作业务开拓，宣传家族信托产品，不断扩大市场影响。其中，公司通过与民生银行的大力合作，与苏南某企业家进行了多次且充分的沟通，于2016年5月成功签约落地第二单家族信托业务。

（四）产业基金

2016年，公司积极开展产业基金合作，扶持中小企业发展。公司通过设立“清控银杏投资中心（南通有限合伙）单一资金信托”，与国家财政部、清控银杏投资创业投资管理（北京）有限公司、南通市财政局等机构共同发起设立产业投资基金。该基金服务于京津冀协同发展、长江经济带等国家重大战略的实施推进，主要投向信息技术、先进制造、清洁技术、健康医疗及现代服务业领域的成长型中小企业。

三、社会责任履行情况

公司始终秉承专业服务社会的责任理念，将履行企业社会责任作为一项重要的战略举措和对社会的郑重承诺。坚决执行国家政策，强化公司治理，服务广大客户，弘扬卓越文化，支持公益事业，服务经济、社会与环境的健康协调发展，在经营过程中形成了与社会责任相和谐的企业文化体系。

（一）诚信回馈客户

公司一直严格落实“一法三规”及相关监管要求，不断完善合规内控体系，形成了诚信守法、运作规范的运营体系。2016 年，公司突出加强诚信建设，全面升级业务信息系统，前台、中台、后台各司其职，最大限度地实现了风险隔离。公司自成立以来，未发生一起风险事件，所有产品均正常运作，到期产品成功兑付，为委托人带来了丰厚的回报。

（二）金融服务民生

公司始终贯彻金融服务民生的理念。2016 年，公司充分发挥信托制度的优势，大力拓展服务实体经济的深度和广度，通过与各级地方政府及事业单位加强合作，为江苏省内中小企业发展、基础设施建设等领域筹集和管理信托资金，有力地支持了地方经济发展，取得了良好的经济和社会效益。

（三）坚持以人为本

公司始终坚持“以人为本”的理念，把人才战略作为企业发展重点，充分保障员工权益，重视人才培养，致力于为员工搭建成长平台。2016 年，公司经国资委批准，进行成本收入比薪酬体制改革，有效激发了员工工作积极性和创造性；积极组织青年骨干员工参加集团中层岗位公开竞聘，不断充实干部队伍；竭力为员工创造稳定舒适的工作环境，提升员工归属感。

（四）倡导绿色发展

公司积极倡导绿色经营及工作方式，号召全体员工将节能环保的理念融入生活、工作的每一个细节，打造低碳金融机构，培育绿色文化。公司设立了“绿色发展”系列信托产品，通过投融联动的方式，支持江苏省环保产业的发展；组织员工开展义务植树活动，为建设生态江苏贡献自己的力量；全面加强办公减排管理，优化 OA 系统，积极推行无纸化、节约化办公，践行可持续发展理念。

（五）积极投身公益

公司一直秉承“利国敦行”的价值理念，主动投身公益活动和志愿者活动，积极履行企业社会责任。持续开展慈善信托，如发行了“江苏信托・秦淮一期（江苏抗灾援建）集合资金信托计划”，积极支持阜宁、溧阳、江阴、邗江等受灾严重地区的灾后重建工作；积极践行公益慈善，为唐仲英基金会、江苏法律援助基金会、江苏陶欣伯助学基金会等国内外多家公益慈善机构提供专业理财服务，实现了公益财产的保值增值，并派出骨干员工参与江苏省民政厅举办的慈善信托业务学习培训；多次发起参与如公益植树、慈善捐赠、无偿献血等公益志愿活动。

四、2017 年发展规划

2017 年公司将顺应不断变化的外部环境，以中央、省委会议精神为指导，围绕打造“资产管理”和“财富管理”双轮驱动为目标，坚持以薪酬体系改革、组织结构优化、人才团队建设为抓手，不断完善公司治理，全力推进公司精细化管理，着重推进业务转型创新、提升质量效益、强化人才建设、完善风控体系，努力开创公司新一轮发展的新局面。公司将重点做好五个方面的工作。

（一）积极探索转型发展

积极适应经济环境的变化，大力发展主动管理型信托业务，实现公司传统业务转型升级和创新业务发展壮大的同步发展。不断提升固有资产的运作水平，加大资本市场的参与力度，加快发展并购重组等创新业务；同时，积极支持实体经济发展，加大直接投资力度，切实从广种薄收、以量取胜的外延式发展向精耕细作、提升主动管理能力的内涵式方向发展。

（二）大力推进业务增长

在信托业务方面，公司将积极适应市场形势变化，进一步拓展政信业务、通道业务等传统业务，既要维护好原有优质客户，又要努力探索新的合作模式，同时积极探索 PPP 产业基金、家族信托业务、资本市场业务、互联网金融业务等创新业务的开展模式，全力争取创新业务从小变大、由弱变强。在固有业务方面，公司将加大金融股权投资力度，持续提升对银行、保险等金融机构的参与程度和控制力，不断丰富和完善公司金融股权业态。

（三）不断加强人才建设

在人才建设方面，公司 2017 年主要工作重点包括：第一，加快异地团队组建，及时布局北上广深等东部发达地区以及重庆等西部发达地区业务，以市场化方式招聘相关专业人才，特别是引入团队负责人和业务骨干，为公司业绩提升打造新的增长极。第二，加快高层次人才引进，通过充分市场化的薪酬分配和激励约束机制，着重引进熟悉金融市场特别是资本市场等行业内的领军人才，推动公司创新业务取得实质性突破。第三，加快公司内部员工培育，充分发挥内部培训的作用，积极强化外部专业培训，持续推进员工队伍能力和素质建设；畅通员工职业晋升通道，加大竞争上岗的力度，有效激发全体员工的主动性和创造性。

（四）着力强化风险管理

2017 年，公司将以上市为契机，围绕完善公司治理结构，不断加强董事会建设，建立健全相关信息披露制度和相应的风险容忍机制，全面提升公司治理水平。不断优化公司的内部流程控制，积极将风险管理嵌入到公司前台、中台、后台的日常业务运行当中，筑牢业务部门、风控部门、审计部门“三道防线”，实现风险的相互隔离。充分发挥新上线的信息管理系统的重要作用，把制度、流程、分工、责任等通过信息化方式加以体现，为公司的风控体系建设提供有力的技术支撑。

（五）持续提升公司品牌

在品牌塑造方面，公司一方面要加大宣传力度，充分利用网络、媒体等方式，扎实推进营销宣传，不断强化对公司品牌的设计、宣传；另一方面要不断提升公司的品质和服务，通过提供优质服务和提升工作效率，有效地提高一般客户和同业客户的满意度，以更加积极的姿态参与社会公益事业，彰显公司的软实力。

交银国际信托有限公司

一、2016 年经营概况

2016 年，交银国际信托有限公司（以下简称公司）继续坚持“低风险、多元化”发展策略，突出融资、资管、受托三大重点业务领域，加快推进信托主业转型升级，形成多元化发展格局，资产结构保持稳健，年度各项经营计划全面达成，公司跨市场、跨周期的持续经营能力全面提升。

（一）经营绩效再上新台阶

全年实现净利润 8.41 亿元，同比增长 18.07%，高出行业 13.95 个百分点；平均实收信托规模 5 813 亿元，同比增长 29.35%；管理资产规模（AUM）7 098 亿元，较年初增加 2 163 亿元，增长 43.85%。荣获交通银行系统 2016 年“经营管理优胜奖”。

（二）信托业务再上新台阶

积极应对信托行业发展分化的挑战，信托业务发展跑赢大市。全年实现信托业务收入 10.66 亿元，同比增长 10.7%，高出行业 1.95 个百分点；年末存续信托规模 7 017 亿元，同比增长 44.13%，高出行业 20.12 个百分点，在全国 68 家信托公司排名提升至第六名。

（三）产品创新再上新台阶

创新推动 PPP 基金、产业基金、政府购买服务等业务模式落地，累计中标或签约基金规模 2 398 亿元；受托境外理财（QDII）管理规模 2 亿美元；全年发行信贷资产证券化产品 10 只、资金规模达 287 亿元，发行只数位列行业第三，发行规模位列行业第四，连续三年被中债登评为“资产支持证券优秀发行人”。

（四）固有业务再上新台阶

优化自有资金配置，加强资金投放管理，开拓优质股权投资项目，加快多元化布局，全年实现固有业务收入3.06亿元。在股东和监管机构的大力支持下，新增注册资本20亿元。

（五）风险管理再上新台阶

全年清算信托项目405个，清算信托资金规模1 427亿元，到期项目全部顺利实现兑付，信托存量资产整体呈现低风险配置态势；固有信贷业务五级分类正常，固有业务不良资产率保持为零。荣获交银集团2016年度“风险管理先进单位”和“创新处置协同奖”。

（六）品牌形象再上新台阶

荣获《上海证券报》第十届诚信托行业评选“卓越公司”综合大奖；荣获《银行家》杂志（中国）主办的中国金融创新奖“十佳财富管理创新奖”；在信托业协会开展的行业评级中连续两年被评为A级（最高等级）；经营管理信息系统荣获2016年银行业信息科技风险管理课题研究四类成果奖。

二、创新业务案例

（一）信贷资产证券化

2016年，公司进一步巩固在信贷资产证券化领域的领先优势，参与国内首批不良资产证券化试点，成功实施交通银行首单不良资产证券化产品“交诚2016年第一期不良资产支持证券”；中标住建部4单公积金资产证券化试点中的3单，成功实施杭州、湖州两地的公积金资产支持证券项目，杭州公积金资产证券化项目荣获《上海证券报》第十届诚信托“最佳资产证券化产品奖”；作为受托机构和发行人，发行工商银行个人住房抵押贷款资产支持证券102亿元。

（二）企业资产证券化

2016年，公司加快布局企业资产证券化业务，作为受托人、贷款人成功发行“扬州迎宾馆信托受益权资产支持专项计划”，助力公司进一步转型布局抵押型REITs产品。公司资产证券化产品全年发行规模达到291亿元，同比增长479.45%，连续三年被中央国债登记结算有限责任公司评为“资产支持证券（ABS）优秀发行人”。

（三）PPP（政府和社会资本合作）信托

2016年，公司积极响应政府号召，加强基础设施、混合所有制改革、产业投资等领域的投资基金业务布局，出资参与财政部发起的总额为1 800亿元的中国政企合作投资基金，同时累计成功中标四川、山东、江苏等多项省级PPP基金，借助PPP项目助力“一带一路”等建设，资金广泛应用于水利、环保、能源、交通等关键领域和国家重大项目。

（四）扶贫建设发展基金

2016年，公司快速响应国家重点区域扶贫开发及建设需求，顺应政策导向，为扶贫开发等民生工程提供金融支持。成功实施公司首单扶贫基金“商丘交银商发扶贫建设发展基金”，基金规模为70亿元，资金用于支持基础设施、水务管网、旅游文化等区域重点扶贫项目，为扶贫开发等民生工程提供金融支持。

三、社会责任履行情况

2016年，公司充分发挥信托功能优势、制度优势和资产管理特长，持续开展创新金融服务，积极支持实体经济发展，助力国家“一带一路”战略实施，为重点民生工程、基础设施建设、扶贫发展基金等项目提供资金支持，认真践行企业社会责任。

（一）支持国家“一带一路”战略实施

充分发挥信托优势，融入母行发展战略，深化与交通银行业务联动，持续开展创新金融服务，助力国家“一带一路”建设，支持实体经济发展。积极运用PPP、产业基金、资产证券化等创新业务进行对接，加大对“一带一路”地区基础设施建设和参与“一带一路”企业的金融支持。截至2016年末，公司已签约或中标PPP、产业基金规模2 298亿元，实现投放391亿元。在PPP业务方面，先后参与了国家财政部PPP基金（国家级），江苏、浙江、福建、重庆、上海等多个省市的PPP融资，为当地基础设施建设提供金融服务保障。在产业基金方面，公司先后参与了新疆阿克苏交银振兴发展基金、广东省丝路基金和广投发展股权基金等基金项目，支持“一带一路”重点产业发展。在资产证券化领域，公司发挥横跨银行间市场、交易所市场和私募机构市场的渠道优势，加快培育“发行安排人+证券发行人+受托管理人”的全价值链业务服务模式，通过盘活存量资产，为“一带一路”国家战略提供资金助力。

（二）支持国家扶贫战略实施

2016年，公司快速响应国家重点区域扶贫开发及建设需求，顺应政策导向，为扶贫开发等民生工程提供金融支持。成功实施公司首单扶贫基金“商丘交银商发扶贫建设发展基金”，基金规模为70亿元，第一期已成功募集资金34.91亿元，资金用于支持基础设施、水务管网、旅游文化等区域重点扶贫项目，为扶贫开发等民生工程提供金融支持。还成功开拓了广西百色交银福地扶贫基金（2.4亿元）、贵州凉都交银三变扶贫产业基金（11.66亿元）、贵州铜仁交银武陵山扶贫投资发展基金（19.98亿元）等扶贫基金项目。

（三）支持地方经济与社会发展

通过信托方式引进资金支持地方经济与社会发展，为公司注册地湖北武汉区域的基础设施建设、重点企业、重点项目提供资金融通服务。2016年，公司先后参与发起湖北省长江经济带产业基金、中百集团并购基金等项目，为湖北省交通投资集团有限公司公路产业基金、武汉地铁集团、武汉城投集团等重点项目提供资金支持，湖北区域全年新增信托融资156亿元，存量信托规模达289亿元。同时，公司充分发挥母行资源优势，与交通银行37家省直分行开展业务联动，积极服务支持当地经济社会发展。

（四）切实履行受托管理责任

公司致力于打造高效受托管理平台，不断改进客户服务体验，切实履行受托责任，为客户提供专业化、多元化信托理财服务。截至2016年末，公司存量信托资产规模达到7 017亿元，同比增长44.13%，资产管理能力显著提升。全年清算信托项目405个，清算信托资金规模1 427亿元，自2007年10月开业以来，公司到期信托项目全部实现安全兑付，风险管控能力保持行业领先。持续加大IT系统开发力度，开发和完善经营管理分析、全面风险监控等38个IT系统项目，经营管理信息系统荣获2016年度银行业信息科技风险管理课题研究四类成果奖，IT系统对业务运营和客户服务支撑作用持续增强。公司成立了消费者权益保护委员会及其办公室，制定了《消费者金融知识宣传教育暂行管理办法》和《消费者权益保护工作考评试行办法》等制度，严格实施信托产品销售“一区双录”（销售专区、录音、录像）工作，不断完善消费者权益保护管理制度体系，持续提升客户服务质量，切实加强消费者权益保护工作。

（五）高度关注员工健康与发展

公司高度关注员工健康与发展，始终坚持以人为本，充分彰显人文关怀。坚持以“严谨、务实、创新、和谐”为核心的文化理念，构建优良的企业文化，注重发挥企业文化的导向功能，不断加强对公司战略、管理和文化的宣导。认真落实公司人本关怀要求，全面关爱员工的工作生活、保障和维护员工的各项权益。在办公场所设立员工休息区，对新办公场所开展空气专项治理，努力为员工营造舒适、安全、放心的工作环境；积极组织开展各类文体健身活动以及“心和谐、新跨越”员工心理健康关爱行动，践行“快乐工作、健康生活”理念，促进员工身心健康发展；改进完善激励约束机制，优化人才队伍结构，明确员工职业发展路径，让公司经营发展取得的成果惠及广大干部员工，不断提升公司凝聚力和向心力。

四、2017 年发展规划

（一）深化产融结合，聚焦四类实业投行业务

一是采取“投资基金＋证券化”一体化服务模式，大力发展基础设施信托业务。二是把握客户盘活存量需求，加快拓展企业资产证券化业务。三是灵活运用股权、债权、夹层融资等工具，综合提供个性化融资服务。四是把握市场形势，稳健发展房地产并购融资和 Reits 业务。

（二）立足转型发展，重点拓展三项资产管理业务

一是积极发展产业基金、并购基金、定向增发等市场化投资基金业务。二是以债券投资业务为重点，做大交易型现金管理业务。三是加快建立合作平台，大力发展 MOM、FOF、结构化证券投资等信托业务。

（三）回归信托本源，积极推进三大新型受托业务

一是聚焦重点同业客户，做大信贷资产证券化规模。二是优化协同机制，加快发展家族信托业务。三是创新驱动，加快探索慈善信托、消费信托等新型受托业务。

（四）持续开拓创新，推进固有业务转型发展

一是做好资金开源工作，拓宽同业拆借准入，推进信托业保障基金固化资产盘活。二是优化自有资金配置，实现信托与固有业务协同发展。三是打造股权投资平台，服务交银集团综合化经营布局和公司转型发展，提升公司长期稳定回报水平。

（五）强化产品创新，提升市场竞争能力

突出重点创新产品，做好投资基金、资产证券化、家族信托、资本市场等业务的创新和复制推广工作，提升创新业务的综合贡献度。鼓励员工首创精神，进一步倾斜资源配置，激发员工的创新动力和发展活力。

（六）强化风险管控，牢牢守住风险和合规底线

坚决贯彻落实党中央、国务院对于防控金融风险的统一部署，继续把风险防控放在经营管理工作的首要位置，进一步完善风险管控策略，落实风险管控措施，牢牢守住风险和合规底线。

（七）推进从严治党，为转型发展提供保障

切实推动全面从严治党向基层延伸，进一步发挥基层党组织的战斗堡垒作用；坚持高标准和守底线相统一、抓惩治和抓责任相统一、查找问题和深化改革相统一，持续加强对党风廉政建设，保持案防高压态势，为转型发展提供保障。

（八）构建优良文化，营造和谐文化氛围

秉承“严谨、务实、创新、和谐”的文化理念，推动企业与个人共同发展，与广大干部员工共享改革发展成果，用感情凝聚人、用事业激励人、用理想召唤人，努力营造“风正、心齐、气顺、劲足”的和谐氛围，构建公司良性发展的生态环境。

昆仑信托有限责任公司

一、2016 年经营概况

（一）直面挑战、真抓实干，公司效益再上新台阶

截至 2016 年末，昆仑信托有限责任公司（以下简称公司）实现收入 12.39 亿元，利润总额 9.58 亿元；信托规模 1 425 亿元，上缴税费 3.3 亿元。公司上下坚持市场化方向，深挖市场机会，发挥自身优势，严控房地产行业投资风险，积极与实力较强的地方政府平台合作，精选优质股票增发项目，持续扩大与央企、地方大型国企、实力较强民企、各类金融机构等优质交易对手的合作，信托业务取得稳健的收益；前期股权投资成效逐步显现，山东信托 H 股上市有序推进，公司与其在客户市场、营销渠道和阳光私募等方面的合作更加紧密；精选投资品种，实施专业管理，在市场大幅波动形势下，证券投资收益保持稳定，实现绝对投资收益率 12%，业绩排名进入证券基金资管行业的前五位；固有业务部积极拓宽固有资金运用渠道，坚持稳健经营策略，通过股权投资、新股申购等方式，不断巩固提高投资收益。

（二）适应市场、规范服务，营销工作迈出新步伐

一是建立销售定价机制，在跟踪收集分析市场信息的基础上，定期组织相关部门共同研究确定基准收益率，并根据市场发行情况，浮动调整产品发行价格，在确保发行的前提下，不断降低发行成本，提高信托财产收益；二是建立网上服务平台，公司积极创建网络服务系统，充分利用现代互联网手段，依托微信、短信、网站等渠道，及时推送新产品和相关项目信息，为客户提供实时便捷的信息服务；三是规范落实“双录”要求，按照监管部门相关规定，及时制定《公司信托产品销售签约录音录像工作管理规定》，并设立销售专区和独立签约室，规范操作，降低公司风险；四是完善消保制度体系，公司制定《消费者权益保护工作管理规定（暂行）》《客户投诉处理工作细则（暂行）》等制度，建立消保工作组织架构，开展消费者宣传教育，加强消费者投诉处理，提高了客户满意度。截至 2016 年末，公司累计发行“昆仑财富”系

列产品102个，规模391.46亿元，合格投资者达到11 641人，全年自主销售规模达到104.35亿元。

（三）积极参与、主动作为，品牌形象实现新提升

公司坚持稳健经营、稳健发展，积极参与行业建设和交流，共同推动行业发展。一是在信托行业评级方面，按照信托业协会新的评级标准，公司上下共同努力，在行业初评中首次进入A级，提升了公司的行业地位。二是在参与监管体系建设方面，深度参与信托行业长远发展战略举措，参股创立中国信托登记有限责任公司，提升了公司的行业影响力。三是在公司风险管理方面，公司多年坚持完善“三纵三横”立体风险管理架构，首次荣登中国社科院金融机构金牌榜“年度最佳风险管理信托公司”金龙奖，巩固了公司形象。四是在行业理论贡献方面，积极参与中国信托金融理论研究，并成为“百瑞安鑫·信托金融理论研究集合资金信托计划”受益人大会理事会副理事长单位，为推动行业理论研究贡献力量。五是在业务理论研究方面，撰写的《“一带一路”战略背景下信托公司跨境资产管理业务模式研究》获得全国石油石化企业管理现代化创新优秀论文一等奖，彰显了公司金融理论研究能力。六是在行业报告撰写方面，同中国人民大学信托与基金研究所合作完成《2016年中国信托公司经营蓝皮书》《2016年中国信托业发展报告》，提升了公司品牌知名度。此外，公司积极支持注册地经济建设，先后荣获宁波市“经济发展突出贡献企业”“五星级骨干企业”等多项荣誉称号。

（四）完善机制、提升效率，风险管理实现新跨越

公司始终坚持“低风险偏好”风控理念，坚守合规底线，全方位、全过程严控风险。一是持续推进专业化审核模式，在试行专业化评审的基础上，各专业评审小组继续发挥作用，分类拟定业务开展规则，并根据市场变化及时调整，增强风控政策的灵活性，同时，根据不同类型业务的核心风险，分类统一风控标准，增强风控政策的可操作性。二是继续加大项目合规管理力度，明确列示项目合规管理检查明细，加强项目合规审查与检查力度，准确识别主动管理和事务类业务类型，避免放大公司风险暴露，同时加强合规信息化建设，建立健全公司合规管理信息平台，加强合规培训，不断提升全员合规意识。三是强化项目中后期管控，强化项目中后期检查与考核，建立风险跟踪管理机制，开展现场检查调研，及时进行风险提示和预警，提前化解风险。四是有效发挥稽核审计职能，全年共实施预算执行、消保等7次专项检查，完成9项离任审计，对40个信托项目实施了专项检查，制作审计底稿190份，组织完成了宁波银监局“两个加强、两个遏制”回头看自查工作。五是持续完善案防和反洗钱体系建设，多次组织开展相关培训宣传工作，修订完善案防和反洗钱等各项制度流程，细化考核内容，进一步增强项目的可操作性。六是持续推进风险项目后期处置，及时总结经验、吸取教训，全面提升公司风险

识别、预警和处置能力。

二、创新业务案例

一是股权投资方面，在成功领投首个股权项目——新媒体“界面”之后，采用母子基金互动共赢模式，积极参与设立烟台现代服务业创业投资基金；入股山东省金融资产管理公司、宁波资产管理公司等项目也取得了重大进展，公司战略投资金融资产布局更加完善；华能投资项目的成功设立，实现了与中央企业强强联合，为公司进入新能源领域提前做好战略布局。二是资产证券化方面，成功中标国开行资产证券化项目受托机构，对提升公司信托规模起到积极的促进作用；设立全国第一单抵押型 REITs 产品——北京银泰中心项目，采取了“信托 + 资产支持证券”的双 SPV 创新架构，取得了不动产证券化产品类型的重大突破；宏达教育学费收益权资产证券化项目、昆财一号财产权信托项目的先后设立，进一步提升了公司非标产品转标准产品的能力。三是互联网金融方面，公司持续探索“互联网 + 信托”金融模式，在互联网消费金融领域，公司设立了“富盛”系列产品，通过互联网交易手段，实现分散化小额资金募集，满足了市场和客户需求。为公司未来建立起集互联网金融资产获取能力、小额分散化资金募集能力和资产动态内嵌风控能力于一体的独特竞争优势，为打造新的业务增长点奠定了良好基础。

三、社会责任履行情况

公司通过与宁波市慈善总会等机构通过成立慈善基金等方式支持慈善事业发展。截至 2016 年末，公司累计设立慈善信托计划 4 个，累计捐款额 274.5 万元。此外，公司分别组织青年员工到永定河森林公园开展了义务植树活动及参加中国石油集团公司组织的无偿献血活动。

四、2017 年发展规划

2017 年公司提出四大发展战略。

一是实施创新驱动战略，打好创新转型领先攻坚战。创新是发展的不竭动力，是金融企业的灵魂。对已有的创新业务，要加大推广和规模化的力度，要紧紧抓住中国石油集团公司金融业务改革的新机遇，抓住国家经济结构调整升级的新机遇，抓住行业加快转型探索的新机遇，借鉴同行先进经验，努力实现业务结构的转型创新。同时，要借助 2017 年公司试点开展银监会八大类信托业务的契机，加快各类业务创新研究，为公司创新转型提供配套机制、人才储备、研发引领和信息支持，努力打造一批有巨大发展潜力的业务增长点，提升公司可持续发展能力。

二是实施人才强企战略，打好人才促企发展攻坚战。人力资源是企业发展的第一资源。坚持“人人都能成才”的理念，在引进人才、培养人才、使用人才、激励人才和留住人才上做文章。引进人才要拓宽渠道，采取多种用工形式；培养人才要搭建舞台，为人才提供平台；使用人才要唯才是举，打破论资排辈；激励人才要开拓思路，探索市场化的激励机制；留住人才要关爱员工，使员工认可公司企业文化，与公司同呼吸、共患难，在创造公司价值的同时，实现个人的职业理想和人生梦想，为公司可持续发展提供人才保障。

三是实施区域发展战略，打好区域布局扩张攻坚战。公司的发展和进步，区域战略规划至关重要。按照公司的“两地六中心”区域发展战略，在信托业务总部下设立了北京业务总部、宁波业务总部以及华北、华东、华南、西北、西南、东北 6 个区域中心。通过区域管理，大幅提升业绩、协同整合资源、提升管理效率、分散经营风险，实现公司长期稳定发展。以区域布局带动区域发展，以区域发展助推公司全面进步，逐步实现公司未来区域发展格局，形成覆盖全国的业务网络。

四是实施规模提升战略，打好规模扩大增效攻坚战。一定的信托规模是提升公司地位、拓展业务和维护客户的基础，是实现经营目标的保障。公司增资后，首先要努力巩固传统业务，包括债权、股权和同业信托业务。传统业务目前仍是信托公司最主要的利润来源，也是快速扩大信托规模的主要手段，还是创新业务成长的土壤和创新灵感的源泉。为此，公司仍要立足拓展传统业务，以促进信托规模的快速扩大。

山东省国际信托股份有限公司

一、2016 年经营概况

2016 年是山东省国际信托股份有限公司（以下简称公司）确定的“业务转型创新突破年”，也是“十三五”战略实施的开局之年。在公司党委和董事会的正确领导下，在监事会的有效监督下，在各位股东的大力支持下，经营班子团结带领广大员工，坚持“稳健经营”的核心理念，紧密围绕年度经营目标和监管部门要求开展工作，全力以赴转型创新，制定战略谋求发展，多策并举防控风险。2016 年末，公司受托管理信托资产规模增速回升，信托业务结构持续优化、收益稳步提升，产品自主发行能力持续增强，公司实现了较好的经营业绩，保持了平稳健康发展态势。

在 2016 年中国信托业协会组织的首次信托行业评级中，公司获得最高评级 A 级。公司获得“2016 最佳创新信托公司”“2016 卓越金融企业风险控制奖”等全国性奖项，被山东省政府授予“山东省金融发展贡献先进单位”荣誉称号，在山东省财政厅开展的山东省地方金融企业绩效评价中，连续四年获得最高 AAA 级评价。

二、创新业务案例

（一）上市公司可交换债产品：山东信托·恒赢 17 号集合资金信托计划

2016 年 3 月 14 日，山东信托·恒赢 17 号集合资金信托计划成立发行。该业务模式是通过发行结构类集合资金信托进行可交换公司债投资，可交换债是在传统的公司债基础上，嵌入标的股票看涨期权，兼具股债双重特征。对委托人来说，可交换债既能锁定稳定收益，又可以获得看涨期权，享有未来股票上涨时带来的超额收益，资产流动性和安全性较高。

（二）契约型基金：山东信托·尊岳成长 8 号证券投资基金

2016 年 7 月 28 日，公司向中国证券投资基金业协会成功登记备案公司首只契约型基金：山东信托·尊岳成长 8 号证券投资基金，这是公司主动管理尊岳系列品牌中的一只纯股型基金，主要投资于二级市场。

（三）演艺信托：山东信托·星光璀璨系列 1 号集合资金信托

在一系列政策利好下，国内文化产业逐步迎来黄金发展期。作为文化产业的细分市场，公司积极发掘演唱会市场机遇，2016 年 9 月成立了专注投资演唱会市场的集合信托项目“星光璀璨系列 1 号”。该信托计划引入结构化设计和主动管理，通过参与项目的财务管理，管控成本和收入，实现投资收益。

（四）标准化慈善信托：山东信托·大同系列同心扬梦慈善信托

公司顺应政策导向，积极开展标准化慈善信托产品，2016 年 12 月成立了山东信托·大同系列同心扬梦慈善信托计划。该信托计划每月设立一个开放日，吸纳社会各界资金加入信托计划，根据委托人的意愿，首笔 1 万元信托资金用于为孤寡贫困老人“送物资、送健康、送文化”。

三、社会责任履行情况

作为山东省管国有金融企业，公司在实现自身稳健发展、积极为地方经济提供投融资服务的同时，充分发挥信托制度和功能优势，对国家和社会全面发展、自然环境和资源，以及广大投资者和员工、客户等利益相关方主动承担责任，实现了追求经济效益与承担社会责任的有机结合。

公司始终坚持根植于实体经济，充分发挥信托独特的功能优势，通过产业信托路径，切实助力了供给侧结构性改革。截至 2016 年末，产业投融资余额为 1 520 亿元，占存续信托规模的 60% 左右，有效引导社会闲置资金进入实体经济领域，提升了服务实体经济的质效。同时，发挥“实业投行”资源禀赋优势，加大投贷联动、债加股或债转股、并购基金等业务开拓力度，研发设立 PE 及并购基金类信托计划，通过基金投资天使类项目，支持“双创”企业成长壮大。

公司顺应监管政策导向，积极推动金融创新，有效为国家重点区域发展战略提供金融支持。2013 ~ 2016 年，公司累计引入 1 724 亿元社会资本支持国家战略经济区及基础性民生工程建设，其中投向“蓝黄”战略经济区 620 亿元、“一圈一带”经济区 540 亿元。

公司不断加大对环境治理、综合整治、绿色环保领域的融资支持，2013 ~ 2016 年累计为山东省内小清河、白浪河重点流域治理以及污水管网改扩建等城市基础设施项目提供融资支持 564 亿元。2016 年 12 月，公司联合国网山东省电力公司、山东省科学院、山东大学等 8 家单位，筹备设立山东省电能替代产业发展促进会，旨在形成战略合作伙伴关系，共同促进电能替代技术的推广应用，为服务经济结构调整、大气污染防治作出更大的积极贡献。

公司2015～2016年选派年轻骨干作为驻村“第一书记”，在菏泽市曹县孙老家镇开展定点帮扶工作，切实改善了村容村貌、丰富了群众文化生活、推广了多个农业扶贫重点项目，精准扶贫工作取得显著成效，赢得当地干部群众的广泛好评。

公司还积极探索开展公益慈善类信托，为精准扶贫注入慈善信托“活水”。2016年11月，公司作为顾问单位联合慈善组织、金融同业机构和专业工作者发起成立全国首个慈善信托行业联合体——中国慈善联合会慈善信托委员会，致力于促进慈善信托的应用与普及，为社会力量参与慈善事业提供更畅通的途径。公司积极开展标准化慈善信托产品，目前已形成山东信托·大同系列慈善信托产品，吸纳社会各界资金参与到扶贫助学、爱老敬老慈善活动中。

公司充分发挥信托优势，为山东省残疾人福利基金会、山东省送温暖基金会、山东省慈善总会慈善资金提供专业管理服务。通过慈善信托业务对山东省公安民警互助金和优抚基金进行理财增值，充分体现了主动履行社会责任的国企担当。

四、2017年发展规划

公司将2017年定位于“对标挖潜深化年”，总体工作思路是：坚持稳中求进工作总基调，紧紧围绕集团公司转型创新发展战略，以信托公司监管和行业评级的各项指标为指导，对标挖潜，科学发展，以提高发展质效为中心，以完善风控体系为基础，以专业化管理为依托，以人才队伍建设为保障，增强发展动力、厚植发展优势，圆满完成年度预算经营指标。

（一）以提升主动管理能力为核心，推动创新更快更多落地，不断发掘利润增长点

树立价值导向，在合规基础上继续做专、做强房地产信托业务，尽快设立房地产专业子公司，不断提升房地产信托业务的主动管理能力。多维度创新基金、资本市场业务，打造产业基金信托、资本市场信托等具有核心竞争力的产品，扩容上市公司员工持股与高管增持、可交换债、股票质押基金等业务。继续加大力度支持已落地的演艺信托、PPP等新型业态，选择优质交易对手，逐步实现规模化发展，培育成为新的业绩增长点。

（二）以自主营销渠道建设为主线，扩大财富管理品牌影响力

在现有财富管理中心职责分工基础上，探讨组建并设立专业化财富管理子公司，承担公司产品发行、销售渠道管理、特定客户资产管理、客户关系管理等职能。继续拓展专户管理业务，精准向客户传达财富管理、传承理念、配置策略，以丰富的产品条线和优越的资产配置能力为

客户提供专业化、差异化服务，增强客户黏性与忠诚度。

（三）以构建国际化运营平台为引领，多渠道布局海外业务

以在港设立跨境子公司为基础，积极申请 QDII 等跨境投融资业务资格，发掘各类资产业务机遇，对优质的海外项目进行投资，充分利用信托财产独立性和风险隔离的制度优势，为更多企业和高净值人群提供优质金融服务和跨境资产配置服务。

（四）以保障转型创新有序推进为根本，提速各项基础建设

在 2016 年获准开展信贷资产证券化业务的基础上，继续积极申请股指期货、股权投资等新业务资格，运用新业务资格加强信托业务创新与协同，为客户提供更为丰富的资产配置产品。注重培养专业人才队伍，综合运用各种投行、金融手段创新性地开展不良资产处置。研发创造价值，进一步深化研究与业务经营管理的紧密结合，围绕公司核心业务开展研发，使研发工作与公司发展形成良性互动。

（五）以强化关键环节管理为依托，持续增强发展质效

坚持底线思维、分类施策，强化源头控制，加强事后督察，常态化开展自查排查，进一步提升全面风险管理的精细化和专业化水平。建立健全规章制度定期评估维护制度，“立改废”并举，及时梳理优化制度流程，加大规章制度执行情况检查力度，进一步提高全员合规意识，规范工作行为。紧紧围绕风险重点和监管热点，认真做好自查和内部审计工作。积极构建学习型组织，推动员工学习培训平台建设多元化，建立创新业务分享的土壤和机制。围绕“我爱我家”主旨，继续倡导“家”文化，增强员工的幸福感和归属感，凝聚全体干部员工干事创业的合力，为公司持续平稳健康发展筑牢思想基础。

山西信托股份有限公司

2016年，山西信托股份有限公司（以下简称公司）紧紧抓住创新驱动、转型升级这个总战略，在山西金控集团的正确领导和帮助下，在山西银监局的监督指导下，团结一致、迎难而上，紧紧围绕年初董事会确立的风险化解与处置、业务转型与创新、体制机制改革、强化基础管理四大工作任务，全力推进各项工作，整体呈现出稳步向好、转型发展态势。

一、2016年经营概况

（一）收入情况

2016年公司实现营业收入35 079万元，完成预算26 000万元的135%，较2015年增长4 194万元，其中自营业务收入6 857万元，较2015年下降3 919万元；信托业务手续费收入28 222万元，较2015年增长8 113万元。

2016年公司营业支出1 6847万元（不含各类信托计划计提资产减值损失2 442万元），较2015年同期营业支出15 858万元增长6.2%。

（二）利润情况

报告期内，公司实现利润总额16 103万元，完成预算10 500万元的153.36%，较2015年增长4 292万元；实现净利润12 788万元，完成预算7 875万元的162.4%，较2015年增长3 434万元。公司每股收益0.094元。

（三）资产状况

报告期内，公司固有资产总额为22.48亿元，较2015年增长1.29亿元；负债总额为3.06亿元，较2015年增长1.11亿元；净资产为19.43亿元，较2015年增长0.2亿元 。公司资产负债率为13.6%，每股净资产为1.43元，净资产收益率为6.62%。

二、创新业务案例

一是公司根据新制定的五年发展战略规划，依托山西金控集团协同优势，整合公司现有资源，与集团内部保险公司、要素交易市场等合作，设计、开发了系列标准化信托产品。以中小微企业作为融资服务对象，利用信托制度财产转移隔离的特有优势，引入保险公司的保险品种为信托产品增信，依托要素交易市场作为项目风险资产处置的快速通道，实现了对项目风险的全面监控。2016 年公司努力开拓，成功取得信贷资产证券化特定目的信托受托机构资格和以固有资产从事股权投资业务资格等创新业务资格，为公司开展相关实务打下良好基础。

二是利用农业产业发展基金，充分发挥信托制度优势，实现社会资本的高效对接，有效支持省内农业企业发展。基金成立以来，通过基金、信托计划等形式向山西省 9 家农业企业提供 2 亿多元的资金支持，其中九牛牧业和山阳药业两个项目使用产业基金 4 000 万元，产业基金撬动社会资金 14 000 万元；信托计划直接投资万里红枣业等 7 家企业共计 5 800 万元。

三是设立城镇化建设基金，积极引导资金投资城镇化建设，为城镇化持续发展提供资金支持保障。2016 年 4 月，城镇化建设基金在太原市民营区工商局进行了工商登记注册，完成了设立工作，并与山西晋城经济技术开发区签订协议，开展全面合作，发挥城镇化建设基金的积极作用，参与市政类与财政类项目，大力支持廉租住房、经济适用住房、公共租赁住房等保障性住房建设的资金需求。

四是积极拓展公司业务范围，促进业务转型创新发展。自 2016 年以来，公司高度重视业务创新工作，成立了由公司领导牵头的创新工作领导小组，有序开展以固有资产从事股权投资业务、信贷资产证券化特定目的信托受托机构资格等创新业务资格的申报工作。通过努力，上述两项资格在年内均成功获得批准，为公司转型创新发展奠定了良好的基础。

三、社会责任履行情况

（一）坚持合规稳健经营

2016 年，公司严格依据《中华人民共和国信托法》《信托公司管理办法》《信托公司集合资金信托计划管理办法》和《信托公司净资本管理办法》等相关监管要求开展业务，通过遵守相关法律法规、完善行业保障机制、加强全面风险管理、提升管理能力等途径，主动应对与化解风险，保障公司的健康发展，树立诚信守法、合规经营的企业形象。一是通过强化合规文化体系建设，营造良好的廉洁从业氛围，加大反洗钱、案防工作力度等举措，确保了各项经营活动依法合规开展。二是在原有风险化解与处置措施的基础上，通过制定《风险项目识别判定管理办法》等新举措，多管齐下，大力抓推进、抓落实、抓成效，同时根据企业实际经营状况，不断调整和完善处置方案，积极化解项目风险。

（二）服务实体经济发展

公司积极发挥信托在服务实体经济，提升支柱产业、重点产业的促进作用，聚“政信企及社会资金”合力支持实体经济发展，履行公司应当肩负的社会责任。公司设立城镇化建设基金，积极引导资金投资城镇化建设，为城镇化持续发展提供资金支持保障。2016 年 4 月，公司城镇化建设基金在太原市民营区工商局进行了工商登记注册（注册资金为 5 亿元），完成了设立工作，与晋城开发区开展全面合作，发挥城镇化建设基金的积极作用，参与市政类与财政类项目，大力支持廉租住房、经济适用住房、公共租赁住房等保障性住房建设的资金需求。

（三）推动民生事业发展

公司作为专营信托业务的非银行金融机构，积极响应国家保障和改善民生的政策号召，利用自身优势，通过加大对“三农”等关系社会民生的关键环节的支持力度，努力使经济发展成果更多、更公平地惠及更广泛的社会群体。公司设立农业产业发展基金，支持“三农”经济发展，推动山西农业产业转型升级。2016 年，基金先后在太原、运城、忻州、临汾、大同等地以及省“农业对接会”上进行了募资路演和项目对接，储备了 30 多个农业项目，基金成立以来，通过基金、信托计划等形式向山西省多家农业企业提供 2 亿多元的资金支持。

（四）致力推进财富管理

随着公司战略转型的发展要求与业务结构的不断调整，经过多年信托业务的开展与积累，公司的财富管理迎来一个客户分层、需求不同、服务差异化的发展阶段。在未来的发展战略中，将持续推进财富管理的多元化发展。公司充分利用信托制度优势，适应社会发展需求，提升金融服务质量，充分发挥信托多样性业务功能，丰富投资渠道，融通社会资本，利惠广大投资者，为委托人、受益人资产增值保值提供渠道与服务，服务地方经济建设，履行公司社会责任。一是重视合格投资者教育和客户关系建立与管理，建立有效工作机制，通过多渠道、多形式的宣传教育活动，增强投资者的金融素质，提高投资者维护资金和信息安全的意识和能力，依法保护自身合法权益。二是在监管机构的指引、公司全体员工的共同努力下，公司的消费者权益保护工作克服重重困难，实现了工作平稳、有序的良好局面。三是高度重视客户关系管理，完善产品发行机制，规范业务办理流程，建立客户沟通渠道，提高柜台服务能力，提升客户满意程度。

（五）热心参与社会事业

公司积极响应国家倡导的“推进绿色发展、循环发展、低碳发展”，顺应产业政策导向，树立绿色环保理念，促进山西省资源节约型和环境友好型社会建设，积极投身参与社会事业。一是长期关注环境保护产业发展。公司依托山西地域和资源优势，积极拓宽金融服务的领域，创新产品和融资方式，为发展绿色经济、培育绿色产业提供金融支持。二是积极倡导节能减排，绿色办公。公司按照建设“节约型公司”的构想与建议，从身边的小事做起，珍惜每一度电、每一滴水、每一张纸、每一件办公用品，减少一份污染，保存一份资源，做勤俭节约风尚的传播者、实践者、示范者。三是2016年11月，公司组织开展“送温暖、献爱心”社会捐款活动，公司和全体员工累计为山西省困难群众捐款10万余元，为省内公益事业发展作出了贡献。

（六）全力帮助员工成长

公司将员工作为企业的宝贵财富和支撑发展的重要力量，多次组织员工培训，维护员工权益，保障员工生命健康，确保福利待遇，改善工作生活环境，建立个人发展通道，坚持“以人为本”的发展理念，将构建和谐社会目标落到实处。一是严格遵守《劳动法》《劳动合同法》《劳动合同法实施条例》等法律法规，按照平等、自愿、协商一致的原则依法与所有员工签订劳动合同，劳动合同签订率达100%，未发生因劳动关系管理引发的劳动争议。二是建立合理的员工晋升通道，秉承公司发展与员工职业成就协调一致的理念，深化人事制度改革，优化人才资源配置，促进公司各项业务有效开展。三是重视员工福利保障，关注员工身体健康，组织员工年度体检，组织开展安全知识专题讲座等活动，有效地促进员工各方面的协调发展。

同时，公司积极鼓励员工投身参与社会事业，2016年先后组织开展“送温暖、献爱心”社会捐款等活动，累计为山西省困难群众捐款10万余元，并连续两年被评为山西省直精神文明单位。

四、2017年发展规划

（一）积极推进增资扩股工作，提升公司的核心竞争力

2017年，公司将继续按照省政府、集团公司的统一部署，积极推进增资扩股工作，力争在年内全面完成该项工作。

（二）大力推进信托业务转型升级，培育开展新兴业务

2016年12月26日，中国信托业年会在上海召开，会议对信托业务确定了新的“八大业务”

范围：债权信托、股权信托、财产信托、标品信托、同业信托、资产证券化信托、公益信托、事务信托。公司将按照监管机构“八大业务”信托分类新框架，推进信托业务转型升级，结合公司实际，积极培育开展新兴业务。

（三）全面提升风险管理能力，多措并举化解风险项目

公司将继续健全完善独立有效的、全面覆盖的、与公司业务发展匹配的风险管理体系。加强风险防控和排查，精准识别业务风险类别，多模式并举化解风险。

（四）强化子公司管控力度，实现资产保值增值

公司将进一步强化对子公司的管控力度，大力打造专业子公司，配合公司业务开展，实现战略协同，为公司发展提供新的业务渠道和利润增长点，实现资产保值增值。

（五）加强基础管理，深化体制机制改革

公司将继续加强基础管理，深化体制机制改革、健全合规管理制度、提升风险管理能力、强化人力资源管理，通过狠抓基础管理，提升工作效能，实现公司系统化、科学化、规范化、精细化管理。

（六）做好安全生产工作，推进信息科技建设

公司将进一步强化安全生产工作，积极推进信息科技建设，为公司管理方式由传统粗放式管理向系统化、科学化、规范化、精细化管理迈进提供有力保障，确保公司安全经营。

苏州信托有限公司

一、2016 年经营概况

2016 年，信托行业增速整体放缓并且风险项目频频发生，苏州信托有限公司（以下简称公司）在遵循“守住风险底线”经营的原则下，不失时机地抓住宏观经济运行的积极变化，及时调整经营策略强化风控，积极拓展高质量项目来源抓优质资产，通过产品创新和资源利用做好投行业务、资产证券化业务和财富管理业务三大业务板块，全力打造精品信托，保证业务规模及利润增长。在 2016 年中国信托协会行业评级中，公司获评 A 级。

截至 2016 年末，公司全年完成营业收入 8.96 亿元，实现利润总额 7.12 亿元。新增加项目 138 个，增加信托规模共计 645.03 亿元，全面完成经营目标。实现受益人收益 72.30 亿元，受益人加权平均实际收益率为 8.43%。

在集团公司、董事会正确领导和全体员工共同努力下，2016 年公司荣获“中国最具区域影响力信托公司和优秀风控公司”（《证券时报》第九届优秀信托公司评选）、“金融服务创新奖”（2016 财富苏州 · 金融创新价值榜评选）、“2016 年度姑苏区领军企业”［关于 2016 年度经济工作先进单位的通报（姑苏区［2017］12 号）］、“金融统计工作先进单位三等奖”（中国人民银行苏州市中心支行 2016 年金融统计工作评比）、“江苏省档案工作四星级”［2016 年度档案工作规范等级名单（档发［2016］124 号）］。

二、创新业务案例

（一）苏信理财 · 信诚 J1575 博时世茂单一资金信托

1. 立项背景

在我国经济转型升级的大环境下，作为激活存量资产、提高资金配置效率的重要工具，资产证券化成为企业发展的有效选择。2016 年，全国共发行 1 386 只资产证券化产品，总金额为5 930.39亿元，同比增长79%；市场存量为7 178.89亿元，同比增长128%。自2013年以来，公司一直大力发展信贷资产证券化业务，截至2016年共设立8单，规模为69亿元，但产品局限于银行间市场发行。此次公司通过与世茂集团、博时资本等其他专业机构合作，尝试“信托计划+资管计划”双SPV结构，成功设计了世茂酒店信托受益权资产证券化产品，打通了公司资产证券化业务在交易所发行、交易的通道，从而提升了公司为企业提供多样化金融服务的能力。

2. 项目内容

博资创新管理有限公司将货币资金委托给苏州信托设立单一信托计划，取得信托受益权。单一信托向世茂股份下属的5家酒店发放规模为26.25亿元，期限为8年的无抵押经营性贷款，还款来源为该5家酒店期间经营收益，担保方式为上海世茂建设有限公司提供连带责任担保，世茂房地产出具维好函。博时资本设立“博时资本——世茂酒店信托受益权资产支持专项计划”，向投资人发行资产支持证券募集资金，并运用募集资金向博资创新管理有限公司购买其持有的单一信托信托受益权。

3. 项目创新要点

一是世茂酒店信托受益权资产证券化项目是公司首次参与企业端资产证券化，该项目使资产证券化业务基础资产范围从银行等金融机构的信贷资产及金融资产扩展到了企业持有的财产及财产权利，产品交易场所也成功从银行间市场扩展到了交易所，丰富了公司为企业提供金融服务的能力。

二是该项目通过“信托计划+资管计划”双SPV结构将基础资产从酒店未来经营收入转变为现金流更为稳定确定的信托受益权，同时在交易架构、增信措施、底层基础资产的设计中进行了合理安排，成功帮助企业提高资产流动性，拓宽融资渠道，降低融资成本。该项目刷新了国内目前已发行酒店资产证券化项目产品的最大规模纪录。

三是该项目是公司以信托受益权为基础资产的资产证券化项目的首次尝试，为公司参与企业端资产证券化奠定了基础，同时也扩大了公司开展ABS业务的基础资产选择范围。

（二）设立投贷联动引导基金

由苏州市金融办、市财政局牵头，苏州产权交易所作为LP，公司全资子公司苏信创业投资有限公司（以下简称苏信创投）作为基金管理人设立了苏州投贷联动引导基金，通过实现模式创新、规模集聚、延伸产业链条、介入新兴行业，推动苏州创新型企业发展，实现去杠杆、补短板以及地方产业结构转型升级。基金已于2016年4月末正式成立，规模为1亿元（认缴）。与建设银行、招商银行、苏州银行、常熟农村商业银行4家银行作为LP合作成立的4只子基金已通过引导基金管理委员会决策，并注册成立。

三、社会责任履行情况

为了更好地履行公司的社会责任和义务，关怀民生、关注社会发展，公司积极参与社会公益事业，履行扶贫帮困社会责任，促进社会和谐与进步。

（一）热心公益慈善

为响应国家倡导的“送温暖、献爱心”号召，公司于2016年12月9日发起慈善“一日捐”爱心捐助活动，组织全体干部员工捐款，总计24 600元。

（二）主动践行公益活动

2016年4月24日，公司环古城步道健步走公益活动隆重举行，近200名公司员工和志愿者参与了活动。通过此次活动，帮助投资者了解信托、认知信托，引导投资者树立理性的投资理念，培育和普及良好的信托文化。

2016年11月19日，由苏州市国有资产监督管理委员会指导、苏州国际发展集团有限公司主办、公司承办的“勇往直前，再攀高峰”大阳山登山赛隆重举行。此次活动不仅展示了国资国企的精神面貌，还将投资者教育和消费者权益保护的宣传融入其中。来自市国资委和15家市属国有企业的300余名员工参加了此次活动。

（三）持续开展公益（慈善）信托

华荣爱心公益类信托计划。华荣系列信托产品在以前各期产品设计的基础上，兼顾公益信托设计理念，信托计划将以一定比例计提专项社会公益费用，并接受受托人其他信托计划已计提的公益费用，用于社会公益的专项费用支出。公益专项费用由受托人以通过政府认定管理的公益事业机构的方式专项用于社会公益事业，包括救济救助、科教文卫事业、生态环境保护以及其他社会公益事业。

（四）诚信经营，依法纳税

2016年，公司深入贯彻落实“稳健运营，持续创新”的原则，不断完善管理制度，强化诚信经营、依法纳税意识，2016年公司共缴纳税费2.856亿元。

四、2017年发展规划

2017年，公司将坚持党的领导，加强党的建设，进一步把党性建设和企业发展结合起来，紧紧围绕战略规划，切实加大产品创新投入，扎实做好基础工作，有效捕捉市场机会，加快资源能力建设，通过自身的发展转型，努力提升信托服务的专业性、多样性和有效性，加快资源积累速度和资源利用效率，结合政府相关改革举措和经济运行的周期性特征进行科学调整，加强与国家宏观调控政策、产业政策、监管政策的协调配合，不断优化业务结构。

（一）信托业务

正视转型压力，专注提高信托业务发展质量和资源积累。认真分析宏观经济及信托市场政策环境的变化，继续坚持以“稳健发展、优化结构、提升管理、加速创新”为目标，思路清晰，规划明确，密切关注市场机会，保持传统信托业务规模利润维持合理增长，加大投入并优化资源配置，使资产管理和财富管理业务有实质性发展。具体包括七项措施：

一是密切关注政府投融资体制改革，合理制定风控政策，通过加强同业合作和产品设计创新，升级传统信政合作业务。保持公司信政合作业务的市场占有率，创造新的盈利增长点。

二是全力加强权益类投资，特别是加强对证券市场的研究和投资机会跟踪，努力开发证券投资类产品，使证券投资类业务能快速弥补信政业务减少带来的收入缺口。

三是全力推进家族信托业务发展，为积累高端客户做好基础性工作，并尽快确立家族信托盈利模式。

四是鼓励城镇发展基金、房地产基金、资金池、资产证券化等创新业务发展，从资源配置、激励制度到内部流程给予全面支持。

五是通过制定合理的管理模式和薪酬激励体系，加快异地团队建设，推动异地业务发展。

六是对有明确盈利模式、市场空间较大、能广泛汇集资源的业务，积极探索以设立专业子公司的方式推动其发展。

七是提高运营效率。强化内部管理，提高部门协同，从而加速业务流程，提高整体运营效率。

（二）固有业务

2017 年，固有业务将围绕公司资金的保值、增值和为信托业务发展搭建平台开展工作。

一是密切关注证券市场机会，加大自有资金在证券市场的投资比例。

二是融资业务坚持稳健原则，同时应中国银监会及人民银行贷款额度的相关要求，适度下调规模。

三是股权投资将以苏信创投为平台，以加盟其发起的基金形式参与股权投资。存量方面，进一步加强股权投资后续管理，同时对 2017 年可以实现流通的股权投资项目做好二级市场的投研工作，实现股权投资收益最大化。

四是加强对市场中投资产品跟踪研究，加大对外部金融产品投资比例。

五是加大创新力度，拓展新的业务领域和渠道，为信托业务的开展搭建平台和提供支持。

天津信托有限责任公司

一、2016年经营概况

（一）主要经营指标情况

截至2016年末，天津信托有限责任公司（以下简称公司）管理资产总额为1 575.36亿元，比年初1 376.09亿元增长14.48%；全年实现各项预算收入11.23亿元，提取资产减值损失4.95亿元，实现税前利润4.55亿元。年末，所有者权益为40.15亿元，较年初增加2.39亿元。

（二）信托业务稳健发展

2016年，面对宏观经济的持续低迷和信托制度红利的衰减，给存续的信托项目到期清算和开发新的信托投融资项目带来前所未有的困难。公司主动应对，一方面做精做强集合信托业务；另一方面积极开展事务管理类信托业务，实现了信托业务稳健发展。2016年末，公司信托资产总额达到1 530.52亿元，同比增长14.99%。其中，集合信托资产总额为322.09亿元，同比增长17.41%；单一信托资产总额为1 208.44亿元，同比增长14.37%。自主管理的信托资产规模达到346.84亿元，占信托资产总额的22.66%。

2016年，信托项目累计实现收入39.37亿元，实现净利润32.55亿元，累计利润分配36.31亿元。

（三）自营业务转型初步完成

2016年末，公司自营资产为44.24亿元，同比减少0.67亿元。实现各类自营业务收入总额5.16亿元，同比增加0.71亿元。

金融股权投资业务取得新突破。公司与中国中车确定准备签署《战略合作协议》，共同出资设立中车金租，并开展全方位合作。

公司参股的天弘基金管理资产规模首次突破万亿元大关，继续领跑国内公募基金行业，同时为公司带来了较好的投资回报。

（四）风险管控进一步增强

项目准入管理方面，公司重点做好了项目风险前置审查，提高项目审查质量和效率。预审工作坚持问题导向原则，从经营风险、法律合规风险角度对报审项目进行综合审查，为项目审查委员会提供决策参考。公司调整完善了项目审查委员会组成，并坚持客户名单制管理；调整完善了议事程序，提高了项目审查效率和质量。

项目后期管理方面，公司加强了存量业务日常管理工作。一是强化项目经理对项目全程运营负有最终责任的意识，要求项目经理对项目风险变化进行及时、全面、准确地报告和分析，提出检查意见和建议措施。二是认真履行托管职责，要求托管经理加强对信托项目的后期跟踪与督促，加强有关管理报告分析与评价。三是加大现场检查的力度，由风险部和托管部派员参加，有计划地开展现场检查工作。

二、创新业务案例

（一）携手互联网金融龙头，践行普惠金融服务

2016 年 4 月中旬，在各级监管部门的支持下，公司与蚂蚁金融服务集团合作推出天云系列信托计划。该系列信托计划利用信托贷款的形式，由阿里巴巴小额贷款公司作为贷款服务顾问，向阿里巴巴集团旗下平台的批量符合条件的消费者、小微经营者用户提供贷款融资。该系列信托计划有效提高了金融服务可得性，增强了用户对金融服务的获得感，让广大消费者、小微经营者用户能够获取价格合理、方便快捷的金融服务，有力地提高了公司普惠金融服务的能力。

（二）开发设计净值型产品，探索标准化投资产品

公司开发设计了添信添金、中金合升、稳健添金三款净值型集合资金信托产品，三款产品均主要投资于资本市场的标准化投资品种。在满足不同风险偏好投资者理财需求的同时，进一步完善了公司的产品体系，提升了自身的运营管理能力。

三、社会责任履行情况

（一）关注实体经济，助推天津地方经济发展

2016 年，公司努力发挥信托灵活的投融资功能，通过信托贷款、应收账款转让/回购、特定

资产权益投资等多种方式，募集社会资金为天津本地企业提供投融资服务，助力天津实体经济和社会发展。信托资产中运用于天津本地的资产规模达1 061. 11亿元，占比为69. 33%。助力实体经济发展，投向基础产业、工商企业的资产规模达1 349亿元，占比为88. 14%。

（二）恪守受托人职责，履行受托人义务

2016年，全年按时完成107个项目或投资组合兑付，兑付信托资金为253. 33亿元；按期完成中期分配项目19个，为受益人支付收益3. 8亿元。全部按时清算兑付。

（三）注重消费者权益保护，做好反洗钱工作

公司注重消费者权益保护，全面开展“双录”工作，向客户进行产品风险提示，保障消费者的合法权益；强化客户资料和交易信息保存工作，制定并严格执行《天津信托有限责任公司保密工作制度》《天津信托有限责任公司集合信托产品投资人信息管理办法》等相关保密制度。公司积极开展公众金融教育活动，年内开展了“防范电信网络新型违法犯罪宣传周”活动、“多一份金融了解多一份财富保障”金融安全宣传服务周活动、“2016年天津银行业防范打击非法集资”宣传教育活动以及“金融知识进万家”宣传服务月活动，这些活动提高了公众维护自身合法权益的意识和能力。

2016年，公司继续贯彻“风险为本”的反洗钱工作思路，制定了《天津信托有限责任公司涉及恐怖融资活动资产冻结管理办法》，重新修订了《集合信托计划推介管理办法》，并予以严格执行。公司正式上线运行反洗钱信息系统，实现了系统自动提取可疑交易信息、划分客户风险等级的功能，具备到期提醒功能，以及自动筛查及回溯性检查功能，能够满足反洗钱工作需要。公司派遣6名反洗钱专（兼）职人员参加了中国人民银行反洗钱局、中国金融培训中心组织的2016年第一期反洗钱岗位培训并取得相关证书。

（四）热心公益事业，真心扶困济难

公司认真做好天津市委统一部署的结对帮扶困难村工作，本着为农村和农民办实事、解决实际困难的原则，帮助天津市静海县良辛庄村、马集村和烧窑盆村三个困难村排忧解难。公司主动承担起这三个困难村的57户“四户三守”帮扶对象的帮扶任务，元旦春节期间，划拨1. 14万元党费资金购买慰问品送到他们手中。

四、2017年发展规划

公司新的三年规划确立了以建立信托业务、自营业务和证券投资三足鼎立的业务格局为战

略目标。2017 年，公司要坚持稳中求进的工作总基调，巩固传统信托业务优势，积极推进转型创新发展，依法合规经营，防范化解风险，强化管理，优化流程。

（一）继续做好传统优势信托业务

公司要以创新思维来巩固和发展传统优势信托业务，守住公司发展的根基。重点做好以下两个方面：一是要努力实现集合信托业务新突破。遵循满足市场投资者需求、支持实体经济生产建设需要、强化项目风险管控水平三个基本原则，以传统区域性工商业企业客户为基础，积极开拓新的客户资源，努力实现在业务品种上的突破，特别鼓励开拓主动管理业务可持续发展的新客户。二是要努力提高事务管理类信托业务的水平。充分利用信托制度优势，积极与金融机构、大型企业集团等各类机构开展业务合作，努力提高事务管理类信托规模，继续加强与各类金融机构的业务合作，加大与非金融类客户合作的广度和深度。

（二）推动转型创新业务快速增长

公司转型创新，主要从以下四个方面着手：一是积极推动互联网金融产品快速发展。继续联手蚂蚁金服集团和天弘基金等机构，进一步扩大与其各业务板块的合作广度和深度，推进互联网金融信托业务。二是要大力推进普惠金融产品创新，继续发展消费金融。继续做好与消费金融公司的传统业务合作，围绕客户需求做好服务；同时拓展其他消费金融领域机构的合作机会。三是探索开展以 PPP 为代表的政信合作。顺势而为，认清 PPP 业务内涵，开展此类业务。四是要推进家族信托落地。

（三）继续推进自营业务转型升级

2017 年自营业务将进一步加速深化。一是努力提高自营证券业务水平。坚持稳健投资的理念，以组合投资、创新工具、创新来源等途径和方式，努力获取较好的投资收益；同时加速打造资产管理业务新架构。二是全力推进新的股权投资。公司做好向中国银监会申报批筹工作，保证中车金租的筹建事宜顺利完成。

（四）有效防控经营合规风险

2017 年，要实现风险管理超前化。继续强化准入关，深化项目第一责任人制，深化预审制、项审制。要实现风险管理全程化，继续强化过程关，深化业务中后期经营、合规风险管理，深化边缘资产的转化工作。

公司继续依规严格净资本管理，加强内部稽核检查，依法严格财务监督，提高人力资源管理效果，增强信息化运用水平，积极进行反洗钱和案件防范工作，不断提高办公行政管理能力。

兴业国际信托有限公司

一、2016 年经营概况

2016 年，兴业国际信托有限公司（以下简称公司）在国内经济增速持续放缓，产能过剩和需求结构性矛盾突出，各类风险因素有所积聚等复杂严峻的经营环境下，以建设“综合性、多元化、有特色的全国一流信托公司”为战略目标，准确把握信托发展趋势和市场机遇，积极应对宏观经济金融形势变化，着力推动业务转型与结构调整，提升主动管理能力和业务创新能力，强化风险管控，信托业务规模持续增长，整体市场竞争力得到提升，主要经营指标跻身行业前列，取得了显著的经营业绩。

截至 2016 年末（合并口径），公司管理资产规模为 11 070. 37 亿元，较年初增长 5. 83%，稳居全国信托行业前五名；公司固有资产总额为 173. 55 亿元，所有者权益为 138. 36 亿元。2016 年，公司累计实现营业收入 26. 19 亿元，利润总额为 19. 08 亿元，净利润为 14. 62 亿元。资产质量继续保持优良，各主要指标均符合中国银监会监管要求，主要体现在以下方面。

（一）信托业务转型和创新发展成效显著

公司信托业务转型持续推进，主动管理能力和业务创新能力进一步提升。截至 2016 年末，公司存续信托项目 1 633 个，信托业务规模 9 351. 36 亿元。其中，集合信托业务规模为 2 501. 48 亿元，同比增加 204. 85 亿元；财产权信托业务规模达到 1 427. 97 亿元，同比增加 357. 25 亿元，信托业务结构持续改善。不良资产支持证券取得突破性进展，公司与中国银行股份有限公司合作在全国银行间债券市场上成功发行试点重启后全国首单项目——中誉 2016 年第一期不良资产支持证券；2016 年 9 月 1 日，《中华人民共和国慈善法》正式实施首日，“兴业信托·幸福一期慈善信托计划”成功备案成为国内首单慈善信托；2016 年 2 月，成功参设山西省改善城市人居环境 PPP 投资引导基金，公司联合兴业银行与山西省政府、北京首创集团联合启动规模上百亿元的山西省改善城市人居环境 PPP 投资引导基金，助推山西省城市人居环境改善建设；2016 年 12 月在银行业信贷资产登记流转中心发起不良信贷资产财产权信托受益权转让业务“兴业信托·兴昆4号财产权信托”，该项目以资产管理公司收购的不良信贷资产债权作为基础资产，也是银登中心首单登记的不良信贷资产财产权信托受益权转让业务；此外，“兴业信托·境外FOF集合资金信托计划”通过境内QDLP契约型基金进而投向于海外FOF基金，探索境外投资途径的突破。

（二）综合化经营战略取得新突破

公司积极稳妥推进对外股权投资，综合化经营成效更加明显。公司以兴业国信资产管理有限公司为平台，牵头发起设立并控股福建交易场所清算中心股份有限公司，于2016年12月正式开业；并先后参股上海票据交易所股份有限公司、中国信托登记有限责任公司。截至2016年末，公司综合化经营布局已涉及资产管理、证券、期货、清算服务、财务公司、信托登记、研究咨询等多个领域，综合性金融服务能力进一步提升。围绕集团综合效益最大化，子公司业绩持续向好。截至2016年末（合并口径），兴业国信资产管理有限公司资产总额为8.4亿元，所有者权益为7.16亿元，存续资产管理规模达1 608.39亿元，全年累计实现净利润2.37亿元，净资产收益率达43%；兴业期货有限公司资产总额为31.71亿元，所有者权益为5.31亿元，客户权益规模达26.17亿元，全年累计实现净利润1 014.92万元，同比增长64.63%，再度荣获“年度中国最具成长性期货公司”称号。公司参股的重庆机电控股集团财务有限公司、华福证券有限责任公司、紫金矿业集团财务有限公司、兴业经济研究咨询股份有限公司、上海票据交易所股份有限公司以及中国信托登记有限责任公司等运行情况良好。

（三）风险合规与内控管理持续强化

加强合规与操作风险管理，持续开展制度后评价工作，全年累计制定或修订67项规章制度，风险管理及内部控制制度基础不断夯实。认真开展案件防控和反洗钱工作，加强业务核保和账户开立工作，开展内控自评工作并全面梳理业务流程；结合外部形势和监管政策变化，及时下发合规指导意见，提示合规风险。重视风险管理和风险排查工作，建立和完善系统化、常态化的风险排查和处置工作机制，结合中国银监会“两个加强、两个遏制”回头看工作要求，组织开展事前报备排查、放款流程排查、声誉风险排查等专项风险排查，持续督促落实整改，进一步推进集合类项目现场和非现场检查，加强操作风险管理和贷后管理。进一步优化业务审查审批流程，实行部分信托业务集中审查审批，在风险可控的前提下进行转授权和简化业务流程。试行业务审批官制度，不断提高业务审查审批效率。截至2016年末，所有结束清算的信托计划均如期或提前兑付，存续的信托财产运营情况正常。

（四）品牌形象和市场影响力进一步提升

2016年，公司在中国信托业协会组织的行业评级以及中国人民银行福州中心支行的综合评级中均被评为最高等级A级，并先后在各类权威机构组织的评选活动中荣获“中国优秀信托公司”“年度信托行业杰出品牌奖”“年度优秀资产管理机构”“年度社会责任优秀实践奖”等多项荣誉；公司发行的创新产品荣获“年度优秀创新信托计划”“年度创新性最受市场认可产品”等多项荣誉。公司董事长杨华辉先生在福建省企业与企业家联合会第十六届福建省优秀企业家暨E30企业与企业家联盟成立大会上被授予“福建省优秀企业家”荣誉称号，还在《当代金融家》和阿尔法智库联合举办的“中国资产管理信托业2016领军人物”评选活动中荣获“2016年度领军人物卓越奖”和“2016年度最具竞争力奖”。上述荣誉的取得再次彰显出社会各界对公司综合实力、品牌影响力和风险管理能力的高度肯定。

二、创新业务案例

2016年公司认真贯彻落实国家宏观政策和金融监管要求，以推动业务转型与结构调整为契机，开展实施了不良资产证券化、慈善信托等多项创新信托业务，其中典型创新产品如下。

一是发行试点重启后全国首单不良资产支持证券项目。公司与中国银行股份有限公司成功合作在全国银行间债券市场上发行并成立了中誉2016年第一期不良资产支持证券。“中誉一期”是自2008年以来暂停的商业银行不良信贷资产证券化正式重启后成功发行的第一个产品，在积极贯彻监管层重启不良资产证券化试点，提升银行贷款周转速度，进一步支持国内实体经济发展等方面有着重要积极意义。

二是推出慈善信托产品。2016年9月1日，《中华人民共和国慈善法》正式实施首日，公司发挥信托本源功能，践行企业社会责任，向福建省民政厅递交了“兴业信托·幸福一期慈善信托计划”的备案材料，并成功获得备案。“兴业信托·幸福一期慈善信托计划”不设存续期限，善款运用集中在养老助学扶贫领域、“养老、扶老”领域、“教育、助学”领域、“扶贫、济困”领域。此次“幸福一期”慈善信托投入到福建省“农村幸福院”项目、青少年助学项目和留守儿童教育等多个公益慈善项目。

三是成功参设山西省改善城市人居环境PPP投资引导基金。公司联合兴业银行与山西省政府、北京首创集团联合启动规模上百亿元的“山西省改善城市人居环境PPP投资引导基金”。该基金旨在有效吸引社会资本投入到城市基础设施建设和运营中，破解城市基础设施建设投融资难题，主要用于投入城市基础公共设施。该基金的设立，将推动山西省改善城市人居环境领域投融资机制创新，加快推广运用政府和社会资本合作PPP模式，积极发挥财政资金的引导作用，吸引更多的社会资本和民间资本投入到山西省改善城市人居环境领域。

四是成功在银行业信贷资产登记流转中心发起不良信贷资产财产权信托受益权转让业务。公司与国内大型资产管理公司合作通过银登中心登记和流转，成功发行了“兴业信托·兴昆4

号财产权信托”，该项目以资产管理公司收购的不良信贷资产债权作为基础资产，也是银登中心首单登记的不良信贷资产财产权信托受益权转让业务。该业务通过市场化手段处置资产管理公司收购的存量资产，探索形成从初始资产到后续转让过程中银登中心的登记流转机制安排，该业务的创新落地，对国内不良信贷资产流转业务的探索与发展起到了良好的促进作用。

三、社会责任履行情况

2016 年，公司围绕建设“综合性、多元化、有特色的全国一流信托公司”的发展战略目标，大力倡导以“可持续发展为导向，实施社会责任管理，提升核心竞争力”的发展理念，注重发挥信托制度功能优势，加强金融创新与履行社会责任相结合，积极探索将社会责任工作融入企业价值观、企业文化、战略规划和经营管理当中，建立了全面社会责任管理体系。

2016 年 3 月，公司成立“兴业信托 · 聚益优学单一资金信托”，分别以公司、福建省连城县宣和乡中心小学为委托人和受益人，按照该信托计划自然年度投资项目的个数计提信托利益，并定期将款项拨付给公司支助的福建省连城县宣和乡中心小学，用于该校园基础设施修缮。

2016 年 9 月 1 日，《中华人民共和国慈善法》正式实施首日，公司发挥信托本源功能，践行企业社会责任，向福建省民政厅成功登记备案了“兴业信托 · 幸福一期慈善信托计划”，该慈善信托计划的善款主要运用在养老、助学、扶贫等领域，这是《慈善法》正式实施后的国内首批慈善信托计划。

2016 年 12 月，公司在福建省民政厅的支持与指导下，通过“兴业信托 · 幸福一期慈善信托计划”向福建省罗源县已建成的 96 家农村幸福院捐赠医疗保健用品。此外，公司还计划与兴业慈善基金会合作开展“兴未来”公益项目，该公益项目主要专注流动儿童身心协调发展，通过建立“兴未来”社区儿童之家，在社区内引进和挖掘提供教育资源和社工服务的公益力量，为儿童身心健康发展提供支持，从而促进儿童心智成长。

2016 年，公司专门成立“绿色信托推动工作小组”，组织制定《兴业国际信托有限公司 2016 ~ 2020 年“绿色信托”规划》，发挥信托独特制度及多牌照经营优势，搭建“绿色信托”平台，提供全流程综合化绿色信托服务。截至 2016 年末，公司绿色信托业务规模达 100.43 亿元，涵盖交通、水利、新能源、节能环保等领域。

四、2017 年发展规划

2017 年是我国推进供给侧结构性改革的深化之年，也是公司强化推进业务转型和创新发展的攻坚之年和新一轮五年规划实施的重要一年。公司 2017 年经营的总体策略是：深入学习贯彻中央经济工作会议和金融监管精神，以“提升效益、强化转型、调整结构、防范风险、稳定规模”为经营主线，坚持稳中求进的工作总基调，继续贯彻落实国家重大战略导向，着力提升主动管理能力，持续深化转型创新，以业务方向创新带动资产结构调整，以产品模式创新挖掘基础业务机遇，以客户服务创新提升综合项目收益，不断强化风险管控水平，全面提高公司业务发展的质量和效益。

作为银行系信托公司，公司将充分运用兴业银行等主要股东的资源与优势，全面建立与各股东单位的战略协同与业务协同，以品牌为核心的竞争优势，抢抓新机遇、迎接新挑战，开创新局面，为实现全国一流信托公司的宏伟目标而努力奋斗。

中诚信托有限责任公司

一、2016 年经营概况

中诚信托有限责任公司（以下简称公司）成立于 1995 年，注册资本金为 24.57 亿元。2016 年，国内外经济形势错综复杂，行业发展步入深度转型期，公司以“创新、规范、效率、精细化”为方针，锐意进取，经营管理工作再上新台阶。截至 2016 年末，公司固有总资产为 190.57 亿元，净资产为 148.18 亿元，全年累计实现营业收入 17.78 亿元，实现净利润 11.18 亿元。其经营概况如下。

一是发挥传统业务优势，增加业务和收入来源。公司继续深耕并拓展房地产优势业务领域，在保持传统债权融资模式基础上，探索由传统贷款向夹层融资、基金化模式转变。在发挥资产证券化、国际化业务的既有优势基础上，业务模式创新迭出。同时，公司积极拓展业务合作的内涵与范围，深化与金融机构合作，提升综合金融服务能力，并成立信保合作工作小组，与多家险企达成初步合作意向。

二是建立鼓励创新制度机制，加强创新工作统筹管理。2016 年，信托业扩张增速放缓，信托公司发展路径分化，公司建立完善创新业务发展平台和创新机制，设立创新业务决策委员会和业务创新评定小组，优化创新项目的审查决策机制和评定机制以机制驱动业务创新。

三是加大风险项目处置力度，持续推进制度建设，完善风控体系。为应对经济下行、信用风险上升压力，公司积极协调各方面资源，积极化解兑付风险，采取多种方式确保到期项目投资者安全平稳退出，并通过盘活资产、资产转让和司法等手段，灵活处置化解项目实质风险。同时，健全完善风险管理体制机制，制定《风险项目处置试行办法》，完善风险项目处置方案评审流程，设立风险项目处置方案评审委员会，专门负责专业评估判断。公司还不断完善风控制度建设，印发 30 项管理制度，全面提升经营管理的合法合规水平。

四是设立财富管理中心，提高营销和财富管理能力。2016 年初，公司设立财富管理中心，围绕资金客户理财需求量身定制信托产品，适时推出多种期限现金管理类产品，丰富产品线，自主发行增量明显。2016 年，财富管理中心滚动销售规模合计 302 亿元（项目规模为 248 亿元），比 2015 年同期增长 102%，其中自主发行 125 亿元，比 2015 年同期增长 60%，占滚动发行规模的 41%。

五是完善内部决策管理体系，提升运营精细化水平。公司采取系统措施提高决策管理水平，具体包括建立分类决策体系，实施差异化的项目审查决策机制；完善人力资源管理体系和监督检查流程；深化梳理信托业务流程，提升业务管理水平；加强信息技术手段在经营管理中的运用等。

公司的发展得到了监管部门、业界同仁、主流媒体等方面的广泛认可。2016 年，公司获评信托公司行业评级 A 级。公司信托创新部被人力资源和社会保障部、中国银监会评为"中国银监会系统先进集体"。2016 年，公司荣获多项权威荣誉奖项："2015 年度中国债券市场优秀发行人""第九届中国优秀信托公司奖""2016 中国金融机构金牌榜年度最具影响力信托公司奖"、"2016 年信贷资产登记流转业务优秀机构——卓越服务奖"等。此外，公司党委书记、董事长牛成立荣获第一财经金融价值榜（CFV）"2016 年度信托领军人奖"、全球资产管理阿尔法智库"信托业资产管理 2016 年度领军人物卓越奖"。

二、创新业务案例

2016 年，公司已有 16 个项目通过创新评定，其中 12 个项目落地实施，涉及环保、养老、影视、跨境资产配置等领域，拓宽了公司的业务领域。在此基础上，公司还重点围绕家族信托、消费信托等领域，积极寻找和挖掘项目试点机会和新业务孵化空间。2016 年，公司创新业务亮点频出，具体案例如下。

（一）挖掘客户需求开发特色 QDII 业务

中诚信托诚信海外增值 1 号受托境外理财集合资金信托计划的信托资金投资于香港市场的美元债券，该产品采用"双投顾"模式和"双币种"选择。"双投顾"是由香港子公司中诚国际负责投资策略选择，受托人优选海外投资公司弥补公司海外投资标的选择方面的劣势，由受托人对投资标的审核确保受益人利益；"双币种"为境内持有美元和人民币资产的投资者开发了投资海外美元资产的机会；分配时，投资者还可以分别选择美元分配或人民币分配。

（二）开发信托型 ABN 拓宽资产证券化业务渠道

九州通医药集团 2016 年度第一期信托资产支持票据是由中诚信托担任发行载体管理机构，由兴业银行担任主承销商，是银行间市场首批，也是业内首单采用循环购买结构的信托型 ABN。该产品的创新体现在：首先，引入了特定目的信托（SPT）作为发行载体，实现了基础资产出表和破产隔离。其次，设定了较高的资金归集频率，要求资产服务机构以固定频率向监管账户划付其所收到的基础资产回款，降低了将资产服务机构基础资产回款与自有资金混同使用的风险。最后，根据基础资产产生频率高、总金额较大、账龄较短的特点，设计了循环购买结构，建立了动态基础资产池，更好地盘活发起机构的存量资产，使得发起机构的应收账款及时变现，大幅提高资金使用效率。该产品基础资产为医药流通企业对公立医院享有的应收账款债权，将医药流通企业零散、资产周转率低且难以确权的非标准化应收账款转化为银行间市场的标准化产品，为企业融入低成本资金，有效化解了融资“瓶颈”的难题。

（三）以《慈善法》为契机开发慈善信托业务

由公司发起并担任受托人的中诚信托2016年度博爱助学慈善信托是《慈善法》实施后全国首批备案的慈善信托。该慈善信托交易结构严格遵循《慈善法》及相关监管部门的要求，由公司担任受托人，北京市中盛律师事务所担任慈善信托监察人，采取慈善“信托＋基金会（慈善组织）”运作模式，由公司负责慈善信托的设立、管理等事项，由北京市美疆助学基金会负责资助项目的选定，充分发挥双方的特长，实现了优势互补。慈善信托财产的管理、监察及资金保管等均不收取任何费用。信托本金及收益全部用于捐赠，促进贫困地区教育事业发展。

三、社会责任履行情况

成立22年来，公司始终秉承“以人为本，至诚至信”的企业精神，始终注重回报社会，以“促进民生改善和社会进步”为准则，关心和支持公益事业发展，履行受托人义务，保障受益人权益，关爱员工发展，切实履行社会责任。

在公益慈善方面，2016年9月1日，中诚信托2016年度博爱助学慈善信托在北京市民政部门完成备案，是《慈善法》正式实施以来首批在北京完成备案的慈善信托。信托本金及收益全部用于捐赠，促进贫困地区教育事业发展，慈善信托的试点，为公司践行社会责任开创了新的形式。该产品获得“第六届中国公益节2016年度责任品牌奖”。

在金融扶贫方面，公司继续响应国家号召，积极参与定点扶贫、精准扶贫工作。自2010年起，公司多次向定点帮扶地区捐赠帮扶资金共计300余万元，公司干部、职工均积极参与和支持银监会系统定点扶贫工作，扎实有力地推进了扶贫建设。2016年10月，公司将50万元汇至中国银监会定点扶贫临洮资金专户，用于对临洮县的定点扶贫。2017年公司战略研究部将继续跟踪政策动向，深入推进扶贫信托研发力度，以期实现金融扶贫模式创新，积极践行社会责任。

在投资者权益保护方面，公司不断完善财富管理服务体系，提高财富管理能力，提升投资者服务水平。公司以受益人利益最大化为原则，认真履行管理信托财产的受托人义务，为投资者提供回报稳定、风险可控的投资产品。

在关爱员工发展方面，公司持续完善工会组织建设，积极保护职工合法权益，通过开展“中诚杯”羽毛球、篮球和足球赛事，中诚书法培训等文体活动丰富员工生活，举办“中诚大讲堂”搭建员工学习培训平台，促进员工身心健康发展，打造中诚家园文化。“中诚信托工会”微信公众号内容喜闻乐见，贴近员工，被选为“全国金融系统工会十佳新媒体”。

在节能减排方面，公司树立绿色发展理念，积极开展节能降耗绿色办公活动，倡导员工身体力行节能减排，努力打造资源节约型和环境友好型企业。

四、2017年发展规划

在圆满完成前期战略规划任务的基础上，公司于2016年制定并审议通过了新的三年规划（2017~2019年）。新三年规划将为中诚信托未来发展转型提供方向性引领，为经营管理工作提供纲领性指导。

2017年是公司新三年规划的开局之年，是“创新转型基础年”。公司将大力推进新三年规划方案的实施，切实抓好各项落实工作，为全面贯彻新三年规划打好基础：一是积极推进公司新三年规划方案的实施和落地。二是在发挥传统债权信托优势的同时，全面推进创新转型，以持续创新引领转型发展。三是对现有组织结构进行调整和优化，尝试进行事业部制改革。四是完善财富管理体系，提升财富管理服务能力。五是加强中台建设，完善项目全流程管理，强化信息科技体系建设，提升公司运营管理服务水平。六是构建全面风险管理体系，积极稳妥推进风险项目处置，落实损失核销和责任追究机制。七是启动竞聘制，建立和完善绩效考核指标体系及资源配置调节导向机制，为创新转型提供有力保障。

中海信托股份有限公司

2016年，受监管政策趋严、资本市场波动、资金面宽松等因素影响，信托行业增速放缓，实际收益率呈现回落状态，步入转型发展期。在此背景下，2016年，中海信托股份有限公司（以下简称公司）以创新为抓手，不断提升风险管控能力，持续优化公司基础管理，完善体制机制，继续保持稳健发展的态势。

一、2016年经营概况

（一）资产规模继续保持高质量增长

2016年，公司各项业务稳健发展，资产规模实现高质量增长。截至2016年12月末，公司总资产为107.33亿元，净资产为44.47亿元，净资产较上年增加4.81%，不良资产继续保持为零。

（二）公司经营业绩良好

2016年，公司实现营业收入为13.83亿元（其中信托手续费收入为7.68亿元），利润总额为12.10亿元，净利润为10.42亿元，净资产收益率达到23.98%，位居行业前列。公司2016年业务及管理费用为1.91亿元，费用率为13.84%，费用率控制较好，处于全行业较低水平。

（三）信托业务平稳开展

截至2016年末，公司信托计划存续个数380个，信托资产存续规模为3 453亿元，信托业务开展平稳。其中，公司融资类业务管理规模达到1 446亿元，占比为42%；证券投资类业务管理规模达1 972亿元，占比为57%，在行业内继续名列前茅。

二、创新业务案例

2016年，公司以创新为动力，积极拓展资产管理业务，提升主动管理能力，探索业务转型。

公司开发海尔普惠1号私募型REITs产品，进行股权和债券投资，探索公司REITs业务发展方向；设计主动管理型FOF类信托计划远航1号，在通道类业务受限背景下向主动管理型业务积极尝试；开发公司首个净值类申购赎回产品稳健3号，以低风险、低收费和优质服务满足市场需求；开发美年健康与安盈15号捷成股份两个员工持股集合计划信托产品，适当放大上市公司员工持有本公司股票的规模，提升员工股权激励效果；设立浦江之星214号财产权信托，探索定增财产权信托业务新模式。

同时，公司在私募资产证券化业务底层资产类型、产品结构、风险管理等方面积极创新，陆续实施约176.9亿元的私募资产证券化业务。另外，公司深入研究家族信托、保险金信托等产品，为公司探索新的业务模式和利润增长点打下基础。

三、社会责任履行情况

（一）服务地方经济发展

公司坚持把企业社会责任建设与公司企业文化融会贯通，积极履行国有金融企业的社会责任。在自身业务稳健发展的同时，公司积极服务地方经济发展，并荣获“2016年度上海市黄浦区高端服务业100强企业”称号，排名前列。

（二）积极倡导绿色经营

公司倡导“绿色办公”，建立包括办公OA系统、视频会议系统等电子化传输交流模式，利用科技手段推行无纸化办公，并对办公区域进行节能灯管改造、设置空调运行温度，开展电量、汽油、纸张消耗量定期统计工作。从统计来看，公司办公耗电总量，公务车耗油总量，办公室用纸总量呈逐年递减趋势。公司绿色行动颇有成效。

（三）注重员工关爱

公司坚持“以人为本”理念，将企业文化和核心价值体系建设与生产经营管理有机融合，积极塑造良好企业文化。2016年，公司组织了“三八女工关怀日”插花讲座、“活力中海 跃动青春”五四青年活动、红色电影观影活动及“衣暖人心 旧衣捐赠”公益活动，设立图书阅览室，每周开设体育活动日，包括健身操、羽毛球、足球、游泳等健身活动，进一步丰富员工的业余生活，提升员工素质。

四、2017 年发展规划

2017 年，为应对当前复杂严峻的形势，公司将紧盯市场变化，强化基础管理，加快业务转型，提升综合实力，全力推进向专业资产管理机构转型。

（一）稳妥创新，继续推进业务转型

在企业资金需求减少、成本大幅降低的背景下，公司将深度挖掘现有客户潜在需求，寻求新客户及优质资产。力争经济发达省份主动管理政信类融资项目尽快落地，及早布局优质项目资源。

信贷类资产证券化方面，公司将继续发挥现有渠道与客户优势，继续扩大信贷类资产证券化产品规模，做强品牌，注重平衡风险与创新的关系，鼓励现有模式下的微创新，探索风险可控的创新盈利模式。

公司将利用股指期货资格，以被动管理类的业务为切入点，适时推进以市场中性策略为主的低风险、稳定收益类的产品。尝试寻找市场上历史业绩稳定、表现优秀的成熟私募管理人，发行量化对冲相关产品，以获得稳定收益。

（二）坚持风控优先，追求风险可控的稳健发展

一是加强风控能力建设，提高风险识别能力。坚持全程风控，完善量化标准，提高项目各环节的风险防范，对风险点发生的概率进行分类缜密分析，清晰识别风险点；根据监管政策调整、市场发展情况以及内控审计发现的问题，滚动修改，完善制度和流程。

二是进一步明确风控、合规标准，提高工作效率。定期发布风险管理动态，加强对业务部门指导；加强与监管机构沟通，特别是在新项目上报过程中的指导；制作信托合同范本，明确重要要素或留白处的特殊情况，提升合同审核效率。

三是充分发挥内部审计在风险管理中的作用。巩固“三位一体”的大监督格局，实现纪检、监察、审计三项职能协调联动，实现审计监察从事后检查到事前防范、从检查制度执行到建议修订、从有形业务审计到无形文化构建的转变。

（三）强化团队建设，为公司发展提供人才保障

公司将结合业务发展的实际，进一步优化完善公司全员绩效考核制度，增加对骨干业务人员的吸引力；加强现有团队的梯队建设，通过轮岗、岗位晋升等手段，稳定现有核心骨干员工；进一步开发内部资源，挖掘内部讲师，形成内部课程体系，鼓励知识分享交流，加快青年员工

业务能力的成长；同时，加强企业文化和团队作风建设，配合党办工会，积极开展海油文化系列教育活动，营造和谐向上的工作氛围，提升队伍凝聚力和员工对公司的认同感。

（四）提升集团服务能力，促进“产贸融结合”

公司将积极响应总公司关于开展资金管理提质增效工作的要求，认真落实“产贸融服创”融合共进的发展理念，充分利用信托行业优势和业务专长，积极推动“产贸融”深度融合，发挥对冲主业周期性波动的价值。进一步探索向集团和兄弟单位提供一系列具有市场竞争力的融资、财务顾问、理财等金融服务模式，扎实推进总公司资金管理提质增效各项措施落地。

（五）推进党建工作规范化，发挥党建工作在公司的决策引领作用

进一步推进落实党建工作纳入《公司章程》，明确党委班子责任分工，规范班子决策程序，落实党委会决策前置要求，将党建工作嵌入日常经营管理机制。着力推进服务创新，引领岗位创新创效，突出基层服务型党组织建设，开展年度优秀集体、个人、“两优一先”等评选活动，引导涌现一批起模范带头作用的党员代表和本领过硬的骨干队伍。

完善和充实党建机构和人员职数配备，建立双向交流机制，培养复合型人才；通过多种形式的培训，着力解决党务工作者党务知识储备不够、工作经验不足等问题，全方位提升党建工作能力。

（六）以贯彻落实“八项规定”为重点，完善监督检查长效机制

继续全面贯彻执行中央八项规定的精神和坚持反“四风”，积极落实“两个责任”和党风廉政建设“一岗双责”，用好监督执纪的“四种形态”，特别是用好第一种形态，抓早抓小，强化日常监督执纪。

以公司新一届纪委成立为契机，梳理纪委工作要点和议事规则，完善纪检监察工作制度，以制度防腐为抓手，构建“不敢腐”“不能腐”的机制。贯彻落实习近平总书记“三个区分开来”重要思想的指导意见，营造干事、创业、创新的良好氛围。结合“两学一做”学习教育的常态化，持续加强思想政治建设，努力筑牢“不想腐”的思想堤坝。以“打铁还需自身硬”的精神为指导，加强纪检队伍建设，围绕监督执纪问责总体要求，落实转职能、转方式、转作风，建设一支忠诚、干净、担当的纪检队伍。

中航信托股份有限公司

一、2016 年经营概况

2016 年，是“十三五”的开局之年，是中航信托股份有限公司（以下简称公司）发展过程中不平凡的一年。在董事会的正确领导下，公司深入贯彻党的十八大和十八届历次全会精神，以“两学一做”为动力，积极落实五大发展理念、五大经济任务及供给侧结构性改革等工作要求，按照年初制定的工作目标，紧紧围绕“深化转型”“精细化管理”两大工作主题，各方面工作大步迈进、成效明显。全年实现收入 23.86 亿元，同比增长 18.86%；利润总额为 17.24 亿元，同比增长 20.69%，超额完成董事会下达的年度目标任务。2016 年末，公司资产总额为 87.14 亿元，负债总额为 24.06 亿元，净资产为 63.08 亿元，净资本 55.37 亿元，各项风险控制指标均在规定范围内。

在已披露的 2016 年财报中，公司净资产收益率、信托业务收入、营业收入等主要经营指标均取得了较好的行业排名。在日益分化的行业激烈竞争中，公司保持了“稳中有进、进中求稳”的发展态势，并先后获得社会媒体、第三方机构授予的“年度最具影响力信托公司”、“中国优秀风控信托公司”等荣誉。

（一）转型深入推进、三大业务板块亮点纷呈

私募投行业务以“行业专业化”为指引，聚焦十大重点行业，与多个处于领先地位的企业建立战略合作关系，灵活运用投贷联动、并购基金、产业基金、资产证券化等模式，加强金融与产业的紧密结合，发行多个高质量的信托产品。

截至 2016 年末，资产管理业务存续规模 659.44 亿元，较年初增长 62.32%，全年管理规模峰值超过 1 000 亿元。2016 年内，资产管理业务继续专注安全资产的组合配置，建立了中航资管投研体系，定期公开发布专业观点，资产配置与管理能力持续提升，三条产品线平稳运营，在整个大资管行业内的影响力不断提升。建立了“鲸钱包”互联网交易平台，平台注册客户 4 万余人，线上交易额超过 80 亿元。在 2016 年上海第一财经主办的金融创新榜评选中，该团队摘得

"最佳进取型信托资管团队"奖。

财富管理业务一方面继续做好信托产品营销及相关基础性工作，包括产品体系构建、营销录音录像、营销队伍的管理与提升、客户服务体系的建设、金融消费者权益保护等；另一方面在保持整体营销业绩基础上，以迷你家族信托产品为核心，与北京银行、江苏银行、新财道财富、信诚财富等机构建立私人银行业务合作关系，同时积极拥抱金融科技，着手研发家族信托财富管理系统，致力于为高净值人群提供一站式的智能金融服务。

（二）业务规模稳步增长，主动管理能力显著提升

2016 年末，全行业管理信托规模 20.22 万亿元，同比增长 24.01%，公司管理信托资产规模 4 747亿元，同比增长 42.68%，远高于行业发展增速。存续信托规模中，主动类与被动类规模比为 45:55，与上年基本持平，但主动类项目的投融资产品结构调整明显，投资类业务规模增长最快，增长率为 95.34%，是公司转型发展战略深入推进的重要体现。

在信托业务稳步前进的同时，固有业务在保持安全性、流动性基础上，继续加强与信托业务的协同，积极开拓定增、私募等项目，同时进一步优化金融股权投资结构，以 1 亿元自有资金投资了中国信托登记有限责任公司 3.33% 的股权，有步骤地转让所持有的地方农村商业银行股权。

（三）以精细化管理为抓手，不断增加基础管理的厚度

2016 年是公司精细化管理基础年，目标是实现公司管理从经验型到科学型、从粗放型到集约型的转变，夯实公司可持续发展的基础，切实履行好受托人职责。2016 年内公司制定了五大方面 20 项精细化管理措施，并纳入年度绩效考核。具体完成了部分制度的 3.0 升级；反洗钱体系不断完善；固信、信信交易清理整顿；梳理并建立全要素风险台账；完成四大类产品体系构建；制定信托产品风险评级标准并启用；建立股权类项目投后管理体系；理顺资管业务授权管理体系和投资决策流程等。同时，公司通过合规大检查、反洗钱专项检查、对外报送报告梳理、员工行为管理、金融消费者权益保护等一系列工作的开展，进一步提升了合规管理意识。

（四）有效加强风险防范与控制，以创新方式搭建全面风险管理体系

坚持以风险管理为主线，加强股权投资类项目的跟踪管理，持续跟进存量风险项目的处置，积极防范各类风险案件的发生。2016 年，公司累计清算信托项目 431 个，清算规模 1 073 亿元，全部实现产品预期收益率，为受益人创造信托收益 211.75 亿元，未出现重大风险事件。

2016 年内，公司启动全面风险管理体系项目，创新利用金融科技发展带来的信息优势，主动捕捉行业大数据，创建信托行业大数据风控模型，实现从"自动风控—精细风控—智慧风

控—全面风控”的提升，探索具有信托业特色的风控之路。在项目全程管理方面，着眼于建立可持续的信托生态圈，积极搭建信托项目募、投、管、退业务管理平台，充分发掘与帮助所投资企业实现价值增长，打好提质增效攻坚战。

（五）持续优化组织结构与加强人才培育，保障公司高效运转

为实现组织对战略发展的驱动作用，2016 年，公司突破地域划分的部门建制方式，设立了普惠金融准事业部，赋予其独立的运营、风控、额度内的业务审批职能等，提升业务运营的效率。同时按照业务专业化发展思路，组建了基金管理部、并购重组部、投行一部等，截至 2016 年末，公司在全国 18 个大中城市设有 31 个信托业务团队与近 20 个财富中心。

在人才培养方面，公司初步建立针对不同类别员工、不同主题的立体化培训体系，2016 年组织了两批青年骨干培训，组织了中高层到华为、中航工业成飞两次集中培训，召开 6 次有关新能源、大数据、慈善信托等领域的专家主题讲座；与外部信托专业培训机构信泽金紧密合作，120 人次参训，不断提升员工专业化水平。

二、创新业务案例

报告期内，公司积极推动业务创新，并取得多项成果。

（一）业内首单信托公司作为原始权益人的类 REITs 资产证券化产品

公司积极布局资产证券化业务，构建资产证券化生态圈，同时发布两大前瞻性创新基金——Pre - ABS 基金以及 ABS 夹层基金，“中航红星爱琴海商业物业信托受益权资产支持专项计划”是由公司作为原始权益人的类 REITs 资产证券化产品，产品总规模 14 亿元。该只产品获得“2016REITs 与商业地产抵押贷款 ABS 最佳结构奖”。

（二）国内首单中央企业 ABN 产品

2016 年 12 月，“中国中车股份有限公司 2016 年度第一期信托资产支持票据（ABN）”成功发行，是国内首单中央企业应收账款 100% 出表资产支持票据。公司担任该项目发行载体管理机构。

（三）国内首单以航空为背景的慈善信托计划

2016 年 9 月 1 日，《慈善法》正式实施之日，经报监管部门备案同意，公司发布国内首单以航空为背景的慈善信托——天启 977 号中航爱飞客公益慈善集合资金信托计划。该慈善信托因航

空公益而产生，致力于做最专业的航空领域公益慈善，重点资助有飞行潜质的贫困青少年实现飞行梦想、资助普及航空基础知识，传播航空文化等。

（四）国内首只家居产业基金

公司充分发挥基金化产品的结构优势，通过多种措施加强风险防控，积极促进实体产业发展，先后设立了江西振兴发展基金、蓝景新能源基金、中航机电产业投资基金等多个产业基金项目，并与红星美凯龙联合成立国内首单家居产业私募股权投资基金天启［2016］150号家居产业基金投资集合资金信托计划，首期基金规模20亿元，以“消费升级下的家居产品和服务”和“智能家居”为主要投资方向。

（五）国内首只数据信托产品

作为国家重点推进的战略性新兴产业，公司对大数据产业的创新探索起步较早，在数据中心建设方面与德利迅达科技有限公司、华为技术有限公司等国内外优质企业与集团展开了深入合作，为深耕数据价值，探索数据资产的商业和金融价值，2016年11月，公司与数据堂发行了首单基于数据资产的信托产品，规模为3 000万元。

（六）国内首个以停车场收费权为标的物的TOT模式PPP项目

公司作为川投航信股权投资基金管理有限公司的出资人及信托计划的受托人，发行了国内首个以停车场收费权为标的物的TOT模式PPP项目，即“天启［2016］351号资阳市雁江区停车场PPP项目集合资金信托计划”，总规模为3.09亿元，期限不超过12年，用于受让资阳市雁江区会展中心、高铁站广场、雷音花园等9个停车场的特许经营权，川投航信股权投资基金管理有限公司担任PPP项目基金管理人。

（七）国内首批取得铁路发展基金专项信托业务资格的信托机构

铁路发展基金专项信托具有较低的投资门槛、不加限制的参与人数等特点，是信托公司创新业务发展的领域之一。2016年6月，首批铁路发展基金专项信托业务资格获银监会批复核准，中航信托成为两家获批机构之一，同时报告期内，公司还取得了以固有资产从事股权投资业务资格。

三、社会责任履行情况

2016年公司继续秉持“航空报国，强军富民”的宗旨，将社会责任理念融入企业文化之中，在推动公司稳健快速发展的同时，积极履行社会责任，不断加强社会责任管理，以实际行动为社会、客户、股东创造价值，体现作为中央企业的责任担当。

公司充分发挥信托制度优势，结合《慈善法》颁布实施，2016 年 9 月成立全国首单以航空为背景的慈善信托计划，首期信托计划规模为100 万元，旨在有效整合爱飞客公益资源，以此吸引社会各界公益资源的加入，共同践行公益慈善事业。

公司发挥金融创新特色，在精准扶贫的实践中，以产融结合的方式重点扶持定点扶贫联系点永新县曲白乡的“黄桃产业基地”发展，指导当地发展特色产业，全力支持浆坑村、曲白乡以及永新县的精准扶贫工作，确保如期完成定点帮扶村的脱贫目标。

公司秉持“保护金融消费者的合法权益就是呵护信托公司未来”的工作理念，大力开展金融消费者权益保护工作，公司建立并推进实施全业务流程的消费者权益保护工作机制，将消费者权益保护工作融入到公司的产品全生命周期的各个环节中。通过开展“金融知识进万家”、举办各类金融知识宣传教育等活动，有效传播了金融消费者权益保护的理念与做法，受到了广大社会公众的好评。

公司积极开展社会公益活动，连续 7 年看望和慰问特困群众，想方设法解决贫困群众生产生活中的实际困难，开展“关爱红原”温暖送冬衣活动，公司志愿者与定点帮扶学校持续深入开展“一对一”帮扶活动，努力帮助贫困地区中小学生等，2016 年，公司因此获得中国慈善联合会授予的“中国慈善联合会 2016 年度推动者”称号。

四、2017 年发展规划

2017 年是公司“精细化管理巩固年”，这是公司经营管理工作的基本定位。指导思想是持续推进转型发展、创新驱动，深化产品与客户双向发展思路，建立资产端、资金端客户管理体系，搭建业务协同、资源共享机制，构建绿色、健康的金融生态圈；实施“大运营”战略，稳中转型、稳中发展、稳中求进，为实现公司健康可持续发展作出新的更大贡献。

中融国际信托有限公司

一、2016 年经营概况

2016 年，面对复杂的经济形势和激烈的市场竞争环境，中融国际信托有限公司（以下简称公司）深入推动业务转型，完善公司治理和内部控制，提升风险防控与化解能力，各项业务发展稳中有进，完成了年初设定的经营目标，各项经营指标位居行业前列。

（一）信托资产规模小幅上升，经营指标居行业前列

2016 年末，公司合并受托管理资产 8 328 亿元，较年初增加 711 亿元，增幅 9%。其中信托资产 6 830 亿元，较年初增加 130 亿元，增幅 2%。2016 年公司实现营业总收入 67.96 亿元，利润总额 35.25 亿元，净利润 27.04 亿元，较 2015 年末，公司收入和净利润分别增长 2.08 亿元和 0.99 亿元，公司收入和净利润位居行业第一和第五。

（二）净资本实力提升，风险抵御能力进一步增强

截至 2016 年末，公司净资本各项数值均持续达标。公司净资产 128 亿元，净资本 113 亿元，净资本覆盖率（净资本/各项业务风险资本之和）159%，净资本盈余 42 亿元。

（三）信托兑付情况良好，实现投资者利益最大化

2016 年，公司共兑付 884 个项目，实收信托收益 1 984 亿元。其中，集合类项目 323 个，实收信托收益 822 亿元；单一类项目 181 个，实收信托收益 641 亿元，财产管理类项目 380 个，实收信托收益 520 亿元。2016 年所有到期项目均实现按期足额兑付，累计为投资者分配信托收益 394 亿元，受益人平均年化收益率达到 6.77%。

（四）财富管理能力提升，市场影响力持续扩大

2016 年，公司通过中融财富中心加大了直销力度，不断提升客户管理及财富管理能力。截

至2016年末，公司拥有自然人客户2万余人，委托资金近900亿元；机构客户近900家，委托资金近6 000亿元。通过专业、优质的资产管理能力，公司在客户群里树立了良好的形象，并获得市场的高度认可。2016年，公司相继获得由《证券时报》《经济观察报》《金融时报》等颁发的各类奖项近十项，所获荣誉涵盖公司品牌、风险控制、财富管理等方面。

二、创新业务案例

公司以产品创新为突破口推动业务转型，鼓励业务部门探索业务模式创新，并积极关注创新产业领域，引导社会资金流向创新型企业。2016年，公司推出的启点1号天使投资基金，以股权方式向某从事现代农业的初创公司进行投资。该公司主营新型农业种植，采用目前国际上最先进的室内全人工光植物工厂种植方式，可以实现高效、快捷的健康蔬菜供应，未来，该公司将研发并生产高附加值的新型种子和植物药物等。

目前，植物工厂项目运作良好，标的公司位于深圳的全人工光植物工厂已经开始试运行，已成功种植出包括奶油生菜在内的7种蔬菜，部分蔬菜已经上架销售。截至2016年末，已有包括沃尔玛山姆会员店、华润等在内的多家商超表现出强烈兴趣，并与公司洽谈合作事项。2016年10月深圳双创周上李克强总理考察了该项目的展示。此项目参加了2016年11月的中国国际高新技术成果交易会。

随着我国城市居民消费水平的提高和消费习惯的变化，对有机蔬菜的消费需求显著提升。植物工厂项目通过精确的生产环境控制和全天24小时的人工光照系统，生产模式具有占地面积小、产品周期短、高品质、无污染等优点，较好地迎合了市场需求，未来有相当广阔的发展空间，预期可以为投资人实现较高的投资收益。

三、社会责任履行情况

公司坚持“诚信、创新、高效、包容”的价值观，致力于成为综合实力强、社会认可度高、客户信任和员工爱戴的知名金融企业，一直较好地履行了企业社会责任。一是积极履行受托人职责，努力实现受益人利益最大化。公司注重风险防范，坚持合规经营，至今未发生重大兑付风险，所有到期清算信托计划均实现安全兑付。2016年，公司累计到期清算信托计划884个，实收信托收益1 984亿元，全部实现足额、按期兑付。二是积极贯彻国家经济结构调整和产业转型发展政策，以多种类型的信托计划为工具，在支持产业链整合、传统行业转型升级、高新技术产业和文化产业发展等领域，有效地引导了社会资金投向新兴及创新行业。三是依法履行纳税义务。公司2016年全年共缴纳各种税金16.71亿元。四是踊跃参加各类公益活动，关注教育事业，大力支持老少边穷地区发展。截至2016年末，公司社会捐赠现金累计达千万元。

四、2017年发展规划

当前，转型发展已经成为行业共识，强调创新和监管并重的外部环境更加有利于行业的长期发展。公司将回归服务实体经济，回归信托本源，主动革新、多点布局，满足客户日益多样化的产品需求，深入推进公司战略转型，保持在信托行业的领先地位。

（一）深入推进业务转型

公司已经搭建了业务转型三大板块的组织框架，2017年，公司将继续按照战略发展规划深入推进业务转型工作。私募投行板块，以提高综合融资服务能力、挖掘深度合作投资对象为导向。准入一线、二线城市的房地产项目；适当新增部分通道类业务；加大资产证券化业务开展力度。资产管理板块，围绕新兴产业探索资本市场业务创新，为优质客户提供投融资、并购重组、市值管理等综合性金融服务。积极开展一线城市的地产直投业务，推进落地产业基金子项目，在风险可控的前提下开展消费金融业务。财富管理板块，深度挖掘机构客户和超高净值客户的资产管理需求，逐步拓展以客户需求为主导的定制型信托业务。同时，加快95037呼叫中心的上线，以及客户开户系统和客户版APP的开发进程，不断提升客户对公司专业能力和服务水平的认可程度。

（二）持续加强内控管理

内控管理主要包括两方面的重点工作：第一，切实履行信息披露义务。公司围绕资本市场开展的浮动收益型项目逐步增多，该类产品对信息披露要求更高。因此，在合同文本制作、项目推介、项目运行等环节，要对项目性质、资金投向、风险类型、产品净值、止损条件等信息进行充分披露，并明确信息披露方式和披露频率。第二，进一步规范推介行为。公司要求推介人员严格按照规定对投资者进行线上风险适应性调查，客观评判客户的风险承受能力，为不同风险等级的产品配置相应的合格投资人；全面推行在线视频面签，所有类型业务均适用视频面签有关规定，并对推介及签约过程进行录音录像。

（三）不断强化人才队伍建设工作

公司转型发展的关键在于专业人才的储备与运用，2017年，公司将继续优化人力资源管理工作，为转型发展打下坚实基础。首先，大力引进优秀团队和专业人才。积极寻找和引进外部人才，做好管理制度、平台架构的匹配工作，促使人才与公司环境快速融合，并在业务转型中发挥先导作用。其次，高度重视公司内部培训工作，提高业务培训的针对性和有效性。通过聘请外部机构讲师、进行内部案例分享等形式，加速更新业务部门知识结构，全面提升职工转型创新的意识和能力。最后，切实保护职工合法权益。公司将继续坚持“以人为本”的管理理念，从人力政策、职工福利、民主管理等方面入手，把工作做实、做细，关注每一位职工的全方位发展，保护每一位职工的切身利益，持续营造健康向上的企业文化。

百瑞信托有限责任公司

一、2016 年经营概况

2016 年，百瑞信托有限责任公司（以下简称公司）在股东单位的大力支持、董事会的正确领导和监管部门的监督指导下，紧紧围绕年初确定的工作思路和重点，有序推进各项工作的开展，保持了经营业绩的持续稳定。

（一）2016 年主要经营指标完成情况

2016 年，公司实现收入总额 16.46 亿元，同比下降 4.35%；实现利润总额 12.31 亿元，同比增长 1.65%；实现净利润 9.23 亿元，同比增长 5.36%；截至 2016 年 12 月 31 日，公司资产总额 74.64 亿元，比年初增加 12.85 亿元；净资产 60.87 亿元，比年初增加 6.47 亿元；管理信托规模 1 604 亿元，较年初增加 74.00 亿元。

（二）2016 年主要工作开展情况

1. 业务开展情况

整体来看，公司信托业务保持了稳中有升的基本态势。一是信托规模平稳增长，业务收入小幅下滑。2016 年，公司信托业务新增规模 855 亿元，同比增长 26%，但是由于信托报酬率的大幅降低，实现信托业务收入 11.77 亿元，同比下降 6.74%。二是业务转型创新取得初步成效。2016 年，公司总额为 10.2 亿元的充银 2016 年第一期信贷资产支持证券、公司第一只教育消费信托、首单现金管理类信托、信托受益权资产证券化、慈善信托、家族信托等多个创新业务项目相继设立和取得实质性进展。三是与国家电投的业务对接进一步加强。目前，公司与国家电投各层级单位已先后在企业年金、融通宝、信托替代委贷等 9 大业务领域展开了合作，并受托组建了资本控股投行部。

2016 年，公司通过推进自有业务领域拓展和模式创新，进一步提升了自有资产管理能力和公司的盈利水平。一是布局海外资产及医疗健康领域，不断拓展自有业务范围和领域，先后实施了康龙化成、冠军、美尔医疗等项目。二是积极拓展综合地产并购业务，深挖传统业务领域机会，初步建立了“金融机构 + 区域地产商 + 大型房地产商”的创新业务模式。三是加强了与参股资管平台的协同互动。通过与参股的资管平台之间的业务协同，在与地方政府、大型金融机构及其他参股企业良性互动的同时，也获得了更多业务资源和低成本资金。2016 年 1 ~ 12 月，公司实现自有业务收入 4.68 亿元，同比增长 1.96%。

2. 管理提升工作开展情况

2016 年，公司围绕“完善内控体系，强化制度执行”开展了一系列的管理提升工作。一方面，公司风控中心专门成立工作小组，在专业咨询机构协助下开展了内控和风险管理体系优化工作，进一步增强了风控能力，提升了运营效率。另一方面，以集团公司、银监局、税务局等各类外部机构的专项检查为契机，公司深入剖析在制度建设及执行方面存在的问题，认真组织开展整改工作。全年新增或修订各类规章制度 75 个（52 个实现线上运行）。

3. 信息系统建设情况

公司以成立独立的信息科技部为契机，在做好基础运维工作的基础上，进一步加大了信息系统的建设力度。在制订公司信息系统中长期建设规划，明晰公司信息建设方向和目标的同时，通过成立项目管理小组（PMO），制订周密项目计划，每周召开项目协调会等措施，全力推进重点信息系统建设项目实施工作，确保了包括新中心机房建设、软通系统优化、安鑫悦盈在线管理、档案管理等在内的 20 多个重点项目的如期上线。

二、创新业务案例

（一）设立百瑞安鑫悦盈集合资金信托计划，补上公司现金管理类产品不足的短板

1. 业务简介

该信托计划为开放式集合资金信托计划，委托人可于开放日进行申购和赎回，信托资金采用组合投资策略，按照安全性、收益性、流动性原则进行多元化动态资产配置，投资于银行存款、大额存单、债券逆回购及票据等低风险高流动性的固定收益类金融产品，可充分满足客户多样化资产配置和流动性管理需求。

2. 创新点解析

一是模式新。该计划为公司首只现金管理类信托计划，适应当前信托公司从融资类业务模式向投资类业务模式转型的需求，有助于完善公司信托产品线和满足投资者对高流动性资产配置的投资需求。

二是风险低。资金用于投资低风险高流动性的固定收益类金融产品。

三是增强客户黏性。信托计划设置灵活的开放申购和赎回机制，同时可发挥“资金停车场”功能，增强客户黏性。此外，浮动收益的设置也有助于为公司培养更加理性的投资者。

四是提供流动性。该信托计划可通过为募集期信托产品提供资金支持和受让公司其他信托产品，在一定程度上发挥资金池功能。

五是维护机构投资者。该业务的开展一方面将有助于维护公司和机构投资者的关系，满足其多样化的需求；另一方面还可以为公司融资端客户提供短期理财渠道。

该信托计划2016年4月28日成立，截至2016年末存续规模近3亿元。

（二）设立百瑞恒益“精选”系列集合资金信托计划，提升服务能力，扩大资金来源，降低资金成本

1. 业务简介

该信托计划是为满足机构投资者和个人投资者对中短期信托产品的投资需求而量身打造的TOT产品，期限为1年，也可根据委托人要求和所投项目情况定制期限。公司以受托人名义，按照委托人意愿，将信托资金投资公司发行的信托计划或信托项下受益权。

2. 创新点解析

一是该系列信托定制化的设计思路拓宽了公司产品的资金来源，可提升机构投资者的认可度。

二是在利率下行区间中，可主动利用流动性可控的资金期限错配，有效降低资金成本。

三是该系列信托可接续公司存续的期限错配产品，较好地解决流动性管理问题。

3. 目前进展情况

该系列信托计划的首单产品“精选1期”于2016年3月25日成立。截至2016年末，“精选”系列审批通过项目10余个，总规模超过60亿元，累计成立规模近50亿元。

（三）设立百瑞信托首单家族信托——百瑞安鑫3号家族信托，家族信托业务破冰

1. 业务简介

该信托为公司首单家族信托，首期规模300万元，受益人为刘姓女士及其儿子，其丈夫冯先生为信托保护人。信托存续期间为5年，可经委托人同意后无限制次数延长。同时为开放式，可随时增加信托资产规模。

2. 创新点解析

一是为公司首单家族信托业务，将为以后类似业务的开展积累宝贵经验。

二是受益人灵活设置，委托人可以根据实际情况灵活调整信托受益人及每个受益人的受益权。

三是信托存续期间较长，可为客户提供长期的贴身理财服务。

四是设置了信托保护人。

五是可满足客户子女教育、财产隔离、规避风险、养老等多方面的需求。

三、社会责任履行情况

2016 年，公司继续秉承“做一家专业信托理财金融机构，更要做一个合格企业公民”这一理念，在助力实体经济发展，提升地方财政收入水平的同时，充分利用信托行业制度优势和自身行业领先的研发创新能力，以打造长期、透明、持久的公益慈善创新平台为抓手，较好地履行了自己应尽的企业责任。

百瑞特色公益（慈善）信托模式日益成熟。自 2008 年 10 月设立得到监管部门认可的业内首只公益信托计划之一——百瑞信托郑州慈善（四川灾区及贫困地区教育援助）公益信托计划以来，公司充分发挥自身研发创新优势，建立并不断完善“金融 + 公益”公益慈善新模式，先后设立了包括百瑞仁爱天使基金 1 号集合资金信托计划计划、百瑞仁爱瑞祥基金集合资金信托计划、百瑞缪斯 · 中国文化艺术发展基金 1 号集合资金信托计划、百瑞安鑫 · 信托金融理论研究集合资金信托计划在内的 5 只公益（慈善）信托或具有公益慈善目的的准公益（慈善）信托，募集资金规模超过 6 000 万元，部分本金及全部信托收益分别用于为四川地震灾区重建、偏远贫困地区教育事业、脑瘫儿童救助、高校优秀学子生活、文化艺术事业发展以及行业基础理论研究等多个方面。仅在 2016 年，公司通过上述公益慈善计划或准公益慈善计划向脑瘫儿童救助、高校优秀学子生活、文化艺术事业发展以及行业基础理论研究等方面提供的资金支持就达到 690 万元，使超过 500 名脑瘫儿童因此得到更好的救助，并推动“中华意蕴——中国油画艺术国际巡展（法国展）”在法国巴黎顺利举办。

四、2017 年发展规划

（一）发展思路

2017 年，公司将根据国家电投整体部署，紧紧围绕金融产业板块“四化”“四中心”的发展目标和定位，以强化风控为前提，以提升业绩为核心，以转型创新为方向，以管理升级为抓手，以人才培养为基石，着力把握好“三个平衡”（业务发展和风险控制；强化内控和效率提升；短期利益和长期利益），凝心聚力，锐意进取，确保全面完成2017年各项经营指标。

（二）工作重点

1. 大力推进业务拓展和创新

信托业务方面，一是要深挖传统业务领域新机遇。二是要加快业务创新和落地执行，积极探索业务新模式和培育新的利润增长点。三是要加大与国家电投集团的业务对接力度，增强公司内生发展动力。四是要积极做好信托业务分类改革相关准备工作。

自有业务方面，一是要加强自有资金流动性管理。二是要大力发展投行业务，推动基金化运作，打造金融产业链。三是要加大资本市场业务拓展。四是要继续推动海外业务布局。五是要加强综合资管业务平台打造，为客户提供“一站式”服务。

2. 持续加强风控建设工作

一是要通过对公司风控体系的不断优化，进一步加强涵盖业务事前、事中、事后的全流程风险管理。二是要进一步强化风险预警体系建设，保持对潜在项目风险的敏感性和预判力。三是要结合内外部实际，对内控制度体系进行持续完善。同时，从员工行为层面提升内部控制的有效性。

3. 着力提升内部管理水平

一是要加强公司制度学习，提升规范化和标准化程度。二是要大力提升信息化建设水平，为规范、高效的工作开展提供技术保障。三是强化企业文化建设，着力培养员工的艰苦奋斗精神。

北方国际信托股份有限公司

一、2016 年经营概况

2016 年，对北方国际信托股份有限公司（以下简称公司）来说，是不平凡的一年。在经济发展“新常态”及公司创新转型的大背景下，公司各项经营指标平稳发展。截至 2016 年末，资产总额为 2 688.64 亿元，自营资产为 44.88 亿元，信托资产为 2 643.76 亿元。股东权益为 40.14 亿元，较年初增加 3.74 亿元，全部源于税后利润。全年兑付或缩减信托 475 个，金额为 1 873.26亿元，为委托人实现利润 168 亿元，到期信托全部安全兑付。公司实现营业收入 9.05 亿元，利润总额为 5 亿元。

二、创新业务案例

2016 年，公司业务部门深入论证建设银行、中国银行优先股，大连万达 H 股认购，中央企业境外发行债券等海外投资项目，并与渣打、花旗等国际大型投行进行深度业务接触，为公司今后顺利开展跨境金融服务，实现更优资产配置，进而实现以国际化视野整合金融和社会资源的目标积累了经验。

（一）积极探索跨境业务

公司尝试与中国国际金融股份有限公司合作，以自有资金不超过 2 亿元通过设立 QDII 资管计划，投资境外证券市场上以人民币计价的结构化票据（与固定收益标的物挂钩的结构性投资产品），购买在香港上市的大型国有银行优先股和中资企业债券。该业务将投资期限设计为不超过两年，可提前终止。

（二）大力推进标品信托业务

公司与中信证券股份有限公司合作，发行集合信托计划，每只集合信托规模为 5 000 万元，

3 只集合信托总规模不超过 1.5 亿元，募集资金分别认购中信证券股份有限公司发行的非本金保障型浮动收益凭证。该凭证与中证 500 指数（000905）挂钩，信托期限不超过 1 099 天（约 3 年），认购收益凭证满 3 个月后受托人有权可随时提前终止。

三、社会责任履行情况

公司在内部抓社会责任制度建设和员工教育的同时，积极与外部利益相关方加强社会责任沟通。一是从 2016 年 6 月起，在公司天津市本部及滨海新区办事处两处网点，开展防范和打击非法集资宣传教育活动，介绍非法集资的属性、特征和表现形式，加强对涉嫌非法集资广告的关注；二是公司于 2016 年 9 月开展了金融知识宣传活动，一方面在营业场所内悬挂横幅、张贴海报、设置展架、发放宣传册与宣传资料；另一方面借助电子显示屏、微信、微博、短信等多种途径，将信托知识、反洗钱知识、征信知识、防范非法集资、防范通信诈骗等内容融合在一起，努力达到提高服务质量、增强消费者信心的目标。

四、2017 年发展规划

（一）着力抓党建促发展

按照公司党委的统一部署，在坚持党建工作整体推进不动摇的前提下，针对存在的问题，重点从以下三个方面持续用力，深入抓、用劲抓、长久抓。一是大力加强党的建设，坚持全面从严治党，以管党治党的实际成效引领改革，促进发展。二是严肃整治不作为、不担当问题。三是建立容错机制。

（二）着力抓转型谋发展

2017 年是深化国有企业改革的关键年，中央和市委的战略目标已经确定，公司作为天津市国有企业改革试点单位，会牢牢抓住难得的机遇，加快推进混合所有制改革，引进外部资本，增强公司资本实力，乘风借势，抓住关键，全力推进。作为国有金融机构，公司要加大以转型促改革的力度，践行金融去杠杆，提升服务实体经济水平，积极出台相关配套政策，继续扩大业务创新领域，提升创新业务收入占比。

一是做实公司业务布局。加大外埠机构行政资源配置力度，全力推动外埠机构发展，使外埠机构成为公司转型发展的支撑和新的利润增长点。二是主攻投资市场。不断扩大证券公司、公募基金、私募基金、投资顾问公司、上市公司五类投资市场客户群体规模，进一步调整和优化公司业务资产结构，提升公司盈利能力。三是抓住跨境金融与资产证券化两个方向，积极把握信贷资产、商业地产资产以及租赁资产等相关领域的资产证券化业务机会，努力实现突破。四是服务国有企业改革。公司作为改革试点单位，将积极拥抱改革，特别是要在化解银行业不良资产和区域经济不良成分两个领域有所作为。五是线上营销平台推广，努力提升业务推广和自主产品发行能力。六是巩固原有业务优势。

（三）着力抓管理促执行

管理水平高低是公司形象和软实力的重要标志之一，管理工作无小事，加强管理既要放眼长远、增强定力，在持续改进提档升级上不放松，更要立足当前，对标监管部门的监管评级要求，找准症结，在破立结合补齐短板上做文章。

一是加强干部队伍建设。公司各级管理人员要从下至上，实现监督，以上率下，对标看齐；要坚持问题导向，完善督查督办制度，提高公司运营效率。二是加强管理制度建设。正确处理好传承与发展的关系，在认真总结以往经验的基础上，不断引入新的管理理念，积极适应公司转型发展的新标准、新要求。三是完善激励约束机制，特别是薪酬体系、考核奖惩以及干部员工队伍建设方面不断优化。四是完善公司机构设置。根据公司转型发展和提升管理水平的需要，完成公司新机构设置和原有机构调整工作；各部门重新梳理职责清单，规范办事流程，提高运行效率；部门之间明确权责边界。五是优化公司信息系统。以“提高办公效率、优化业务流程”为原则，进行软件硬件升级，强化信息系统对业务和管理的支撑保障能力，全面实现由人工操作向智能控制转变，由被动管理向主动介入转变，由事后追责向过程纠偏转变。六是提高抵御风险能力。严格按照监管部门要求，进一步强化风险意识，坚持底线思维，健全完善风险防控体系，保证公司可持续发展；提高全员合规意识，增加全员制度学习时间占比，对于学习效果，要有考核；加大违规处罚力度，提高合规经营的考核比重；加强舆情管理，妥善处理好各方利益诉求，切实维护公司互惠互利、服务社会的良好形象。

（四）着力强根基塑形象

打造核心文化，培育企业精神，是公司发展壮大的重要保证，也是公司走向未来、可持续发展的不竭动力。

一是提升员工队伍建设水平，增强公司综合实力。首先，百年大计，人才为本，这是公司必须长期坚持的大政方针。2017 年，公司会对标行业特点，结合公司实际，参考外部中介机构专家意见，出台公司员工职业晋升管理办法；结合员工职业生涯规划，制订培训计划；加大境外交流力度；支持员工跨部门、跨岗位流动，最大限度地为员工提供发挥自我价值的机会。其次，完善公司干部队伍建设，让想干事、能干事的优秀员工走上管理岗位，营造干事创业的工作氛围。再次，提升员工对公司经营管理的参与度，加大加快员工对公司中高层管理人员的管理效能评价占比和频度。最后，建立公司推动转型发展容错机制，出台相关办法宽容失误，鼓励全员创新。

二是推动公司以诚信、感恩和责任为核心的“家”文化落地。继续以“培育核心文化体系，永葆公司基业常青”为主题，让干事创业的文化深入人心。人无信不立，每位员工要秉承公司的诚信文化基因，对客户、对公司、对本职本岗都要讲诚信；公司也是全员展业平台，没有公司，每一个人的事业就会失去基础，要有感恩之心；同时，公司是党的企业、是国资管理的企业，是市场化竞争的企业，要崇尚干事创业的文化，要对党、对国有资产、对股东负责，要有保证公司发展和利润增长的责任和信心，这也是公司制员工的最基本的职业操守。特别是管理层，要进一步提升责任意识和对员工的服务意识，自觉提升自我管理能力和水平。2017 年，公司会着力推进以“四心”工程为标志的新时期企业文化建设，要让员工舒心、安心、放心、暖心，呵护公司诚信、感恩、责任的“家”文化。

二是履行社会责任，助力地方经济发展。作为讲诚信、有责任、敢担当、有感恩之心的国有企业，公司目前正处于转型发展的关键时期，仍将一如既往地本着对政府和社会高度负责的态度，履行社会责任，助力地方经济发展，促进民生改善，积极参与公益事业，为建设美丽天津作出自己的贡献。

五矿国际信托有限公司

一、2016 年经营概况

（一）业绩指标完成情况

2016 年，五矿国际信托有限公司（以下简称公司）全年实现营业收入 20.47 亿元；全年实现利润总额 13.13 亿元，较上年增加 4%；公司信托资产规模为 4 116.70 亿元，同比增加 77i.77 亿元，增幅 23.07%。

2016 年 5 月，公司荣获由《中国证券报》等媒体联合颁发的“2015 年度金牛集合信托公司奖”。同年 12 月，公司荣获《金融时报》评选的“年度最具成长性信托公司”称号。在 2016 年中国信托业协会组织开展的行业评级工作中，公司最终锁定评级结果为 A 类，品牌形象和行业知名度得到有力提升。

（二）经营管理主要举措

1. 以坚持服务实体经济为根本，进一步优化业务结构

2016 年，公司信托资金直接投向实体经济领域的规模为 4 028.76 亿元，与 2015 年相比，规模总量增长明显。具体资金投向上，公司投向基础产业及房地产行业的占比较上年同期稳中有降，但投向工商企业的占比及总额增长迅速，公司支持实体经济体现在行业覆盖面上更加丰富。公司以拓展机构投资者、对存量信托受益权进行证券化等多种方式，在资金端努力降低企业融资成本。

2. 以强化风控合规建设为保障，进一步完善制度流程

根据 2016 年监管计划和指导精神，公司持续强化合规风控制度体系建设，共制定、修订 17 项制度，极大地增强了制度的有效性、前瞻性和可操作性。

合规法务方面，公司将审查工作继续前移，有针对性地加强对存续项目中后期及退出事项的管理。风险控制方面，提升主动管理型重点项目的现场考察频次，完成多个风险评估报告，

对相关业务的开展提供了有力的指导和依据。

3. 以提升财富管理能力为抓手，进一步拓展营销渠道，坚持布局两翼驱动

2016年5月，五矿财富正式成立，为公司实现业务与财富“两翼驱动”开创了新起点。全年累计完成直销122.91亿元，同比增长21.06%。

2016年，五矿财富不断加强自主产品的研发力度，有效降低了整体资金成本，也充分锻炼并有效提升了销售队伍的专业能力，五矿财富机构客户类型已实现多维度覆盖。此外，为实现多元化发展，五矿财富向中国证券投资基金业协会积极申请并取得了私募基金管理人资格。

4. 以资本控股整体上市为契机，进一步夯实基础管理，谋划发展崭新篇章

作为五矿资本旗下的优质资产，公司成为近22年来首批“间接上市”的信托公司之一。公司在资本控股配套募集资金中获得的增资额度，将有效解决制约公司吸引优秀人才、提升盈利能力、加快转型发展等问题，为公司顺利实现“十三五”预定目标提供了坚实保障。

2016年，在公司股东的支持和配合下，公司董事会、监事会实现平稳换届，为公司持续提升治理水平、实现稳健发展奠定了组织基础。2016年，公司先后接受审计署、银监会等多个监管部门的现场检查，公司充分利用外部检查契机，积极开展各项内部自查工作，认真落实监管整改意见，进一步加强基础管理建设。

党建工作方面，新设党群工作部和纪检监察部，组织开展反腐倡廉宣传教育月活动和“两学一做”专题学习教育活动。战略规划和基础管理方面，起草并修订完成公司“十三五”战略规划，为公司未来五年发展提供了指针和方向。人才队伍方面，对一批表现优秀的业务骨干集中调整了岗位和职级。同时，启动薪酬结构调整工作。

二、创新业务案例

2016年，在国家经济转型的大背景下，公司积极探索新模式，持续提升信托支持实体经济力度与效率，紧跟政策导向与监管步伐，进一步优化业务结构，在资产证券化领域持续发力，推出首单信托受益权私募资产证券化项目——长安权·惠金五矿信托受益权1号证券化信托，并以此为契机加大在制度建设、系统搭建、团队培养及市场拓展等方面的投入，积极拓展私募证券化业务领域，努力提升资产证券化业务的专业能力与服务水平。

该证券化信托总规模13.3亿元，其中优先级分为A1～A3档，规模合计为10.64亿元，次级规模为2.66亿元。公司以固有资金受让本公司发行的若干个主动管理型信托计划的信托受益权后，固有资金作为原始权益人/初始委托人，将持有的信托受益权打包作为基础资产，交付给长安信托设立事务管理类的结构化财产权信托，参照发行资产支持证券的方式对基础资产进行分层并相应募集资金。投资者认购该财产权信托的优先级信托份额，成为优先级受益人；公司

认购该财产权信托的次级信托份额，在收益和本金分配顺序上劣后于优先级，从而起到为优先级提供资金安全垫的信用增级作用。

在资产证券化市场快速发展与监管持续发力的背景下，信托受益权资产证券化业务对公司具有重要的战略意义。一是有效盘活存量资产。资产证券化通过打包重组、结构化分层、信用增级等标准化操作，提升了产品的信用评级，能够以较低价格向投资者销售，是盘活存量资产及提升公司整体效益的重要方式。二是有效拓展资金募集渠道。资产证券化凭借增级等方式降低资金成本，是信托公司在项目融资成本持续下行的情况下拓展增量资产资金渠道的有效方式。三是提升信托受益权流动性。资产证券化产品可在金融交易所等平台挂牌交易，将非标准化的基础资产转变为标准产品，是解决信托受益权流动性问题的有益尝试。四是提升信托公司金融服务能力。在信托受益权资产证券化业务中，信托公司可以主导产品发行，在交易结构设计、基础资产筛选、受益人分层设置、资产池现金流测算及协调合作方等方面掌握主动权，有助于信托公司开展类投行业务。

三、社会责任履行情况

（一）实现股东稳定回报，国有资产保值增值

公司依托中国五矿集团公司的品牌、管理及产业优势，以稳定回报股东利益、保值增值国有资产为目标，发挥信托行业本身具有的制度优势与创新理念，不断提升投资效率和效益，回归“受人之托、代人理财”的信托本源。公司经营管理综合素质不断提升，向真正的资产管理者角色转变，在为股东提供稳定投资回报的同时，进一步实现了国有资产的保值增值。

（二）依法履行纳税义务，支持青海经济发展

公司始终牢记作为青海金融企业的职责使命，本着积极支持青海经济发展的宗旨，全年主动按时上缴各项税费。2016 年，公司荣获“西宁经济技术开发区生物科技产业园区 2015 年度纳税大户”称号。

（三）主动提升客户服务水平，提升客户满意度

2016 年，五矿财富结合自身的发展需求，根据银监会青海监管局的统一部署，完成了消费者权益保护、“一区双录”建设、金融知识进万家等工作，及时处理了青海局消保处转办公司的消费者投诉事项等重点工作，切实将提升服务水平这项工作落到实处，不断提升客户满意度。

（四）制定绿色信贷战略，积极履行社会责任

深入贯彻落实青海银监局的各项工作部署，稳步推进绿色信贷相关工作，进一步巩固和深化“绿色信贷示范年”活动成果。公司获评2015年度青海银行业“绿色信贷示范年”活动先进集体，成为10家先进集体中唯一一家非银金融机构。

此外，2016年4月公司前往贵州省修文县石安小学、新村小学开展“亲情电教室”公益助学活动，出资建立两所小学的亲情电教室，并捐赠50台台式电脑，为两所学校的孩子们送去了公司及社会的关爱。

四、2017年发展规划

（一）回归信托本源，明确转型方向，全面构筑核心竞争优势

公司将积极探索新业务模式，努力把基础设施业务打造成为核心竞争力。

创新业务方面，公司将持续加强同业能力，大力开展资产证券化业务。继续推进专业直投子公司的资格申请。

固有业务方面，在严控风险的基础上，不断在资本市场寻求更多的投资机会，加大在定向增发、Pre－IPO企业以及直接投资等方面的投资，实现公司固有资产的保值增值。

未来，公司要继续坚持回归信托本源、服务实体经济的根本宗旨，根据监管部门最新的“八大业务”分类标准，进一步优化业务结构，全面提升管理能力和服务能力。

（二）坚持底线思维，持续完善风控合规体系

2017年，公司要继续严守合规风控底线，完善“八大机制”建设，强化“八大责任”意识，全面打造符合业务发展特色的内控体系。

重点对房地产、政府融资平台、产能过剩等领域的信用风险，按期进行业务风险排查，适时开展压力测试，做好风险缓释准备。

（三）变革组织架构，着力提升经营管理水平

尽快做好公司增资扩股工作，通过充实净资本，公司将进一步优化业务结构，加大转型力度，增强盈利能力，为未来长远发展奠定坚实基础。

公司要继续调整组织架构，强化团队建设。要进一步加强声誉管理工作，有效维护公司品牌形象。进一步落实监管意见，加强档案管理工作，保证项目档案管理的完整性、及时性、准

确性。

（四）聚焦市场需求，理顺运营机制，推动财富管理转型升级

2017 年，五矿财富要加快转型步伐，结合市场需求，优化管理机制，丰富产品类型，升级营销模式。进一步加强与各业务团队之间的有效沟通交流，积极开展产品自主研发，通过设立周期短、流动性强、投资标准化产品的现金管理类产品，加大产品供应力度，满足财富日常销售需求及客户多元化产品需求。

中铁信托有限责任公司

一、2016年经营概况

2016年是中铁信托有限责任公司（以下简称公司）“十三五”发展战略规划的开局之年。公司坚持“稳中有进”的工作基调和“提升新能力”的工作主线，一手抓风险管控，一手抓业务拓展，在全体员工的共同努力下，各项工作取得显著成效，董事会确定的各项经济指标全面超额完成，公司资产管理规模创历史新高，公司形象和品牌商誉显著提升，继续保持了稳健的、可持续发展的良好态势。主要做了以下六项工作。

一是各项经营预算目标全面超额完成，主要盈利性指标排名稳居行业前列。2016年，公司经营工作紧紧围绕提质增效的主题，以全面预算管理为抓手，层层分解、动态考核、定向督导，各项盈利性指标发展态势明显优于行业平均水平。2016年，公司管理的集合信托资产为1 372.54亿元，同比增长121.56%；单一信托资产为1 320.12亿元，同比增长21.02%；财产权信托资产为349.39亿元，同比增长48.17%。合并口径下，2016年公司实现营业收入34.55亿元，同比增长22.26%；实现净利润为16.17亿元，同比增长13.55%；资本利润率为24.87%，人均净利润达698万元。

二是坚持业务结构优化和规模并重，业务拓展能力显著提升。2016年，公司进一步确认符合自身特点与资源优势的市场定位，通过专题会议、研讨会、指引、考核通报等，引导业务方向、督导业务发展，公司信托资产管理规模首次突破3 000亿元大关，达到3 042亿元的历史新高，较2015年末的1 946.17亿元增长56.31%。

三是强化风险防控机制，风险管控新能力作用凸显。2016年，公司继续将风险化解与防控放在第一位，确保了风险管控的有效性，没有发生风险兑付事件，公司稳健的、可持续的发展模式和表现多次得到监管机关的肯定，在中国信托业协会第一次行业评级中，成功跻身行业最高的A级序列。

四是夯实金融控股平台布局，推动金融多领域协同发展初步成型。公司继续推动金融参控股集团发展布局，强化和规范了对控股参股公司的管理，集团化发展模式取得新进展。公司以信托为纽带，跨领域、跨市场的综合金融运作能力大幅提升。

五是团队建设不断优化加强。一年来，公司强化员工队伍建设和稳定，加强专业人才的引进培育，公司核心团队、骨干队伍稳定，员工的积极性和凝聚力进一步提升，人均资产管理规模、创利能力都位居行业前列。

六是结合巡视、国家审计检查契机，扎实推进精细化规范管理。2016 年公司先后接受了中国中铁党委巡视和国家审计署审计，通过全方位、立体式“透析体检”，完善规范了内部管控制度，管理效率和管理效益稳步提升。

二、创新业务案例

（一）财智管理 2 号（深圳前海中铁股权投资）集合资金信托计划

2016 年 4 月 1 日，公司向深圳前海中铁资产管理有限公司（以下简称中铁资管）支付首期投资款 2 940 万元，财智管理 2 号（深圳前海中铁股权投资）集合资金信托计划正式成立。该信托计划，以“产业基金 + 资本市场 + 国际化”为闭环的产业链投融资模式，以产业基金为基础金融工具，灵活运用多样化金融工具组合，发挥资本市场强大的投融资作用，为股东实现丰厚的投资回报，截至 2016 年末，此信托计划规模为 2 970 万元。本次开展的股权投资业务，不仅有利于公司构建新型产品线、提升自主管理能力，也可为未来公司创新业务的开展提供经验借鉴，以提升公司的专业化竞争实力。该项目交易结构清晰合理，通过自主管理型的股权投资，可拓展公司业务的范围，为投资者提供更加丰富的投资选择，同时也有助于公司风控水平的提升。

（二）健康养老产业投资基金集合资金信托计划

该信托计划所投资的基金是按照《合伙企业法》设立的有限合伙制基金。公司作为有限合伙人（LP），通过发行集合资金信托计划募集资金不超过 5 亿元进行出资；上海置达股权投资基金管理有限公司作为普通合伙人（GP）认购基金规模的 1% ~2%（双方可根据具体项目情况商定）。有限合伙人（LP）以出资额为限承担有限责任。该基金拟以股权或“股权 + 债权”模式投资从事养老地产、养老产业的企业或项目等。该基金负责执行基金投资委员会所选择的项目的投资管理。该基金投资方向符合国家产业政策，涵盖投资、养老、度假等功能，以满足客户多方面的需求且符合中国银监会监管政策，同时对于公司调整业务结构有创新和开拓性意义。

三、社会责任履行情况

履行社会责任是企业发展的动力，公司一贯认为稳健发展、办好企业是承担社会责任的首要途径；一贯主张，持续为客户创造财富才是回报社会的最佳途径；一贯践行，投身公益慈善事业是履行社会责任的重要内容。2016 年，公司秉持“稳健、进取、合作共赢”的企业精神和“创新、服务、可持续”的经营理念，按照现代金融企业的要求，主要做好了三项工作：一是着力进行管理创新和业务创新，不断提高专业管理水平和综合理财能力，通过提升核心竞争力维护好客户、股东、员工等的利益；二是积极发挥信托优势，在支持地方经济建设、活跃地方金融市场、促进民间资金向民间资本转化等方面发挥了积极而独特的作用；三是按照中国银监会和四川银监局安排，积极做好“精准扶贫”系列工作，成立了专门领导小组，与叙永县签订了《金融精准扶贫开发合作协议》，制定了《中铁信托精准扶贫实施方案》，尽责推动实体经济、地方发展和民生改善，公司荣获四川银监局“2016 年四川银行业扶贫工作先进单位”称号。

四、2017 年发展规划

2017 年公司将继续切实把握好经济发展的新常态形势下的市场机遇，紧跟国家新改革发展的步伐，严格执行监管各项政策和要求，坚持“稳中求进、强基固本”的工作总基调，认真贯彻落实公司“十三五”战略规划，优化业务结构，强化风险管理，提升能力素质，推进公司转型发展。重点抓好九项工作：一是提高思想认识，加快战略落地；二是强化内控管理，提升执行能力；三是坚持合规经营，加强风险管理；四是提升专业化投融资和自主管理能力；五是提升资产处置和产融服务能力；六是大力搭建金融控股平台；七是优化市场化方向的精细化管理机制；八是加快人才培养，改善队伍结构；九是加强品牌建设，树立良好形象。

安信信托股份有限公司

一、2016 年经营概况

2016 年伊始，在全球经济周期、国内债务周期和新兴产业周期等多重周期叠加的背景下，国内经济呈现增长乏力的态势，部分非金融企业的资产负债率居高不下，利润空间被压缩。第三季度以来，国内经济增速趋稳，并出现稳中向好的势头，零售消费平稳增长，投资增速企稳，工业企业利润逐步改善。年内信托资产管理规模再创新高，监管政策继续释放红利，然而，受到宏观经济波动的影响，较之以往，信托业景气度下降，业务风险显现，信托公司也面临自身业务的结构和短板问题。

报告期内，安信信托股份有限公司（以下简称公司）董事会和经营管理层面对错综复杂的经济环境，坚持产融结合的经营模式，加速业务结构的优化，提升主动管理能力和直销能力，加快公司的转型升级，增强核心竞争力，为实现差异化细分化发展奠定基础。

2016 年 12 月末，公司顺利完成了非公开发行股票募集资金相关事项，通过此次再融资，公司总股本又实现了飞跃，由 2016 年初的 1 769 889 828 股增加至 2 071 643 151 股，共计募集资金 49. 73 亿元，进一步充实公司资本金，有效提高公司抗风险能力，改善资本结构。

2016 年，公司荣获《中国证券报》"第 18 届中国上市公司‘金牛奖’百强企业""金牛奖‘最高效率公司’奖"、"‘金牛奖’企业领袖奖"；《证券时报》"第九届中国优秀信托公司""优秀信托经理"等奖项；《经济观察报》"2016 年度中国上市公司卓越价值创造 50 强企业"称号；中国上市公司市值管理研究中心"2016 年度中国上市公司市值管理绩效百佳榜"；《每日经济新闻》第七届金鼎奖评选中荣获"优秀信托公司"和"卓越信托资管能力"奖项。

（一）固有业务方面

第一，截至报告期末，公司总资产为 1 912 569. 51 万元，比上年末增加 996 674. 39 万元，增幅为 108. 82%，负债总额为 540 752. 85 万元。资产负债率为 28. 27%，比上年减少 2. 85 个百分点。

第二，固有业务稳步推进，固有业务收入来源增加。2016 年 12 月公司顺利完成非公开发行股票募集资金，在补充资本金、增加公司净资本实力的同时，固有业务资产的流动性也有了较大幅度增长。公司固有业务资金的用途不再局限于传统的贷款业务，2016 年实现了固有业务资金在贷款、证券市场、定向增发项目、非上市金融企业股权投资等金融产品的多元化投资运作，在有效控制了金融风险的同时，实现了业务收入的多元化。2016 年公司固有业务利息收入、投资收益、公允价值变动收益较上年都有了较大的提升。

（二）信托业务方面

第一，截至报告期末，存续信托项目 325 个，受托管理信托资产规模为 2 349.52 亿元；已完成清算的信托项目 173 个，清算信托规模为 902.98 亿元；新增信托项目 184 个，新增信托规模为 1 235.87 亿元。其中，新增集合类信托项目 50 个，实收信托规模 565.95 亿元；新增单一类信托项目 134 个，实收信托规模为 669.92 亿元。

第二，信托资金投向。公司 2016 年信托资金主要投向基础产业、房地产、实业等领域，并继续调整业务结构，向新能源、大健康和物流地产等领域进行业务拓展和布局。

第三，主动管理类信托业务。主动管理类信托业务规模占信托资产总规模比例为 60%，较 2015 年末有较大提升，公司继续加强自主发行能力和主动管理能力。

第四，信托业务风险方面。公司执行各项信托业务管理制度，信托业务的开展及后续管理均严格以受益人利益最大化等为宗旨依法操作。

（三）加大业务转型升级力度，实现差异化细分化发展

公司对传统业务继续深耕细作，充分发挥业务团队项目管理经验的同时，为实现公司的可持续发展，满足不同投资客户的风险偏好，丰富产品类型，公司从组织架构、制度保障、绩效考核等方面保障业务转型升级的推进，实现大健康、互联网基础设施、新能源、现代农业、现代物流、智慧城市等多个行业和领域的战略布局。

（四）规范上市公司运作，提升公司治理水平

报告期内，公司根据《公司法》《证券法》《信托法》及中国银监会、中国证监会有关法律法规的要求，提升法人治理水平，完善组织结构，规范上市公司运作。严格按照《公司章程》规定的程序召集、召开股东大会、董事会、监事会。严格履行信息披露义务，保证信息披露的真实、及时、准确、完整，增强信息披露的透明度，维护全体股东的利益。积极推进公司资本市场的再融资工作，完成公司 2015 年利润分配等工作，维护了全体股东利益。

（五）多元金融格局雏形初露

2016 年初公司通过设立固有业务部，加强自有资金流动性管理。在保障流动性的前提下，一改往昔资金运用的单一模式，通过股票自营、流动性管理、金融同业股权投资等实现多元金融格局展业，大幅增加公司交易性金融资产，填补公司长期股权投资的空白。

（六）完善风险治理结构，坚持合规先行

报告期内，公司立足制度建设、存续项目风险排查及新项目评审等基础风险管理工作，通过内外部培训等手段，使制度建设成为风险管理的常态业务；通过组织实施全面风险排查，由风险管理部门协同业务部门制定风险化解预案对项目进行跟踪；通过增补评审委员、风控工作前移等手段，简化评审环节，提高评审效率。

一方面，公司法律合规部通过内部发文、会议培训、信息共享等方式，向公司全员传达各项法律法规、规范性文件、窗口指导等。另一方面，对项目各类材料、法律文本进行层层审核，多重把关，力求从源头上严格管控风险。

（七）财富管理能力进一步提升

截至 2016 年末，公司财富管理中心实现了发行总规模、客户数量和平均购买金额等各项指标不同程度的增长。经过多年打磨，公司的品牌和资产管理能力等均获得市场的认可，有助于提升公司潜在客户的质量，提高公司财富管理能力，助推信托主业实现可持续发展。

二、社会责任履行情况

（一）企业效益

2016 年，我国经济正处于转型升级发展的重要战略机遇期。公司面对既要保持业绩稳步增长，又要践行业务创新转型的双重挑战，在日趋激烈的泛资产管理竞争中迎难而上，度过了不平凡的一年。公司贯彻落实各项监管要求，在加强风险识别、防范和管控能力的同时，不断提升主动管理能力，保证业绩的持续稳定增长。公司明确市场定位，及时调整展业方向，克服不利因素，努力开拓市场，全年完成了公司董事会的各项任务，并在公司治理、内控体系的建立、团队建设及客户管理与维护等方面取得了优异的成绩。

报告期内，公司共实现营业收入 524 595. 90 万元，归属于母公司的净利润 303 394. 74 万元，归属于母公司的所有者权益 1 371 816. 66 万元。

（二）坚持依法诚信纳税

公司作为企业公民依法纳税、积极履行代扣代缴税款的法律义务；依法进行税务登记、设置账簿、保管凭证、纳税申报；如实向税务机关反映公司的生产经营情况和执行财务制度的情况，按有关规定提供相应的报表和资料，没有瞒报、漏报、误报及偷税漏税的行为。报告期内公司主营业务收入为524 595.90万元，上缴国家税收为116 311.47万元，公司为国家财政收入和地方经济发展作出了应有的贡献。

2016年公司实现基本每股收益1.7142元，向职工支付工资、社保、福利费用等共计29 167.37万元，上缴国家税收达116 311.47万元，根据以上口径统计公司每股社会贡献值为2.5362元。

（三）创造客户价值

在行业迅速发展、资本市场日益完善的时代背景下，公司立足于信托行业之本源——“受人之托、代人理财”，结合自身特有的金融属性和服务功能，横跨实体与虚拟经济，横跨各行业领域，寻找服务于实体经济的盈利点，借助产融结合模式，打造自己的信托市场，维系自身的信托客户。

公司全方面打造服务和营销平台，努力提高自身的金融服务水平，为客户获取实质性财富增长，在核心客户的沟通交流与销售渠道的拓展和客户维护上也呈现出多样化、细节化和体贴化，结合自身的平台优势为客户提供人性化、个性化的服务，满足其多样化需求。

公司坚持可持续发展原则，不断提高服务质量和服务水平，在不断发展壮大过程中，将客户视为合作伙伴，建立起相互信任、坦诚相待、密切合作、共同成长的合作方式。

（四）存量项目管理与兑付清算

报告期内公司在做好新业务拓展的同时，对存量业务的管理工作同样予以高度重视。

一是做好存量项目的兑付清算工作。

二是做好存量项目的日常信息披露工作。

三是做好存量项目的风险化解工作。

通过采取以上措施，公司的项目风险管理和经营风险控制得到了加强，严格管理提升了信托产品在投资者心中的声誉。

（五）主动承担社会责任

为了推动上市金融企业更好地履行社会责任，公司始终把感恩社会、回报社会的理念根植于企业文化中，广泛参与社会慈善公益事业活动，携手上海诸多知名公益机构，设立了多个专项公益基金，向社会传递了金融企业作为社会力量的一分子对公益事业的热心和支持。

公司设立上海至美公益基金会，2016 年加大力度，进一步落实“至美公益奖学金”和“至美校园行”项目，分别在上海财经大学、北京师范大学、浙江大学开展至美奖学金的评选，共奖励“至美公益人”30 人，共建立“至美公益项目”16 个，鼓励近 5 000 名大学生关注公益践行责任。基金会还与公司联合组织志愿者到“海上青焙坊”进行志愿服务活动，并与“美丽中国”合作组织企业员工远赴云南走访支教小学。

公司向上海科普教育发展基金会捐赠 150 万元，设立“上海科普教育发展基金会安信信托科普影视专项基金”；和上海市慈善基金会共同打造的上海首单永续型慈善信托项目——“蓝天至爱 1 号”；捐资设立上海至美艺术发展中心（SAAC）；与 ART021 联合设立“安信信托 + ART021 扶持艺术发展专项基金”；赞助第三届国际艺术评论奖（IAAC）；官方赞助 2016 年上海国际马拉松赛；总冠名赞助“重庆市第二届国际登楼大赛暨第九届解放碑 CBD 城市登高楼大赛”。

（六）员工责任

报告期内，围绕“诚信、务实、分享、责任”的价值观，配合公司阶段性发展的特点，共举办 37 场内外部活动，总覆盖达 1 670 人次。

（七）环境管理与坚持可持续发展

在深入贯彻落实科学发展观和构建和谐社会的背景下，公司倡导企业和员工爱护环境，绿色办公，共同创造美好节能的工作生活环境，建设节约型社会。

三、2017 年发展规划

2017 年是供给侧结构性改革的深化之年，也是“十三五”规划实施的重要一年。在去过剩产能的同时提升产品质量，作为实体经济服务商的信托公司，应把握机遇，进一步发挥自身制度优势，助推经济稳中向好的发展。公司将继续坚持产融结合的经营模式，深化业务结构转型升级，完善全面风控治理体系建设，精练财富管理能力，拓展直销渠道，提升企业文化和品牌价值等，力争实现目标净利润 36 亿元。主要包括以下几方面：

一是坚持产融结合，深化业务结构转型升级。

二是完善全面风控治理体系建设。

三是精练财富管理能力，拓展直销渠道。

四是提升企业文化和品牌价值。

渤海国际信托股份有限公司

一、2016年经营概况

2016年，是渤海国际信托股份有限公司（以下简称公司）五年战略规划的开局之年，是全面创新转型的深化之年。站在新起点上的公司，依靠董事会和经营管理层的坚强领导，依靠全体干部员工的不懈努力，围绕“致力于使渤海信托成为国内差异化和综合金融服务能力领先的信托公司”这一战略目标，开拓创新，锐意进取，保持了稳中有进的发展态势，迈出了创新转型的坚实步伐。

（一）经营业绩不断提升

2016年，面对“展业难”所带来的巨大经营压力，公司紧扣发展主线，大力抢抓传统业务，加速培育创新业务，积极提升投融资能力，主要经营指标创历史新高。截至2016年12月末，公司累计实现营业收入125 235.74万元，同比增长17.05%；实现净利润67 416.05万元，同比增长22.72%；管理信托资产规模达到3 463.77亿元，同比增长60.23%。

（二）业务评审水平持续提升

2016年，公司针对宏观经济和市场变化，抢抓市场热点，严守风险底线，业务评审水平有了新的提升。先后制定、修订了《企业资产证券化业务操作指引》《私募股权投资业务操作指引》等各类规章制度、业务指引10余项，对公司的业务流程进行了全面规范，为资产证券化等创新类业务开展提供了制度支持；针对2016年事务管理类信托明显增加且业务模式日趋复杂的情况，将事务管理类信托项目进行上会评审，确保了公司的稳健发展；适时对业务评审委员进行了调整，评委构成更趋科学，评审能力更为全面，全年累计召开业务评审会80余次，预审项目近300个，有力地促进了公司的业务发展。

（三）运营管理品质全面提升

2016年，面对公司新增信托规模、存续信托规模的迅猛发展态势，公司设立了运营管理模块，全面接管新成立项目的运营管理工作，对项目合同、过程管理资料、业务档案、项目结息等实行了集中管理，实现了对信托项目全生命周期的监控，进一步提高了项目操作的规范性和有效性。同时，结合监管要求及公司实际，及时对信托项目的信息披露进行跟踪督促，使项目信息披露的全面性、时效性大为提高，有力地促进了公司受托责任的全面履行。

（四）信息化水平保持领先

2016 年，公司与国家级权威安全认证机构共同就电子签名在信托行业的应用进行了研讨，并完成了数字签名认证系统的开发建设，成为业内数字签名的拓荒者之一；在小微金融行业缺乏成熟信息系统的局面下，开创性地选择全新软件供应商，研究开发出了具有渤海信托特色的小微业务系统，成为业内竞相模仿的标杆；以互联网金融中心的设立为契机，快速完成了渤海鲲鹏财富互联网营销平台的开发建设，实现了云技术下的在线营销、引流客户，自主营销能力明显增强。

（五）财富管理体系更趋完善

2016 年，公司创新调整财富管理架构，增设互联网金融中心，形成了线下以财富中心为主，线上以互联网金融中心为主的财富管理矩阵，财富管理体系更趋完善。公司大力提升自主营销能力，充分发掘400 客服热线、微信公众号、短信平台、渤海鲲鹏平台的服务能力，累计沉淀自有客户超过 15 000 人，新增机构客户 300 余家，获得 4 家城市商业银行直投集合信托项目授信额度 20 余亿元。进一步规范营销管理，建立了营销过程录音录像制度及签约专区，落实了监管要求，降低了公司营销风险，保障了客户权益。

（六）行业地位不断提升

2016 年，公司不断提升品牌形象，在中国信托业协会年度行业评级中公司获评最高级 A 级、作为信托行业典型代表之一获准入股中国信登，先后荣获“领军人物优秀奖”“最具前瞻性奖”“风险管理奖”等各类荣誉奖项近 10 项，极大地提升了公司的行业地位及社会公信力。

二、创新业务案例

（一）创新业务资质获批

2016 年，公司根据差异化发展战略，着眼市场需求，加大创新转型，公司发展质量持续提高。公司获批固有资产从事股权投资业务（PE）及特定目的信托受托机构（信贷资产证券化）

两项业务资格，夯实了创新类业务的发展基础。

（二）小微金融业务跃居行业前列

2016年，公司聚焦小微金融，设立了小微金融事业部，完成了小微业务核心系统的开发工作，搭建了信用类、抵押类两条小微业务条线，聚集了行业小微业务信息系统领域4名专家中的2名，积累了京东金融、分期乐、51信用卡等一大批优质交易对手，成为行业第四个获批个人征信牌照的信托公司，截至2016年末，小微金融业务已累计实现业务规模56.66亿元，在业内有了相当的名气，小微系统过程管理能力跃居行业首位。

（三）证券市场业务赢得良好口碑

2016年，公司结合监管政策变化，及时调整证券市场业务策略，不断加大对定增、股权质押、资产证券化等领域的开拓。以定增过桥的方式，先后完成了新潮能源、啤酒花、柳州医药等多个项目，累计规模近30亿元，吸引了数量众多的潜在客户；与华龙证券、国泰君安证券等券商积极沟通，接入券商PB系统，推进配资等证券市场业务；积极拓展结构化质押业务，为公司主动类质押业务开拓打下了坚实基础。

（四）渤海鲲鹏平台开创业内先河

2016年，公司顺应"互联网+"发展趋势，按照社群化的经营模式，重塑渤海鲲鹏俱乐部形象，开发上线了集财富端、理财师端、机构端于一体的综合性互联网金融服务平台——渤海鲲鹏，成为国内首个以专业金融机构为依托，以财富管理为核心，以深度融合高净值客户为特色的全方位互联网社群生态系统，荣膺"2016年度卓越创新信托服务平台"称号。同时，渤海鲲鹏平台在获取及服务自有高净值用户方面取得明显效果，潜在会员数超过17 000人，注册、体验并使用渤海鲲鹏财富APP的客户数超过5 000人，上线仅3个月交易额超过3亿元。

（五）新的增长点培育进程加快

2016年，公司依托审批快、服务好的优势，与恒丰银行、自贡商行合作开发了具有批量化、可复制特点的机构定制化产品，目前业务规模已达170余亿元，为通道类业务转型探索出了新的方向；积极在标准化投资及组合投资方向进行尝试，开展了公司首单量化对冲型TOF项目，积累了宝贵的项目经验，迈出资产管理能力建设的一大步；发起设立了渤海小村投资管理公司，成为国内为数不多的信托机构与股权投资机构合作的投资管理公司，完成了对直投、并购基金的战略布局；充分利用PE业务资质，实现了PE业务零的突破，并与多家优秀私募股权投资基金建立了合作关系，为PE业务的开展奠定了良好基础。

三、社会责任履行情况

（一）完善责任管理体系

2016年，公司高度重视社会责任管理体系系统化工作，为完善公司社会责任管理制度，规范社会责任管理工作，制定下发了《渤海信托2016—2020年社会责任工作实施指引意见》，指导公司各部门积极承担社会责任，树立公司良好的社会形象，提升公司可持续发展能力，推动和谐社会建设。

（二）服务地方经济发展情况

2016年，公司在“一带一路”、京津冀协同发展、供给侧结构性改革的大背景下，把握实体经济的新需求，充分利用信托投融资的平台优势，积极为全省重点项目提供资金支持，全年累计为河北省内企业融资近200亿元，连续3年获得“中国最具区域影响力信托公司奖”，得到了河北省省长助理、省金融办主任江波的热切关注，并到公司进行了专题调研。

（三）助力实体经济供给侧改革

2016年，公司大力支持供给侧改革。一是加强机构联动，助力产业转型升级，与国都证券合作，发起设立大厂鼎鸿项目，项目期为3年，总规模为3亿元，用于大厂潮白河工业园区基础设施维护、道路修复等；二是发起设立了唐山湾国际旅游岛集合项目，项目期为2年，总规模为5 000万元，用于受让唐山湾三岛旅游区旅游开发建设有限公司持有的应收账款，为促进省内旅游产业发展开辟了融资渠道；三是借助互联网优势，提升金融产品供给质量，成立了互联网金融中心，将互联网的技术优势与信托“受人之托、代人理财”的制度优势相结合，积极谋求通过互联网接口实现差异化资金需求与理财需求的有效匹配。

（四）积极践行社会责任

2016年，公司积极组织参与各类公益慈善活动。在第六届中国公益节评选中，获评“2016年度公益践行奖”，李光荣董事长获评“2016年度公益人物奖”；与国务院扶贫办下属的扶贫基金协会签署战略合作协议，助力精准扶贫；组织成立了渤海信托志愿者协会，开展了扶贫慰问、灾后援建等多项活动；组织开展了理财讲堂、财富中心开放日，向社会公众普及信托金融知识，引导金融消费者树立理财风险意识和自我保护能力；协办了“2016石家庄（正定）马拉松赛暨第四十三届元旦长跑”活动，赞助推出了经典音乐剧《秘密花园》和《卡门》，丰富了广大市民的文化生活。

（五）切实履行纳税人义务

2016年，公司秉持“依法合规、规范运营”的理念，公司积极、主动、自觉地履行纳税人义务，2016年纳税总额2.9亿余元，近五年累计纳税超过11亿元，荣获“石家庄市国税纳税50强企业”称号，并连续3年被税务机关评为“纳税信用等级A级纳税人”。

（六）大力开展员工关爱

2016年，公司立足人才培养现状，制定了培训积分管理制度，初步建立公司人才培养体系，构建了以“企业文化培训”“专业知识培训”“梯队人才培训”“知识管理”四大模块为核心内容的人才培养体系，打造了“渤海讲堂”等重点培训项目，完善了任职资格认证机制。公司工会在组织各区域员工开展球类、健身、游泳、观影等丰富多彩的文娱活动的基础上，继续联合各区域工会小组开展户外主题拓展活动。

四、2017年发展规划

2017年是公司聚焦重点、攻坚克难之年，公司将紧扣发展主基调，继续坚持回归信托本源、坚持服务实体经济、坚持创新发展之路。

（一）巩固扩大原有业务优势

抢抓当前金融去杠杆加速、理财和银行表外业务监管趋严、券商和基金子公司等通道受限、信托通道优势凸显的契机，深挖业务渠道资源，引入强势业务团队，进一步提高管理资产规模和市场占有率。

（二）做强消费金融业务

筹划设立小微金融专业子公司，聚焦小微金融业务，并逐步从简单的消费金融过渡到ABS业务，进而发展为消费金融业务的综合服务商。

（三）优化提高固有业务收入

以公司增资为契机，围绕“提升固有业务收入，打造金控小平台”的目标，对现有自营业务进行进一步整合，按照流动性保障、金融产品投资、并购等业务条线配置资金和人员，提高固有业务收入。

（四）努力服务河北经济社会发展

充分利用信托投融资领域广泛的优势，重点在基础设施、扶贫开发、保障性住房、经济园区、中小企业融资等方面进行尝试，扎根河北、融入河北、服务河北。

（五）提升风险控制与化解能力

通过完善风险政策、进行风控改革试点、设立项目评审专业化模块、推进风控人员轮岗等方式，全面提升公司的风控水平。

（六）筹划推进上市及投资人引进事宜

抢抓信托公司曲线上市机遇，积极借鉴业内经验，研究制定公司上市方案。同时，加强与各类机构的合作，尽快启动第二阶段增资计划，力争 2017 年内实现突破。

长城新盛信托有限责任公司

一、2016 年经营概况

2016 年是长城新盛信托有限责任公司（以下简称公司）股权结构调整理顺之后全面展业的第一年，在各方股东的大力支持下，公司严格遵守国家各项法律法规，认真执行监管部门的各项规范要求，以“立制度、控风险、建队伍、谋发展”为主线，去除顽疾、夯实基础、从零起步、重启征程，着力培育公司自身核心竞争力，全面提升整体实力。

（一）发展思路日趋明晰，经营业绩实现历史性飞跃

2016 年，公司围绕“大资管、大投行、大协同”发展战略，以投资投行为手段，以并购重组业务为核心，坚持创新盈利与风险管控并重，积极争取政策支持，全力突破发展瓶颈。全年实现净利润 10 946 万元，同比增长 727.80%；ROA 为 18.81%，同比增长 453.23%；ROE 为 24.24%，同比增长 521.53%，按照 2016 年 68 家信托公司 ROE 排名，已从第 66 名上升到第 4 名。

（二）流程制度得到梳理再造，内部管理实现有章可循

全年梳理各类文件 59 个，陆续下发了 39 项工作规则、20 项基本制度，为公司重新展业打下了制度基础。一是制定完善了股东会、董事会、总经理办公会议事规则，构建了公司权力体系和决策机制。二是制定了多项业务规则，基本覆盖了全类型信托业务和全部操作环节，为业务开展提供了制度指引。三是资金财务管理制度体系搭建完成，公司资金运用更加规范，大额资金使用更加慎重科学。四是人事、公文、档案、公务用车管理办法相继出台实施，综合管理制度基本搭建完成。

（三）体制机制持续优化，发展动力得到大幅激发

一是落实业务部门划片包点机制，明确各部门对接的地区划片，大幅提高了业务拓展效率。

二是在长沙等地试点增设了信托业务部，进一步提升了公司业务拓展的广度和深度。三是成立了金融市场部，专门负责公司资金募集工作，积极加强与业内金融机构的合作。四是成立了证券投资部，负责全公司证券类信托项目拓展和开展自营证券投资，为公司证券投资类信托项目的开展和过程管理提供支持。

（四）风险管控全面加力，全流程风控体系初步建成

一是明确中台、后台各自职责，建立了“团队内部论证、公司项目论证、公司业务审核”三位一体的审核审批机制。二是重新梳理明确了项目尽调、业务审核、合规审核业务流程和标准，建立了准入、尽调、审核、操作、后期管理五道关口。三是制定了信托业务指引、信托业务流程及操作要求，发布了项目方案模板和尽职调查模板，提供了明确的工作指引。四是稳步开展业务专项审计工作，加大对离职人员的审计工作力度，进一步拓宽发现问题和风险的渠道，形成威慑力。

（五）党建和队伍建设切实加强，团队战斗力显著提升

一是先后构建了党委、纪委组织体系，成立了五个党支部，确保了党组织全覆盖。制定了公司党委、纪委议事规则，坚持以党建促业务。二是认真组织开展“两学一做”学习教育，引领和带动广大党员争做“四讲四有”合格党员，在工作中充分发挥先锋模范作用。三是多渠道获取人力资源，有序开展社会招聘工作，对关键岗位进行及时补充，充实员工队伍。四是全方位加强员工日常行为监督和约束，严格规范员工劳动纪律、工作纪律、仪容仪表等。

二、创新业务案例

公司依托股东资源优势，深耕企业并购及资产重组业务，抓住并购重组中的投融结合业务机会，形成上市公司并购重组融资等可复制的合作模式，通过帮助并购企业寻找兼并收购对象、策划并购方案、制定收购价格、提供并购融资等多种方式，大力参与上市企业的并购重组，大幅提升企业经营效率和盈利能力。

三、社会责任履行情况

（一）依法合规稳健经营

公司严格按照国家法律法规及监管部门要求开展业务经营，建立了较完善的合规管理体系，

并将各项制度要求落实到实际经营过程中。建立了较为完善的公司治理架构和健全的监督制约机制，设置有多层次的分级授权制度，形成了科学、清晰、合理的组织架构，为公司营造了健康的内部控制环境。持续完善风险管控体系，确保各项业务发展风险可控。结合业务发展实际，公司实施动态的风控制度管理，从加强全程风险管控入手，着重提高项目管理各环节的风险防范，形成了有效的管理标准并贯彻实施。

（二）大力支持地方经济发展

公司充分发挥信托优势，认真贯彻落实国家京津冀区域发展战略，积极支持地方经济发展。2016 年，公司借助国家产业投资基金政策的出台，与河北省政府、华夏幸福控股有限公司于河北固安联合成立 OLED 显示基金，引导 OLED 产业上下游企业集聚固安，促进了投资增长，带来了产业聚集，对推动区域经济发展产生了积极效应。

（三）大力开展员工关爱

公司坚持以人为本，进一步完善员工关爱体系，推进员工与企业共成长。重新组建了工会委员会，陆续组织开展了书香信托、观影日、“走向健康、走向快乐”健步走等活动，丰富了广大员工的业余生活；组织开展主题教育日及团队拓展活动，增进员工之间的交流，激发了广大员工的工作热情；坚持在节假日开展慰问活动，对一线、困难员工进行走访慰问，为全员购买补充医疗保险，营造了良好的外部人文环境；强化员工教育培训力度，满足员工学习需要，不断提升员工专业技能。

四、2017 年发展规划

2017 年是公司奋起直追、在加快发展中实现自身转型升级的关键一年，公司将继续积极落实中国银监会关于信托发展的政策指引，以“大资管、大投行、大协同”发展战略为依托，以“扩规模、增利润、控风险、优机制、强管理、壮队伍”为主线，全力打好业务转型突破战、风险防控攻坚战、队伍建设持久战。积极实施业务创新，逐步形成公司特色鲜明、主业突出、定位明确的综合化发展模式，打造行业内特色化服务品牌形象。

（一）明确发展思路，提升核心实力，打响业务转型突破战

在发展方向上，坚持以并购重组等投行业务为核心，以资产管理、财富管理为支撑，根据公司转型发展战略，加快转变发展模式，增强持续发展后劲，努力推动公司转型发展迈上新台阶。在业务种类上，坚持主动管理类业务与通道类业务两手抓，将主动管理类业务作为提升核

心竞争力和可持续发展能力的重要抓手，将通道类业务作为当前条件下快速做大业务规模的重要手段。在大力拓展信托业务的同时，积极探索开展固有类业务，加快设立直投类专业子公司，尽快推动固有类业务发展。在客户选择上，优选上市公司、房企百强、大型企业集团等优质客户、大客户，不断提升客户层次，并对存量优质客户进行二次开发与挖潜，持续提升优质客户的忠诚度和黏度。

（二）严格管控风险，提升业务质效，打响风险防控攻坚战

进一步强化风险效益意识，努力将增量项目做成铁项目，持续提升风险管控水平。对新增项目严把“五道关口”：一把尽调关，加强尽职调查和交易结构设计环节的严格把控；二把审核关，除了业务准入条件的审核外，还要求提供项目团队与企业签署的双方承诺书，作为项目立项的前提条件，切实防范道德风险；三把实施关，确保方案内容和批复要求全面落实到合同文本中，并严格办理抵（质）押登记和项目出资手续，切实防范操作风险；四把管理关，要求项目组按质按量对项目进行后期监管，并要求中台、后台相关部门及公司高管定期进行现场检查；五把审计关，对所有终结项目开展审计，充分发挥审计的监督职能。

（三）坚持党建引领，再造企业文化，打响队伍建设持久战

一是进一步加强党的建设。深入开展“做表率守党规严党纪”专题学习教育活动，坚持两手抓两手硬，不断提高党员干部的党性修养，并将其融入到实际工作中，不断改进工作作风，以党建推动业务经营。二是进一步加快人才队伍建设。进行常态化、市场化的人才招聘，在公司网站、猎聘网等发布招聘信息，进一步补充新鲜血液，充实队伍力量。三是进行企业文化再造。持续弘扬“尽职尽责、尽心尽力”的工作理念，引导员工牢固树立责任意识、规矩意识和效率意识，加强对员工的日常管理和执行力建设，在工作中坚持高标准、严要求，坚持从严治司，严肃制度纪律，重塑公司企业文化，营造团结共事、风清气正、干事创业的良好工作氛围，持续激发公司健康发展的内生动力。

重庆国际信托股份有限公司

一、2016年经营概况

2016年是全面贯彻新发展理念、推进供给侧结构性改革的关键之年，是“十三五”规划的开局之年。面对复杂的国内外形势，中国经济运行缓中趋稳、稳中向好，经济发展进入增速换挡、动能转换、结构优化的新常态，信托业发展面临新的机遇和挑战。2016年，重庆国际信托股份有限公司（以下简称公司）顺势而为谋发展，在保持传统信托业务规模稳健增长的基础上，加大业务创新力度，进一步拓展服务实体经济的广度和深度，将资本优势切实转化到经营发展上，再度刷新最好经营业绩。截至2016年12月31日，公司总资产为259.63亿元，净资产为186.63亿元。2016年，实现营业收入46.72亿元，利润总额42.28亿元。

二、创新业务案例

公司从对接国家重大发展战略、支持实体经济等方面入手，充分发挥信托优势，大力助推金融创新，不断探索前沿业务，助力产业经济升级转型，为社会经济的繁荣与发展作出了积极贡献。公司突破传统信托业务领域和模式，成立“惠今消费金融投资集合资金信托计划”，用于发放消费及现金贷款，为实现普惠金融贡献力量，2016年发放个人消费贷款72 872笔，贷款金额达30 290.7万元；围绕“一带一路”及长江经济带建设等国家发展战略开展业务，2016年在“一带一路”及长江经济带存续信托资金规模约为1 030亿元；在原有业务优势基础上，全面升级业务模式，通过PPP等模式降低融资成本，为政府减轻负债压力。公司发起设立总规模约300亿元的“长江经济带发展投资集合资金信托计划”，第一期信托资金以“PPP模式”投资于成渝高铁荣昌站配套服务区项目，对重庆基础设施项目给予大力支持。公司在现有业务结构的基础上，积极推动创新业务的开展。一方面，依托自身在房地产市场等传统业务上的优势，顺应市场调整升级的趋势，设立了“重庆信托·健康养老产业1号集合资金信托计划”，在健康养老地产领域寻找新的业务机会，进一步深挖传统行业的市场潜力；另一方面，经过筹划准备，顺利取得了特定目的信托受托机构、受托境外理财业务、私募基金管理人、铁路发展基金专项信托业务等创新业务资质，并落地了“嘉实渝信信托受益权资产支持证券”等创新型业务，开发了新的产品线，锻炼了员工的业务能力，为进一步提升公司市场竞争力，增强盈利水平打下了基础。

三、社会责任履行情况

公司始终秉承“立足重庆，竭诚服务地方经济”的宗旨，依托在项目设计、资产管理、风险控制等方面积累的大量经验，充分发挥信托行业横跨货币、资本和实业市场的优势，立足信托行业灵活多变的特点，积极支持民营企业和中小企业的发展，在及时弥补企业资金缺口、加快企业流动资金周转速度、完善企业自身建设方面给予全力支持，有效促进了企业的发展壮大。截至2016年末，累计为重庆市经济建设募集资金1 475亿元，为人民群众创造财产性收入496亿元，为促进重庆长江上游经济中心建设发挥了重要作用。

公司在加快自身发展的同时，从未忘记企业的社会责任和使命，坚持开展扶贫助困活动，积极投入公益事业，用心回馈社会，截至2016年末，累计向各类慈善活动捐款近2亿元，包括向“金色盾牌英烈救助基金”捐赠12 798万元；向中华思源工程捐赠2 121万元；向“平安重庆助困基金”捐赠700万元；向“绿化长江重庆行动”捐款100万元；为酉阳扶贫、西藏开发建设捐赠357万元；为抗震救灾捐款捐物320万元；为重庆市政府募集50亿元资金支持主城区危旧房改造，并捐赠2 500万元信托报酬支持地方经济建设等。除此之外，公司积极参与捐赠大足新利希望小学、大足区慈善会、红十字基金会、重庆大学教育发展基金、中国检察教育基金会及民建善德基金等公益项目，开展“春蕾圆梦行动”帮扶百名贫困女大学生、“逐梦未来”关爱留守学生及特殊儿童等爱心活动。

四、2017年发展规划

2017年，面对新的经济形势，公司将顺应供给侧结构性改革趋势，进一步提升服务实体经济质效，积极对接服务地方经济、中新（重庆）、“一带一路”和长江经济带等重大战略性项目建设，紧抓市场机遇，加大业务创新力度，从风险把控、公司治理、研究发展等方面打造公司核心竞争力，进一步夯实公司可持续发展的基础，寻求新的突破，为社会经济发展作出更大的贡献。

（一）严守风险底线不动摇

在风险形势日趋严峻的背景下，始终坚持稳健的风险管理战略，严守风险底线。加强对国家宏观经济政策、货币信贷政策、财政政策等领域的研究，密切关注市场变化，准确判断行业发展趋势，着力加强风险防范的前瞻性；进一步完善风险控制组织架构与管理流程，合理调整部门设置，缩短管理半径，提高审批效率，全面梳理重点行业和重点项目管理情况，确保不发生重大项目风险；认真从近年来行业发生的风险事件中吸取教训，做到警钟长鸣，加强公司项目尽职管理能力和提升风险防范意识；坚守“宁可错过，不可做错”的风险原则，贯彻全面风险管理制度。

（二）进一步完善公司治理

根据《公司法》《信托公司治理指引》等法律法规要求，进一步完善《公司章程》，优化股权结构和治理结构，制定科学合理的内控制度，建立更加完善的约束激励机制；明确“三会一层”的职责、权利和义务，构建完善的法人治理结构，做到责权明晰，相互制衡又紧密配合，为公司健康持续发展提供坚实保证。

（三）积极回归信托本源，坚持服务实体经济

坚持信托本业为主体、固有和其他中间业务为补充的总体思路，提升专业的资产管理能力，构建公司比较优势，致力于提供门类齐全、功能齐备的信托产品和信托服务，在优势领域巩固领先地位，在特色领域形成竞争优势，争取为信托业的根深本固发展贡献力量。坚持服务实体经济的本质要求，纠正目前行业发展“脱实向虚”的苗头，以提升实体经济发展的质量和效益为中心，以深化供给侧结构性改革为主线，加快发展战略转型，发挥好多层次、多领域、多渠道配置资源的独特优势，去通道、去链条、降杠杆，为实体经济提供针对性强、附加值高的金融服务，实现公司与实体经济的良性互动、协调发展。

（四）着力提高资产获取和项目自主管理能力

通过建立专业化、深度区域覆盖的资产获取团队，整合行业现有资源，挖掘高质量的基础资产，提高资产获取能力；加强专业拓展团队及项目管理团队建设，拓展高附加值业务，提高财富管理能力和资产自主管理能力。以高质量的基础资产强化自主管理能力，以强大的自主管理能力提升基础资产运作效率，相互促进，不断加强公司的市场竞争力，实现利润增长的可持续性。

（五）紧抓改革机遇，科学调整业务模式

按照监管政策的要求，平衡风险与收益，有效分配净资本资源，引导业务发展方向回归信托本源，全力提升既有业务核心竞争力，持续优化房地产、基础设施等现有业务模式和客户结

构，深入拓展企业融资阶段的上下游；依托多层次金融市场，继续在资产证券化领域提升产品附加值，提升全流程服务能力；加快创新成果向现实生产力的转换，提升核心投资配置能力，努力在 PPP、ABS、QDII、家族信托、定向增发、并购重组等方面取得新进展；进一步深化政信合作、谋求深层次的银信合作、创新信证合作和信保合作模式，实现多方共赢；紧抓改革带来的机遇，充分发挥投资银行的功能，在混合所有制、国企改革、中新跨境业务等领域有所突破。在监管政策支持下，在相关领域成立专业子公司，形成稳定的业务模式，提升公司竞争力。

（六）不断加大业务创新力度

立足公司研究发展中心，加强业务创新研究工作，有效促进公司产品竞争力提升。在依法合规的前提下，紧跟市场脉搏，不断延伸和深度挖掘信托制度本身具有的灵活服务功能，加大对消费领域的业务开发力度，积极探索投贷联动业务，合理开展债转股业务，加强投资型金融产品、股权与债权相结合的金融产品、基金化标准型信托产品、财富管理类型差异化产品以及参与企业兼并重组的研究，并积极寻求突破。

大业信托有限责任公司

一、2016 年经营概况

（一）财务状况及经营指标完成情况

2016 年，面对经济增速放缓，金融市场化进程加快，行业监管日趋严格，信托行业转型迫在眉睫等复杂的外部环境，大业信托有限责任公司（以下简称公司）经营管理层带领全体员工，按照股东会和董事会的要求，从长计议，及早谋划，积极探索，坚决贯彻落实公司三年发展规划的要求和年初的总体部署，积极防风险、促转型，以结构优化促业务拓展，以管理提升促实力增强，圆满完成了 2016 年经营计划，保持了良好的发展态势。

截至 2016 年末，公司总资产为 20.62 亿元，净资产为 14.95 亿元。2016 年，公司实现营业收入 61 520.27 万元，较 2015 年增长 11%；净利润 29 382.00 万元，完成年度预算的 122%，较 2015 年增长 12%。2016 年公司实现净利润 2.94 亿元，完成董事会预算目标的 122%，全面超额完成了董事会下达的经营任务。

（二）信托业务开展情况

2016 年，面对严峻的外部环境，公司紧跟宏观政策和市场变化，主动调整信托业务结构，以提升专业能力和主动管理能力为核心，压缩融资类银信合作业务规模，控制房地产信托业务规模与速度，同时努力探索业务转型，大力把握新的业务发展机会。在业务创新上，2016 年，公司成立了国内第一只农业贷款信托产品，与东方总公司合作成立了公司第一只公益慈善信托产品。此外，还在文化产业、TOT 业务、消费信托、不良资产等多个创新业务领域取得开创性进展。

截至 2016 年末，公司累计成立信托产品 905 只，总规模为 3 772 亿元，清算信托产品总规模为 2 461 亿元，存续信托产品 359 只，存续规模为 1 311 亿元。其中，2016 年新成立信托产品 252 只，信托规模为 1 014 亿元，在投向上主要以工商业和房地产为主。2016 年，在行业内风险事件频发的形势下，公司全部到期项目均正常兑付，并实现了预期收益，实现了对委托人的“受人之托、忠人之事”的庄严承诺。

（三）固有业务开展情况

2016年，公司结合资金状况以及业务情况，审时度势，确立了固有资金使用的三个准则：确保公司流动性、维持固有基本收入、支持信托业务，在兼顾流动性和安全性的基础上实现了固有业务收入的较大提升，同时也较好地支持了公司信托业务的协同发展。

截至2016年末，固有投资余额为12.3亿元。2016年全年固有净收入为8 707万元，整体收益率（按年初净资产）约为7.3%，较同期的8.8%下降了1.5个百分点。

公司主要财务指标详见下表：

公司主要财务指标

项目	2016年末	2015年末	增减变动（%）
总资产（万元）	210 504.74	166 171.75	26.68
总负债（万元）	60 906.32	38 080.33	59.94
净资产（万元）	149 598.42	128 091.42	16.79
净利润（万元）	29 382.00	26 248.48	11.94
净资产收益率（%）	21.47	22.30	-5.11

二、创新业务案例

（一）公益慈善信托

为积极履行社会责任，打赢扶贫攻坚战，促进企业文化建设，2016年9月，公司与股东单位中国东方资产管理股份有限公司联合发起设立公益慈善信托产品“大业信托盛德系列·东方爱心慈善信托计划”（以下简称慈善信托），围绕扶贫济困等中央号召的公益主题，发挥双方的专业优势，以慈善信托的模式汇集社会力量参与公益活动，助力扶贫公益事业的开展。

2016年9月30日，大业信托以自有资金5万元认购慈善信托，慈善信托正式成立，初始成立规模为5万元。11月2日，慈善信托决策委员会召开第一次会议，决定以慈善信托第一期信托资金5万元捐赠给广州市教育基金会，并通过广州市教育基金会将受托资金汇入遂溪县港门镇港门村村委会账户。

2016年11月23日，中华联合保险控股股份有限公司（以下简称中华保险）认购慈善信托50万元，慈善信托第二期成立。第二期信托资金50万元将划拨给中国青年创业就业基金会，定向用于中华保险在山西省石楼县开展的捐助贫困青年创业就业工作。11 月 24 日，第二期信托资金 50 万元已划拨至中国青年创业就业基金会账户。

截至 2016 年末，慈善信托累计成立两期，存续规模共计 55 万元。

慈善信托的模式有助于规范公益扶贫项目的核查、资金使用的日常监管，促进信息披露的透明化；同时在公益信托运营期间，可以将未投放的善款投向安全性较强和流动性较高的金融产品，有助于该笔资金的保值增值，更好地发挥公益资金的作用。在《慈善法》出台之际，以公益信托的方式参与公益，有助于促进我国公益事业的进一步发展。

（二）农业贷款信托

针对目前因农村人口城市就业造成的农村土地荒废，土地资源浪费等问题，公司逐步探索有关农村土地流转的业务模式，以期在推进农村土地合理流转、提高资源利用效率、支持“三农”发展等方面取得进展。

2016 年 9 月 20 日，信托业第一只纯粹意义上的农业贷款项目——大业信托湖北农业贷款项目集合资金信托计划顺利成立。公司与融资方湖北九牛谷农业科技有限公司合作，以信托贷款的方式贷放给后者，用于“3 万亩无公害粮食产业融合发展项目”农田集中生产过程中所需的土地流转、种药肥采购等相关费用支出。项目回款方式主要依托水稻、再生稻等主粮作物的销售回款，以及极端情况下太平财险支付的保险赔偿金。

该产品的成功创设是“信托 + 保险”模式支持“三农”发展的新尝试，也是“信托监管 + 履约保险 + 农田产量保险”多方合作为农业、为实体经济助力的一大突破，意义重大。一方面是对《中国银监会办公厅关于做好 2016 年农村金融服务工作的通知》精神的积极响应，创新了农村金融服务模式，并以信托独特的交易结构服务农业发展；另一方面，也为公司业务模式开辟了新方向。

三、社会责任履行情况

公司以“盛德大业、至诚信托”的立业宗旨和“忠诚、专业、进取、务实”的价值观作为公司实现社会价值、股东价值、员工价值和客户价值的精神内核，通过加大对地方经济发展的支持，加大服务社区和社会捐助力度，打造环保型公司形象等措施，对股东、客户、员工、商业伙伴、社区、环境等利益相关者承担责任和义务，维护和增进社会利益，实现公司和社会协调发展，努力将大业信托建设成为受人尊敬的富有社会责任感的公司。

2016 年，公司一如既往地履行应尽的社会责任，上下全面强化社会责任意识，大力倡导善行义举，将社会责任意识和慈善理念进一步融汇到公司的各项经营活动中去。

为推进反洗钱知识教育及提升员工和客户反洗钱意识，从2016年6月开始，公司陆续开展面向全体客户和全体员工的反洗钱知识集中宣传活动。6月，公司整理收集了国家相关部门历年来下发的反洗钱方面法律法规供查阅学习；7月，公司组织了全体员工参加反洗钱知识竞赛；11月，公司根据监管部门下发的反洗钱手册和宣传海报，在公司官网、微信平台和公司公共区域进行宣传，提升公司客户和员工的反洗钱意识。

2016年6月24~26日，公司参展了第五届中国（广州）国际金融交易·博览会，广泛接待新老客户，大力普及信托理财知识，积极响应银监会号召进行“反洗钱”和“防范非法集资”宣传。

2016年9月，为助力广州市“创建全国文明城市、国家卫生城市”活动，公司携手广东粤宝集团共同发起了“关爱环卫工人”活动，为基层环卫工人献上了一份爱心。

2016年9月，公司以“多一份金融了解，多一份财富保障”为主题，开展了“金融知识进万家”宣传服务月活动，走进学校、社区，充分发挥信托的金融知识优势，开展现场宣传。

2016年12月1日起，公司正式实施信托产品销售“双录”工作机制，以贯彻落实监管部门对于金融机构实施理财产品专区销售和销售过程同步录音录像的工作要求，进一步维护投资者的合法权益。

为助力广东银监局开展精准扶贫工作，公司依托“大业盛德系列·东方爱心慈善信托计划”，向港门村捐赠5万元，用于港门村教育相关公益项目。在中秋佳节来临之际，公司副总经理兼首席风控官赖革先生代表公司亲赴港门村，在广东银监局驻村干部陪同下，对该村五保户及贫困户进行了节日慰问，让贫困户感受到节日的温暖。

四、2017年发展规划

在经济新常态和金融新趋势下，公司将逐步由单一理财产品提供商向综合金融服务商转变。公司力图构建的发展模式，将是既有适度增速、又有质量效益，既能适应新常态、又能引领新变革的市场化发展模式；是既讲机制创新、又讲专业细化，既有核心能力、又有资源优势的竞争型发展模式；是既重技术战略、又有运营效率，既有制度自信、又在不断完善的系统性发展模式。2017年，公司将努力落实以下主要工作重点。

一是优化经营模式，探索转型升级之路。2017年，公司将立足于中国经济发展的现实，积极回归信托本源，围绕“实业投行+资产管理+财富管理”的商业模式进行业务拓展与转型。

二是调整传统业务结构，积极拓展创新类产品。一方面创新传统业务模式，另一方面结合公司的优势和特点，努力扩展产品线宽度，开展适合公司实际情况的创新业务，通过创新加大业务的多元化。

三是严控风险，稳健经营，切实加强风险管控。公司将通过提高风控机制的科学化、动态化、信息化水平，坚持稳健经营，践行科学发展。

四是着眼未来，继续推进增资扩股工作。

东莞信托有限公司

一、2016 年经营概况

东莞信托有限公司（以下简称公司）致力于成为值得信赖的专业资产管理金融机构，以实现股东和委托人利益最大化为目标，坚持以市场为导向，紧紧围绕公司 2016～2018 年发展规划和年度任务目标，坚持严守风险底线，依法合规经营。坚持以市场为导向，主动调整业务结构，积极探索业务转型方向，努力提升风险管理的有效性，保持业务的平稳发展。截至 2016 年末，公司总资产为 40.86 亿元，存续信托项目为 182 个，管理信托资产规模为 415.83 亿元。全年为客户分配收益 25.91 亿元；公司实现净利润 3.99 亿元，缴纳税款 2.24 亿元。

（一）制订实施 2016～2018 年发展规划

公司在认真总结 2011～2015 年发展规划执行情况的基础上，制订了 2016～2018 年发展规划，明确公司未来发展方向，为公司可持续发展打下了基础。

（二）完成股权结构调整工作

为配合市政府推动地方金融企业资源整合，做强做优做大主业，增强企业发展的竞争力，公司积极配合东莞金融控股集团对东莞信托股权的归集工作。经广东银监局批复同意，2016 年 12 月，东莞市财政局持有东莞信托 30% 股权划转至东莞金融控股集团，并完成工商变更登记手续。至此，公司股东从 7 名变更为 6 名，这为更好地发挥信托公司对资源的整合作用，提升金融企业业务协同、资源协同能力打下了基础。

（三）继续加强风险管理

在弱经济周期，公司更注重对风险的把控力，从制度建立、制度执行等方面加强风险管理，逐步提升对系统性风险的管理能力。一是提高项目准入门槛，从源头控制风险。对于客户准入要求不符合公司风险管理偏好、尽职调查不充分、未全面掌握客户现金流状况等情况，坚决禁止项目准入。二是针对市场变化情况，及时对项目的行业、区域要求及业务模式等提出风险警示和业务指引，对一些客户提出限制性准入要求。三是严格落实项目放款前提条件，确保每一笔放款符合合规要求，降低资金运用风险。公司面向市场发行的信托产品向投资者兑付率保持为100%，公司声誉保持良好水平。

（四）持续推进优化存量业务，努力探索业务转型

自2016年以来，公司继续推进业务“存量优化、增量转型”工作，传统业务结构进一步调整，创新业务持续推进。通过深化房地产业务产品结构模式，探索向房地产业务基金化转型；关注资本市场业务机会，拓展上市公司投融资业务；尝试发展组合配置业务，大力拓展PPP项目，积极探索管理政府投资基金。一是投资类业务占比有所上升，尤其是在新客户拓展上，投资类占比已超过融资类，公司更多地参与到投资企业的管理决策中，实现主动管理，获取更大收益。二是加大对上市公司业务的拓展力度，业务模式更加多元化，包括直接投资和通过投资顾问投资；同时深度参与部分新三板业务，投资新三板挂牌企业，为日后业务创新提供较好基础。三是推动设立“莞信基础设施和公共服务投资基金”并成为基金有限合伙人之一，拓宽政府投资基金业务。四是尝试发展综合配置类产品，发行首单综合配置信托产品“智荟财富—稳健配置1号”。

（五）推进营销模式转变，提升客户服务体验

公司着力维护客户的稳定性，并推进营销模式从产品销售向客户资产综合配置为核心的模式转变。一是推动产品转型，从单一型产品投向向综合型产品投向转型，2016年完成首单综合型配置产品“智荟财富—稳健配置1号”募集及成立工作；同时推动客户管理模式的转型，为单一高净值客户设立单独账户进行综合配置打开思路。二是拓宽机构资金渠道，成功吸引村镇及国企资金9.29亿元。三是全面推行产品销售过程录音录像工作，实行产品、客户“双录”全覆盖，建立签约柜台化管理，实现“专区销售”，积极保护客户权益。

（六）增强执行力，提升内部管理效率

在经济增速放缓、监管政策法规不断完善、国有企业改革不断推进的大环境下，公司努力探索业务转型方向，并不断加强内部管理，为公司未来发展打好基础。一是加强各层面的沟通协调，通过组织管理层与部门、部门与部门之间的专题交流，明晰业务方向和发展思路，增强员工团队的信心。二是完善市场化的薪酬激励制度和奖惩制度，进一步修订《薪酬管理办法》，并制定《薪酬管理实施细则》，规范营销激励，细化对部门、个人的绩效考评方案，建立多维度、更全面的绩效考核体制。三是加强信息系统建设。根据业务发展需要，上线恒生业务系统、

录音录像系统、新OA系统，开展档案管理系统、人力资源系统、硬件升级及网络优化等项目建设，提升公司各项业务的处理效率和管理水平。四是加大合规教育力度。结合银监局“重塑合规年”主题活动要求，通过开展重点业务自评自查、合规风险案例讨论、合规专题培训等方式，强化全体员工的合规意识，进一步塑造公司的合规文化。

（七）主动配合外部检查，内部稽核广度和深度不断加强

结合银监会发布的法律、法规等要求，配合监管部门开展信托产品销售合规性检查，完成“两个加强、两个遏制”回头看自查及整改工作，并加大自身常规性稽核和专项稽核检查力度，对公司业务活动、财务收支、资金流转、经济效益及内控执行情况等进行全面的稽核、评价，完成对部分风险项目的责任认定及总结工作，对存在问题提出整改措施，结合公司业务发展和监管要求，对公司各项制度提出修订及更新意见，推动公司制度和流程的完善。

二、创新业务案例

（一）推动发展PPP业务

2016年，公司致力于金融创新，推动成立政府投资基金——“东莞莞信基础设施和公共服务投资基金”，吸引社会资本投入到东莞市基础设施建设与公共服务建设领域。该基金将于2017年全面投入运营，公司将通过发行信托计划吸收社会资金参与该基金，支持东莞轨道交通、污水处理及长安新区等项目建设，为东莞市重点项目重大建设的发展提供了一个重要的资金渠道。

（二）成立首单综合配置产品

为分散投资风险、丰富投资者选择，探索不同配置策略、风险收益的组合化产品，公司尝试发展综合配置业务，2016年7月首单综合配置信托产品“智荟财富—稳健配置1号”完成募集成立。

三、社会责任履行情况

落实市政府新一轮扶贫工作，公司启动2016～2018年对口帮扶大朗镇佛子凹村和韶关市乐昌三溪镇仕坑村工作。组织开展公益徒步活动，将50万元捐赠给“东莞市慈善会东莞信托慈善基金”，已持续资助28名困难学生及家庭。组织“金融知识进万家”宣传活动，员工通过走上街头、深入社区等方式开展专题宣传活动，加强对信托产品风险的披露，提升投资者对金融知

识的了解程度，完善金融消费者权益保护机制；编制并向社会公布《社会责任报告》，主动接受社会监督。

四、2017 年发展规划

2017 年是公司实施 2016～2018 年发展规划的关键之年。2017 年，经济增速放缓压力持续，市场的不确定性将进一步增加。信托行业进一步深化转型，国有企业改革将继续推进，监管要求的不断细化等将对公司发展带来新的压力和挑战。2017 年，公司将坚持以市场化为导向，以“树信心、谋转型、求突破”为工作重心，在巩固优化公司传统业务、确保公司收入稳定的基础上，加强对创新业务的拓展力度，切实推进“财富管理”建设，促进公司业务转型；加快风险项目的处置进度，进一步完善与公司业务发展相适应的考核激励机制，通过人才培育与引进相结合完善队伍建设，夯实内部管理基础，争取 2017 年取得突破性发展，继续推动公司实现可持续健康发展。

方正东亚信托有限责任公司

一、2016 年经营概况

2016 年，在监管部门的指导下，在股东及董事们的支持下，方正东亚信托有限责任公司（以下简称公司）经营层带领全体员工同心协力、共谋发展，按照制订的经营发展规划，推进业务模式转型和各项业务平稳发展，取得了预期经营管理目标，各项管理能力也得以进一步提升。

（一）主要收入指标基本完成

2016 年公司全年实现营业收入 12. 45 亿元，完成目标的 96. 5%；实现净利润 6. 02 亿元，完成目标的 103. 67%；人均净利润 225. 56 万元；净资产收益率 7. 47%。

（二）各项业务平稳较快发展

信托业务方面，2016 年公司按照“转型促发展、转型提质效”的理念，强化交易对手及项目选择，不断优化信托业务结构。同时，抢抓市场机遇，紧跟行业的发展趋势，结合形势变化，全面推进业务转型发展。

2016 年末，公司存续信托项目 340 个，规模为 2 001. 92 亿元，同比增加 989. 28 亿元，增幅 97. 69%。全年新增信托项目 189 个，新增信托规模为 1 758. 03 亿元，比 2015 年同期增加 929. 53 亿元，增幅 112. 19%。全年到期信托项目 145 个，清算信托规模为 768. 76 亿元，所有到期项目均顺利兑付。

固有业务方面，2016 年全年新增项目 16 个，规模为 6. 30 亿元；开展资本市场业务 4 笔，规模为 3. 3 亿元。公司贷款项目均已结清本息，不良贷款余额为零。

（三）产品营销转型升级

2016 年，公司一般集合类信托产品销售总额 138. 7 亿元，同比下降 6. 21%；资金池新增销售规模 215. 6 亿元，同比上升 14. 13%。全年财富管理中心参与销售集合项目规模 316. 8 亿元，其中，直销规模304.9亿元，渠道销售规模11.6亿元，公司财富管理中心直销规模占比高达86%，销售费率的下降，有效降低了资金成本。2016年公司新增高净值客户1 867人，其中机构客户153个。截至2016年末，公司累计客户总量为19 424个，其中机构客户为1 294个。

（四）监管指标符合规定

2016年，公司继续坚持稳健合规的经营理念，各项监管指标均符合要求。截至2016年末，公司净资本为33.84亿元（监管要求≥2亿元），风险资本为25.27亿元。净资本与各项业务风险资本之和的比例为133.93%（监管要求≥100%），净资本与净资产的比例为77.79%（监管要求≥40%）；银信合作融资类信托规模与银信合作信托规模的比例为20.24（监管要求≤30%）；集合资金信托贷款类规模与集合资金信托规模的比例为9.34%（监管要求≤30%）。

（五）内部控制继续加强

2016年，公司不断健全相关内部控制制度，采取多举措强化内部控制执行力，达到了预期的控制效果。2016年，公司新制定制度14项、修订制度21项、废止制度1项，现行的146项规章制度基本覆盖经营活动的各环节，满足当前业务开展与风险管理的需要。同时，公司还根据实际工作需要，优化业务审批的授权体系，按计划推动了恒生业务系统的全面上线，推进流程电子化和无纸化办公，有效提升工作效率。

（六）人员队伍持续壮大

2016年，公司继续增员布点，不断壮大人员队伍力量。2016年末，公司在册员工达270人，比年初增加6人，增幅2.27%；同时，公司加快全国范围内布局设点的步伐，新成立南京事业部，并在西安、成都、昆明、苏州、南宁、贵阳、长沙等城市增员布点，条件成熟的情况下筹备设立信托业务二级分部。

（七）公司形象有效提升

长期以来，公司重视并持续推进企业文化建设，积极承担社会责任，树立了良好的品牌形象。

2016年，公司工会组织员工开展篮球、羽毛球、乒乓球、足球、瑜伽等文体活动，举办摄影、徒步等员工喜爱的活动，组织员工跑团参加武汉马拉松赛事等，丰富了员工的业余生活；公司工会与人力资源部每月定期为员工举办生日会，增强员工的凝聚力和团队的向心力；不定期地开展异地员工访谈，了解员工思想动态，强化异地员工对公司的归属感和对企业文化的认同度。

2016 年，公司进一步加强品牌建设，以高效统一管理为核心，深度优化自媒体运营、重点突出活动管理、多维度推广品牌宣传，取得了较好的效果。公司与知名媒体合作举办影视基金设立发布活动，受到业界的广泛关注并形成一定影响力；举办首届固定收益宏观策略分析会，得到了众多金融机构合作伙伴及高净值客户的参与和好评；连续三年举办“爱·共成长”公益夏令营活动，受到社会各界称赞；公司的各类大型活动通过平面媒体、网络媒体和包括官网、官微等自媒体平台进行广泛传播，有效推广了公司积极正面的品牌形象。

二、创新业务案例

2016 年是公司转型发展的攻坚年，公司抢抓市场机遇，依托资本市场、稳步推进业务转型发展，在投资类创新型产品的结构设计和风险控制等方面有了一定的知识普及和经验积累，搭建了丰富的投资类业务产品线及相应的创新型业务风控体系。公司与多家券商、基金公司、上市公司和品牌私募投资机构合作，成功布局并开展了定增业务、新三板基金、阳光私募、产业并购基金、股权投资（PE）业务、上市公司可交换债（EB）业务、FOF 业务、量化对冲基金等八大类投资类业务。同时，公司积极开展创新类业务打造公司品牌，与知名影视企业策划共同发起设立影视基金，成功发行成立了消费信贷信托、他益信托等创新类产品。公司自取得“特定目的信托受托机构”创新业务资格以来，于年内成功发行了首单银行间市场公积金贷款资产证券化产品，并在交易所成立发行商业房地产抵押贷款证券化（CMBS）产品，2016 年开展资产证券化业务总规模约为 60. 4 亿元。

三、社会责任履行情况

公司持续发挥信托投融资功能，助力地方经济发展。截至 2016 年末，公司存续湖北省境内信托项目 27 个，信托规模 87. 61 亿元，比年初增加 21. 89 亿元；全年新增湖北省境内信托项目 15 个，新增信托规模 63. 29 亿元。公司自成立至 2016 年末，先后为湖北省安居工程建设、能源设施改造、武汉地铁、武汉化工新区、武汉市中央商务区开发建设和汽车工业园建设等 123 个湖北省内重点项目工程提供投融资服务，总规模达 440. 48 亿元，有力地支持了地方产业结构调整、民生工程建设和重大基础设施工程建设，产生了良好的社会效益。公司六年来纳税总额达 16. 1 亿元，2016 年纳税 3. 03 亿元。

2016 年，公司继续致力于社会公益事业。“方正东亚信托‘爱·共成长’公益项目”先后多次组织帮扶对象走访活动，为困难家庭送去温暖；组织 30 余名受资助的孩子参加公益夏令营，帮助孩子们开阔眼界、增加自信、相互交流、共同进步。

四、2017 年发展规划

2017 年是公司全面推进三年战略规划的关键年，公司转型攻坚仍在路上。2017 年，公司将根据监管导向，积极探索包括债权信托、股权信托、标品信托、同业信托、财产信托、资产证券化信托、公益信托、事务信托在内的“八大业务”的发展路径，继续依托私募投行、资产管理和财富管理三条业务主线，持续提升业务拓展和专业受托能力。在继 2015 年的组织结构调整、2016 年的产品端布局调整后，2017 年将重点围绕资金端结构调整，依托新资金渠道的开拓，以及财富管理中心的核心能力升级为现有及未来产品线提供多层次资金支持。

（一）组织驱动、团队增强

一是完善区域组织功能、加快增员设点步伐。继华北、华东大区设立后，完善建立华中、华南、华西等区域中心，充分发挥大区管理职能。二是稳步推进信托业务二级分部的建立，并强化一级部门对二级分部的垂直管理。三是加大招聘力度、广纳人才，并完善与战略转型相匹配的考评激励机制，促进公司业务和财富管理团队在全国范围内增员设点步伐。四是进一步明确财富管理中心机构岗职责，扩充产品岗职能，为财富管理中心成立私人银行部打牢基础。

（二）三主两辅、夯实根基

2017 年是供给侧改革深化年，在经济结构性调整和汇率下行的双重压力下，金融市场已从单纯的“资产荒”向“资产和资金双荒”的情况转变。在此背景下，2017 年公司信托业务将以“三主两辅”为方向，即以资本市场业务、PPP 业务、房地产业务为主线，以资产证券化、小额消费信贷为辅线，进一步夯实信托业务基础，构建新的优质交易对手群体，实现业务收入结构由以中短期为主向中长期为主的方向转变，保证公司信托业务的可持续健康发展。

（三）固有协同、支持运营

一方面，将公司固有业务作为信托业务的战略性资源，实现对信托产品的销售协同、对信托受益权的流动化协同和对战略客户的投融资协同；另一方面，固有业务在确保流动性充足的情况下，加大资本市场业务渠道的建设力度，加强与银行、券商、公募基金、品牌私募等机构的合作，探索资本市场投资和 PE 股权投资机会，立足本地、优选开展房地产等融资业务。

（四）优化结构、完善功能

2017 年，公司将财富管理作为转型的重要抓手之一。一方面，进一步优化调整财富管理的客户结构和产品结构，提升客户分层与产品结构的匹配度。逐步完成高净值客户单一信托账户的建立，在该账户服务系统下为客户提供“辅助型”财富管理服务，逐渐配置各类产品，实现向真正财富管理的过渡。另一方面，培育现有财富管理中心营销人员与高端客户进行个性化服务所需要的专业能力，推动现有营销人员由营销型向管理型转变。

（五）综合提升、品牌再造

公司已完成股权变更程序，2017 年将依托股东、共同扩大市场影响，重塑公司品牌形象。同时，公司将进一步优化与公司转型发展相匹配的流程再造工作，加强产品创新和研发力度，促进信息化建设进程，不断提升运营效率，打造综合实力更强的经营管理队伍。

光大兴陇信托有限责任公司

一、2016年经营概况

2016年是光大兴陇信托有限责任公司（以下简称公司）在业务发展和体制机制建设方面继续高歌猛进的一年。2016年，在光大集团和公司党委的正确领导下，在集团下属各兄弟单位的大力帮助和支持下，经过一年的艰苦奋斗，公司各项业务蒸蒸日上，行业排名大幅提升。在2016年第九届中国优秀信托公司评选中，公司荣获“锐意进取信托公司大奖”，公司闫桂军总裁荣获“行业领军人物大奖”。

（一）主动应对并妥善处置原甘肃信托历史遗留项目风险

公司目前所有风险项目均为原甘肃信托历史遗留项目，自重组以来新办理项目未发生不良项目。截至2016年末，公司全部落实了清收化解方案，在多个风险项目的处置中应对得当，取得了阶段性成果。为解决历史遗留问题，2016年公司设立了特殊目的基金，创新性地设计了资金端采用契约型基金、资产端采用有限合伙基金的模式，为公司解决不良资产探索出了创新模式。

（二）资产规模逆势而上，营业收入及利润翻倍增长

在信托行业整体规模增速出现大幅下滑的环境下，公司上下砥砺前行，奋勇开拓，取得了较好的业绩。截至2016年末，公司管理资产规模首破3 000亿元，达到3 074亿元，较年初增加1 699亿元，增幅123.48%，创造历史最好发展水平。盈利及财务状况方面，截至2016年末，公司实现营业收入8.01亿元，同比增幅29.53%，全年实现利润总额4.8亿元，同比增长56.34%。

（三）业务结构持续优化

资产结构方面，2016年累计新增信托业务823笔，金额为2 540亿元，主动管理类规模合计587亿元，占比为23.35%；集合类信托为992亿元，占比为39.03%，主动管理能力持续增强。

从资金投向看，新增规模中近40%投向了风险相对较低的政信类项目。合格投资人拓展方面，坚持一手抓机构客户营销，一手抓互联网建设，直销比率由年初的不足30%提升至接近90.2%。

（四）战略转型和创新发展不断深化

在认真研究信托行业发展特征基础上，公司明确了“基金化、证券化、资产管理化”的三化发展方向，积极推进整个发展模式由被动向主动转型、由银行型向资产管理型转型。截至2016年末，消费信托已成功落地，业务规模为2.5亿元，预计2017年将超过50亿元；首单“光大·陇善行慈善信托计划1号”正式成立。同时，公司还积极布局新三板基金、证券信托基金、不良资产证券化，并实现项目落地。

（五）公司治理架构和制度、体系及流程进一步完善

公司不断完善公司治理架构，在董事会下设了风险管理委员会等4个专业委员会，在高管层下设信托业务评审委员会等3个委员会，完善了对公司重大事项和日常管理的决策机制。公司高度重视制度、体系和流程建设工作，全年新建和修订公司各类制度办法97个，不断优化各类业务流程，提高工作效率，把经营管理和决策工作纳入制度化、规范化的轨道。

（六）强化机构建设和干部队伍建设

在原有4个区域中心的基础上，2016年新成立重庆区域中心，在广州成立了区域中心筹备组，春节后开业，PE子公司进入筹备阶段。利用多种方式从信托、银行、证券、基金公司等金融机构大力引进市场化的高水平专业人才。公司在干部选拔任用上，始终坚持民主集中制原则，坚持任人唯贤、德才兼备的用人导向。在干部选拔过程中严格履行会议、组织考察、谈话、任前公示等程序，不断完善公司考核评价体系。

二、社会责任履行情况

公司积极履行作为企业公民的社会责任，努力培育履行社会责任的企业文化和机制，积极践行《信托公司社会责任公约》，培育和挖掘中央企业控股金融企业社会责任的内涵，不断丰富企业社会责任的实践内容。

（一）实现股东稳定回报，国有资产保值增值

2016年，在信托行业整体规模增速出现大幅下滑的环境下，公司上下砥砺前行，奋勇开拓，取得了较好的业绩。截至2016年末，公司管理资产规模首破3 000亿元，达到3 074亿元，较年

初增加1 699亿元，增幅123.48%，创造历史最好发展水平。盈利及财务状况方面，截至2016年末，公司实现营业收入8.01亿元，同比增幅29.53%；全年实现利润总额4.8亿元，同比增长56.34%。

（二）依法履行纳税义务，支持甘肃经济发展

公司本着积极支持甘肃经济发展的宗旨，全年上缴各项税费及附加共2.44亿元。公司党委高度重视甘肃业务的发展，提出“树立服务甘肃新理念”的整体思路，努力探索符合甘肃省域特点的金融服务模式措施，专门制定了《光大兴陇信托进一步支持甘肃经济社会发展专项工作方案》，工作方案由“一个目标”“两项原则”“三个导入”“四类重点”“五项举措”构成，统筹起来，形成支持甘肃经济社会发展专项工作方案，并已积极开展相关工作。

（三）坚决贯彻人本精神，深化企业文化内蕴

公司在稳健快速发展的同时，坚持“以人为本”，组织开展丰富多彩的文体运动，极大地丰富了员工的业余生活。公司持续完善工会组织建设，积极保护职工合法权益，制定了《光大兴陇信托公司员工阳光关爱基金管理暂行办法》和《光大兴陇信托公司困难员工补助办法》。制订了详细的员工培训计划，定期开展具有针对性的内外部培训。加强人才梯队建设，制订实施系统的后备干部培养计划，建设公司网络学习和移动学习体系，全面提升培训工作效率，深化学习型组织建设。

（四）认真履行受托人义务，维护受益人利益

公司以受益人利益最大化为原则，认真履行诚实、信用、专业和有效管理信托财产的受托人义务，2016年为受益人分配信托利润123.47亿元。

（五）积极参与慈善事业，成立慈善信托计划

一是积极参加各类爱心捐款活动，公司领导干部率先垂范，带动广大干部职工踊跃捐款，积极参与公益慈善事业，先后在“向实行计划生育的贫困母亲献爱心捐款”活动中捐款17 118元、“助学贫困学生”活动中资助27人共捐款3.86万元、向贫困灾区捐款30万元。二是由公司独立发起设立的“光大·陇善行1号”慈善信托产品获得备案管辖机关备案回执，成为在《慈善法》颁布当年内实现民政部门备案的慈善信托产品，也是甘肃省首单通过备案的慈善信托产品。

三、2017 年发展规划

2017 年，公司将在认真分析和研判国际国内经济发展形势的基础上，按照“创新、协调、绿色、开放、共享”的发展理念，结合信托业发展现状和公司面临的整体发展形势，主动调整业务布局，加大业务创新力度，严格风险管理，积极统筹各方资源，推动公司各项业务再上新台阶。

（一）紧紧围绕“三化”发展理念强化信托投资功能

“基金化、证券化、资产管理化”是公司研究确定并将长期坚持的战略方向。“基金化”发展方面，要突出产业基金、基础设施投资基金、股权并购基金等投资功能，主动进行组合投资，推动杠杆化投资业务的发展。证券化方面，要继续开展以银行为主的不良资产的证券化，大力开展优质资产的证券化，以证券化为投资平台，通过开展债券投资结构化业务，推进非标转标业务开拓，实现投资功能的多元化。资产管理化方面，继续重视家族信托的研究，加强同保险、证券、金融租赁公司等的合作，实现优势互补和功能相互内嵌的良性发展目标。

（二）适应战略转型需要，提升风险管控能力

一是积极支持政信合作业务。根据国家政策及时调整优化政信项目的区域选择、交易对手资格、交易结构设计等，创新业务合作模式，大力推进政信合作业务。二是积极支持资产证券化业务。要把握机会窗口，建立相对标准化、批量运作的业务模式，推进公司在风险损失较低的情况下抢占制高点，迅速扩大经营规模。三是审慎支持房地产投融资业务。要对房地产市场加强研究，优选交易对手、开发项目，合理设计方案，适时择优介入。四是积极支持股权投资类和证券投资类信托快速发展。加强与业绩相对稳健的投资顾问机构的合作，提升公司自主投研能力，逐步建立公司资本市场的专业投资团队。五是全力支持探索创新业务模式。积极探索家族信托、土地流转信托、资产证券化、产业并购等创新业务，提高公司主动管理市场、主动服务客户的能力。

（三）着力抓好人才队伍建设

一是进一步优化和完善绩效管理体系。优化公司 KPI 考核指标体系，落实职级“一年一聘”和基本薪酬浮动调整机制，贯彻按季考核、按季兑现的原则，强化团队的优胜劣汰。二是改进干部选拔任用机制，加强人才梯队建设。努力探索建立更加科学、高效的干部考核评价体系，进一步提升干部选拔任用工作的制度化、科学化水平。三是继续做好关键和紧缺岗位人才引进。

进一步整合内外部招聘资源，提升人才引进效率，为公司引进行业顶尖的专业人才。四是完善培训体系。继续组织好定期的公司集训工作，不断拓展外部职业素质类课程，优化课程设计，创新课程形式，加强培训考核与成果的转化工作。

（四）做实党建及纪检工会群团工作，改善员工福利，增强员工凝聚力

一是抓好党建及纪检工作。要在集团和公司党委领导下，严格落实中央关于党建方面的政策要求，进一步加强基层党组织建设。二是做实工会群团工作。以最大限度地满足员工需求和提高员工积极性为宗旨，加强和完善组织建设，切实维护和保障员工利益。三是进一步完善员工福利保障制度。研究推进员工补充医疗保险体系方案，同时启动员工企业年金建设的调研和方案设计工作，进一步增强员工凝聚力和归属感。

广东粤财信托有限公司

作为广东省属国有金融企业，广东粤财信托有限公司（以下简称公司）在坚守风险控制底线的基础上，以做实产业投行，服务实体经济发展与社会民生事业为己任，一方面充分发挥信托制度优势，以灵活多样的金融服务大力支持实体经济发展，引导资金支持社会民生；另一方面大力推进业务创新转型及体制机制改革，增强服务社会经济的能力，取得了良好的成绩，被网易财经评为2016年“中国金融500强”。

一、2016年经营概况

截至2016年末，公司注册资本达28亿元；总部位于广州，从业人员110人；自营业务资产总额为49.80亿元，比年初增长8.88%；净资产为47.79亿元，比年初增长11.75%；信托资产规模为2 019.69亿元，较年初增加46.74亿元，增长2.37%；实现营业收入10.57亿元，比上年同期增长2.05%；实现利润总额9.84亿元，比上年同期增长18.79%；实现净利润8.56亿元，比上年同期增长29%。公司自营资产全部为正常类资产，所有信托项目到期正常兑付。

二、创新业务案例

公司与广东粤财创业投资有限公司合作，共同出资组建广东珠西航天产业发展基金合伙企业（有限合伙），总规模为50亿元，首期为5.79亿元，期限为10年。由广东粤财创业投资有限公司担任基金管理人，由平安银行广州分行担任基金托管人，基金落户广州市南沙自贸区。基金募集资金通过定向投向军民融合发展基金，主要用于投资以航天为主的各大军工集团所属研究院、研究所、制造厂改制项目，卫星、火箭、飞机、舰船、兵器等领域的国家重大项目公司组建及资本运作，军工资产证券化项目，军工高技术在战略性新兴产业民用领域的推广应用项目以及中央企业、地方国企改革相关的投资项目。

公司捕捉资产证券化业务机会，先后与广发银行、东莞农商行、东莞银行合作发行资产证券化产品76.72亿元。在中国资产证券化研究院（金融时报社联合各大金融机构及证券化中介机构共同发起）举办的首届中国资产证券化年度评选中，公司“启元2016年第一期信贷资产证券化信托”获得“2016企业贷款ABS最受欢迎奖”，“莞盈2016年第一期信贷资产支持证券”获得“2016年企业贷款ABS最佳资产奖”。

三、社会责任履行情况

为推动慈善事业发展，更好地履行公司社会责任，公司积极开拓与慈善机构、社会各界企业的合作，开展邀请特殊儿童家庭共同乘坐有轨电车、请美术老师指导特殊儿童绘画写生等公益活动。在《慈善法》修订、慈善信托开闸的大背景下，公司积极探索开展公益信托，深入参与了中国信托业协会组织的关于“《慈善法》背景下的公益信托”专题研究，并于2016年10月20日成功备案广州市首宗获批慈善信托——“粤财信托·德睿慈善信托计划”备案材料。该项目信托财产优先使用于广东省内的扶贫济困项目，首期受益人范围为孤儿、特困户、五保户。

四、2017年发展规划

（一）加强产品线布局和建设，逐步打造公司比较优势，通过结构调整实现业务转型

2017年，公司在转型创新上要围绕债权信托、股权信托、标品信托、同业信托、财产信托、资产证券化信托、公益信托及事务信托八个方面，选准优势产品和突破口，力争在部分业务领域形成自己在华南市场独有的优势，通过不断增强产品竞争力，再用1～3年时间在国内形成公司品牌优势，与此同时，按照资源禀赋适时推进公司其他产品线布局和发展，假以时日将实现全面引领行业发展目标。

（二）市场优先，加强业务团队建设，提升公司主动营销力量

按照人力资源向一线业务倾斜的总方向，在有效提升风控、运营能力的基础上，加快组建更多前台业务团队，重点培养拥有表内、表外视野的消费信托、证券投资信托、资产证券化、私募投行等团队，与商业银行开展差异化竞争，提供一站式、投融结合服务。同时，推动北京、上海、深圳、成都等异地业务团队组建方案落地，加快异地业务团队的招聘和组建，实现更多的市场拓展力量、市场触角，增强主动营销客户力度，为业务实现跨越式增长奠定基础。

（三）合力共谋，明晰公司展业风险偏好，既谋进，又谋退

关注信用风险、市场风险、合规风险等，主要是交易对手风险，选择交易对手学会放弃，

有舍有得。同时，关注债券市场风险和操作性风险。明确风险偏好，确定合理的风险容忍度，既有利于鼓励业务团队积极拓展主动管理类业务，也有利于坚持和落实好业务转型、风控先行的理念。为此，公司应按照各类型业务风险可控的原则，制定业务开展的指引，明确交易伙伴准入合作标准、业务风险点防范要求，特别是融资类业务，应逐步制定区域、行业、客户准入标准和业务风控要求，前台、中台、后台既形成合力，也相互制约，中台、后台要有服务意识，前台也要树立风险意识。

（四）平台思维，共同发力财富管理，打造资金端获取能力

时任中国银监会主席尚福林在2016年中国信托业年会上指出，今后信托公司要继续坚持信托本业为主体、固有和其他中间业务为补充的总体思路，逐步由受托人发起向由委托人发起转型，聚焦资产管理、财富管理和受托服务三大领域，提升专业的资产管理能力，构建比较优势，致力于提供门类齐全、功能齐备的信托产品和信托服务，在优势领域巩固领先地位，在特色领域形成竞争优势，力争信托业发展根深蒂固、长盛不衰。信托行业实现由受托人发起向委托人发起的转型，是愿景目标，也是财富中心未来价值所在。但在公司转型初期，财富管理与资产管理应双轮驱动，市场部门积极提供产品供财富中心发行，吸引高净值个人客户和机构客户。财富中心同时也应传导机构客户、个人客户的资金需求配置，助力业务部门开拓主动管理业务，打造共享共生平台，为全公司服务。

（五）问题导向，防范化解风险，守住风险控制底线

有效防控风险，是公司实现可持续发展的生命线，也是获得监管部门认可、拓展创新业务的前提。公司要结合监管评级要求及监管部门现场检查提出的意见，大力推进全面风险管理体系建设，切实细致梳理内部控制各环节，完善制度规定、强化制度执行和监督，确保稳健经营，稳中求进。

（六）创新驱动，向管理要效益，加快推进公司绩效考核机制改革

1. 申请新牌照，实现创新驱动

在加强内部管理、争取较高监管评级基础上，公司将持续加强与监管部门的沟通，力争在新业务资格、新牌照等方面得到监管部门的支持，为公司未来发展拓宽路径。争取获得 QDII、不良资产收益权转让、企业年金受托人、全国社会保障基金贷款投资受托管理人、公墓基金、设立 PE 等专业子公司等资格，为信托展业开拓一片新天地。

2. 不断提高精细化管理水平，向管理要效益

制定并不断完善公司薪酬套改方案落地实施的配套制度和实施细则，把好事办好，真正激

励干部有为有位，员工奋发作为，包括进行系统开发，支持市场部门、考核部门适时查询和明晰团队和个人业务拓展情况，助力业绩过程管理和薪酬及时分配等；完善“举手制”，拓宽员工职业发展通道；完善异地团队运行管理等方案，为公司稳步走向全国提供机制保障。

（七）党建正本，文化聚心，以家园文化凝聚团队精气神

一是坚持把发挥党的政治核心作用作为根本遵循，从严治党。认真开展“三会一课”，持续进行“六项纪律”谈话工作，组织员工认真学习党章党规党纪，通过党建教育切实提高党组织的凝聚力和战斗力，切实发挥党员在公司发展中的先锋模范作用。二是加强家园文化建设，倡导“快乐工作、健康生活”的理念，坚持把建设先进企业文化作为重要途径，组织季度评比，及时表彰先进，营造良性竞争、合作共赢的团队氛围；继续做好生日会、文化活动、高管与员工座谈会、企业文化墙、宣传海报等；关心重视和支持工会工作，坚持和完善职工代表大会制度。三是通过专业培训、跨部门轮岗等多种形式培养人才。继续做好员工培训，提升员工综合素质，组织好新员工入职培训、业务指导、风险控制等专题培训，帮助员工迅速成长，快速掌握公司各类业务及各项制度。促进公司与专业培训机构、行业专家的合作，针对创新热点大力加强专业培训，并提供经营管理、业务专题、自我提升等不同类别的针对性培训。落实控股持续学习奖励、“伯乐奖”、超额业绩奖、创新创意奖等激励约束制度，加快构建科学规范、开放包容、运行高效的人才体系。四是培养“撑你，我光荣”的团队文化，团队成员之间相互补位，相互支持，为其他部门及同事的进步鼓劲，逐步塑造卓越团队。

国联信托股份有限公司

2016 年，在深刻领会监管精神和政策导向的基础上，在董事会的领导和大力支持下，国联信托股份有限公司（以下简称公司）着力推进风险处置，稳定公司业务规模，积极探索业务转型，不断深化公司机制体制改革，为公司的平稳过渡和科学发展打下了良好的基础。

一、2016 年经营概况

（一）主要经营指标

公司 2016 年实现营业收入 38 101 万元，实现利润总额 34 082 万元。公司信托资产规模为 454.13 亿元，比年初增加 33.45 亿元，增幅约 8%。自营资产规模达到 42.25 亿元，比年初增长 5.86%。

（二）主要工作回顾

2016 年，在充分分析行业发展趋势，深刻领会监管精神、政策导向的基础上，结合董事会下达的目标任务，公司积极探索新的业务、经营和管理模式，重点开展了以下几项工作。

1. 引进战略投资者取得实质性进展，机制改革加快推进

根据公司发展“十三五”规划，公司拟引入有资源、有实力、有品牌的战略投资者，调整股东结构，完善法人治理，推动公司转型发展。经过前期的沟通，公司于第二季度初步确定了战投人选，积极推进引战进程。2016 年，公司继续深化机制体制改革，完善责任认定机制、内部控制机制、业务流程机制等制度建设。同时，探索市场化薪酬考核机制，激发活力，提升整体战斗力。

2. 转变业务经营策略，稳定传统业务规模

在宏观经济增速下行，泛资管竞争加剧的背景下，传统业务增长面临着资产荒、利润薄等诸多挑战。公司一方面加强和银行、证券等传统银信合作、证信合作的力度，力争用通道业务的增量维持一定的规模水平并努力实现增长；另一方面，多渠道、多地域拓展主动管理项目，

提升竞争力。

3. 推动业务创新转型，重要领域实现突破

2016 年，公司在创新转型上多点发力，提升特定领域专业资产管理能力，打造国联特色，已取得了一定成绩，为公司打开了新的增长窗口。

第一，城市发展基金。针对市场变化，公司以传统融资业务转型为抓手，积极把握无锡各区县的投资机会，组建和布局城市发展基金，从原来的政信合作、平台融资向城市发展基金转型，由融资业务向资产管理业务转型。通过这种方式，将传统的集合信托政信融资模式升级为“规模大、期限长、风险低”的基金管理模式。

第二，产业信托。公司发挥信托可以从事实业投资的制度优势，将“产业基金 + 产业信托”作为转型的重要方向，依托全资子公司国联资本的 PE 基金管理业务，在文化教育、健康医疗、节能环保、绿色能源四大领域探索布局。

第三，并购信托。公司围绕经济结构转型，结合无锡及周边地区上市公司产业整合的要求，以并购信托业务为切入点，积极参与企业并购重组，发展并购信托，助力产业升级。

4. 加强队伍建设，优化人才结构

2016 年，公司继续强化了人力资源的相关工作，将人才引进和团队建设作为本年度人力资源工作的重点。一方面，公司加大招聘力度；另一方面，公司着力对现有的团队进行优化整合。另外，针对新员工较多的现状，公司举办了全方位、多层次的培训，覆盖公司业务的各阶段，提高公司的运营效率，促进广大员工专业水平的提升。

二、创新业务案例

（一）城市发展基金布局

公司从原来的政信合作、平台融资向城市发展基金转型，在把握无锡各区县的投资机会，主动组建和布局城市发展基金外，还积极参与各银行与无锡地方平台的融资，农业银行江苏分行与无锡梁溪区 60 亿元“梁溪城市发展基金信托”，公司以管理人身份参与，首期 4.5 亿元已经投出。

（二）产业信托业务实践

2016 年，“国联首控教育产业基金”成立，实收规模 9.8 亿元，公司成功发行 3 亿元“国联教育产业集合信托”作为 LP 加入了该基金。截至 2016 年末，教育基金已投资四川师范大学附中、美联英语、江西百树教育集团 3 个项目，签约投资额 8.8 亿元。

（三）并购信托业务实践

2016 年，国联资本联合上市公司，通过“上市公司 + 专业 PE 管理”的模式组建并购基金已取得一定成效。与和晶科技（300279）及精华制药（002349）两家上市公司分别组建的“国联和晶并购基金”及“国联精华健康产业基金”已正式运作，国联和晶基金首个投资项目已于 2016 年 5 月成功被上市公司吸收合并。

三、社会责任履行情况

公司自成立以来，始终坚持合规经营、诚实守信的基本原则，以维护良好的金融市场环境为己任，不断提高社会责任感。根据地区经济发展的要求，发挥信托联结三个市场的优势，积极投身地方经济建设和社会事业的发展，在无锡乃至长三角地区建立了一定的品牌和声誉。

面对复杂多变的国内外经济环境，公司努力克服各种困难，立足地方，支持区域经济发展，将自身成长与地方经济发展紧密结合起来，积极利用各种方式、运用多种金融工具，大力促进经济结构调整和产业转型升级，扶植中小企业发展和科技创新，为地方经济和社会事业发展提供了有力的金融支持，助推无锡“产业强市”战略实施。

一直以来，公司秉承“汇聚智慧、创造财富”的理念，持续打造服务平台和营销平台，努力提高金融服务水平，为客户获取实质性财富增长。公司以信托受益人的利益为首要目标，坚持稳健投资的经营风格，将风险控制放在第一位。自 2003 年重新登记以来，公司发行的所有已到期集合信托产品均按合同约定顺利兑付，并且实际收益率均达到甚至超过了预期收益率，有效保护了投资者和受益人的合法权益不受损害。

四、2017 年发展规划

随着金融市场改革的不断推进、金融监管政策的日益完善以及信托行业转型升级的持续探索，2017 年，公司将不断提升主动管理能力，强化风险管控水平，进一步回归信托本源，服务实体经济发展及居民财富增加的需求，努力把公司打造成“法人治理完善、合规风控到位、特色优势明显”的资产及财富管理机构。

结合前期创新转型的实践，2017 年，公司将努力实现以下转变：在盈利模式上，从规模上主要依靠通道、收入上主要依靠利差向“利差 + 资产（财富）管理收益”的双轮驱动模式转变；在产品结构上，从过度依赖资金信托向“资金信托 + 财产信托”并重并举再到“财富管理综合服务”的模式转变；在资金运用方式上，从绝大部分简单运用于贷款或“类信贷”向“贷款 +

真实投资”齐头并进的模式转变。为实现上述目标，2017 年公司将重点推进以下工作。

（一）完成战投引进，改革机制体制

2017 年，公司将继续全力推进引战事宜，力争早日完成战略投资者引进。在引入战投后，公司将进一步整合各股东方资源优势，提升公司业务拓展的广度和深度，增强公司的市场影响力、盈利水平以及综合竞争力。随着股东结构的优化，公司将按照市场化信托公司的发展模式，完善公司治理，改革机制体制、决策机制，实现业务和管理的快速突破。

（二）拓展展业渠道，做大信托规模

公司将继续加强与各类金融机构的对接，深化银信、证信合作，用通道业务的增量做大公司信托规模水平。在与银行等金融机构加强合作的同时，公司将不断提升专业能力，根据新需求提升产品设计能力、优化业务流程，开拓更多业务类型，以实现长期战略合作。同时，公司还将在提高本地区市场占有率，把无锡本地业务做深、做透、做精的基础上，依托国联综合金融、产融结合的优势，优化区域布局，延伸业务触角。在业务开拓的同时，利用公司后台统一管理、整体把控，保证项目和公司发展的高质量、低风险。

（三）加快业务创新，实现转型发展

1. 推动城发基金尽快落地

完成在资金端与多家银行的洽谈，在资产端推进与无锡区县平台的对接，2017 年上半年力争投出城发基金首单，在总结城发基金运作经验的基础上，将适时向异地推广复制。

2. 加大产业信托覆盖面

在首只教育产业基金及信托成功运作的基础上，公司将继续通过信托和基金的联动，探索该模式批量、可复制的机会，形成公司稳定的利润增长点，做大产业信托覆盖面，加大服务实体经济力度。

3. 加快并购信托对接并购基金

下一步，公司将进一步做好国联和晶、国联精华两只围绕上市公司开展业务的并购基金投资管理，加快基金运作过程中并购信托的对接。此外，推动并购基金的设立，在基金设立时就由并购信托介入，通过并购业务盘活低效产业。

4. 探索家族财富信托业务，回归信托本源

在着力推进业务创新，谋求转型发展的当下，回归信托“受人之托、代人理财”的本源，充分发挥财富管理功能也是公司一个重要的战略选择。公司将充分挖掘无锡上市公司众多、超高净值客户集聚的优势，依托国联集团综合金融服务，发挥信托“破产隔离”的制度优势，开

展家族信托业务探索。

在金融市场日趋成熟的大环境下，公司将提升客户对于风险和回报的理性认识，传递“以固收类为核心，配以创新类产品”等资产配置的方法，并着眼于内外部投资标的遴选，打造产品池。

下一阶段，公司一方面将重点联动国联其他机构，为客户量身定制覆盖证券、信托、基金、人寿、期货以及创投行业的个性化金融解决方案，实现财富保值增值；另一方面，深度挖掘产业信托、并购信托业务的客户资源，针对其家族产业需升级转型的痛点，提供综合服务。公司将从机制、人员、产品等各方面集聚资源，开展财富管理业务探索，力争在该领域尽快实现突破。

（四）深化合规管理，完善风控体系

公司开展业务遵循有效控制和防范风险的原则，坚持规模与效益、风险、业务内涵的均衡发展。2017 年，公司将继续在组织架构、制度建设和资源配置等方面对风险管理给予大力支持，并根据现存的不同项目风险的性质，有针对性地采取相应的措施。

国民信托有限公司

一、2016 年经营概况

2016 年，面对宏观经济持续走低、资管行业竞争加剧、行业监管日趋严格、利率进一步下行、传统信托业务难以开展等复杂的外部环境，国民信托有限公司（以下简称公司）高级管理层认真履职，仔细研究分析国内外金融市场发展趋势和行业监管政策导向，在保障公司稳定经营的前提下，积极推进公司完善治理架构，进一步扩大业务团队规模，规范信托产品发行，大力拓展信托业务，加强员工培训力度，充实风险控制与法律合规管理力量，重视履行社会责任，促进公司长久发展。

（一）基本情况

2016 年，公司实现净利润 19 583.76 万元，累计实现营业收入 65 453.16 万元，其中信托业务收入为 58 808.18 万元。实际新增信托项目规模 20 272 035.15 万元，清算结束信托项目规模 7 168 915.89万元。截至 2016 年 12 月 31 日，公司固有资产总额为 402 035.61 万元，公司净资产为 232 826.91 万元，净资产收益率为 8.78%。净资本为 177 955.50 万元，净资本/净资产的比率为 76.43%；净资本/各项风险资本之和的比率为 149.57%，均高于监管标准。

（二）信托业务情况

截至 2016 年 12 月 31 日，公司存续信托项目 705 个，受托资产规模总计 24 700 030.09 万元，资产总额总计 24 747 529.17 万元。其中，集合资金信托项目 161 个，受托资产规模为 4 186 917.47万元，资产总额为 4 201 401.76 万元；单一资金信托项目 538 个，受托资产规模为 19 975 462.03 万元，资产总额为 20 008 433.81 万元；财产权信托项目 6 个，受托资产规模为 537 650.59 万元，资产总额为 537 693.60 万元。已清算结束的信托项目 263 个，公司已依照信托合同约定，将前述已清算信托项目项下信托财产及收益分配给信托受益人。

截至 2016 年 12 月 31 日，公司自主管理类型项目受托资产规模总计 2 540 663.59 万元，资产总额为 2 558 843. 10 万元，占全部信托资产总额的 10. 34%。在自主管理类型中，证券投资类信托项目受托资产规模为 299 141. 51 万元，资产总额为 285 466. 24 万元；股权投资类信托项目受托资产规模为 118 660. 00 万元，资产总额为 125 142. 93 万元；其他投资类信托项目受托资产规模为 47 264. 79 万元，资产总额为 49 513. 84 万元；融资类信托项目受托资产规模为 2 075 597. 29万元，资产总额为 2 098 720. 08 万元。公司被动管理类项目受托资产规模总计 22 159 366. 50万元，信托资产总额为 22 188 686. 07 万元，占全部信托资产总额的 89. 66%。

（三）管理工作情况

1. 风险管理文化建设

2016 年公司按照监管层“八项机制、八项责任”“两个加强、两个遏制”等各项政策的要求，将各项机制和责任分解到公司风险管理的各个环节，逐步建立面向新形势的全面风险管理机制与文化。从公司董事会到高级管理层，从公司风险管理、法律合规、项目管理等职能部门到公司各一线业务部门，合规、风控与责任三要素已经渗透到公司运营各环节，各项工作事前、事中和事后紧密衔接的全面风险管理与内控体系日趋完善。

2016 年，公司根据实际运营需要梳理内部制度，进一步完善项目管理体系和业务评审机制，强化与监管机构的交流沟通，高度重视日常经营事项的合规操作，根据监管机构要求完成各项报告报备事项，积极开展法律合规培训，增强员工法律合规以及内部控制意识，培育良性风险文化。

公司通过先进的信息技术手段将内控审批程序固化，并不断进行完善，从业务开展到公司各项经营管理活动，形成规范化、程序化的风控文化；建立风险管理月度报告制度，定期分析各类潜在风险，加强风险评估，为全面风险管理提供决策参考。

2016 年，公司面对新形势，对业务风险偏好进行了相关调整，业务重点偏向事务类管理项目，主动管理类项目以与地方政府所属企业合作的基础设施类、证券投资类两类较低风险业务为主，并严格控制房地产及产能过剩行业的展业。

2. 健全核心业务团队，完善绩效考核机制

2016 年，公司进一步完善人力资源管理工作，根据业务发展需要，在有效控制成本的前提下，公司在四个信托业务区域继续扩建业务团队，优化团队人员结构；根据公司发展规划，设立财富管理事业部，财富管理事业部下设北京财富管理中心、上海财富管理中心、深圳财富管理中心、客户服务部，由公司财富事业部作为公司统一的产品销售平台，整合公司营销资源。2016 年，公司进一步优化了各业务条线激励机制，修订并发布了《信托业务部门绩效考核管理暂行办法》《财富管理事业部薪酬与考核管理暂行办法》，制定了《证券信托部 2016 年绩效考核建议方案》《基金信托部 2016 年绩效考核建议方案》，为业务部门人员年末考核工作提供了依

据，目前公司已经建立起覆盖信托业务、自营业务、产品销售以及中台、后台的全面绩效考核机制。通过持续完善公开透明、结果导向的考核和激励机制，以达到吸引优秀人才、留住优秀员工、激发全员创造力的目的，使员工个人效益与团队业绩、公司业绩、风险管控实效挂钩，逐步建立了“能者上、平者让、庸者下”的有效考核机制与灵活的用人制度。

3. 完善科技系统建设，助力公司业务发展

应用平台建设方面，公司上线了销售过程录音录像管理系统，实现了信托产品销售过程录音录像管理，并实现与销售产品及合同对接管理；新办公系统投入使用，优化了流程管理，实现流程固化，支持“移动办公”和“单点登录”；继续完善信托业务系统，增加金融机构代销业务模块，支持金融机构代销产品；进一步完善恒生资管和估值核算系统，支持交易所新一代接口，支持公司证券业务平稳开展。

基础架构建设方面，公司进一步完善、加固及优化基础设施，升级了信托业务系统硬件和系统软件，提升核心业务系统稳定性；升级了边界“防火墙”，提升了网络性能和稳定性；进一步完善了统一备份机制，保证数据安全，提供高可用性，支持业务连续性。

4. 市场推广和客户服务工作

公司一向秉承“以客户为中心”的核心经营理念，市场营销及客户服务是公司致力打造的重点工作之一，财富管理事业部成立后，理财直销、金融机构合作、客户服务等团队初具规模。

公司更加注重销售人员和客户服务人员职业素养及营销能力的培养，除日常业务及项目培训以外，2016 年公司集中开展了“金融安全及反洗钱宣讲”“防范和打击非法集资、案防、反洗钱培训”“销售专区产品营销录音录像”等内部、外部活动，并取得丰硕成果，不仅加强了对客户的宣传教育，帮助客户树立正确的投资理念，还促进营销团队成员的融合，整合销售理念，加强销售人员的自我管理、合规营销的意识。

二、创新业务案例

2016 年，公司设立了“国民信托 · 不良资产收购 1 号集合资金信托计划”，此信托计划开创了国内信托公司首次主动联合私募机构参与不良资产处置的经典案例。该信托计划为标准的投资类业务，风险由委托人自行承担，信托公司与投资顾问各自发挥其专业性作用，从资产管理公司收购不良资产，通过不良资产处置获得收益。此类业务积极响应了国家的供给侧改革、落实支持实体经济的号召；同时，此类投资类业务的开展，有助于公司拓宽展业方向，提升自主管理能力。

三、社会责任履行情况

公司本着“以人为本、诚信敬业、专业稳健、创新共赢”的经营方针，以“为客户提供最佳的增值服务，为股东创造最大的价值，为员工搭建实现自我价值的平台，为行业发展贡献智慧，为社会作出最大贡献”为使命，努力培育履行社会责任的企业文化和机制，积极践行《信托公司社会责任公约》，不断丰富企业社会责任的实践内容。

坚持合规自律，依法规范经营；自觉履行纳税义务，依法及时足额纳税。坚持为股东创造价值，以良好的业绩回报股东；2016 年末，公司的所有者权益为 232 826.91 万元，比 2015 年同期增长 9.21%；认真履行受托人义务，维护受益人利益；2016 年为受益人分配信托利益超过 122.55 亿元，同比增长 70.19%。维护员工合法权益，关心员工福利和成长。

四、2017 年发展规划

2017 年，按照“稳中有进、积极转型、盘活资产、持续发展”的经营方针，具体工作安排有以下几方面。

（一）扩大规模，稳中有进

2017 年，公司将低风险的事务管理类业务作为展业重点方向，鼓励各信托业务团队积极拓展银行及其他同业资源，全力开拓事务管理类业务、证券类信托业务。

（二）稳定收入，积极转型

面对持续下行的经济周期和竞争多变的市场环境，传统的业务模式已经难以为继。公司将不断总结市场形势及展业中面临的问题，在不利的市场形势下，利用一切资源，调动一切力量，在加强政信业务、单一通道类等传统的业务基础上，积极开拓新市场，扩大业务营销区域，拓展消费金融贷、产业基金、PPP 项目、资产证券化和财产权信托等新业务类型，推动公司转型发展。

（三）化解风险，盘活资产

2017 年，公司将进一步强化风险管理工作。一方面，加大风险项目的处置，综合采取诉讼、强执、重组、转化等多种手段，积极化解存量风险，盘活风险资产，管控流动性风险；另一方面，在目前经济下行压力依然存在的情况下，加大对新增项目的风险审查力度及存续期项目的检查力度，做好风险研判及应对预案，减少增量不良。

（四）增加效益，持续发展

公司将采取灵活的市场化激励机制，充分调动员工积极性和创造性。不断优化运营决策机制，完善各类审批流程，提高投入产出比，加大对中台、后台成本中心与前台利润中心的核算力度，使公司经营管理走向集约化、精细化，逐步实现“深耕细作”式的内涵式发展、精细化管理创新模式，实现可持续发展。

湖南省信托有限责任公司

一、2016 年经营概况

2016 年，湖南省信托有限责任公司（以下简称公司）发展面临宏观经济下行、市场竞争加剧、成本问题凸显等多重矛盾叠加的严峻挑战，但在湖南省委、省政府、主管、监管部门及股东的支持、指导和帮助下，公司实现营业收入 89 655 万元，同比增长 17%，完成预算任务的 106%；实现利润 72 021 万元，同比增长 26%，完成预算任务的 114%；净利润 54 678 万元，同比增长 29%，完成预算任务的 116%。全年累计营业支出 17 539 万元，同比下降 11%。

截至 2016 年 12 月 31 日，公司资产总额为 474 292 万元，较年初增长 34%；负债总额为 163 050万元（主要系从信托业保障基金拆入资金 7.77 亿元和预收信托报酬 3 亿元），较年初增长 207%；资产负债率为 34%，较年初的 15% 增长了 19 个百分点；净资产为 311 242 万元（12 月股东预分红 3 亿元），较年初增长 4%；净资产收益率为 17.48%，较上年的 17.22% 略微增长。年末净资本为 260 266 万元（>2 亿元），风险资本为 114 058 万元，净资本与各项风险资本之和的比例为 228%（>100%），净资本与净资产之比为 84%（>40%），各项指标均达到监管要求。

全年新发行信托计划 138 个，金额为 362.5 亿元，其中新发行集合资金信托计划 274.31 亿元，同比增加 151.56 亿元，增长 123.47%。兑付信托计划 177 个，金额为 362.98 亿元，兑付投资者收益 38.78 亿元。截至 2016 年 12 月 31 日，公司实收信托资产规模 462.75 亿元，较年初基本持平。

二、创新业务案例

2016 年 6 月 1 日成立的益阳公积金信贷资产证券化项目是公司证券化业务的首次市场实践操作，是在企业资产证券化领域的积极尝试，项目规模为 1.103 亿元。

2016 年初，经益阳市住房公积金管理委员会批准，益阳市住房公积金管理中心委托湖南信托采取资产证券化（公开或非公开）方式，开展不超过8亿元的存量贷款资产转让业务。

在上述项目中，公司作为受托机构，积极履行主动管理职责，主导完成了交易结构安排、交易文件拟定及条款设计等工作，并且亲自完成了入池资产的尽职调查，按照产品特点及现金流要求对资产进行筛选、甄别，并对现金流进行测算和重组，合理设置产品结构分层结构，切实履行了受托人责任。

三、社会责任履行情况

公司将始终坚持践行企业社会责任，强化企业对社会的责任感和使命感，在节能降耗、环境保护、维护利益相关方权益、和谐社企关系等方面制定完整的管理制度以及应急预案，切实做到经济效益与社会效益、短期利益与长远利益、自身发展与社会发展相协调，实现公司与员工、公司与社会、公司与环境的健康和谐发展。

一是全年发行信托计划筹资资金363亿元，缴税2.46亿元，为投资者创造收益39亿元，支持了湖南省经济建设及贵州等西部省份的发展，保障了投资者资金的安全和增值。

二是发挥信托功能积极支持公益事业，“湘信·善达医疗援助公益信托计划”已运行两年多，累计募集到位资金13 754万元，首期第一批援建的3个乡镇卫生院、35个村卫生室项目，有31个已投入使用，首期第二批援建的16个项目正在建设，公益信托极大地改善了援建地区民众就医环境。

三是受湖南省委、省政府和省财政厅委托，于2015年伊始，精心管理和运行“自强助学金慈善信托计划”，截至2016年末，共捐助了160名高三考入大学的贫困学子。

四是举行了“旧书换绿植”“旧衣捐赠”等活动，募捐的千余本图书、1 788件衣裤通过省慈善总会、省扶贫基金会捐给山区图书馆和娄底市双峰县甘棠镇的贫困村民，湖南省慈善总会、省扶贫基金会向公司颁发了荣誉证书和“精准扶贫，爱心企业”牌匾。

在未来，公司将以公益信托为契机，不断探索和创新公益信托模式，勤勉尽责地履行公益信托受托人职责，搭建一个专业化、公正化、透明化的公益信托平台，开发出更多可持续性的、覆盖范围更广的公益信托和公益性信托，为推动社会公益事业的发展贡献自己应有的一份力量。

四、2017年发展规划

2017年，公司将在财信金控发展规划的框架内，以重组上市为发展契机，整合业务资源，继续巩固传统业务，加大创新研发力度，构建多元化盈利模式，适应市场竞争要求。实现业务稳步转型，促进公司持续发展。

2017 年公司业务拓展将加快创新转型、加强与集团的业务协同，业务主要划分为以下几个板块。

（一）传统融资类市政业务

继续巩固基础设施建设、棚户区改造、保障房建设、经济园区建设等已成熟的市政业务，并探索市政项目的基金化管理模式。

（二）房地产业务

利用集团平台优势，开展不动产收购业务；可以与知名房产企业合作，开展房地产融资业务。

（三）证券及股权投资类信托业务

积极拓展业务资源，利用集团和财富证券的资源优势，推进证券投资、私募债、两融资产收益权等业务的合作，同时加强与集团财富证券和吉祥人寿的业务协同，开展上市公司股权投资、私募股权投资等业务。

（四）PPP 项目

积极探索 PPP 项目开发，加强与湖南省财政厅 PPP 中心、中国 PPP 基金、金融同业机构、项目建设运营方之间的沟通合作，加强项目储备与挖掘能力，通过构建资金池、成立有限合伙企业、PPP 基金，通过股权投资、资产证券化等形式参与 PPP 项目，为 PPP 项目公司提供完善的金融解决方案。加强与湖南省财政厅业务处室的业务合作，探讨制定湖南省扶贫项目专项基金管理办法，争取成为湖南省扶贫项目专项基金的管理人。

（五）资产证券化业务

充分发挥信托破产隔离功能和灵活的产品结构设计优势，加大力度推进资产证券化业务，加强与优质券商、信用评级机构、银行间交易商协会和交易所的沟通合作，建立畅通的渠道。利用 PPP 项目具有长期稳定现金流的特点，研究 PPP 资产的证券化，在公司内部逐步构建起资产证券化和 PPP 业务的闭环。

（六）公益信托及其他财产信托业务

发挥信托制度优势，服务社会公益事业，扩大公司品牌影响力，继续做好善达农村医疗援助等公益信托计划，积极开展信托本源业务，探索非资金形态的财产信托业务。

华澳国际信托有限公司

一、2016 年经营概况

（一）公司概况

2016 年 4 月华澳国际信托有限公司（以下简称公司）股权重组完成后，股东总数两家，即北京融达投资有限公司，持股比例为 50.01%；重庆财信企业集团有限公司，持股比例为 49.99%。公司致力于健全、完善公司治理结构，即“三会一层”治理架构，在股东会、董事会、监事会、经营管理层之间实现了合理的权力配置与制衡。尤其是调整了董事、监事成员，并在 9 月总裁到任后，各主体之间权责分明又密切配合，形成了有效的且相互制衡的决策、执行和监督机制，议事规划完备，职责明确，边界清晰，运行有效，有效稳定了公司经营与发展。2016 年末，公司在岗员工 195 人。

（二）主要业绩

2016 年公司总体经营情况为全年实现总收入 3.86 亿元，其中信托业务收入 2.96 亿元，固有业务收入 0.76 亿元，净利润 0.69 亿元，ROE 为 5.9%。综观全年，公司保持稳健经营，但由于股权调整等原因，放缓业务发展速度，但业务质量得到进一步提高。

（三）特色业务

受到近年来股权调整、管理层变动以及市场竞争加剧等因素影响，2016 年公司转变策略，寻找出路与方向，充分发挥信托业务管理总部的职能，增强总对总合作力度，强化业务重点、业务模式、业务准入等业务指导，推进同业合作业务，开展与银行、证券、保险等金融机构的合作。2016 年，公司存续信托项目个数共计 141 个，存续总规模为 461.49 亿元。

客户结构稳步优化，区分核心客户与非核心客户，进而匹配差异化服务体系，2016 年新增合作中小银行客户 30 余家，全面提升公司在业内“做中小银行资产管理服务商”的影响力。通过客户回访、文化沙龙等形式，提升与客户之间的黏度，高净值客户增长速度较快，项目产品直销发行能力大幅提升，不断地推广“臻财富”品牌，提升品牌影响力，获得了“ TOP50 中国家族管理领袖·最佳本土实操能力机构”的称号。

（四）严控风险

持续加强风险内控管理，坚守合规经营为底线，合理把握业务发展节奏，出台了多项风险管控指引，重点加强了准入机制、业务指引、操作规范、监督审计和风险预警监测。进一步完善了内部管理制度和流程体系建设，优化运营操作流程，强化运营管理监督机制，强化内控风险保障基础。同时，狠抓各类统计报表报告的及时性、准确性和完整性，建立了定期合规指标监测制度，动态监测公司风险资本、净资本指标，适时预测各类业务展业空间，合理优化业务结构，确保不踩红线。

（五）金融文化

加强党总支、工会的组织建设，稳定队伍，发挥“金领驿站”的引领优势，深入开展民主生活会、党员评议、党员教育活动，组织了工会会员业余健身、集体过生日、换届选举、马拉松健康跑，开展全员“你追我赶、争先创优”竞赛活动，强化入职培训和专业类培训力度，并推出了华澳在线学习平台。充分发挥了党工组织的作用，抓好组织建设和作风建设，塑造一支业务素质高、团队合作强的队伍。

二、创新业务案例

2016 年，公司在信托业务上继续保持平稳发展，并在经济转型、经营转型的大环境下，调整业务发展方向、加强业务创新的研究。如绿色产业信托业务、资本市场信托业务、消费金融信托业务等研究与实践已初见成效。

同时，公司设立信托业务管理总部，作为专职创新业务部门，对创新业务进行深入研究，并探索市场需求，以理论与实践相结合的方式设计产品来对接客户的需求，并将成熟的研究成果交由业务部门予以推进。

2016 年，为顺应绿色经济的发展，推进绿色产业的健康发展，公司在积极探索绿色产业信托，布局绿色产业。如“华澳——臻鑫 43 号（凯迪生态）债权投资集合资金信托计划”，即为以新能源企业为载体，以资金为纽带而助力绿色产业的信托项目，凯迪生态环境科技股份有限公司是以绿色低碳环保技术为核心，致力于环保产业、新能源的环保企业。该项目的成功推进，一方面实现了金融助力绿色产业，另一方面履行了金融机构的企业社会责任。

同时，在资本市场信托业务方面，公司专门设立了证券投资部，并创建了不同的产品系列，如臻智17号、臻智20号、臻智23号，以及稳健1期等产品，都在2016年取得研究成果的落地、项目的成功发行。公司在资本市场中会不断探索与研究，未来将逐渐拓展该类信托业务。

2016年，公司的“长霄1号富春俱舍消费信托”在《证券时报》主办的“第九届中国优秀信托公司评选”活动中荣获“优秀创新信托计划奖”，这是业界及投资者对公司创新能力和产品设计能力的认可。基于该成功案例，公司积极研究消费信托模式，期望进一步提升公司的创新能力和产品设计能力，并能够将成功经营推广至业界。

在未来的经营中，公司将继续秉承合法合规、风险可控的原则，审慎经营公司业务，并在现行法律法规的框架下，不断完善与更新公司最新的内部控制机制、风险指引及评审标准等；同时，根据经济与政策的变化，不断加强创新业务的研究，如拟开展产业基金、PE、定增基金、并购基金等资本市场信托业务，拟与地方政府平台合作开展城镇化发展基金信托业务，以及继续开展家族信托业务、消费金融信托业务等，不断地引导公司实现创新转型发展。

三、社会责任履行情况

公司工会一直秉承“凝聚人气、促进团结和服务发展”的宗旨，努力打造“快乐工作、健康生活”的“职工之家”；积极发挥工会在党总支、管理层和员工之间的桥梁和纽带作用，做好企业经营长远发展的“助推器”、员工健康成长的“保护器”、党与国家人才建设的“孵化器”；党工联动，共同引领公司业务发展，保障公司的有序运营与前行。

完善职工代表大会制度和签订集体合同，维护和保障职工权益；丰富职工送温暖和文化体育活动，开展全员运动会、迎新联欢会和集体生日等系列集体活动；采购空气净化器、加湿器、防雾霾口罩和扩充爱心药箱等，改善员工工作环境；建立妈咪小屋，丰富女工活动，关爱公司女工身心健康；挂牌金领驿站，为周边公司提供服务，发挥和增强公司工会的社会影响力；开展全员劳动竞赛，带动全员形成积极向上、你追我赶、争先创优的良好工作氛围。

四、2017年发展规划

（一）总体策略

2017年华澳业务经营的总体策略是深入学习贯彻中央经济工作会议和金融监管精神，以服务供给侧结构性改革特别是实体经济为基本主线，坚持稳中求进的总基调，坚持依法合规、稳健经营的指导思想，围绕“稳发展、控风险、强基础、促转型、增效益”经营策略，坚持回归本源业务，坚持服务实体经济，加快业务发展模式、业务管理模式、盈利模式三大转型，打造华澳特色，持续夯实管理基础，全力推动各项工作稳健发展。

（二）重点工作计划

1. 进一步完善公司治理机制，充分开展公司“三会一层”履职

强化《董事会议事规则（试行）》的执行，明确议事规则与工作方法，确保“三会一层”各司其职、相互制衡，推行合理有效的问责制度。完善绩效考核与薪酬管理机制，修订绩效办法，明确考核中增加合规指标、管理指标，夯实内部管理基础，坚持“控新降旧”原则，提升业务风险管理水平，有效促进公司的治理机制与稳健发展。

2. 紧贴市场，加促转型，有效发挥信托业务的引擎带动作用

充分研究政策和市场变化，紧跟国家经济结构调整、产业转型升级的大趋势，结合“客户、产业、产品、区域”四个维度，建立业务模式和准入机制。深入研究事务信托、债权信托和股权信托三大类，重点与政信类、上市企业、优质工商企业开展合作。加大金融同业业务合作，依托多家合作金融机构的基础，研讨并达成业务合作模式，涉及更多地区、产品、行业等领域项目合作，深耕细作，逐步推动业务转型发展。

3. 以客户为中心，深耕特色金融业务，提高客户黏性

从过去以项目为中心的业务模式调整为以客户为中心，强化客户全流程服务，并根据客户属性进行分层管理，提供理财规划、资产配置及融资服务，满足客户多维度的财富管理需求，保护消费者权益，真正实现财富保值、财富增值、财富传承“三部曲”。通过扩大高净值客户群、同业合作等多种渠道，拓宽资金来源渠道，最大限度地降低发行成本，实现公司资金效率的快速提升。

4. 提升固有业务市场投资收益

以公司增资至25亿元为契机，研讨资本金运作和盈利的模式，协同信托主业做好投资布局，通过资源共享、交叉融合等方式形成资源整合的协同效应，充分发挥各领域的特长和优势，以最大限度发挥两项业务“另一条腿”的作用。

5. 强化全过程管控，持续完善风险合规内控管理，做好风险控制

继续坚持以合规经营为底线，严守合规红线，定期实施合规指标的监测，进一步完善业务项目风险指引，明确业务准入门槛，统一风控标准，规范业务操作流程。加强合法性文本审查、项目全周期、法律风险提示、档案资料等环节工作，明确问题整改责任主体和跟踪评价，推行风险的事前分析和事中监控，加大审计监督力度，落实舆情监测工作，建立风险控制长效机制。严格遵照法规及监管政策进行公司经营，要自律，敬畏法律、敬畏监管，不得“踩红线”“跨雷区”，继续做好报送、报备及收发文通道传递工作。

6. 加强流程优化和管控，提升运营保障力量

完善运营系统软硬件维护和升级，加大对业务流程的运行管控，改革影响业务发展中的梗阻环节，改革不必要的、重叠的、空档的运营节点，进一步梳理业务流程及流程再造，以有效解决信息的不对称和失真问题，提高运营效率。充分借助运营信息系统等多种手段，结合项目阶段性数据、项目进度分析，全面提升运营全流程管控，发挥对公司经营项目进行提前预判和预警等功能。

7. 推进后台支持保障建设，进一步增强综合竞争力

继续坚持月度经营分析会的财务信息通报，利用管理会计及大数据的资源优势，提供成本动态分析、投资决策分析。实施“控员增效”人力资源管控策略，合理优化前台、中台、后台人员的比例，围绕用好、用活人才，建立健全岗位胜任素质。重塑企业文化，倡导“琢磨事不琢磨人”的简单化做事文化，发扬团队协作精神。全面提升综合文秘、对外联络、综合管理等统筹功能，夯实行政事务管理和服务保障基础。

华鑫国际信托有限公司

一、2016 年经营概况

2016 年，华鑫国际信托有限公司（以下简称公司）聚焦发展调结构，立足创新谋转型，加快推进传统业务转型升级和创新业务培育，主要经营指标得到进一步提升，发展态势稳中有进。2016 年公司在业内重要行业评选中荣获“年度金牌服务力信托公司”“优秀信托产品”等多个奖项。

截至 2016 年末，公司管理资产规模为 2 619 亿元，同比增长超过 50%，其中，信托资产管理规模为 2 577 亿元。全年累计实现各项业务收入为 9.89 亿元，其中，信托业务收入 5.95 亿元、固有业务收入为 3.94 亿元，全年实现账面利润 6.14 亿元。

信托业务发展方面，公司坚持“控风险、调结构、稳增长”的发展要求，以提质增效为主线，积极探索特色化发展道路，不断创新谋变。截至 2016 年末，公司存续信托规模为 2 577 亿元，同比增长超过 50%；全年新增规模接近 1 900 亿元，同比增长 77%。存续信托规模中，集合信托规模实现翻番，占比进一步提升，信托主动管理能力不断增强。全年新增证券类业务规模超过 540 亿元，定向增发和一般结构化证券类逐渐成为公司特色优势。累计与数十家商业银行、财务公司和金融平台建立授信合作关系，营销能力稳步提升。

固有业务发展方面，秉承价值投资和稳健投资理念，有效延伸固有投资价值。定增业务模式推陈出新，继续保持业内领先优势，基本形成“固有资金直接投资、信托计划 + 资管计划、定增类主动管理型基金”三种业务模式，特别是投资运作的比亚迪定增项目，大大提高公司在定增市场的影响力。固信协作力度进一步增强，规模效益不断提升。积极探索资本市场新型业务模式，发行员工持股计划等。

全面风险管理方面，建立健全常态化制度管理机制，修订完善系列规章制度，加强制度宣贯培训，不断健全“用制度管人、按制度办事、让制度管用”的良性运行机制。优化和改进项目审批流程，完善项目分类审查办法。强化风险识别与控制，加强对交易对手风险状况的识别、穿透力度；研究健全“动态管理、分类实施、精准判断、跟踪到位、预警及时”的综合投后管理体系。2016 年，公司累计兑付信托产品 213 个，给付信托本金 937 亿元，返还收益 117 亿元。

其他经营管理方面，积极构建科学高效的管理体制和运行机制，持续加强运行体系和支撑服务体系改革。深入推进提质增效专项活动，强化目标责任落实，进一步优化业务结构，提升业务可持续发展后劲。强化审计监督评价职能，突出审计评价整改，持续优化经营运行机制。

党的建设方面，围绕深化“两学一做”学习教育活动抓党建，充分发挥企业党组织在法人治理结构中的政治核心作用，充分发挥党支部战斗堡垒和党员先锋模范作用，深化党风廉政建设，强化作风建设、责任落实，激发企业内生动力。

二、创新业务案例

公司坚持创新引领着力打造发展优势和业务特色，优化公司业务结构。在证券投资类业务方面，重点打造定向增发和一般结构化证券类两个优势业务，全年新增证券类业务规模超过 500 亿元。其中，定增业务模式推陈出新，继续保持业内领先优势。基本形成“固有资金直接投资、信托计划 + 资管计划、定增类主动管理型基金”三种业务模式。家族信托业务方面，成功发行公司首单家族信托“鑫鸿富系列”项目，促进信托业务回归财富管理本源。PPP 业务方面，与东部省政府平台开展股权引导基金，顺利推进公司首单大型 PPP 项目正式运作。产融结合业务方面，立足电力及相关产业，发挥股东优势和华电资源平台作用，重点推进“能源产业基金、海外投资、财务顾问、供应链金融”等四大投融资业务，提升产融结合水平，有效对接集团“重要项目、重点企业和重大改革”，多个项目取得重要突破。

三、社会责任履行情况

2016 年，公司积极践行社会主义核心价值观和志愿服务精神，组建了华鑫“鼎信”志愿者爱心团队，启动“鼎信华鑫”系列校园行动，开展“金秋助学”“职业体验日”“金融知识进校园”“志愿支教”等志愿活动，积极传播公司“鼎信”文化正能量，在公司全体职工中树立良好的志愿服务风尚，注册志愿者覆盖到公司全体中青年。

全年累计组织志愿者服务 60 余人次，援助对口支援校园建立“华鑫信托爱心电脑室”，开展北京十一学校 20 余名中学生体验“信托金融职业体验日”，为昌平区西峰山小学 80 余名学生讲授金融知识和电脑课程，获得对口学校和当地政府的积极肯定，积极宣传了公司服务社会和央企负责任的品牌形象，也是公司扎根北京、服务北京的重要举措。当地媒体专门进行了系列报道，取得良好的社会反响。

四、2017年发展规划

2017年，公司围绕“稳健发展、转型升级”主线，以创新驱动和精益化管理为支撑，以加强党的建设和依法治企为保障，加快业务结构优化，加快改革创新步伐，全面推进公司提质增效升级，努力开创各项工作新局面。

一是注重转型发展与公司治理的适应性。完善的公司治理机制是公司转型发展的前提和基础，要完善公司法人治理体系，重点提升“四大治理能力”，形成适应公司转型发展的，高效运营机制、市场响应机制、联动协同机制、正向激励机制和监督约束机制。二是注重发展速度与质量的均衡性。把转变发展方式作为首要战略选择，从“拼速度、讲规模、占份额”向“强管理、提效益、抓风控”转变，实施业务转型升级和发展模式再造，将资产管理、投资银行、财富管理、受托服务等多种业务有机结合，将业务创新、风险控制、品牌积累等有机结合，将深化改革、创新发展、保持稳定有机结合，提升公司整体竞争力。三是注重专业化与差异化的融合性。优先打造专业化，构建比较优势，在细分领域深耕细作，在差异化市场找准定位，力争打造专属领域和特色优势；坚持以市场化的思维推进综合化业务，在深耕自身优势领域的同时，拓展更多高技术含量、高附加值的业务领域，形成“1+1>2”的协同效果，摆脱对传统业务的路径依赖，逐步形成多元并进的发展格局。四是注重风险偏好与风险管控能力的匹配性。锻造与业务发展相适应的风险管控能力，积极培育风险管理文化，确保公司从高管到员工都能够将风险意识根植于心，并贯穿到经营管理每个环节；要明确风险管理目标与策略，合理确定公司风险偏好关键指标体系，确保风险管理目标和策略与业务战略和风控能力相匹配；完善风险管理组织架构设置和制度流程设计，为全面风险管理提供资产配置和制度保障。

吉林省信托有限责任公司

一、2016 年经营概况

2016 年实体经济复苏缓慢，国内外金融形势错综复杂，经济下行期反映到金融领域的“潮水效应”日益显现。吉林省信托有限责任公司（以下简称公司）各项财务指标有所下降，着力完善审慎从严的风控体系，推进市场化改革步伐，回归信托本源，提升基础管理水平，保持了公司平稳健康发展。

截至 2016 年末，公司管理资产总额为 540.29 亿元（合并），同比增长 30.39%，其中存续信托资产规模为 535.75 亿元，同比增长 31.29%；所有者权益为 39.89 亿元，同比下降 9%；实现总收入 61 486 万元，同比下降 32.68%；实现利润总额 35 914 万元，同比下降 51.04%；实现净利润 31 604 万元，同比下降 51.04%。

二、创新业务案例

2016 年，公司相继取得了中国证券投资基金业协会登记资格、银登中心会员资格，为开展私募股权基金创新业务奠定了基础。成立产业基金，以投贷联动的方式为高新技术企业拓展国际产能合作提供金融支持，积极融入“一带一路”战略。同时，尝试开展了公益信托、土地流转信托等创新业务。

三、社会责任履行情况

作为吉林省内唯一一家专业从事金融信托业务的非银行金融机构，公司始终将服务社会作为公司应尽的责任，在实现自身的不断发展壮大的同时，积极主动承担社会责任，支持和服务地方经济建设。截至 2016 年末，公司为吉林省内提供融资余额为 192.07 亿元，在省内的融资业务已经涵盖生物制药、化学工业、钢铁、房地产、建筑、交通建设、批发零售、农副产品、玉米深加工、其他文化及日用品出租等行业。

一是紧跟国家战略布局，主动适应经济发展“新常态”，积极支持“一带一路”建设，继续优化资产结构，大力推进信托业务发展。截至2016年末，公司存续管理信托计156个，规模为535.75亿元，为实体经济发展提供了有力支持。二是公司秉承诚信纳税宗旨，始终贯彻执行国家税收政策，支持“营改增”税收改革，自觉履行依法纳税义务，诚信纳税，回报国家、社会和人民。三是响应国家扶贫政策和援疆政策，推进精准扶贫项目，派驻扶贫专员和援疆干部，支持贫困地区和边疆地区的发展，与延边朝鲜族自治州安图县明月镇山泉村和龙山村对接，两村共计投入100万元扶贫资金，用于支持当地经济发展，改善民生建设。四是响应国家及监管机构的号召，在消费者权益保护日、国家安全教育日及金融知识宣传服务月等一系列活动中加大对金融知识、金融安全、防范网络电信诈骗和非法集资相关内容的普及和宣传，切实保护消费者权益，提升消费者满意度，营造良好的金融服务环境。五是鼓励员工参与志愿服务，提升员工的社会责任感，公司成立了以年轻人为骨干的“吉林信托青年志愿者协会”，参与爱心捐赠和志愿活动，致力于公益信托产品开发。六是关注员工工作生活，定期进行提升员工专业能力的全员培训，内容涵盖信托业务实务操作、信托基本理论、相关法律法规、职业道德、党的建设、时政分析、财务分析、评估报告分析等；每年组织员工身体健康检查，健康心理培训；工会定期开展羽毛球、篮球等文体活动，调动员工积极性，形成凝聚力，塑造公司企业文化。七是助力省内经济发展，积极为民营经济发展提供资金支持。公司联合吉林银行推出了中小企业贷款扶持信托，为中小企业融资累计420.24亿元，有效地解决了企业的融资难问题；大力促进经济结构调整转型，近两年，在建筑、纺织、轻工、物流等传统产业优化升级方面给予金融扶持；积极为省内“三农”项目提供信贷支持，共计融资2.3亿元，成功投资了九台农商行、德惠农商行、公主岭农商行、春城农商行等；把城市基础设施、棚户区改造等项目作为展业的重点领域，支持地方基础设施建设，积极做好保障性安居工程金融服务工作，为安居工程的顺利推进保驾护航。

四、2017年发展规划

第一，坚持回归信托本源的基本定位。继续坚持信托业为主体、固有和其他中间业务为补充的总体思路，聚焦资产管理、财富管理和受托服务三大领域，提升专业的资产管理能力，构建比较优势，致力于提供门类齐全、功能齐备的信托产品和信托服务，在优势领域巩固领先地位，在特色领域形成特色优势，力争公司业务发展根深蒂固、长盛不衰。2017年要重点加强理财业务的培育和资金渠道的开发，要立足服务吉林省内高净值人群，建立适应市场发展和公司业务需求的直销渠道；要加强同业的关系维护和业务合作，建立稳定的资金来源渠道。

第二，坚持服务实体经济的根本宗旨。要通过积极发展投贷联动、债转股、并购基金、资产证券化等业务，支持优质企业升级做强；研究探索信托直接融资工具，帮助企业降低融资成本；深耕省内项目资源，在政信合作、装备制造、农业产业等方面挖掘优质项目，打造公司专属捕鱼区；积极探索土地流转信托，助力吉林农业供给侧结构性改革、棚户区改造和新型城镇化建设；积极研究和规范发展消费信托、互联网信托，服务扩大内需，消费升级和民生改善。

第三，坚持创新发展的市场化导向。主动顺应当前经济结构调整，产业转型升级的大趋势，按照有利于提升服务实体经济的效率、有利于降低金融风险、有利于保护投资者的合法权益的“三个有利于”原则，积极开展创新。真正发挥“实业投行”资源禀赋优势，主动创新市场需求的业务和产品，有效搭建起资金市场和实业市场的桥梁，支持战略性新兴产业、科技企业发展，提高服务实体经济的效率；注重业内前沿创新成果的引进、消化和吸收，进一步研发和丰富信托产品的供给，提高客户服务质量，为客户提供多样化的选择，保护投资者的合法权益。

第四，坚持审慎从严的风控标准。当前，信托公司在发展过程中，显性和隐性风险同时存在。信托业作为一个极富特色的金融子业，其业态和风险特征与传统银行业有诸多差异。要准确把握“卖者尽责、买者自负”的信托本质文化，下决心在体制机制上解决“信息不对称”问题，谨慎、勤勉履行受托责任，构建符合信托业特点的风控文化、经营理念、组织架构、交易工具及信息系统，在转型发展中守住合规底线。要完善“八大机制”建设，强化“八大责任”意识，清晰界定公司风控文化的培育发扬，为公司健康发展打造良好的发展环境。培育公司审慎经营理念，全面加强公司的基础管理，明确风险管控程序，从符合业务实际出发，改进风控制度的有效性；完善细化风控制度，不断提高风险识别、计量、管理和控制水平，筑牢防范风险的第一道防线。要逐步建立和完善科学精准地识别风险、严格合理地承担风险、审慎公开的风险卸责机制，实现风险管理全覆盖。适时开展风险排查，及时做好风险防范和化解工作。要继续研究完善监管规制和长效机制建设，积极适应新的监管形势要求，及时洞察风险演化趋势，探索建立风评专家库，借助“外脑”加强对重大项目的审核评价，构建常态化的风险揭示机制，坚决守住不发生各类风险的底线。

第五，坚持市场化的人才战略。人才是经济社会发展的第一资源，人才管理体制机制改革是全面深化改革的重要组成部分。2016 年公司的市场化改革取得了初步成效，2017 年要继续深化人才机制和薪酬管理机制的市场化改革，在人才外引内培上下工夫，择天下之英才而用之，加快补齐人才短板。要继续完善市场化考核机制，激发内部活力，让能人有舞台、有动力。2017 年要适时再引进市场化团队和若干风控、法律、研发方面的高端人才，更好地适应市场竞争的需要。同时，要将市场化改革由前台向中台、后台拓展，明晰各个岗位层级和职责，因岗定薪，多劳多得，奖优罚劣，完善干部能上能下、员工能进能出、收入能增能减的用人机制，进一步调动各部门的积极性和创造性，提高公司市场竞争力。加强内部人力资源的发掘。加大培训力度，注重年轻员工管理培养，帮助员工建立职业发展规划，加强后备人才队伍建设，提高员工队伍整体素质。

第六，坚持全面从严治党的政治要求。要进一步加强和改进国有企业党的建设，坚持党要管党、从严治党，坚持党对国有企业的领导不动摇，坚持服务生产经营不偏离，坚持党委对国有企业选人、用人的领导和把关作用不能变，坚持建强国有企业基层党组织不放松，为做强做优做大国有企业提供坚强的政治保证和组织保证。要切实落实从严治党主体责任。要把学习贯彻党的十八届六中全会精神和全国国有企业党的建设工作会议精神作为一项重要政治任务，牢固树立“四种意识”，坚持党委定期议党、专题议党和联系基层党组织制度，认真落实民主集中制和“三重一大”制度，明确党委研究讨论作为董事会和经理层决策重大问题的前置程序，真正发挥公司党委“把方向、管大局、保落实”的政治核心作用。要不断加强党组织自身建设。把开展“两学一做”学习教育作为一项常态化工作抓在日常、严在经常。扎实开展好学习型党组织建设，坚持中心组学习制度，以增强党性、提高素质为重点，加强对党员干部的教育和管理。进一步抓好支部基础建设，加强基层党组织带头人队伍建设，提高党支部管理的科学化、规范化水平，从政策、经费、人力等各个方面为党委部门和基层党支部有效发挥职能提供保障。要着力强化党建对改革发展的促进保障作用。把落实企业发展战略和决策部署中的重点难点作为党建工作的切入点和突破口，坚持服务发展不偏离，推动改革不动摇。积极探索党员欢迎、群众认可的党建工作新方式、新载体、新平台，注重运用现代信息技术手段创新党组织活动，围绕深化改革、风险防控、业务拓展等中心工作，发挥党员的先锋模范作用，培育健康向上的企业文化。

第七，坚持深化股份制改革的根本方向。截至 2016 年末，公司注册资本行业排名已下降到 48 位，亟须引入战略投资者壮大资本实力。吉林省委、省政府已经明确了公司改制的方向，当务之急是抓住机遇，顺势而动，奋力而为，乘势快上，绝不能错过新一轮发展的有利时机。2017 年改制领导小组要做好顶层设计，排出路线图，列出时间表，强化组织协调，推动改革工作有序推进。

建信信托有限责任公司

一、2016 年经营概况

2016 年，建信信托有限责任公司（以下简称公司）立足先发优势，奋力抢抓机遇，全面推进转型和改革，取得了较好的经营成果。全年实现净利润 14.09 亿元，同比增长 18.4%，超额完成预算目标。信托资产规模达到 13 062 亿元，较 2015 年同期增加 2 093.57 亿元，增幅 19.08%。固有资产不良率保持为零，信托项目资产质量较好，总体风险可控。

（一）加强客户营销工作，取得良好成绩

中央企业客户新增 11 家，省属大型企业客户新增 30 家，企业客户总量达到 300 家；与公司合作的银行客户新增 15 家，保险、财务公司客户新增 16 家，金融机构客户总量达到 143 家；财富榜单级客户新增 11 人，其他家族信托客户新增 282 人，家族信托客户总量达到 419 人。

（二）全面推进业务转型，实现多点突破、量质齐升

2016 年是公司“转型业务年”，公司以“十大转型产品”为抓手，全面推进业务转型，呈现多点突破、量质齐升、蓬勃发展的良好局面。

1. 产业基金优势进一步扩大

新设立基金管理公司 28 家，总数达到 42 家，超额完成年度计划；新增产业基金规模 120 亿元，存续规模达到 300 亿元；与中车、中船等多家大型集团公司合作设立主题基金，扩大了产业基金领先优势。

2. 国有企业改革业务品牌效应凸显

参与中国电子、中航工业等中央企业混改，项目推进实现突破；地方国企改革业务新签约湖南、海南、山东、陕西 4 省，累计合作省市达到 10 个，辐射全国的格局基本形成。公司深度服务国企改革的模式和成效，获得国务院国资委和地方政府的高度肯定。

3. 资产证券化业务快速发展

全年公募发行资产支持证券规模为553亿元，行业排名第三位，约占全国发行量的14.1%；发行企业资产支持证券规模63亿元。作为总牵头人中标上海公积金项目，发行规模达163亿元，为市场首单公积金组合贷款资产证券化产品。

4. 家族信托保持行业领先

全年新增293单，规模为103亿元；家族办公室业务签约3单，发布《中国家族办公室研究报告》；首创“财富管理+消费选择权”“财富管理+慈善捐赠”模式，慈善信托实现首单产品报备。公司财富管理类业务规模、品种均保持行业领先。

5. PPP业务初具规模

全年中标PPP项目35个，规模为384亿元，落地项目18个，投资规模为130亿元。中标国内最大城市地下综合管廊项目（西安市地下综合管廊）、国家首批海绵城市建设试点项目（嘉兴市长水塘、长盐塘水文化生态长廊）。中建汉宫PPP项目在业务模式上有所创新。

6. 股权投资业务有亮点

参股蚂蚁金服，投资金额7亿元；积极参与建行春雨项目组，实现云锡集团债转股项目落地，其他项目同步推进中。

7. 并购重组业务有突破

与深圳燃气、特发信息等深圳国资上市公司合作设立并购基金，完成了3个项目的投资；参与京蓝科技、华菱钢铁等上市公司重大资产重组，形成转型业务收入增长点。

8. 海外业务机构有进展

设立国际业务部负责海外业务拓展，完成香港子公司设立，形成了丰富的项目储备。

9. 金融市场业务规模提升

全方位拓展债券类业务，全年规模新增600亿元；组建固定收益投资团队，开展自主管理型债券投资业务，管理资产规模达到50亿元。

10. 互联网金融机构即将挂牌

与大型中央企业共同组建互联网金融公司，以供应链金融为切入点，打造“互联网+产业+金融”的互联网金融信息平台。

（二）扎实做好各项工作，经营管理水平持续提升

1. 加强风险管理和内部控制，保障公司稳健运营

风险偏好与建行集团总体保持一致，落实集团并表授信管理要求。适时收紧产能过剩行业的业务政策，对较高风险区域实施限额管理。制定业务标准，引导业务发展。简化低风险业务的准入审批流程，建立差异化审批机制。引进充实风险审批人才，实施审批专业化分工。强化全流程风险管控，加强交易风险管理，开展重点业务和领域风险排查和压力测试，加快风险处

置进程。全年未新发生重大风险项目。

持续优化规章制度和信息系统功能，风险管控嵌入业务流程。开展项目交叉检查和档案滚动检查，狠抓规章执行力度。做好内控评价、案防评估、行业评级“三评”工作，开展内外部检查发现问题整改，推进内控长效机制建设。全员合规和风险意识明显增强，内控水平明显提升。

2. 创新机制持续完善，创新氛围进一步浓厚

积极营造鼓励创新、支持创新的工作机制和氛围。专门制定了针对创新产品的考核激励政策。注重创新案例的分享、推广，每次经营形势分析会议均安排案例交流或产品介绍，已经逐步形成常态机制和工作惯例。

3. 科技发展与保障能力明显增强

公司自主开发、拥有完全自主知识产权的“新一代信托业务系统”成功上线；开发建设或升级了信托经理日志、流程平台四期、风险系统二期、同业报价等 10 个应用系统；信托 APP、流程审批 APP、营销助手 APP 投入使用，完善了基于移动互联的 IT 支持体系。公司应用系统总量达到 50 个，各类系统、通信网络和设备平稳运行，科技发展与保障能力进一步增强。

4. 战略及业务研究工作水平明显提升

建立并不断丰富多层次、多维度的研究体系。宏观研究紧密跟踪国家大势、研判形势、详解大政方针，按月开展资金市场研究，逐步延伸到股市和债市；行业研究重点分析新兴行业的发展动态及地产行业走势，先后发布 IC 设计、医药 CRO 等 7 份专题研究报告，持续对市场上有影响的行业研究报告进行解读；产品研究密切跟踪金融市场脉搏，紧紧围绕转型业务，先后发布了 ABS、REITs、FOF 等创新产品研究 14 期。

形成多方合作、优势互补的联动研究工作机制。建立了与协会、同业的沟通交流渠道，合作研究逐步展开；开展专项业务、区域经济研究，对投资类项目共同开展调研、讨论，提供行业研究意见。全年累计推出各类研究报告 140 余份（期），为公司决策及业务开展提供了广泛的智力支撑。

5. 各项基础管理工作持续加强

计划财务工作开展扎实有效。经营计划与财务管理水平持续提升，较好地发挥了支持决策、促进转型、防控风险的作用。围绕经营中突出问题，制定专项激励和活动方案，增强考核的针对性和及时性。狠抓下属企业财务规范化管理，成立共享中心，上收财税核算，集中管理重要物品，严控资金风险，并有效助力业务转型。

信托业务会计核算水平持续提升。2016 年核算了 806 个信托项目，共 1 498 个核算单位，进行收益分配 3 515 次，开设各类信托账户 1 700 个，办理同业存款存取业务 4 927 笔，有效保障了信托业务快速发展。

6. 切实加强党建工作，弘扬正能量、唱响主旋律

根据中央及总行要求，以“两学一做”专题教育为抓手，以“一个机制，七项结合”为主

线，稳步推进公司党建工作。运用“建信大讲堂”移动学习平台，及时传达上级党委的工作部署和重要会议精神，及时推送党建资料。开设线上、线下“两学一做”学习宣传专栏，开辟“党建园地”“党员之家”，增强学习教育氛围，完善党建工作阵地。注重将“两学一做”学习教育与推进业务转型、市场化改革紧密结合，与强化队伍建设和企业文化建设统筹推进，利用各种会议和机会实现讲学同步、宣贯一致，有效提升了党建工作水平，营造了风清气正、积极进取的良好氛围。

二、社会责任履行情况

2016 年，公司坚持服务实体经济、服务民生、服务投资者，认真贯彻国家经济金融政策和监管要求，加快转型和创新步伐，满足客户多样化金融需求；公司始终坚持依法合规、稳健经营，不断完善风险防控体系，有效履行受托人职责和义务，维护受益人利益最大化，所有到期信托产品均实现了按期清算、足额兑付。全年共为受益人创造收益 889 亿元，较上年增长 22.96%。

三、2017 年发展规划

总体工作思路：坚持“稳中求进”，认真贯彻落实建行集团和董事会要求，推进业务发展、稳住风险底线、优化管理机制，推动公司发展迈向更高台阶。

主要工作措施：立足国家经济建设主战场，继续深耕“八大领域”，抓好“十大产品”，主要工作措施归纳为“四进、三稳、两优化”。

（一）客户拓展、业务发展要实现“四进”

一是在客户拓展上实现积极进取；二是在主战场上取得六个标志性胜利；三是打造一流资产及财富管理机构；四是齐头并进推动传统业务提质增效。

（二）风险防控、合规管理实现“三稳”

一是在风险把握上要稳；二是在合规管理上要稳；三是在内控监督上要稳。

（三）机制建设、基础管理实现“两优化”

一是打通关节、疏通堵点，优化建立协同、合作机制；二是精准定位、解决痛点，优化提升经营管理水平。

陆家嘴国际信托有限公司

一、2016 年经营概况

2016 年，陆家嘴国际信托有限公司（以下简称公司）全年实现净利润 5.24 亿元。年末存续信托规模 2 136.30 亿元，突破 2 000 亿元大关，较年初净增 748.98 亿元，增幅 53.98%。净资产收益率为 12.4%。全年实现营业收入 13.19 亿元，其中，信托业务收入 10.49 亿元，与上年基本持平；固有收入 2.7 亿元，较上年 2.58 亿元同比增长 4.65%。

（一）深挖传统业务，探索多元板块

根据市场变化，公司及时作出策略调整，采取措施把握业务机会。2016 年上半年，通过对接城商行等银行机构的低成本资金积极发展政信业务。2016 年 7 月，大力发展银信合作通道业务。第四季度，在新一轮房地产宏观调控之后，重点储备了一批较优质的房地产项目。

全年公司新增信托规模 1 642.24 亿元，较上年 966.74 亿元同比增长 69.87%；到期信托项目分配信托资金 593.32 亿元，较上年分配的 467.79 亿元同比增长 26.83%；存续信托计划 381 个，存续信托规模 2 136.30 亿元，较上年末 1 361.27 亿元同比增长 56.93%。到期信托项目均安全兑付，为投资者带来良好的投资收益。

在存续信托计划中，集合信托规模 1 346.77 亿元，占比为 62.24%；单一信托规模 721.79 亿元，占比为 33.36%；财产权信托规模 95.22 亿元，占比为 4.40%。从功能分类分析，融资类占比为 22.49%，投资类占比为 16.19%，事务管理类占比为 61.32%。

（二）拓宽资金统筹来源，努力提升盈利空间

公司重点围绕直销客户培育、资金端业务开拓、营销体系建设等方面进行拓展，发挥积极作用。

全年营销中心统筹发行 63 个项目，累计规模 249.46 亿元。在直销方面，机构直销 68.86 亿元，较 2015 年增长 330%。新增直销机构客户 42 家，累计 78 家，涵盖银行、证券、保险、资

管机构，有效对接相对较低成本的资金。个人直销 29.66 亿元，较 2015 年增长 56.51%。新增直销个人 685 名，累计 1 369 名，这是在公司销售额度控制的情况下进行的。随着客户基础的不断扩大，对客户的把控力也逐步增强。

（三）加强风险防范控制，推动风险研发联动

2016 年初，组建房地产业务和创新业务两个专业评审团队，合规部组建法律合规审查、项目诉讼、合规报送三个团队，提升专业分工及内部效率。结合资管新规带来的通道业务机会，针对证券投资类通道业务授权审批进行优化；修订信托业务审批权限，完善分级授权、分层管理的审批体系。

为强化项目存续期间管理，制定《房地产类业务期间管理方案操作指引》，修订了项目期间管理、外派人员、第三方企业印章、担保品管理等规章制度。在总结经验的基础上，制定《项目异常处置预案规范及操作指引》《关于出险项目的规定》，明确异常情况分级标准、报告路径、处置流程、责任认定、绩效奖惩等，初步形成闭环管理。

二、创新业务案例

（一）资产证券化业务

获得特定目的信托受托机构资质，并开展多种业务模式，有效降低资金成本。自主发行首单私募信托受益权 ABS，全程参与产品设计发行各项工作；通道类业务不断扩大规模，在银登中心挂牌转让信贷资产收益权，与券商、银行等大型金融机构合作设立私募 ABS 系列产品，累计规模超过百亿元，建立长期合作关系。

（二）房地产业务

开展多只城市新兴区域发展基金、房地产投资基金。其中，截至 2016 年末，招兴地产基金累计发行规模 118.71 亿元，陆金朝阳地产基金累计发行规模 20.05 亿元，在风险可控的前提下拓展房地产业务规模，提高房地产投融资能力。

（三）资本市场业务

推出 5 个主动管理的证券投资产品，其中朝阳 2 号年末净值达到 1.077 亿元，基本跑平同期沪深 300 指数，朝阳 1 号跑赢同期沪深 300 指数为 2%。抓住资管新政契机，完善证券投资类通道业务授权审批，拓展资本市场通道类业务。

（四）其他新型业务

获得固有资产股权投资业务资质，并在 IDC 资产股权投资方面积累了宝贵经验。建立跨部门创新业务孵化机制，重点在消费金融、融资租赁等资产方面加强探索，两类资产均已有项目落地，为后续推行资产证券化业务储备优质交易对手及基础资产。

三、社会责任履行情况

（一）倡导合规经营，加强合规文化宣传

公司大力倡导合规经营、合规人人有责的企业文化，营造人人合规、违规可耻、违规是对公司最大侵害的经营氛围，将合规文化建设与员工行为规范相统一，加强宣导和培训，鼓励全体员工积极主动参与到合规风险管理当中来。定期召开“合规风控年度会议”，丰富合规文化建设的形式，也调动了全员参与合规文化建设的积极性和参与度。通过循环播放宣传标语、向客户发放宣传折页、摆放 X 展架、宣传栏、在公司外网和微信平台等多方位宣传。

（二）保护消费者权益，提升客户服务质量

制定消费者权益保护、私募投资基金销售及投资者适当性等规章制度，规范客户销售与管理工作。通过客户服务系统、网上信托平台、微信查询平台和呼叫中心等，提升客户营销与服务水平。通过冠名音乐会、理财博览会、户外广告、客户答谢会等多种形式，宣传公司品牌，提升目标客户对公司的认同。

（三）塑造积极向上价值观，营造企业文化

公司获得《中国证券报》主办的“金牛集合信托公司奖”、《证券时报》主办的“锐意进取信托公司”称号。参加理财博览会，独家冠名东方艺术中心的东方市民音乐会、青岛大剧院的国际戏剧年展，加强公司品牌宣传。与中国狮子联会江苏管委会彩虹服务队开展合作，组织慈善义卖活动，筹集近 18 万元善款，所得款项将由中国狮子联会江苏管委会彩虹服务队设立专项基金，并制订专项基金使用计划，共同开展一系列帮困扶贫活动，已在江苏、山东开展 3 次助学活动。通过创办内刊、“思享会”微信号、“Running Goal”全员户外拓展、工会各项文化活动等，凝聚企业发展合力。

四、2017 年发展规划

（一）优化传统业务模式，布局多元资产

在传统业务中，发挥公司政信业务优势，改变以政府信用为核心的展业思路，更加关注资产本身质地。大力支持 PPP 业务发展，制定 PPP 业务指引，充分发挥信托资源整合优势，通过与传统金融机构或社会资本合作，共同开发 PPP 项目。房地产方面，通过子公司或并购基金的形式，参与房地产并购融资。参与老工业区改造，协助地方政府推进旧住宅小区综合治理，在新型城镇化发展过程中发现业务机会。在通道业务上，抓住政策窗口期，加强与大型金融机构的战略合作，发展低风险通道类业务。

在新型业务领域中，加强公司主动管理能力，大力发展资本市场业务，加强债券投资人员配置，拓宽债券产品线。在融资租赁和消费金融业务方面，进一步细化专业分工，重点打造消费金融和融资租赁两个专业团队，搭建消费金融信息管理系统，将互联网技术与金融禀赋有机结合，提升公司在细分领域专业能力，争取早日形成标准化业务模式。在股指期货业务方面，顺从政策导向，积极申请股指期货业务资格。

（二）加大资金端业务创新，完善现金管理产品谱系

资金成本直接影响资产获取，要打破原有的销售思路和格局，充分运用 ABS、ABN 等新工具创造低成本资金渠道。丰富客户服务体系，开拓面向所有客户的普及性服务，推动精准营销。

从产品期限看，公司目前产品以中长期为主，很难满足短期投资者理财需求。要完善现金管理类产品谱系，推出期限短、标准化程度高、可定期申赎的净值型现金类产品，弥补短期限产品短板，提升客户理财体验。

（三）风险合规专业化，积极探索风险控制长效机制

2017 年，风控合规工作需要围绕“评审工作精细化、投后管理专业化、合规工作系统化”的工作重点，通过调整内部架构、优化审批流程、提高团队建设等手段，搭建风险控制长效机制。

根据公司整体战略规划及业务创新情况，制定 PPP、消费金融、融资租赁等业务指引，出台风险控制相关制度，实现产品创新与风险管理联动，推动创新业务发展。

在项目审查方面，要根据审批阶段、审批内容的不同，优化审批流程，在风险可控前提下提升审批效率，降低无效项目占用审批资源，防止因条件变更导致的风险要素弱化，提升前台、

中台、后台信息交流共享，提升产品落地效率。

为保障房地产业务、证券业务顺利开展，强化项目风险期间监控力度，随时掌控风险迁移情况，要加强投后管理团队建设。根据业务拓展规模和进度，合理配置贷后管理团队，制定相关业务期间管理规章制度，降低期间管理风险。

（四）建立服务与监督并重支持体系，为公司转型提供有力保障

为保障公司顺利转型，公司将从战略、人力、运营、IT、财务等多方面支持业务发展与创新。从战略、投资企业管理、运营管理绩效考核等多个维度发挥中台、后台业务支持的作用。在战略上，公司将战略目标逐级分解，使战略导向与行动步骤、绩效考核紧密结合，形成战略管理闭环，确保目标顺利达成。在投资企业管理上，将根据被投资企业及各投资平台实际发展需要，公司将加强调研走访，定期了解企业经营运作情况，及时掌握经营动态，根据投后管理制度的分类标准，对不同层次的被投资主体进行适度管控，促进企业发展。在运营管理上，坚持“运营管理＋”日标，继续推进数据中心建设，实现业务、财务、办公系统的数据统一和整合，提高运营管理效率，为公司决策分析提供有力支持。在绩效考核上，拟定新的绩效考核方案，根据部门具体情况因地制宜，制定符合其产能的考核指标，适当拉开激励差距，有效激励高产能团队。

陕西省国际信托股份有限公司

一、2016 年经营概况

2016 年，面对极其复杂严峻的经济金融形势，陕西省国际信托股份有限公司（以下简称公司）攻坚克难抓经营、深化改革激活力、聚焦转型稳增长，从而确保了平稳发展，实现了预期经营目标。全年实现营业收入 10. 14 亿元，受股市疲弱等影响收入同比有所下降；实现利润总额 6. 86 亿元，同比增长 12. 72%；实现净利润 5. 15 亿元，同比增长 13. 50%；全年新增信托项目 395 个，新增项目规模 1 385. 12亿元，同比增长 38. 28%，到期兑付信托项目 244 个，共 489. 60 亿元，为客户创造收益 122. 09 亿元；截至 12 月末，公司信托资产规模 2 538. 11 亿元，同比增长 35. 91%，创历史新高。

（一）多措力促信托主业，培育动能稳推转型

在多重挑战与考验下，为有效推动公司信托主业发展，公司采取了一系列措施。一是顺势而为抓重点，传统业务稳增长。集合类项目的开发运作量同比翻倍，运作效益良好，有效支撑了业绩。二是发挥优势强力展业，证券信托有效突破。2016 年末资产规模有效突破，实现收入 1. 3 亿元。三是积极推动主业创新，力求夯实转型基础。公司进一步强化顶层设计，从战略引导、人才开发、体制转换、机制优化、任务分解、创新引领、风控转型、教育培训、支持保障等方面入手，积极推动创新；推进全国布局、转型布局并延揽高素质人才，为推动转型发展储备了战略资源；进一步加大教育培训力度，引导全员强化学习以拓展视野、创新思路；积极强化前台、中台、后台“一体化”意识和机制，协力推动创新业务有效突破。四是重视同业资源开发，力促深化战略合作。五是强化客户服务提品质，盯紧财富管理塑品牌。

经过不懈努力，公司信托主业收入同比增长 24. 86%，在创新方面也取得一定进展。信贷资产证券化业务有效破题，规模近 50 亿元；PPP 项目取得突破，成功中标两单 PPP 项目，其他项目积极推进；内外合作拓展家族信托业务，取得一定成效；围绕着基建、养老、文化旅游等行业积极探索产业基金业务，有望实现较大突破；专户理财业务探索取得较好成果；积极探索公益信托，推出了“陕国投・公安民警英烈基金公益信托计划”等项目；针对消费信托、普惠金

融进行了积极探索，普惠+消费金融合作成效良好。

（二）战略策略并重抓固有，当期创效长远谋布局

为有效运作好自有资金，公司坚持长中短期结合积极运营。一是积极克服市场价格走低的不利形势继续做贷款融资业务，同时在开发投资类业务的等候期和同业合作开展类融资业务，以提高资金收益，确保当期效益。二是加大了资本市场运作力度，全力应对市场整体疲弱和波动的不利局面，积极运作二级市场投资。三是围绕金融控股战略实施，2016 年内跟踪了华龙证券、长安银行、陕西金融资产管理公司等 10 多个投资标的，虽然由于政策等客观原因导致个别投资受阻，但公司将坚定推进战略落地。四是有效发挥协同效应，积极支持信托业务有效拓展。五是在保证流动性的前提下，积极开展同业拆借、购买券商理财产品等短期运作，提高资金效益。经过不懈努力，2016 年全年实现收入 4.51 亿元，可动用资金当期的整体收益率达到了 9.2%。

（三）优化风险管理机制，积极促动业务发展

在风险易发、高发的背景下，公司采取了多项措施强化风险管控。一是全面落实“一体化”的风险管理理念，前台、中台、后台共同防控风险，共同推动发展。二是风控人员有重点地参与项目现场调研，增强评审的深度和客观性，延伸风险管理触角，全面提高评审质量。三是加强风险事中管理，动态监控项目运行。四是持续优化业务流程，不断完善内控制度。五是以提升“八大能力”为契机，积极支持创新业务发展。

（四）深化改革强化管理，积极提升运营效能

一是积极配合、推动战略谋划并促进战略投资、重组等工作，专注打造“五化陕国投”。二是积极推动公司纳入省内深化国企改革试点，组织了新一轮机构改革和竞争上岗，面向全国开展了多轮人才招聘，公司人才队伍建设和机制优化取得新成效，全国性布局基本完成，市场竞争力进一步提升。三是继续深入实施信息化工程，优化了项目管理系统、TA、CRM、网站预约系统，上线财务管理优化系统、人力资源管理系统等，有效发挥信息化引领和支撑功能。四是加大了品牌建设力度，通过多种方式扩大公司影响力，公司品牌价值进一步提升。

二、创新业务案例

公司积极探索金融服务公益事业创新，联合陕西省公安厅民警英烈基金会推出了国内首个专注于扶助公安民警的公益信托计划——公安民警英烈基金公益信托。

公司接受省公安厅民警英烈基金会委托，发起设立陕国投·公安民警英烈基金公益信托计

划，信托资金来源于陕西省公安民警英烈基金会、企事业单位、自然人、公益团体捐款等，该信托计划为开放式信托，全年开放接受委托人的信托资金。首期信托规模为2 000万元。作为一款永续型信托计划，该信托将保持一定的开放性，后期参与该信托计划的委托人可追加交付资金。作为受托人，公司将以金融创新方式加强信托资金运作，信托收益全部用于救助因公牺牲、致残、大病、特困的公安民警及家属，实现以信托制度为公益事业注入市场化动力的诉求。公司将充分利用信托这一创新的金融工具，在动员广大社会企业与公众参加公益信托的同时，努力营造全社会关心、关爱公安干警的氛围。

三、社会责任履行情况

（一）推进经济责任，助力实体经济

1. 依法诚信纳税

2016年，上缴国家和地方税费3.23亿元，连续被国家税务局、陕西省地方税务局联合授予“纳税信用A级纳税人”称号，树立了诚信纳税的良好企业形象和品牌信誉。

2. 支持地方经济建设

2016年，先后为省煤化集团、省高速集团、省交通建设集团、省地方电力集团、陕文投、西咸新区、曲江新区、浐霸生态区等企业及开发区、交通、水利、机场等大批基础设施建设项目提供投融资服务206亿元，业务触角几乎延伸到了陕西省内经济发展的所有热点和重点地区，全面助力陕西经济发展。

（二）持续提升服务品质，保障投资者和消费者权益

1. 增加受益人收益

2016年累计向受益人支付信托收益122.09亿元，有效增加了广大信托消费者的财产性收入。

2. 积极回馈股东

公司始终把为股东创造最大价值、给予投资者合理回报当作公司应尽的责任和义务，2016年6月，公司实施了2015年权益分派方案。以2015年末总股本1 545 245 866股为基数，按每10股派发现金红利0.30元（含税）；资本公积金转增股本，每10股转增10股。

（三）推动公益事业，传递温暖能量

1. 推进公益信托

2016年，公司联合陕西省公安厅民警英烈基金会推出了国内首个专注于扶助公安民警的公

益信托计划——陕国投·公安民警英烈基金公益信托计划。

2. 公益回馈社会

一是开展对口扶贫村员工驻村扶贫工作，成立了驻村帮扶工作组，与村干部一起研究制定扶贫规划。二是坚持开展“送温暖”活动，给对口扶贫村中小学捐赠校服257套，积极落实公司“两联一包”扶贫任务。

（四）坚持以人为本，搭建员工发展平台

1. 保障员工权益

一是不断完善薪酬福利机制。实现了劳动合同、社会保障的100%覆盖，同时建立健全了补充保险、企业年金方案，提高保障水平。二是维护员工民主权利。建立并不断完善民主管理和沟通机制，不断强化工会制度，开展司务公开。

2. 支持员工发展

公司将打造高素质人才队伍作为提升企业核心竞争力的关键。2016年，公司有针对性地安排了多层次培训工作，邀请行业专家进行全员专项业务培训，并选派中高层管理人员和业务骨干参加了智信研究院、信泽金、新财道学院、信托业协会等组织的全员培训等学习活动。

3. 关爱员工生活

一是完善职工之家建设。筹备建设健身房和瑜伽房等。二是开展丰富多彩的文体活动，进一步提升全员的向心力和凝聚力。三是关注职工身心健康，开展职工健康检查，邀请专家开展健康讲座，提升职工健康意识。四是关心职工的工作和生活。在职工困难时及时帮助，让职工时刻感受公司大家庭的关心和温暖。

（五）打造绿色金融，践行低碳环保

1. 推进绿色金融

2016年，公司把握淘汰落后产能和化解产能过剩信贷政策导向，灵活采用增资、股权托管、股权转让、贷款等形式，先后为创源煤电循环经济项目、袁大滩煤田煤炭资源整合项目等提供资金支持10多亿元，推进能源资源的清洁利用和优化配置，助力企业转型升级。

2. 践行绿色办公

公司倡导绿色环保的经营方式和工作方式，号召全体员工将节能环保理念融入工作、生活的每一个细节，打造低碳金融机构，培育绿色文化。

四、2017年发展规划

以“深化改革、深入转型、深谋布局、深推发展、深促追赶”为总基调，把握“力推改革激活

力、创新为先促转型、全面提质增效益、全员追赶保超越”的主线，坚定不移打造“五化陕国投”。

（一）把握转型升级趋势，全面提升“八大能力”

一是努力提升八大能力，实现公司追赶超越目标。二是积极实施“八大类业务”创新试点。三是深化国企改革，全面提升公司的整体运营能力与水平。

（二）把握政策良机，布局转型创新

一是进一步优化顶层设计，完善转型升级总体方案。二是持续推进业务结构优化，切实增强内生发展能力。三是调整优化业务流程，规范业务运作。四是进一步研究拟定业务规划和策略计划，创新运作体制和机制。五是积极延揽和储备人才，引入员工持股等市场化机制。六是为业务创新搭建市场化、专业化、灵活化运营平台。七是积极谋求并尝试境外展业，力求实现突破。

（三）积极促成增资，强化战略布局

一是努力打造市场化金控平台，坚定而持续地增强战略落地能力。二是全面强化经营、提升效益尤其是信托主业的效益。三是不断加强风险和合规管理能力，综合提升管理水平。四是进一步深化金融同业合作，有效展示资源协同效应。

（四）全力探索推创新，积极对标求突破

一是加强创新业务拓展，回归信托本源，提升自主管理能力，通过融资转投资、资产管理与财富管理交叉推进。二是积极跟踪政策动态，适时组建股权信托业务部等创新部门。三是积极探索科技型企业投贷联动，积极介入债转股业务。四是拓展同业合作，深化合作高技术含量类业务。五是合力共推家族信托，努力提供综合化、个性化定制服务。

（五）把握大势抓机会，积极创新抓升级

一是增强实业投行思维，力促传统业务升级。二是深化同业合作，强化撮合功能。三是探索创新平台融资，积极开发 PPP 或者类 PPP 业务等。四是稳健拓展房地产信托，聚焦优质客户，精选优质项目。五是力拓工商企业领域，将工商企业作为融转投的主攻领域，积极提供并购重组、资产证券化等业务。

（六）全面转型，力推财富管理变革

一是高远谋划变革方案，全面谋划并实施财富管理变革方案。二是积极调整客户结构，转变客户理念，大力开发浮动收益型客户。三是积极拓展家族信托，围绕客户个性化需求做好多元化资产配置等，切实打造陕国投财富管理品牌。

上海爱建信托有限责任公司

一、2016 年经营概况

2016 年，上海爱建信托有限责任公司（以下简称公司）紧密围绕控股股东“成为一家金融牌照更多、业务功能完善、客户布局完整、创新能力强大、能够提供一站式综合金融服务、具有国际竞争力的新型金融控股集团”的发展战略，审时度势，积极应对多种外部挑战，全面提升财富管理、资产管理能力，通过防风险、强管理、谋创新、促发展，公司整体发展水平呈现良好发展态势。2016 年，公司实现营业收入 116 916.44 万元，较 2015 年同比增长 16.84%；实现净利润 60 019.85 万元，较 2015 年同比增长 17.88%；实现信托业务规模 1 966.19 亿元，其中集合信托规模 1 206.60 亿元、单一信托规模 575.81 亿元、财产权信托规模 183.78 亿元。

（一）抓重点、上规模，传统业务精耕细作显成效

一是信托主营业务业绩增长迅猛。截至 2016 年末，公司信托受托规模已达 1 966.19 亿元，较 2015 年末增长 110.39%；实现信托业务收入 9.15 亿元，较 2015 年末增长 18.9%。2016 年 1～12 月公司新增项目 507 个（期），同比增长 133.64%。新增规模 1 511.19 亿元，较 2015 年同期增长 121.43%。

二是深耕传统业务，信政、房地产、证券业务“三驾马车”齐头并进。截至 2016 年末，存续证券类产品较 2015 年增长 246.15%，存续规模较 2015 年增长 548.96%。同时，房地产和信政业务的表现也可圈可点，年内成立了“爱建信托——无锡新区城市发展基金财产权信托计划”“爱建信托——镇江新区城市产业基金集合资金信托计划”“爱建信托——天圆祥泰 B 座 2 号事务管理类单一资金信托计划”等信托计划。截至 2016 年末，新增房地产类信托规模较 2015 年同期增长 133.51%。

（二）促发展、谋转型，创新业务遍地开花

2016 年，公司业务在创新转型方面进行了积极的尝试，从资金端到资产端，转型创新的探

索逐步走向深入。

公司设计成立了类ABS产品“爱建信托——阿基米德1号集合财产信托计划”，大大降低了资金成本，迅速提升公司的盈利水平；此外，“爱建信托——镇江新区城市产业基金集合资金信托计划”，产品规模达25亿元，是在公司与镇江地区通过多个传统政信类项目的基础上进行的一项战略合作和业务创新，采用股权投资的形式并保留了政府信用的核心；现金汇裕银登模式的建立，实现了公司主动管理资产非标转标，使地产类资产进入现金汇裕的选择视野，有效提升地产类项目的成立效率。

公司还在慈善、定增投资类信托上实现了零的突破。“爱建信托——爱心1号集合资金信托计划”于2016年6月成立，受托规模为3 000万元；“爱建智赢·同安投资定向增发集合资金信托计划”于2016年11月正式成立，总规模为5 210万元。

（三）系列化、品牌化，财富管理明晰转型思路

在信托行业转型发展的趋势下，公司财富管理通过丰富产品线，逐步实现产品的系列化，同时大力发展家族信托、引入异地销售团队，以最大限度满足不同客户的需求，为公司资金端提供稳定的支持。

（四）规范化、系统化，全面风险管理护航业务发展

2016年是公司启动全面风险管理目标的第二年，公司稳步推进实施全年风险管理计划、完善管理程序和管理流程，在实际工作中不断丰富风险管理手段、工具，积极配合支持公司业务的发展，形成了全面风险管理框架雏形，在公司业务高速发展的同时，守住了公司风险底线。

（五）战略化、目标化，体制机制改革引领高速增长

2016年，为进一步抓住上海新一轮金融国资改革机遇，推动突破发展局限，回归民营本色，继承良好发展势头，爱建集团实施了战略重组。信托公司为主动适应新的体制机制，实现经营管理发展转型，实施了一系列措施。一是制订战略规划，明确发展目标；二是优化薪酬管理体系，调整员工薪酬结构。

（六）生动化、时尚化，品牌建设提升公司形象

2016年是公司成立30周年，为更好展示爱建形象、开展品牌宣传，公司开展了30年周司庆系列活动。活动得到了集团公司领导、公司管理层、全体员工的支持，对外极大地提升了公司知名度和美誉度，对内极大地增强了员工的凝聚力和归属感。同时，公司积极建设爱建特色的企业文化，努力争创市级文明单位，开展了形式多样的企业文化建设活动。

二、创新业务案例

在传统业务延伸方面，公司2016年6月成立的徐汇万济创意园改造租赁收益权集合资金信托计划，募集规模3 000万元，资金用于上海既有老旧工业地产翻新改造，并建设创意园区，改造后的园区租金及物业管理费作为还款来源。该项目契合上海2.5产业创意园的发展方向及国家鼓励大众创业、万众创新的政策方向，是物业改造细分市场的有效切入点，也是地产类项目往REITs方向发展的有益尝试。

在产业基金方面，2016年7月成立的镇江新区城市产业基金集合资金信托计划，募集规模25亿元，信托计划作为优先级LP出资设立城市产业基金，该产业基金采用双GP管理模式，与镇江地方国资平台联合投资当地基础设施建设，成为信政类项目往基金化方向运作的典型代表。

在资产证券化方面，2016年5月成立的易日升金融财产权信托计划，是将互联网家装消费者的565笔装修贷款分期所形成的债权进行资产证券化，并打包向市场公开发售，募集规模4 000万元，该产品是信托公司涉足互联网家装市场的一次有益尝试。同年8月，公司发起成立易日升金融财产权信托计划（二期），募集规模8 600万元，入池资产包共计906笔装修贷款分期。交易对手易日升金融是一家专注以家居为入口，提供家装、家居、婚庆、旅游、教育等领域的生活金融服务商，为客户打造一站式、全业态生活金融服务平台。通过装修贷款的资产证券化，易日升金融可腾挪出更多资金用于扩大金融服务平台的业务规模，为消费者提供更好的消费金融服务，也间接为家装、家居、婚庆、旅游、教育等相关企业扩大了市场份额。

在权益类投资方面，2016年5月成立的分级基金稳健策略一期，是公司首个自主开发和自主管理的证券类产品，初期规模为3 000万元，产品主要投资于分级基金，采用均衡投资策略，以追求稳健绝对收益为投资目标，实际运行过程中净值稳定增长，回撤较小。未来公司还将根据市场情况推出分级基金进取系列以及其他投资策略的产品。2016年8月，与同安联决打造的定增产品正式向市场推出，募集规模1亿元，产品秉承定增盈利三原则“择时、折价、择股”，以折价收益为基础，在市场相对低位的时机入场，并分散投资于一揽子精选的定增股票，从而获得资产的超额收益。

三、社会责任履行情况

公司坚持“稳中求进”的理念，以市场为导向、以客户为中心，以优质高效的金融信托服务回馈社会广大投资者。在实现自身业务发展的同时，公司不忘以实际行动担负起一个金融企业应尽的社会责任，积极探索将社会责任工作融入企业价值观、企业文化、战略规划中，建立全面社会责任管理体系。

公司积极贯彻落实科学发展观，构建和谐社会，树立公司良好的社会形象，推进爱建特色企业文化建设，提升可持续发展能力，实现公司与社会、环境的全面协调可持续发展。2014年6月公司制定了《社会责任管理办法》，在日常经营活动中，遵循自愿、公平、诚实信用的原则，树立社会责任理念，积极承担社会责任。公司应履行的社会责任主要包括法律责任、经济责任、公益责任和环境责任等。2016年，公司积极开展各类主题教育活动，进一步推进公司企业文化建设；开展员工培训教育活动，将企业文化建设与公司具体经营管理工作相结合。

为传承“爱国建设”精神，履行企业社会责任，公司委派专人赴贵州省六盘水市水城县金盆乡，就公司关于资助金盆乡教育事业拟成立的首个公益信托项目进行前期考察，调研当地教育、扶贫等工作的实际情况。2016年，“爱建信托——爱心图书室”落成。未来，爱心操场也将投入建设，这些都是公司积极履行企业社会责任、践行企业文化理念的行动印证。

2016年9月，“爱建信托・爱心公益1号慈善信托计划”正式启动，通过信托的形式，汇集上海市甚至全国的爱心企业、组织及个人所委托的首期资金投入到改善羊场学校校内设施和办学条件中，从而达到救济贫困及推动中国教育事业发展的信托目的。“爱心公益1号”是公司开展慈善信托的开始，希望依靠探索前行及良好运作，吸引更多的慈善资源，提高慈善资源运用效率，更好地助力慈善事业的发展。

四、2017年发展规划

（一）2017年度经营指导思想

2017年是公司新一轮跨越式发展的起始之年，开好头对于全面完成2020年的目标任务至关重要。公司按照“树龙头、补短板、强中台”的总体发展思路，加快建立健全核心业务体系和中台支撑体系，确保公司“既好又快”地发展，从而为2020年的战略目标打下坚实的基础。

（二）2017年具体经营工作部署

一是以战略规划为牵引，以信托规模和收入为抓手。二是传统核心业务不断提升专业度和创新能力。三是加快培育权益类业务，增加权益性资产配置。四是提升资金资产的对接能力，加强流动性管理。五是创新发展财富管理能力，提升客户获取和管理水平。六是加强和完善分层授权体系建设。七是转变风险理念，合理经营风险。八是进一步深化体制机制改革。九是继续推进品牌建设，提升公司影响力。十是继续加强党建、团建等文化建设。

四川信托有限公司

一、2016 年经营概况

2016 年，四川信托有限公司（以下简称公司）围绕“产品升级、服务升级、团队升级、管理升级”的经营方针，一手抓业务发展，一手抓风险管控，资产规模和收入利润指标稳步增长，内部管理和风险控制水平持续增强，市场品牌形象不断提升。截至 2016 年末，公司总资产为 63.75 亿元，净资产为 59.86 亿元，存续信托资产规模为 3 605.5 亿元，主要经营指标进入行业前列。

（一）收入利润情况

2016 年，公司累计实现收入 27.92 亿元，利润总额 16.55 亿元。

（二）固有业务情况

2016 年，公司在确保自有资金安全性、流动性的前提下追求风险可控的收益性，实现自有资金的保值增值，全年公司固有业务实现总收入 3.37 亿元。

（三）信托业务情况

截至 2016 年末，公司管理信托资产为 3 605.5 亿元，同比增长 6.7%。年内清算项目 661 个，规模为 3 023.03 亿元，全部平稳兑付。

（四）净资本情况

截至 2016 年末，公司净资本为 53.03 亿元，净资本覆盖率为 226%，持续实现净资本达标。

二、创新业务案例

2016 年，公司根据国家方针政策及监管导向，以合规管理为基础，积极推动了慈善信托、家族信托、PPP 等业务落地，并在新能源产业、生态环保、绿色交通运输等新兴行业方面进行了有益的业务探索。

在理论方面，公司组织了多项创新业务课题的研究，发布了《银登中心信贷资产流转业务模式》《慈善信托业务模式》《信托对接券商两融业务模式》等研发报告，报告内容包括行业前景、业务操作模式、公司的愿景与展望等方面，有力地推动了公司业务创新升级。

2016 年 10 月，公司“锦绣未来慈善信托计划”在成都市民政局成功报备，标志着四川首单慈善信托计划正式落地。此外，2016 年公司设立锦绣家族办公室，意在打造最专业的财富管理和家族信托咨询服务平台，以市场行情为基石，重点发力家族信托业务，为业务的转型升级进行了多项有益尝试和积极探索。

2017 年，公司将继续加强创新业务领域的研究，大力推进养老、教育、慈善信托，努力申请创新业务受托人管理资格，积极推动创新业务落地开展实施，最终实现“转型升级”的经营管理目标。

三、社会责任履行情况

（一）支持实体经济发展

2016 年，公司充分发挥信托制度优势，大力拓展服务实体经济的广度和深度，全年累计投向实体经济领域的资金规模 2 211.65 亿元，成为实体经济发展的有力支持者。

1. 服务地方经济发展

2016 年，公司依据国家及四川省重大产业发展规划，积极融入国家新一轮西部大开发，扩大内需，统筹城乡发展战略和成渝经济区、天府新区建设，在西部综合枢纽建设、水利设施建设、产业升级建设、信息基础设施建设等领域承担了重要的金融支持和保障功能，全年累计向省内企业、项目提供 970.25 亿元资金支持。

2. 扶持中小企业发展

公司积极响应国家、四川省委省政府关于做深做实中小企业金融服务的号召，充分发挥信托投融资金融功能，持续加大对中小企业的支持力度，为中小企业的发展提供长期、稳定的资金支持。在传统贷款、投资模式的基础上，通过创新服务模式，提升服务效率，加大信贷投放等方式，助力中小企业发展，同时也为扩大城乡就业、促进经济增长、维护社会稳定作出积极贡献。2016 年，公司累计为中小企业提供资金支持 1 970.4 亿元。

3. 促进新常态下产业优化升级

当前，中国经济进入“新常态”，突破经济发展瓶颈，转化经济增长方式，推动产业优化升级，已成为“十三五”规划主要议题，对经济社会全局和长远发展具有重大引领带动作用。为响应国家号召，公司积极调整信贷政策、创新融资模式，从授信政策、产品创新、服务理念等方面致力于对绿色产业、污染防治项目、节能减排项目和循环经济发展以信贷支持。截至2016年末，公司为促进产业优化升级投入资金20.05亿元。

4. 助力民生改善

在2016年支持民生工程中，公司累计投入资金22.5亿元，开展了支持棚户区改造、支持教育事业与文化产业发展、支持医疗卫生事业发展等金融服务，并取得了良好成效。

5. 依法诚信纳税

公司始终以国家利益为重，在谋求自身稳健发展的同时，恪守诚信，合法经营，坚持依法按时缴纳税款，积极履行扣缴义务人代扣代缴税款的义务；依法进行税务登记、设置账簿、保管凭证、纳税申报；如实向税务机关反映公司的生产经营情况和财务制度执行情况，并按有关规定提供报表和资料，没有隐瞒和弄虚作假。2011~2015年，公司连续五年荣获“四川省纳税大户”称号，树立了诚信纳税的良好企业形象和品牌信誉；2016年，公司缴纳各种税款总额6.99亿元，为四川经济社会的发展作出了积极贡献。

（二）忠实履行受托责任

公司始终秉承“诚信、专业、高效、微笑”的4S服务理念，尊重客户、重视客户、态度真诚、细致周到，以客户需求为导向，竭诚为客户提供优质、专业、个性化、多元化的综合金融服务。自公司成立起，累计为客户创造收益999.08亿元。

1. 拓展投资渠道，增加客户收益

公司在稳健经营过程中，持续设计并推出基础设施类、工商企业类、政信合作类、股权投资类、房地产类、证券投资类等信托产品，较好地满足投资者不同程度的投资偏好。2016年，公司累计为投资者创造收益244.49亿元。

2. 健全保障机制，维护客户权益

2016年，公司严格落实监管要求，将客户权益保护工作贯穿于业务经营及风险防控的全流程，从建立健全长效机制着手，不断提升服务水平，维护消费者权益，保障金融安全。

3. 立足客户需求，提升服务品质

公司始终致力于为客户打造专业化、个性化的财富管理方案，并通过不断完善配套机制，扩大服务涵盖范围、优化服务环境、持续提升服务品质。公司推出“锦绣财富”品牌，为客户提供专业化、个性化、多元化的理财资讯、资产管理和家族财富管理服务，锦绣俱乐部则持续为客户提供形式多样、内容丰富的尊享活动，让客户切身感受到公司的真诚关怀与贴心服务。

（三）支持公益慈善事业

1. 实施精准扶贫

为全面贯彻落实国家扶贫攻坚动员工作要求，响应四川银行业支持帮扶贫困县行动计划号召，公司结合业务特点和发展方向，积极落实精准扶贫工作。2016 年 6 月，公司与康定市建立了结对帮扶机制，签署《金融扶贫合作协议》，通过教育捐赠、贫困户帮扶、金融咨询宣传、人才支持等方面的合作，促进康定地区农业产业发展，实现创业带动就业、共同扶持农户增收脱贫的目标，携手打好精准扶贫攻坚战，促进当地经济社会健康发展。

2. 打造公益慈善平台

公司始终坚持以服务社会为己任，充分发挥信托功能与制度优势，积极推动社会公益事业的模式创新，先后与四川省、成都市慈善总会发起设立锦绣慈善基金，推出锦绣系列慈善信托计划，搭建金融援助和公益救助平台，积极履行社会责任，促进公益慈善事业的健康发展。

3. 投身公益慈善活动

公司在注重自身快速稳健发展的同时，积极开展扶贫赈灾、捐资助学等公益慈善活动。为发挥信托专业功能，忠实履行信托公司社会责任，2016 年，公司先后组织发起“传递爱心、温暖童心”“放飞梦想”“情系康定”等慈善助学活动；积极策划“送金融走基层”“金融知识进万家”“金融知识万里行”等智力扶贫活动。

4. 开展志愿服务

2016 年 9 月 5 日，公司隆重举行志愿者服务队成立仪式，近 200 名员工现场宣誓成为一名光荣的志愿者。未来公司将不断完善志愿者服务机制，丰富志愿者活动的内容与形式，在精准扶贫、儿童助学等领域积极发挥力量。

四、2017 年发展规划

公司愿景：打造成为国内一流的资产管理金融机构，以资产管理、投资银行、财富管理、金融同业合作为主要发展方向，在资产端、资金端、管理端三方面齐头并进，协调发展，为客户提供全方位、全流程的综合金融服务。

（一）建设效益川信

提升资产管理质量与水平、从业人员综合素质及能力，使公司核心竞争力指标进入行业前列。

（二）建设廉洁川信

严格落实全面从严治党的主体责任，持续纠正“四风”问题，强化内部巡视监督，加强党性锻炼和道德修养，不断取得党风廉政建设和反腐败斗争的新成效。

（三）建设服务川信

持续深化财富管理业务转型升级，进一步优化金融服务，加快转变服务模式，积极搭建互联网金融服务平台，为高端客户提供专业的财富管理服务。

（四）建设绿色川信

深入贯彻“绿色信托”理念，积极整合金融资源，拓宽融资渠道，创新业务模式，重点围绕循环经济、综合利用产业等领域提供绿色金融服务。

（五）建设创新川信

坚定不移地推进业务转型升级，从传统融资类业务为主向债权与股权投资并重转型，从非标准化产品为主向标准化产品为主转型，从单一项目驱动模式向全产业链综合解决方案提供平台转型，从简单的产品销售向综合资产配置及财富管理转型。

（六）建设幸福川信

坚持以人为本，深入宣贯“快乐工作、快乐生活”的工作理念，构建合规稳健、科学可持续并能满足让所有员工幸福感的和谐川信。同时，积极投身社会公益事业，进一步拓宽公益视野、拓展公益渠道，充分发挥信托优势，积极探索信托与慈善公益事业相结合的有效模式，努力将信托价值纵深到社会事业领域，实现社会、企业、员工和谐发展、共同成长。

万向信托有限公司

一、2016年经营概况

2016年，万向信托有限公司（以下简称公司）稳健经营，开拓创新，坚持严控风险，磨砺能力，以“专业特色年”为主题，巩固传统业务领域的特色与强项，着力在若干细分领域打造核心优势，形成自己的产品特色和服务特色，积累核心客户和高净值客户，全面提升业务能力和综合运营效率。

（一）经营业绩与效益稳步提升，盈利能力持续增强

2016年，公司总资产为28.90亿元，净资产为19.36亿元。全年共实现营业收入10.46亿元，同比增长73%，实现净利润5.07亿元，同比增长94%。年末存续信托资产管理规模达1 509.73亿元，较2015年末增长59%，业务产能稳步扩张。

（二）资管能力稳步加强，资管规模稳健提升

2016年，公司受托管理资产规模站上1 500亿元平台，规模达到行业中位水平，增速位居行业前列。公司在常规业务领域继续深耕细作。一方面充分发挥历史积累优势，夯实在基础产业、房地产、资本市场等传统领域的业务能力；另一方面加强提升在特定产业的资管能力，重点聚焦环保水务、基础设施、农林牧渔等领域，设立新型产业基金。同时，发力以电商、社交为场景的互联网金融产品以及公益环保、慈善信托等类别的创新金融产品。

（三）“大财富战略”成效显现，财富管理水平逐步提高

公司扎实稳步推进各项业务在全国核心区域的战略布局，足迹已遍布浙江省内重点区域、长三角、珠三角、沿海发达地区和全国大部分经济发达省份。

客户资产管理规模不断扩大，高净值客户数持续增长，交易人次稳步上升。在保证常规产品供给端稳定的同时，不断创新产品发行、产品组合等功能设计，提供跨市场、跨领域、多品

种的资产配置服务。

公司着力构建的私人信托账户体系已逐步完善，私信客户数不断增长，发展态势良好。

公司始终将做好客户服务、提升客户体验为财富发展要点。2016 年开始实现客户分级管理模式，根据不同级别客户的特点与需求，在品牌、渠道、内容、资产配置方案等各方面提供差异化服务。

（四）风险管理机制进一步健全

2016 年，在业务规模不断提升的情况下，公司强化风险管理，坚定不移地坚持以风控为核心的战略发展定位。

公司坚持贯彻“大风控、全流程”的风险管理理念，制定出台了一系列标准化的风险管理制度与工作模板，定期开展系统性的制度修订更新，并借助 IT 手段防范尽调风险，持续优化尽调、评审、决策等主要流程和具体标准。

同时，公司构建了全面风险评审标准体系，严格遵照合法有效性原则、全面性原则、独立性原则、相互制衡原则等风险管理基本原则开展工作。

（五）运营体系不断构建完善

2016 年，公司持续加强内部管理，全面梳理公司制度，完善内控建设。

人力资源管理方面，公司重视优化人员结构，提升团队专业性，完善员工考核考评机制。

信息化建设方面，自主研发能力逐步提升，重点推进私信、CRM、项目管理平台三大系统建设。

（六）持续推进品牌形象建设

2016 年 4 月，在《都市快报》主办的 2016 中国（杭州）Golden20 理财峰会中获评“金牌理财机构”。同年 7 月，在《证券时报》主办的第九届中国优秀信托公司评选中荣获“锐意进取信托公司”“优秀基础设施信托计划”两个奖项。

二、创新业务案例

2016 年，公司重视鼓励业务创新，布局转型发展。

（一）深入产业领域，孵化落地专项产业基金

公司对农业领域进行战略布局，打造了农业产业系列基金，落地浙江农科种业基金、淳安

农业产业基金、安吉白茶产业基金、安吉万旅特色小镇产业投资基金、丽水市农业产业基金、龙泉农业产业基金、磐安县农业产业基金七个农业产业基金。

在文化产业领域，公司抓住行业繁荣契机，发力影视文化投资领域，相继落地多个影视基金，扩大产业规模占比。

在其他领域，公司紧跟国家政策导向，关注并积极布局养老产业、新型城镇化建设工程、环保产业，部分产品已经落地。

（二）构建内外部双轮驱动的产品线体系，提升产品供给能力

公司自主开发多层次的自有产品，同时拓宽视野，大力开拓外部优质产品采购渠道，完善产品线。

（三）重点布局互联网业务，规模与创新并进

公司注重业务产品的创新发展，深化与国内互联网龙头企业合作，相关业务全面展开并逐步深化。以此为基础的零售业务条线开始形成并保持行业优势。设有专业团队研发消费金融产品，与之相关的多个创新项目正在有序推进。当前公司个人资产端业务已基本形成，成为新的业务增长点。

（四）慈善信托走在行业前列，开创全新公益模式

作为一家在慈善信托领域较具特色的信托公司，2016 年公司在这一领域作出了新尝试。公司与宁波鄞州银行公益基金会联合发布了全国首个共同受托慈善信托“华龙慈善信托”，开创了同一慈善信托的共同受托人分别履行信托财产管理和慈善事务管理的全新模式，为浙商慈善事业的发扬提供了可供借鉴和复制的范例。公司设立了浙江省内首个家族慈善信托“乐淳家族慈善信托”，主要用于支持发展各类社会公益事业、灾害救助事件及其他公益活动，为企业、家族和个人提供了更为完善的慈善管理方案。

（五）实践自然资源信托化，创立水基金信托模式

公司助力浙江省“五水共治”事业的推进与发展，成立全国首个针对小型饮用水水源地保护的信托项目“善水基金 1 号”龙坞小水源地保护项目。该项目由美国大自然保护基金（TNC）担任科学顾问，打造了一个以环保公益为目的、拉动农村经济、惠农助农的开放式平台。该项目得到社会各界广泛关注，多次接受国家相关部委考察，并被国家媒体宣传报道。该项目已与世界银行达成合作意向，进一步拓展善水基金系列业务。

三、社会责任履行情况

公司践行《信托公司社会责任公约》，不断丰富企业社会责任实践内容，积极履行社会责任。

（一）支持实业，助力供给侧改革

公司充分发挥信托制度优势，不断加大对社会基础产业的服务力度，在新型城镇化建设、环保水务等领域中发挥了促进作用。

公司积极支持“三农”发展，与浙江省内各市县政府达成长期战略合作，共同发掘当地农业资源，充分发挥自身资金融入能力和资产管理能力，促进产融结合，帮助当地农民增产增收。

公司助力中小企业腾飞，借助互联网优势进行金融创新，搭建民间财富与产业资金需求之间的桥梁。

（二）支持公益事业，形成特有模式

公司广泛支持公益事业，在该领域发挥专业优势，促进国内公益模式的创新与发展。

在慈善公益方面，公司作为发起人之一参与发起了“善联盟”，并参与发布了《“善善与共　天下大同”全国地方金融机构公益慈善联盟（北京）共识》。

公司与宁波鄞州银行公益基金会联合发布华龙慈善信托，设立省内首个家族慈善信托——乐淳家族慈善信托。

在环保公益方面，公司推出了善水基金，通过开展城市周边小水源地保护实践活动，探索环境友好型商业模式支持环保事业可持续发展这一创新之路。

（三）开展投资者教育

公司履行“受人之托、代人理财”的信托责任，为受益人提供安全高效的财富管理服务，确保每一位受益人的资产安全和收益稳定。

公司将对客户进行金融风险教育作为重点，通过官方微信、APP等平台向公众宣传和普及金融知识。

公司积极响应国务院提出的保障金融消费者“八项权利”号召，建立了消费者权益保护机制，并将其纳入绩效考评体系。2016年，公司相继开展了货币金融知识宣传月、个人征信知识宣传月等六项主题活动，并加强销售合规性管理，启动“专区双录”工作。

公司还携手蚂蚁金服等25家金融机构共同发出“3·15倡议书”，努力构建和谐共赢的金融

消费生态，健全金融行业透明诚信体系。

（四）保障员工权益

公司全面维护职工权益，建立健全具有竞争力、市场化的薪酬体系，完善科学的绩效考核机制，为员工提供良好的职业发展通道。公司关心员工成长，组织开展各类培训，鼓励员工进修，提升员工职业能力和综合素质。同时，完善内部沟通机制，与员工平等对话，为员工创造良好的工作环境。

（五）维护股东利益

2016 年，公司经营业绩快速增长，全年营业收入、利润指标均达到年度目标，所有者权益进一步提升，实现了资产保值增值。

四、2017 年发展规划

2017 年，公司将继续坚持以风险控制为核心，产品战略与财富战略双驱动的总体战略，重点布局核心客户，着力构建专业资产管理能力；主动丰富产品类型，增加高净值客户数量和黏性，保持公司经营稳健和核心竞争力的持续提升。

公司将一以贯之地坚持“大风控、全流程”的风险管理理念，继续完善以规范、稳健、效率和创新支持为特征的风控体系以及高效、专业、联动为特征的大中台，有力地支撑并且驱动公司的业务发展和转型创新。

通过专业驱动和创新引领，公司将持续发挥自身在特定领域的资产管理能力，夯实核心竞争力，并将在新兴业务领域形成新的增长点，有力地促进规模与营收的双提升。

在财富管理板块，公司将继续推进大财富战略，提升基于信托优势的财富管理能力，完善信托账户管理系统、投资服务平台和客户服务体系，实现财富端业务的转型与升级。

西部信托有限公司

一、2016 年经营概况

（一）自有总体情况

2016 年，西部信托有限公司（以下简称公司）实现营业收入 120 035 万元，比年度计划 108 514万元增加 11 521 万元，完成年度计划的 110.62%。

全年实现利润总额 98 695 万元，比年度计划 85 796 万元增加 12 899 万元，完成年度计划的 115.03%。

受证券市场影响，截至 2016 年 12 月 31 日，公司自有资产总额 862 960 万元，比年初的 1 206 352万元下降 343 392 万元，降低 28.47%。净资产 698 440 万元，比年初的 941 102 万元下降 242 662 万元，降低 25.78%。

（二）信托总体情况

截至 2016 年 12 月 31 日，受托管理信托规模 1 375 亿元，较年初增加 364 亿元，增长 36%。

（三）经营业绩

表 1　　2016 年经营指标实际完成情况

项目	本年实现数（万元）	年度计划（万元）	完成比例（%）	上年同期数（万元）	同比增长（%）
一、营业收入	120 035	108 514	110.62	118 989	0.88
其中：利息收入	61	150	40.67	2 216	-97.25
手续费收入	31 568	27 000	116.92	30 055	5.03
投资收益	85 160	81 314	104.73	86 474	-1.52
其他业务收入	2 781	50	5 562.00	35	7 845.71
二、营业支出	21 437	22 718	94.36	22 831	-6.11
其中：业务及管理费	12 701	12 966	97.96	12 350	2.84
税金及附加	5 153	5 890	87.49	6 669	-22.73
三、利润总额	98 695	85 796	115.03	96 145	2.65

表 2　　剔除减持西部证券股份收益主要经营指标完成情况

项目	本年实现数（万元）	年度计划（万元）	完成比例（%）	上年同期数（万元）	同比增长（%）
一、营业收入	55 720	44 200	126.06	42 224	31.96
其中：利息收入	61	150	40.67	2 216	-97.25
手续费收入	31 568	27 000	116.92	30 055	5.03
投资收益	20 846	17 000	122.62	9 709	114.71
二、营业支出	17 686	18 967	93.25	18 281	-3.25
其中：业务及管理费	12 636	12 900	97.95	12 270	2.98
税金及附加	1 468	2 205	66.58	2 199	-33.24
三、利润总额	38 132	25 233	151.12	23 930	59.35

注：表中 2016 年数据为剔除西部证券差价收益因素后数据，2015 年数据为剔除减持陕天然气收益等因素后数据。

（四）信托业务状况

2016 年，公司积极实施区域扩张战略，建立优秀人才引进机制，并深挖现有团队潜力，提高营销和客户服务能力，加强信托项目风险管理，实现了公司业务规模的稳步增长。

截至 2016 年末，公司管理信托项目 332 个，受托管理信托规模 1 375 亿元，较年初增加 364 亿元。

表 3　　年末管理信托项目情况

类别	投向	信托规模（万元）	数量（个）	占比（%）
单一类	房地产	1 125 378.64	31	10.74
	工商企业	5 026 439.23	109	47.95
	基础产业	3 313 662.00	69	31.61
	金融业	1 000 517.94	28	9.54
	其他	16 756.60	3	0.16
	证券	—	0	0.00
小计		10 482 754.41	240	100.00
集合类	房地产	578 664.00	16	19.43
	工商企业	1 378 488.63	35	46.28
	基础产业	277 601.00	12	9.32
	金融业	617 468.06	9	20.73
	其他	5.00	1	0.00
	证券	126 108.09	13	4.23
小计		2 978 334.77	86	100.00
财产权	其他	1 123.00	1	0.39
	工商企业	61 690.00	3	21.59
	金融机构	222 910.75	2	78.02
小计		285 723.75	6	100.00
合计		13 746 812.93	332	

2016 年信托项目规模净增 364 亿元。2016 年，公司新发行项目 1 199 亿元，结束信托项目 835 亿元，信托总体规模从 1 011 亿元增加到 1 375 亿元。

集合项目信托规模 298 亿元，较年初增加 214 亿元；单一项目信托规模 1 048 亿元，较年初增加 121 亿元；财产权项目信托规模 29 亿元，较年初增加 29 亿元。

信托资金投放方向主要为工商企业和基础产业。从信托资金投放方向分析，信托资金主要投放领域为工商企业和基础产业。其中，工商企业领域资金 647 亿元，占比为 47. 04%；基础产业领域资金 359 亿元，占比为 26. 12%；房地产等其他四个领域合计 369 亿元，占比为 26. 84%。

信托项目发行情况：2016 年，公司累计发行成立信托项目 230 个，信托规模为 1 199 亿元。其中发行新项目 219 个，募集资金 1 166 亿元，比 2015 年增加资金 33 亿元。

信托项目结束情况：2016 年，公司管理的信托项目到期结束 238 个，累计结束信托资金 835. 50 亿元。其中，本金全部结束项目 184 个，信托资金 727. 50 亿元（不包含以前年度已兑付本金 58 亿元）；部分本金结束项目 54 个，信托资金 108 亿元。

二、创新业务案例

（一）项目背景简介

公司设立“西部信托 · 众生药业定向资管集合资金信托计划”，信托资金用于认购第一创业证券股份有限公司（以下简称第一创业证券）设立的定向资管计划，定向资管计划投资收益率为 6. 05%/年。该信托计划规模为 1 亿元，其中中国民生银行股份有限公司拟出资不超过 0. 5 亿元认购信托计划的 A 类份额，苏州君子兰启航一号股权投资基金合伙企业（有限合伙）（以下简称君子兰）拟出资 0. 5 亿元认购信托计划的 B 类份额。在信托合同中约定，君子兰为该信托计划的委托人代表，委托人代表为信托计划提供投资建议，公司作为受托人依据信托计划文件的约定审核及执行投资建议。

（二）项目运作模式

项目模式：委托人指定的定向资管集合资金信托计划。

项目规模：该信托计划规模为 1 亿元，其中中国民生银行股份有限公司出资 4 999 万元认购信托计划的 A 类份额，苏州君子兰启航一号股权投资基金合伙企业（有限合伙）方面出资 5 001 万元认购信托计划的 B 类份额。

项目期限：总期限不超过 18 个月。

融资成本：6. 05%/年。

信托报酬率：0.2%/年。

（三）创新亮点

一是投资资管计划用于参与认购上市公司的定增份额，符合公司业务发展方向。

二是交易模式符合监管要求，交易结构符合市场规则，有市场公信力。

三是投资人即信托资金来源于中国民生银行股份有限公司及君子兰合伙企业，资金来源合规。优先资金来源于金融机构，有较强的风险识别与承担能力，公司承担刚兑的风险很小。

四是可复制。该项目资金运作方式为投资资管计划业务，属于市场规范化产品，可以复制到其他项目上。截至2016年末，相关部门已成立两单类似业务。

三、社会责任履行情况

（一）帮困扶贫

公司各级领导历来高度重视扶贫工作，把扶贫工作列为公司的重要工作日程，多次召开会议研究部署扶贫工作，并多次到陕西省白水县杨武村现场实际考察，帮助解决扶贫过程中遇到的各项问题。2016年，公司专项拨款共31万元，主要用于该县北塬乡中学购置文体器材、定点资助特困学生以及春节慰问等事项，另外公司联系社会单位、个人募资和物资帮助共30万元，定点帮扶乡中学和杨武村。与陕西慈善协会签署长期战略合作协议，向陕西慈善协会捐款十万元，用于设立“大爱长安·陕西银行业普惠金融扶贫慈善信托”。

（二）开展形式多样、内容丰富的文体活动

一是常年组织开展羽毛球、瑜伽、游泳、篮球、足球等项目的活动，通过迎新年城墙健步走等大型集体活动增强职工凝聚力；二是开展文化娱乐活动，如摄影比赛、征文比赛，征集安全生产口号、家风家训，三八节妇女节举办“咖啡教室”，公司女工为大家讲解咖啡知识、现场制作各式咖啡，品咖啡，享生活；六一儿童节组织“自然博物馆亲子参观活动”，积极组织参加了集团党团的“五四青年节”演讲比赛，组队参加“集团公司职工羽毛球比赛”“职工足球赛”，并取得了令人满意的成绩。

（三）组织开展考试，提高全员业务水平

随着市场的变化和国家法律、法规政策调整，工会协同相关职能部门组织开展了多次业务培训，并通过《反洗钱知识考试》《案防法规考试》《“合规建设推进年”合规知识考试》等，

督促员工学习相关金融法规知识，提高业务能力。

（四）送温暖

为增强公司工会组织凝聚力，制定《工会慰问制度》，逢员工结婚、生育或者生病住院，公司工会领导在第一时间到医院或员工家里慰问，对于退休员工和生活上有困难的员工及时进行慰问和帮扶，做到“喜有贺、难有帮、病有探、丧有悼”。

四、2017 年发展规划

2017 年公司将继续秉承“稳健经营、持续发展”的理念，以“十三五”规划为导向，以“防风险、促转型、稳扎稳打保增长”为总体基调，采取有效的风险防控措施，稳步适度开展传统业务，并积极推进创新业务发展，继续向专业化金融资产管理公司迈进。

2017 年公司经营工作的总体思路有以下几方面。

第一，以实施公司发展战略规划和全面实现年度经营目标为工作核心，继续扩大和优化异地展业布局和业务团队建设，扩展和深化机构同业合作，审慎开展融资类集合信托业务，推进财富中心建设，提高营销和客户服务能力，进一步扩大信托业务规模。

第二，进一步完善业务创新和新业务推广工作机制，加快资产证券化、信保合作、债券投资等新业务的规模化发展，推进与专业投资管理机构和行业内实力企业合作在房地产股权投资、PPP 投资、股权并购等领域的业务探索，研究开展慈善信托、家族信托和专户理财等新业务，加快业务转型创新。

第三，完善制度流程，加快信息化建设，以风险和合规管理为核心，推进精细化管理，增强对业务发展的服务、保障和支持能力，提升公司综合管理水平。

第四，维持固有资产相对稳健的配置结构，保持较强的资产流动性，努力提高资金收益，为经营收入和利润目标的实现提供支持。

第五，支持党团工群工作，加强企业文化和廉政建设。

西藏信托有限公司

一、2016 年经营概况

（一）业务情况

1. 业务数据

截至 2016 年 12 月 31 日，西藏信托有限公司（以下简称公司）存续的信托计划总计 1 017 个，受托资产规模合计 5 240. 48 亿元。与 2015 年相比，公司 2016 年信托规模增加 1 674. 08 亿元，同比增长 46. 94%。

从信托类型来看，单一信托 461 个，受托资产规模 1 446. 27 亿元，占比为 27. 61%；财产权信托 376 个，受托资产规模 2 830. 37 亿元，占比为 54. 02%；集合信托 180 个，受托资产规模 962. 79 亿元，占比为 18. 37%。单一信托、财产权信托占比为 81. 63%。

2. 财务数据

截至 2016 年 12 月 31 日，公司净资产 19. 14 亿元，同比增长 18. 68%；利润总额 4. 50 亿元，同比增长 15. 12%；净利润 4. 09 亿元，同比增长 15. 24%；上缴税收 1. 10 亿元，同比增长 4. 8%；人均净利润 552 万元，同比降低 14. 34%。营业收入 6. 22 亿元，同比增长 20. 24%；信托报酬 5. 85 亿元，同比降低 10. 2%；利息 0. 58 亿元，同比增长 22. 33%；投资收益 -0. 20 亿元，同比增长 88. 72%。

二、创新业务案例

（一）欢乐口腔股权和债权投资项目

区别于信托公司传统的房地产、政府融资平台等业务，公司业务团队及时抓住了国家大力提倡的消费升级、医疗健康需求，选择了现金流充沛、对民营资本开放程度较高的朝阳行业——医疗服务行业。给予欢乐口腔集团1亿元贷款授信，现已发放贷款4 000万元，用于补充流动资金及对地区性小型连锁口腔品牌展开并购以达到外延式增长。在这一案例的推动下，将业务模式复制到更多医疗产业的优秀企业中去，分享时代机遇带来的爆发性增长成果。

（二）托普收购项目

公司通过承债式收购取得了四川托普学院的股权及举办人权益。在该收购案中，公司主导并联合外部机构完成了对标的资产、负债的清理，并对其历史沿革、股权结构等进行梳理，最终完成对其估值。收购方案中，公司赋予转让方回购权益，并采用了包括资产抵押、股权过户、董事及管理层改组、财务驻场监管等综合风控手段，控制终极风险，保障投资收益。相对于传统的PE类股权投资，此次收购对投资回报率有较强预期，且在谈判早期已设计好退出路径，属于偏债型的夹层投资。托普收购案所积累的经验为公司未来布局教育产业奠定了坚实的基础。

（三）碳排放权配额交易

华融证券委托公司设立集合资金信托计划，信托资金用于在北京环境交易所平台进行碳排放权配额交易。北京环境交易所负责担任投资顾问，负责寻找交易对手并提供交易咨询。项目特色是信托资金用于通过北京环境交易所平台进行碳排放权配额交易，交易的金融产品新颖，属于公司在另类投资领域的初步尝试。

三、社会责任履行情况

（一）服务实体经济

公司坚持贯彻落实监管部门要求，坚守行业本源，专注主业，主动引导资金支持实体经济发展。在2016年的主动管理信托项目中，公司分别对食品饮料生产销售类企业、民营大中专院校、医药流通企业、家居建材销售类企业等提供融资支持，并在投后管理过程中，向融资人提供必要的财务管理建议。公司通过对实体企业提供资金支持、专业服务及管理建议，实现对实体经济多维度、全流程的金融服务。

（二）客户关系

公司经营目标是公司利益相关者利益最大化。客户、股东、员工是公司最重要的利益相关者。公司认为，为客户提供安全高效的资产管理服务、为股东提供合理稳定的收益、为员工提供有尊严的工作环境（不仅仅是收入）和有预期的成长空间，是企业的使命和促进社会进步的重要组成部分。“财务保障通达自由心境”是公司不懈努力所追求的最终目标。

截至2016年12月31日，公司信托资产总计51 370 107.30万元。自营业务新增自然人资产规模为65 542.60万元，新增个人客户数量77名；自营业务新增机构资产规模约为107 567.96万元，新增机构客户数量7个。

随着业务发展，公司建立健全消费者权益保护机制，梳理消费者投诉处理工作流程。通过制定一系列规章制度，明确规定相关部门在职责范围内负责客户投诉处理工作的跟踪、监督和考评，对客户投诉处理工作采取“统一管理、专人负责”的管理模式。

为了预防洗钱和恐怖融资活动，规范公司客户身份识别、客户身份资料和交易记录保存行为，维护金融秩序，制定《西藏信托有限公司客户身份识别和客户身份资料及交易记录保存管理办法》，包括客户身份识别制度、客户身份资料和交易记录保存等内容。

（三）慈善公益

公司大力支持西藏地区公益事业。2016年8月6日，公司组织全体员工内部捐款为西藏雪堆白传统手工艺术学校添置投影仪、复印机、座椅等教学仪器、教学家具等，帮助改善教育基础设施。

2016年9月30日为日喀则地区琼孜乡的羌姆、朗玛、乃萨、哲圭、塔嘎多五个村60岁以上老人捐赠保暖物资。

四、2017年发展规划

（一）通道业务精细化管理、缩减通道规模

1. 渠道精简

梳理现有渠道资源，重点发展信誉良好，综合贡献度高，业务风格稳健的渠道。对自身风控体系不完善，业务风格激进，不良率高的渠道谨慎或不予开展合作。

2. 调整结构，重质不重量

改变过去盲目追求规模与增长速度的粗放型发展模式，积极调整结构，在项目筛选上，重点发展政策合规、信用完善、收益稳定的项目，实现通道业务的长期平稳可持续发展。

3. 区别对待，有保有压

重点开展基础设施建设、制造业、商贸流通业等服务实体经济领域的业务。严格限制对不符合国家产业政策、环保要求的产能过剩行业、不符合“432”要求的房地产业进行投放。

4. 尽职履责，保持竞争优势

严格按信托合同约定的受托人职责履行义务。按照“实质重于形式”的原则进行穿透合规审查，防范利用“监管套利”等违规行为，力争继续维持公司在通道业务方面的竞争优势。

（二）提升主动管理能力，增加主动管理规模

1. 按照专业化分工构架组织结构

公司前台业务部门从2014年的一个信托业务部开始转型，陆续建立了金融市场部、投资银行部、资产管理部、财富管理部、证券业务部、兼并收购部，其中兼并收购部为2016年新建。通过专业化分工的组织架构，业务部门和业务能力的主动管理能力大幅度提升。今后公司将根据业务发展情况进一步细分业务部门。

2. 与专业化机构建立合作关系

在地产领域，公司曾与保利集团的信保基金、金地集团的稳盛基金、英国PAG基金、鼎晖地产基金、东方藏山基金、鼎盛长城基金等机构建立了长期业务合作关系。在证券投融资领域，与国泰君安、中信证券、海通证券等各主要券商、兴业银行、民生银行、浦发银行等各主要商业银行建立联系，通过与专业化机构的合作，提高了自身的业务水平。今后公司将继续采取与专业化机构合作的方式进一步开拓自主管理项目。

3. 不断完善市场化的考评与薪酬机制

通过市场化的、与行业对标的考评方法，强化对员工的考核，对于优秀员工予以适度的激励，以此增强企业的凝聚力，吸引同业优秀人才。

4. 按照专业化的要求进行人员招聘和人员培训

核心业务人员严格按照专业化的标准进行招聘，并对其进行小组培训、部门培训、公司培训及外部培训等多种形式的培训，提高其业务能力。

5. 积极探索业务发展方向

一是在开展传统地产业务的同时，积极寻求其他业务合作机会，包括地产开发、不良贷款、收购改造、股权并购基金以及持有型物业机会，通过采用多样化投资策略，物色直接和间接的机会型、增值型房地产投融资机会，提升针对跨行业、资产类别和地区的多元化投资能力，逐渐将地产业务从传统的贷款向精细化、专业化方向发展。

二是持续发掘资本市场业务机会，以策划并协助实施上市公司控制权的收购和反收购、定增、资产收购、出售或置换为主，在并购重组、借壳、私有化交易过程中提供MBO/LBO解决方案。从PE到Pre－IPO，覆盖一级、二级市场，努力寻找并购重组机会，并购前后条线的投融资机会，以及成长型企业的夹层投资机会。针对不同情况灵活构建交易结构，借助信托独特优势，量身制定有效的解决方案，从而提供专业化、特色化服务，提升公司盈利水平。

三是对战略重点行业及领域深耕细作，覆盖行业包括教育医疗、环保、消费和零售、TMT。

积极拓展创新业务，包括资金出境、跨境并购，以及资产支持证券化和消费信贷等。同时，对PE、VC类项目进行早期探索与尝试，不断提升主动管理类项目的开拓、研判与管理能力，落实业务的转型发展。

四是为了丰富产品线，增加金融服务资源有效供给，将中央倡导的普惠金融工作落到实处，公司本着谨慎创新的原则，计划2017年初步开展面向自然人的小额抵押贷款及信用消费贷业务。公司已于2016年第四季度开展了密集调研工作，就该类业务的风险进行了评估，且完成了相关业务支撑IT系统的选型工作。

厦门国际信托有限公司

一、2016 年经营概况

2016 年，厦门国际信托有限公司（以下简称公司）在外部经济形势复杂、行业竞争加剧、传统业务收益率下降、风险管理压力加大等形势下，公司贯彻董事会年度经营思路，紧跟监管政策导向，严守风险底线，整合资源配置，加强集团内部协同，大力拓展创新业务，积极主动转型。在股东、董监事及监管部门的关心和大力支持下，在经营班子的带领和全体员工的共同努力下，公司进一步提升了风险控制水平和综合管理效率，平稳调整业务结构，实现了信托资产管理规模、业务收入、净利润全面增长。截至 2016 年末，公司管理的信托项目 650 个，信托资产余额为 2 365.41 亿元。年内公司新成立信托项目 489 个（集合资金类项目 194 个、单一资金类项目 249 个、财产权类项目 46 个），金额合计 2 227 亿元（实收信托数）。安全兑付信托资金 1 030 亿元。

2016 年，公司大力开拓增量业务，积极参与传统业务竞争，重视业务资源和渠道的维护与建设，继续积极推进与银行、券商、资产管理公司等金融机构的业务合作，大力拓展政信、国企融资类、金融股权质押融资类等业务，积极对接保险资管资金、开发委外资产配资等创新方案，积极对接资产证券化业态，探索资本市场并购、定增等新业态，年内开展与蚂蚁金服合作的小微贷款业务，并在展鸿基金项目和家族信托项目上取得了实质性进展。公司充分运用固有资金开展贷款及投资金融产品业务，积极探索合规拓宽融资渠道和盘活固有资产的办法，成功获得中国信托业保障基金给予流动性支持授信 10 亿元，年内获得银监局以固有资金从事股权投资业务资格。年内公司还对长期股权投资进行了布局调整。为深化财富管理能力，践行“走出去”的策略，公司新设财富中心广州分部，布局进入山东、安徽等区域理财市场，深化江浙和福建省内理财市场的拓展，并尝试推广家族信托、TOF、定增基金、消费信托等创新业态。公司控股公募基金——圆信永丰基金管理公司整体经营业绩稳步向好，2016 年股票基金优加生活收益率排名行业权益类基金市场第一名。

二、创新业务案例

（一）创新业务案例一

公司于2016年新设家族信托办公室开展家族信托业务，“家业常青”系列标准化家族信托产品于7月正式上线，该系列家族信托信托期限不低于10年。信托收益分配可根据委托人的要求灵活设计，对本金及收益进行他益及自益分配，允许委托人针对不同受益人设置差异化分配方式，满足委托人财富保值增值、代际传承、风险隔离的目标。同时，该系列标准化家族信托采用全权委托方式，全权委托受托人管理运用信托资金，利用受托人专业的资产配置能力，实现信托财产的稳健增值。该系列家族信托成立后信托资金主要投向某债券基金及某资管产品，截至2016年12月31日，产品净值达1.052。

（二）创新业务案例二

2016年，公司成功设立的海西盈1号产品，该项目为公司与光大银行在代销方面的创新合作成果，首期募集信托资金5.36亿元，具有募集资金规模大、募集速度快等特点，海西盈系列产品有助于业务部门更高效地参与市场竞争，为公司争取优质资产提供有效的资金支持，是公司在拓宽信托资金募集渠道方面进行的有益尝试。

（三）创新业务案例三

自营业务方面，公司积极拓展自有资金投资范围，在控制市场风险前提下，不断培育公司自主投资能力。2016年公司严格制定了量化投资品种的筛选条件，投资了一款公司自主开发的二级市场量化投资产品，并且达到了预期收益要求。

三、社会责任履行情况

作为国有法人金融机构，公司一直致力于积极履行企业社会责任，支持供给侧结构改革，努力降低企业融资成本，支持过剩产业转型和升级，促进新兴产业高新技术企业发展，服务地方经济发展和国有企业改革，加大扶持和服务于小微企业力度，大力贯彻“绿色发展”理念，资金积极投向环保、低碳领域。公司严格遵守有关政策法规和监管要求，切实履行受托人职责，建立完善的项目风险防控机制，不断健全风险处置机制，持续开展信托和金融知识普及教育，充分揭示风险，有效提升了客户风险防范意识，切实保障了受益人利益。公司通过多样化的资产配置手段，丰富理财产品创设，注重风险控制的同时结合委托人个性化理财诉求，将受托资产依照委托人的意愿进行投资运作，为客户创造良好的收益。公司继续加强宣传教育，普及理财知识，通过开展“金融知识进万家”、反洗钱教育、金融消费者权益保护宣传、防电信诈骗等活动，推广信托文化价值理念，为投资者了解信托提供了有效途径。加强客户服务系统建设和客户维护制度落实，深入推动客户满意度调查工作，了解客户需求。继续完善客户投诉争端解决机制，及时、高效处理问题和建议。

公司一直以积极投身公益事业为己任，强调公益慈善活动的“可持续性”与“专项性”相结合，公司积极组织员工参加各类社会公益活动，开展“慈善一日捐”、重阳慰问老人、无偿献血、参与“莫兰蒂”台风救灾等公益活动。2016 年公司与厦门市慈善总会、厦门农商银行共同发起成立了福建省内首只具有公募资格的公益信托，并开展了牛牛慈善音乐会募资、公益信托慰问特教学校、资助高考贫困学生等活动。公司一系列善举广受好评，在第六届中国公益节评选中获评“公益践行奖”和“公益项目奖”。此外，公司已连续四年获思明区纳税超亿元大户殊荣，为地方经济建设作出了积极贡献。

四、2017 年发展规划

依托国务院关于支持福建省加快建设海峡西岸经济区和自由贸易区的发展契机，在金圆集团金融发展战略指引下，以开拓创新为先导，以专注主业为核心，以风险控制为保障，加强与银行、政府、集团成员机构、海峡两岸其他金融机构及第三方机构之间各种形式的合作。逐步实现信托业务从平台型为主向自主管理型为主的转变，增强企业竞争力，提升公司在金圆集团金融板块的行业价值；建立健全有效的激励和约束机制，实施有效的人才战略，为公司可持续发展创造条件；着力提升公司的投融资能力、项目开发能力、资产管理能力和市场营销能力。在确保安全性的前提下适当调整自有资产结构，提高自有资产的运作效益，成为集团金融资源整合的重要平台；积极获得股东支持，通过增资或引进战略投资者方式，提升公司净资本水平。规划期内确保在信托业务主要指标行业排名上有所进步，推动公司业务规模、经营效益、管理水平的全面提升，初步形成自身的核心盈利模式并成为国内具有一定竞争力的信托机构。

坚持“立足海西、面向重点城市、积极开拓全国市场”的区位策略，以融资类信托业务为支撑，以证券投资信托业务和股权类信托业务为两翼，以投资银行业务为辅助，以自主管理为发展方向，以多样化的产品设计为手段，力争在股权信托、证券投资信托、信贷资产证券化业务、基金化信托业务和家族信托等重点业务领域形成核心产品线；初步形成梯次发展的业务布局，抓住福建省跨越式发展的时机，通过对接保险等机构投资人资金，发挥传统融资业务的现金牛效应；顺势而为，加大投入大力发展资本市场信托业务，包括证券投资信托和以并购和混合所有制改造为特征的股权投资信托业务；积极布局，为公司长远战略转型培育财富管理业务，为包括政府、金融机构、企业和私人客户量身定制创新产品。

公司 2017 年将以“抢抓市场机遇，夯实管理水平”为总体工作思路，加强研究分析和产品创新，调整优化单一与集合类、投资与融资类的业务结构，拓展业务范围，丰富产品线。公司将努力扩大主动管理业务比重，积极对接低成本资金，深度发掘资本市场业务潜力，在资产证券化、投资、融资、兼并重组、PE 等多领域发掘投资机会，通过产业基金等方式参入政府 PPP 项目和基础设施项目，进一步推进家族信托、消费信托等创新类信托模式的拓展。做好固有资金的投资管理，加大固有资金参与证券市场、股权投资的力度，提升固有资产周转效率，适时考虑设立符合公司今后业务发展方向的子公司。完善内控管理，实施全面风险控制，加强制度与流程建设，有效防范风险。加强团队建设，进一步完善薪酬机制和考核体系，适度新增、充实异地机构和业务团队。加强与股东的业务合作，提高协同价值。通过公司上下的共同努力，力争实现既定战略目标，持续提升公司的核心竞争力。

新华信托股份有限公司

一、2016 年经营概况

2016 年是中国宏观经济新常态步入新阶段的一年，也是新华信托股份有限公司（以下简称公司）全面深化改革的一年。通过全体员工的不懈努力，公司在业务拓展、风险防范、规范管理、慈善公益等各方面取得了一定突破。

（一）总体经营指标完成情况

公司实现营业收入 8.72 亿元，其中信托业务收入 5.75 亿元，固有业务收入 2.97 亿元；公司实现利润总额 0.61 亿元，净利润 0.46 亿元。截至 2016 年 12 月 31 日，公司资产总额 76.42 亿元，负债 18.63 亿元，净资产 57.79 亿元。

（二）公司 2016 年新增业务成绩显著

公司实现当年新增信托业务收入 1.5 亿元，是 2015 年新增信托业务收入的 5.5 倍；公司新增信托规模 839.06 亿元，较 2015 年增加 402.45 亿元，是 2015 年新增业务规模的 2.06 倍。

（三）业务结构优化

2016 年，公司一直将严控风险放在第一位，特别是在业务准入方面下足功夫。2016 年，公司所有新增项目全部为低风险的单一业务，在存续的 1 213.20 亿元信托项目中，单一项目 227 个，规模为 1 033.41 亿元，占比为 85.18%，已达历史峰值；存续集合项目 78 个，规模为 154.89 亿元，占比仅为 12.77%；财产权项目 10 个，规模为 24.90 亿元，占比为 2.05%。公司用了 4 年时间，将传统集合业务占比由 2012 年的 57% 降低到 12.77%。

（四）法人治理结构持续完善

公司将健全体系、优化治理作为公司转型发展的关键任务。"三会一层" 严格按照现代企业法人治理原则，恪守《公司法》《信托法》《信托公司管理办法》《信托公司治理指引》等法律法规以及《公司章程》等内部治理制度要求，竭力提升公司法人治理水平。

（五）管理工作不断规范

2016 年，公司加强经营班子建设，充实中层力量，进一步优化干部配置，调整经营班子，补充业务类高级管理人才，搭建起一支“思想上有共识、性格上能共融、工作上共进退”的管理队伍；改变以往业务部门松散的管理模式，强化总部统筹管理，规范员工行为管理，齐心协力谋发展。

（六）加强团队建设，提升凝聚力

2016 年，公司一方面要求各部门围绕公司业务发展方向进行转型，调整信托经理队伍，优化员工结构；另一方面启动大规模人才招聘工作，加快引进前台、合规等关键岗位人才。同时，由总经理亲自带队，赴各异地部门召开座谈会，激励业务部门实干出成绩。通过召开中层以上工作会、茶话会、培训会以及新春团拜会等形式，传播正能量。

二、创新业务案例

公司不断培育创新业务，在“互联网 +、消费金融、私募产品”等领域开启了新的篇章。2016 年 4 月，公司首次与腾讯旗下微众银行合作，成立“华悦系列 · 华诚宏泰贷款单一资金信托”，规模 5 亿元。此外，公司还与宜信小贷合作了小微消费金融类事务性单一信托产品，成功地申请了私募基金管理人资格，并设立了首只私募基金产品“春华秋实 1 号证券投资基金”。

此外，在国际业务方面，公司 2016 年 3 月设立“星辰 1 号”项目实现 QDII “业务零的突破”后，一路快马加鞭，又相继设立了“星辰 5 号”“星辰 6 号”，总规模为 4.2 亿元，在为公司创造稳定收益的同时，保住了 QDII 资格额度，也为公司旧颜换新貌，打响了一个头阵，赢得了市场声誉。

三、社会责任履行情况

公司持续推进优秀企业公民及企业文化建设，始终将“兼容并包、崇尚道德、负有责任感和使命感”的企业文化精神贯穿公司发展之中，积极履行社会责任。

将投资者利益放在首位，秉承“受人之托，为人尽责”的精神，公司荣获《时代周报》主办的“2016 年度整合营销奖”、《经济观察报》主办的“中国卓越金融奖——年度卓越风险管理信托公司”、《每日经济新闻》主办的“高成长性信托公司奖”、《华夏时报》主办的第十届金蝉奖“2016 年度品牌信托公司”称号。

置身地方经济社会发展，践行企业公民应有之责。2016 年 7 月，经重庆市民政局批准，公司捐赠发起重庆明天公益基金会，作为具有独立法人资格的非公募公益基金会。基金会以“倡导企业社会责任，推动社会公益服务，促进社会和谐进步，共创美好明天”为宗旨，主要开展扶贫、济困、扶老、优抚、救孤、助残、救灾等公益资助活动，切实履行社会责任，为政府分忧，共创和谐社会。截至 2016 年末，基金会已会同江北区民政局开展了关爱老人“暖冬行动”，为重庆市江北区仁爱养老服务中心的百余名老人送去了新春祝福；正在推进的有“少年英才”公益项目，该项目联合共青团重庆市委，在全市范围内选择 100 名贫困中学生开展爱心助学捐赠；正在启动的有“青春再出发——特殊青少年帮扶与维权”公益项目，将会同重庆市检察院为犯罪情节轻微的涉案青少年及被害人提供司法保护和关爱，帮助特殊青少年重新回归社会。

四、2017 年发展规划

2017 年，公司迎来“二次创业”元年，总结历史经验教训，必须准确把握未来国家经济走势和金融结构变化的大趋势，坚持在发展中解决问题。一手抓风控管理，一手抓新业务发展。全面完善公司治理，提升经营管理质量，通过做强总部、深耕重庆，重塑业务条线等手段，切实加强执行力建设。

（一）加强公司治理水平，提升经营管理质量

1. 统一思想认识

公司处在信托行业转型蜕变的大趋势下，在经历经营方针的调整和优化时，为适应新形势、新任务和新要求，公司全员都将以更高的责任心和荣誉感自觉融入公司转型的“新常态”中。

2. 树牢合规文化

合规文化是企业发展之基石，是实现价值之保障。一是树牢“违规就是风险”意识。将政策、规章、制度、守则、规定视为“高压线”，心存敬畏，遵循合规铁律，严守合规底线。二是树牢“控险就是责任”意识。尽心履职、努力担当。三是树牢“我的合规我负责，别人的违规我有责”意识。加强自我修养，提升自我素质，实现自我约束，确保干事有底线边界，做事有制度限制。互相监督，共同维护形成“好人充分做好事，坏人无法做坏事”的管理氛围。对违规违纪行为，发现就惩，露头就打，严肃查处，绝不姑息。

为加强公司全员反洗钱意识，提高反洗钱工作水平，公司将进一步加强反洗钱“三道防线”

建设，突出其在业务审核、风险控制等方面的指导性作用。通过强化内控制度、完善系统建设、丰富宣传培训形式和扩大稽核检查覆盖面，努力构筑适合公司业务发展及风险管理的新型动态监管体系。

3. 升级人员配置

改变以传统融资为主的队伍架构，加强高管团队建设，优化人员结构，打造优秀投融团队。通过内部挖掘，外部吸引，一方面鼓励内部员工转型，积累同业和资本市场业务资源，提升投资管理能力；另一方面根据自身人员配置的情况，适当作出调整，实现人员最优配置。

4. 实施奖罚并重

推行奖罚并重的激励约束机制，对部门下达目标责任状，业务部门以经营指标为主要考核依据，中台、后台部门以重点任务完成情况为主要考核依据，将考核结果与绩效薪酬挂钩，部门任务分解到岗到人，并与其经济利益、考核晋级以至岗位任职挂钩。

5. 营造企业文化

打造良好的企业文化是一项重点工作，要继续推行“五讲四美三热爱”精神，不断强化受托人责任，珍视所托，形成追求卓越的价值观，逐步建立“勤勉尽责、积极高效”的企业文化，倡导员工将个人价值与企业发展结合起来，在平凡的岗位建功立业，在敬业奉献中书写新篇章。

6. 重视品牌形象

维护新华品牌形象，提升公司与媒体沟通合作的能力；重塑公司在重庆及金融机构间的形象；完善 VI 标识系统。在积极化解潜在声誉风险的同时，创造声誉价值，提升品牌美誉度，以经营百年老店的心态来爱护“新华”这一品牌。

（二）2017 年业务发展重点方向

2017 年公司主要业务方向将是“向同业业务要规模、向资本市场要收益、向创新业务要突破、深耕重庆、布局全国”。

1. 继续做大同业金融服务业务

2017 年公司通过做大做强低风险的同业业务，稳固信托规模。公司一方面继续加深战略合作伙伴关系，深挖潜力，不断拓展和培育新的战略合作伙伴，实现与合作伙伴的共同成长；另一方面，坚守风险底线，进一步拓宽并细化产品线，进一步提高效率。

2. 探索资本市场业务

公司通过私募基金设立、外部人才引入、学习其他机构先进经验等工作，已为进入资本市场打下了前期基础。一方面，在放开集合业务后，积极探索不设预期收益，非刚性兑付类信托业务；另一方面，加强投资管理团队建设，以固有资金形式投资，参与资本市场，获取超额收益。信托与固有业务双管齐下，向资本市场要利润。

3. 扎根重庆、深耕重庆

重庆区域发展整体向好，为公司在新常态下厚植新优势、引领新发展、实现新跨越提供了巨大空间和有力支撑。未来，需紧跟重庆市五大功能区建设规划，抓住机会引入异地低成本资金进行资源撮合，加强与重庆本地同业的合作，实现资源整合。

4. 积极进取，培育创新业务

在政策和市场的双重作用下，公司将凭借信托制度及自身优势，不断培育创新业务。在QDII、资产证券化、家族信托、并购投融资等方面深耕信托业务本源，创造属于自己的“蓝海”。

（三）强调总部统筹，加强大区协作

发挥公司总部的牵头作用，加强公司整体协同作战的能力。更好地整合各地原本错配的资产、资金、资源，并提供服务和统筹协调支持。

新时代信托股份有限公司

一、2016 年经营概况

新时代信托股份有限公司（以下简称公司）的前身是包头市信托投资公司，1987 年经中国人民银行批准正式成立，2003 年 12 月经中国银行业监督管理委员会核准重新登记并更名为新时代信托投资股份有限公司；2009 年 6 月，经中国银行业监督管理委员会批准更名为新时代信托股份有限公司，并换领新的金融许可证；2016 年，公司注册资本增至 60 亿元。

近年来，公司秉承审慎合规的经营理念，以内涵型深耕式发展为指导思想，以主动管理信托资产为基本原则，以净资本管理风险指数为发展导向，打造投融资等多种手段组合的竞争优势，构建集约化、专业化、规模化、基金化和高附加值信托产品线为支撑的业务模式，整体业务驾驭能力、投资决策能力，以及风险识别、判断、防范和控制能力不断加强，资产实力与经营效益持续提升。截至 2016 年 12 月 31 日，公司自有资产总额 100. 93 亿元，负债总额 27. 18 亿元，股东权益 73. 75 亿元。

作为中国信托业内一名成员，公司忠实而积极地践行信托制度，坚持以高标准、高起点、专业化服务和对客户负责的理念开发信托产品，精心构筑信托产品结构和生产线，审慎规范运作，成功打造锦程系列、慧金系列、聚金系列、嘉盛系列、鑫业系列等信托产品，形成具有较强市场影响力和竞争力的信托产品品牌，丰富了金融理财和投融资市场，在金融市场树立了良好的口碑。截至 2016 年末，公司存续信托计划 842 个，管理的信托资产总规模为 3 231. 56 亿元，极大地丰富了金融理财产品，有力地支持了经济建设和发展。

公司将继续坚守金融服务理念，坚定社会责任，勇于开拓创新，不断超越，努力塑造良好的社会形象，精心培育核心竞争力，致力于建设理念先进、制度科学、技术领先、影响广泛的专业信托公司。公司愿与社会各界精诚合作、共谋发展，携手开创公司的美好未来。

二、创新业务案例

2016 年，公司加强私人信托等创新业务的拓展，并已经打造出“悠悦”“悠享”“启航”等私人系列产品，其中“悠悦”产品全年发行超过320个，年末存续规模在300万元以上的客户达62人，同时“启航”也作为公司首批游学教育信托正式发行，在业内反响良好。

2016年，公司首单真正意义上的家族信托业务正式开启，该项目绑定某上市公司实际控制人家族，依据家族需求进行个性化方案设置，达到家族股份集中管理、家族财富有序传承的目的，并逐步将实际控制人近40亿元市值股票转入信托名下，届时将成为国内单笔规模最大的家族信托业务。

三、社会责任履行情况

一是公司按照中国信托业协会、内蒙古银行业协会关于机构社会责任的具体要求，建立健全落实社会责任机制。形成了从董事长、总裁到各职能部门的社会责任工作层层落实，决策、目标和执行分工职责明确的组织体系，并将社会责任内容分解到各项工作之中。公司在继续做好支持当地新农村建设、广泛开展金融知识公益宣传活动工作，以及关爱困难职工等工作的同时，更加致力于作为金融机构的社会责任长效机制的健全和完善方面，即如何通过构建公司可持续发展体系，为公众提供更加安全、优质的金融服务，为投资人创造财富保值升值，与利益相关方形成共赢、和谐的关系，为股东谋求价值最大化，最大限度地增进公司的社会责任，使公司的社会责任发挥更大价值和影响。

二是公司竭尽全力践行信托机构的社会责任，公司信托计划从决策到运营严格贯彻落实国家当前的宏观调控政策和产业政策，信托资金投向与国家当前产业政策保持一致，并且所有集合信托产品均实现到期足额兑付。2016年公司清算575个项目，清算规模为1 643.86亿元。为金融消费者获取了较为理想的回报，充分遵循了“受益人利益最大化”的原则，为金融消费者创造了更多的理财收入。公司通过信息披露诚实表达信托资金投向的行业性质和用途，明确提示可能产生的风险因素；披露的内容与实际责任相一致，杜绝虚假描述和溢美之词。公司自2013年以来分别发布上年度社会责任报告，客观评估自己履行社会责任的情况，并通过中国信托业协会和内蒙古银行业协会统一编制和宣传。

三是为稳定金融秩序，提高社会公众金融投资意识，普及金融知识，公司认真履行公众教育服务的社会责任和义务。2016年，公司参与当地银监部门、银行业协会组织的各类公益活动，开展打击非法集资宣传、反洗钱宣传和金融知识宣传等公众教育活动，提升公众金融安全意识。

四是公司为全区经济建设社会发展作出突出贡献，受到内蒙古自治区政府和包头市政府的表彰，荣获自治区政府颁发的“2016年度金融支持创业创新贡献奖”，荣获包头市政府授予的“2016年度推进资本市场发展贡献奖”。

四、2017 年发展规划

（一）公司愿景

公司将发挥金融信托的独特优势，有效拓展公司的业务领域，培育核心盈利模式和盈利能力。依托内蒙古自治区资源型区域经济优势，发挥煤、气、电、矿等资源项目优势，有效地将金融服务优势和内蒙地区资源优势结合起来，发挥强强效应，逐步形成“金融服务＋资源”、具有公司特色的业务发展方向和模式，形成“立足内蒙古、辐射全国”的业务和发展格局；树立“审慎经营、内控优先”的意识，建立决策科学、运营规范、管理高效的公司组织、制度建设体系，形成完善的员工培育和发展模式，促进员工向个性化理财专家方向发展；始终保持公司持续、稳定、健康发展，为将公司建设成一个全国一流的信托投资公司不断努力。

服务于内蒙古、拓展内蒙古市场是公司立足之本，在当前经济形势下，煤、气、矿等行业存在调整压力，也存在创新机会，公司将赋予愿景以新的内涵、新的意义，采取新的形式，继续在服务内蒙古的基础上在全国范围内开拓业务，同时做好风险控制，保持公司的稳健发展。

（二）发展指导思想

坚持“合规经营，管控风险，有效激励，稳健发展”的经营方针。

坚持“有效激励，人尽其才”的人力制度，打造可持续发展信托公司的绩效底蕴。

加强公司制度建设，建立长效、稳定的经营体系，创建客户、员工、股东、公司的共赢。

（三）发展目标

1. 经营目标

积极贯彻落实监管要求，坚决执行三年期战略规划部署，在“合规经营，管控风险，有效激励，稳健发展”的经营方针指导下，注重资产管理能力、盈利能力、创新能力、内部控制、合规管理、公司治理等方面的提高，为股东和客户提供满意的回报，争取未来的三年内，顺应行业发展趋势，完成转型需要，形成公司特色业务类型体系，奠定下一步发展基础。

2. 财务目标

以公司的经营获利能力、成本控制能力、持续增长能力、风险承受能力等关键因素建立基于价值创造的公司财务战略矩阵，既关注公司近期盈利表现，更着眼于公司持续盈利能力；既关注公司的盈利指标，也着眼于公司创新业务所带来的风险性，综合平衡，使公司具有持续稳定的成长能力和较高的盈利能力，逐步提升公司在行业中所处的水平，实现公司长期利益最大化。

3. 业务发展目标

加快业务转型和盈利模式创新，强化自有资金投资和信托业务两类业务，在传统业务、创新业务等方面均取得突破，保证公司财务目标的实现。

信托业务方面，加大产品创新力度，加强与银行、证券、保险等机构的深入合作，打造有公司特色的个性化信托品种和公司品牌，形成品种多样、结构合理的信托业务结构。

固有业务方面，加大自有资金的投资力度，提高自有资金的使用效率，保持公司固有业务经营业绩持续增长，使自有资金保持较高的流动性，具有稳定现金流的良好财务结构，通过资本运作不断优化公司资产结构和资产质量。

4. 人力资源目标

公司将通过社会招聘、内部调岗等多种方式优化公司和各部门的人力资源结构，通过业绩考核、末位淘汰等制度促进公司内部的适度竞争，通过完善人力资源开发培训等措施提高员工业务能力，造就一支符合公司转型需要的规模适度、结构合理、有序竞争、素质精良的人才队伍，实现人力资本与组织绩效的不断优化，实现公司内涵式发展。

5. 风险控制目标

围绕加强内控、合规经营、防范风险等主题内容，严格开展风险防控工作，审慎开展信托业务的合规与风险审查，提高各项业务风险排查频率，积极推动各项反洗钱工作有序开展，加强公司案件防控机制建设，保证公司各项工作及主要监管指标符合监管规范要求，推动公司稳健发展。

云南国际信托有限公司

一、2016 年经营概况

（一）自营业务开展情况

截至 2016 年 12 月 31 日，云南国际信托有限公司（以下简称公司）总资产规模较年初增加 2 亿元，增长 9%。净资产规模略有上升，为 21 亿元，较年初增长 9.8%。由于市场环境、监管政策变化等原因，公司收入较 2015 年下降较为明显，净利润也相应下滑，较 2015 年减少 1/3，净资产收益率也因此有较大幅度的降低。

（二）信托业务开展情况

2016 年，在信托业的转型过渡期，公司着力发展主动管理业务，主动管理信托资产规模翻了近一倍，其中证券投资类和其他投资类信托资产规模上升明显；被动管理类信托规模略有收缩，主要体现在事务管理类信托上。从当年清算的各类项目看来，主动管理类项目信托报酬率除融资类项目外均有所提高，其平均年化收益率表现较为稳定，股权投资类年化收益率有很大提升，能够为投资者带来较高收益；被动管理型信托报酬率除其他投资类外普遍降低，年化收益率也均有下降。

（三）内部管理主要情况

公司依照 2016～2018 年中长期发展规划开展工作，概括为“四项原则、三重动力、二线跟踪、一系列举措”，即公司整体转型方向遵循“跟随、持续、可评估、集中”四大基本原则，布局支撑公司短期、中期、长期业绩增长的三重动力（临界爆发业务、持续培育业务、尝试探索业务），跟踪代表未来发展方向的二线业务，围绕战略目标制定一系列具体措施（战略规划、差异化激励机制、搭建创新孵化体系、完善合规风控体系、实行全新人力资源管理、加强 IT 系统投入、加强自有与信托业务协同、构建多元资金渠道）。制定长期战略目标后，公司围绕战略目标的实现，在业务方向、人才团队、内部管理、软硬件环境等方面都进行了适度的调整。

一是在业务方向上，保持现有业务延续发展，推动转型创新业务取得突破。现有业务包括银信合作业务、证券业务；转型创新业务包括诸多作为重点发展的临界爆发业务：资产证券化、消费金融、现金管理（或债券投资）业务、资本市场投资业务。

二是在激励机制上，加大了对创新业务的倾斜力度，提高创新业务的绩效比例，降低传统业务的绩效比例，通过差异化激励机制充分体现公司战略意图和业务引导方向。

三是在人才团队上，针对转型创新业务，组建了各个专门团队，走专业化道路，如成立专营资产证券化业务的部门、消费金融业务内部推进小组、组建了具有债券投资经验的团队。

四是在内部管理上，加强了人力资源的投入，在京沪深加大人才引进力度，全面实行平衡记分卡 KPI 考核；建立了研发支持部门，发挥研发工作对业务转型的带动作用；完善了风控体系建设，引入人才、强化流程制度，尤其针对消费金融业务，通过搭建全自动化及线上化的审批、放款、管理、清分系统，风险管理能力显著提高。

五是在软硬件环境上，大幅提高 IT 系统投入，建立了高效、完整及具有一定独创性的“普惠星辰”消费金融系统，支持消费金融业务发展；加强企业文化建设，全面改版公司官网、建立微信办公平台和内部学习分享平台“云信 e 学堂”。

二、创新业务案例

公司在业务创新方面主要集中在如下几个方面：一是资产证券化业务，公司利用财产权信托模式，开展了大量私募资产证券化业务，交易结构和产品开发流程与公募无异，仅少了交易所挂牌程序；二是消费金融业务，公司基于证券业务形成的 IT 系统根底，通过搭建“普惠星辰”消费金融系统，快速切入消费金融领域，实现了借款人的信用审批、放款、管理和清分自动化；三是消费信托业务，公司与铂涛集团开发出兼具酒店入住消费和理财投资双重功能的消费信托产品，对消费与理财的结合产品进行了有益尝试；四是碳排放权信托业务，公司与投顾合作、采用结构化手段，投资碳排放权，为未来切入碳金融领域打下了基础。

三、社会责任履行情况

（一）云里厂村爱心捐赠活动

2016 年 1 月 12 日，由党委书记、工会主席、党办负责人及志愿者代表组成的的扶贫工作组到云里厂村开展扶贫活动。本次活动由工会号召员工为贫困村捐赠御寒衣物 100 余件，同时由信托二部牵头组织开展“云南信托·大爱星火公益计划（第二站）——爱心捐赠活动”，共有117名志愿者及家属参与爱心捐赠，募得善款35 100元，用于购买餐具和学习用品捐赠给希望小学，以及用于对贫困户的慰问。扶贫工作组看望贫困户并向他们送上慰问品和慰问金，根据各自家庭贫困情况，探讨脱贫致富措施和方法。下一步公司将与镇、村加强联系，进一步优化脱贫规划，细化工作措施，积极寻求政策支持，尽最大努力给予必要的扶持，帮助云里厂村落实脱贫计划。

（二）希望小学“六一”帮扶活动

2016年国际“六一”儿童节到来之际，公司党委组织工会代表和志愿者10余人赴公司挂钩贫困村——云里厂村希望小学进行“金色童年，飞舞梦想”庆“六一”主题活动，并开展帮扶工作。已经精心备课半个月的志愿者，临时担任代课老师到各个班级进行授课，针对各年级小学生的不同情况，分别开展英文歌曲、地标识别、手工拼图、陶笛练习等内容的授课，帮助孩子们拓展学习范围，培养学习兴趣，开拓视野。志愿者授课结束后，大家和云里厂村希望小学的全体师生一起欢度“六一”。公司党委书记代表公司志愿者向云里厂村希望小学捐赠2万元，帮助学校改善教学环境。

（三）爱在“徒”中公益活动

公司党委、工会及信托业务二部举办了大爱星火之爱在“徒”中爱心徒步活动，通过徒步这一健康又环保的方式，员工只要带上家人或朋友加入徒步活动并走完五公里的路程，每人就可募集到由公司配捐的50元爱心善款。54名志愿者组成的爱心队伍通过团队合作圆满地完成了徒步任务，募得的善款全部用于公司对口帮扶的贫困村和贫困户。

四、2017年发展规划

2017年宏观经济形势严峻，市场收益率持续下滑，资产荒持续，市场发生了一些结构性变化：监管步调趋于统一，短期无大幅变化的可能；行业分化加剧，传统业务机会进一步收缩，但证券业务、消费金融业务、资产证券化业务等市场空间仍然较大，表现可能比较活跃。公司积极应对市场变化，维持稳健增长局面，继续推进业务转型并形成多元化利润增长点。具体策略如下。

（一）敏锐把握现有业务市场变化，积极抓住结构性上量机会

从政策导向和外部环境来看，传统通道业务增长空间有限，但仍有一些机会，公司应敏锐

把握现有业务市场变化，积极抓住结构性变化带来的上量机会，如事务管理类业务因监管变化的回流、证券PB业务需求的增多、银登中心非标转标业务等，从而实现传统业务保持延续、继续贡献现金流的发展目标，推动信托业务规模稳步增长。

（二）坚持转型业务方向，推动业务规模的陆续爆发

公司目前重点布局的转型业务如资产证券化业务、消费金融业务、现金管理及债券投资业务，前景较为广阔、模式逐步清晰、团队趋于成熟。2017年的工作重点是继续集中资源重点支持，在完善模式的同时，实现业务规模和收入的突破。

一是资产证券化业务继续秉持“私募赚收益、公募塑品牌”策略，依托核心技术优势，力争在私募ABS领域做到行业前几位水平，公募ABS实现突破，增加公司的品牌效应。

二是消费金融业务经过一年多的摸索，目前已经形成“运营”“连接资金资产”“股权投资”“夹层投资”等几种比较清晰的业务模式，公司力争在2017年实现规模和收入的较大突破，并进一步完善技术系统和运营支持体系，吸引消费金融行业的更多优质合作方加入，将这块业务做到行业一流水平。

三是继续大力发展现金管理及债券投资业务，为机构客户贡献更多固收资产，在增加公司收入的同时增强机构客户黏性，并协同公司其他业务发展。

（三）布局多个创新业务，增加资产和财富管理服务内容

资产管理和财富管理领域恰逢行业大变革时代，为了使公司拥有持续竞争力，除了保持现有成熟业务延续、推动模式清晰的转型业务突破发展以外，还需要不断探索创新业务。2017年可考虑新设家族信托（慈善信托）、探索股权投资业务、PPP基金受托管理业务、资本市场并购业务、房地产信托投资基金等，可通过现有团队内部孵化、引进新团队资源落地、研发部研究落地等方式进行模式研究和孵化培育，作为未来转型的可选业务储备。

（四）自有资金实现保值增值，加强业务支持和投资尝试

在控制风险和流动性的前提下，自有资金应尽量与公司业务协同，同时加强资金管理与计划，合理配置资产，提高自有资金的流动性和收益水平，从而实现加强保值增值，使固有业务收入成为公司营业收入的重要支撑。具体来说，可以投资消费金融股权及夹层、ABS夹层和优先、现金管理产品流动性支持、债券投资等。此外，还可支持消费金融专业子公司的设立，为其搭建开展主体、风险隔离、人才引进的平台和体系。

浙商金汇信托股份有限公司

一、2016 年经营概况

2016 年，浙商金汇信托股份有限公司（以下简称公司）紧紧围绕“务实求变、创新求进”的年度工作主基调，努力抓好业务拓展、流程优化机制重塑、团队建设等工作。在公司股东的大力支持下，在监管部门的悉心指导和帮助下，在全体员工的共同努力下，完成了 2016 年的主要工作目标和任务。

2016 年实现营业收入 1. 94 亿元，利润总额为 8 084 万元，净利润为 6 042 万元。截至 2016 年 12 月 31 日，公司管理的信托规模余额为 488. 99 亿元。

（一）稳步拓展信托业务，积极尝试业务创新

2016 年公司新增信托项目 89 个，新增信托规模 493. 60 亿元，存续信托项目申购信托规模 4. 72 亿元；到期终止信托项目 53 个，清算兑付信托资金 119. 56 亿元，存续信托项目赎回信托规模 100. 25 亿元，信托规模共减少 219. 81 亿元。公司存续信托项目 108 个，实收信托合计为 488. 99 亿元。

（二）坚守风控合规底线，完善制度流程

及时修订各类风险管理制度，适时调整政府平台、房地产信托项目的指导方针、准入标准、风控要求，进一步明确项目选择、风控标准、运营管理等操作要求。组织各类风险排查，开展全面风险评估，争取对潜在风险做到早发现早处置，包括“两个加强、两个遏制”回头看自查和每个季度的案防检查。

（三）注重内部审计监督，确保内审稽核全覆盖

公司开展了八大类、共计 31 次专项审计，包括对 2016 年上半年债券投资业务、创新业务，2016 年第一、第二、第三季度信托业务，2016 年上半年经营管理情况等专项检查，未发现重大

风险事项和不合规事项。对检查发现的个别问题，均在下次检查中进行专门的跟进并出具后续改进报告，确保整改落实到位。

（四）突出加强业务团队建设

从公司实际与业务发展需要出发，突出加强业务团队尤其是带业务资源的团队建设，进一步增强公司业务拓展能力，提升中后台支持效率。2016 年内新建或调整重组了多个业务团队，持续稳健引进具有较高专业素质和丰富从业经验的业务骨干，逐步形成杭州、北京、上海三个区域中心的协同发展。截至 2016 年末，公司员工总数为 137 人。

（五）加强营销管理、品牌宣传和客户服务工作

制订了年度宣传教育工作计划，通过广播电台、交通路牌、公司网站等多种载体，常态化推进金融知识宣传教育，同时提升了公司的知名度。制订了年度消费者权益保护方案，着力推进销售专区建设和“双录”工作实施，切实规范销售行为。还定期举办财富沙龙、年度财经论坛、春季品茗、秋冬养生、生日关怀等丰富多彩的客户活动，提升客户服务水平增强客户黏性。

（六）积极做好股权变更和增资扩股的各项工作

2016 年，公司在监管部门的指导和各股东的大力支持下，根据公司股东大会、董事会的决议精神，积极做好公司股权转让和增资扩股工作。截至 2016 年末，公司已完成股权转让工作，浙江省国际贸易集团有限公司已将其持有的公司全部股份转让给浙江东方集团股份有限公司。待增资扩股资金到位后，公司注册资本金将提高到 10 亿元。

二、创新业务案例

2016 年，公司在坚守合规底线和严控风险的前提下，围绕战略定位，积极鼓励、支持和引导各类业务创新。在继续推进事务管理类、基础设施和房地产信托业务等传统业务的同时，努力尝试资本市场信托业务、私募股权投资和其他投行中介业务，特别是在消费金融、供应链金融等方面的有效尝试，不断提升了公司专业运营能力，公司存续信托规模达到了历史新高。

三、社会责任履行情况

（一）响应国家号召，拓展相关业务

2016 年，公司积极响应国家和地方政府的有关政策，在五水共治、支持“三农”、支持小微

企业、保障性安居工程、节能减排等方面成立了多单信托计划，积极履行社会责任。

（二）坚持低碳运营，提倡健康生活

公司使用包括办公 OA 系统、视频会议系统等电子化传输交流模式，利用信息资源共享推行无纸化办公，减少各部门打印机数量。从严控制办公用纸的使用，内部资料的印刷和发放；不断完善办公环境管理制度，对办公区域实行节能管控：控制照明时间、设置空调运行温度；同时，公司不断提高企业和员工的环保意识，号召员工从自身做起节约每度电、每滴水、每张纸，切实推行与环境可持续和谐发展。提倡低碳出行，鼓励员工多使用公共交通工具。

（三）持续公众教育，普及消费者金融知识

1. 丰富宣传教育形式

一是制订公司年度金融知识宣传教育计划，丰富宣传形式，增加资源投入，常态化地推进金融知识宣传普及教育。二是在公司网站开辟消费者权益保护工作专栏，开展防范金融诈骗和非法集资、消费者权益保护、反洗钱以及信托基础知识普及宣传，努力扩大宣传教育覆盖面。三是创新广播宣传渠道，与 FM95 合作，在《轻松理财》栏目开展两期信托理财知识的广播宣传，提升信托投资者的金融意识和风险意识。

2. 开展集中宣传教育

认真组织开展“提升信用品质　普及金融知识万里行”“金融知识进万家”以及“金融知识普及月”等活动，在公司网站开辟活动专栏，在公司宣传屏上滚动播放宣传标语，在财富生活沙龙等线下活动中，通过投资者教育讲座、播放防范非法集资宣传短片、布放宣传易拉宝等形式，增加金融知识宣传教育的手段和趣味性。

（四）保护消费者权益，共创和谐金融环境

2016 年，公司落实优化售前、售中、售后管理全流程践行消费者权益保护理念，贯彻认识到位、组织到位、制度到位，全面推进消费者权益保护工作，做到重点明确，分工明确、时间明确，大力推进“双录”工作实施。

（五）强化人文关怀，提升员工幸福指数

公司积极发挥工会组织的桥梁纽带作用，努力为职工办实事、做好事，以活动为载体，增强企业活力与凝聚力，重视工会组织建设，健全民主管理，深化企务公开。一是利用公司 OA 系统、邮件等多种形式，及时公开涉及企业重大决策、职工切身利益等方面的内容，维护职工的知情权、参与权、监督权；二是积极动员组织公司干部职工参加“国贸杯”集团公司第二届羽

毛球比赛，从训练到比赛，增进干部职工相互了解，加深感情；三是继续支持瑜伽、舞蹈、篮球等员工兴趣小组开展各项文体活动，丰富员工业务生活，陶冶情操，保持积极向上的精神面貌；四是为公司员工办理了浙江省省级产业工会第三期职工大病医疗互助保障和补充商业保险，为员工及家庭提供保障。

（六）推进民主管理，重视员工职业发展

公司以有利于整体发展、个人成长为导向，将公司需求、个人意愿、个人能力三个维度相结合，鼓励有能力、绩效优秀的员工担任更重要的工作，从职业路径的广度和深度上分别提供发展机会。对于前台需承担业绩指标的部门（团队）负责人，鼓励内部进行举手制，能者上，庸者下，激励与约束并行。对于职能部门岗位，有关中层管理人员的来源侧重以内部培养、提拔试用为主。对于普通业务岗位，在公司认可的前提下，尊重团队负责人与员工个人意愿双向选择结果，进行内部调动。

公司将坚持有机结合公司需求、个人意愿、个人能力三个维度，不断创新选人用人机制，进一步开辟新的职业发展路径，充分调动员工的主观能动性，加强员工队伍的稳定性与忠诚度，最终实现多赢。

四、2017 年发展规划

2017 年，公司以增资扩股为契机，以提高发展质量为中心，做到业务发展不停步，风险防控不放松，队伍建设不落后，进一步加强企业文化建设，进一步构建和完善整体业务架构和运行机制，积极推进业务创新和管理创新，更大力度地推进差异化发展、专业化运作、精细化管理，不断提升公司核心竞争能力和抗风险能力，力求公司发展迈上一个新台阶。2017 年公司将重点做好以下工作：一是积极做好战略投资者引进工作。二是在传统业务基础上，重点围绕资本市场探索推进业务创新。三是强化业务研究和科学决策，加强风险动态监控。四是在制度、团队、信息技术三个维度上做好基础建设。五是构建强大销售能力。六是进一步完善激励机制，继续加强团队建设。

中国金谷国际信托有限责任公司

一、2016 年经营概况

（一）经营业绩稳步提升

截至 2016 年末，中国金谷国际信托有限责任公司（以下简称公司）存续信托资产规模1 245 亿元，创历史新高。全年实现营业收入 5.02 亿元，实现净利润 1.63 亿元，同比增长 34.7%。全年新增信托业务收入 1.65 亿元，同比实现了翻番；新增实收信托规模 759 亿元，其中，新增主动管理类资金信托业务规模 141 亿元，较 2015 年同期增长 182%。

（二）业务结构明显优化

一是客户资信结构有所提升。2016 年公司新增 2A 级客户占比达到 95%，2A 级及以上资信等级客户占比超过 90%。

二是行业结构更加健康。2016 年新增业务中基础设施类占比为 43%，房地产类占比为 27%，工商企业类占比为 21%，证券类占比为 9%，较好地契合了国家“脱虚向实”的金融支持政策及发展趋势。

三是区域结构进一步优化。2016 年公司新增业务主要投放于京津冀、珠三角、长三角和中部经济发达地区。

四是收入结构趋于合理。新增业务中非事务管理类收入占比为 87%，且创新类业务收入占比达 13%，创新业务对整体收入的贡献度明显提升，公司收入结构更趋于合理、稳健。

五是投资属性结构多样化。2016 年投资类业务明显增长，新增信托业务中投资类业务占比为 30%，较 2015 年提高了 13 个百分点。

（三）业务转型初现成果

一是资产证券化业务继续保持行业领先地位，2016 年公司资产证券化业务新增规模 265 亿元。其中，信贷资产证券化新增规模261亿元，不良资产证券化新增规模4亿元。同时，在企业资产证券化方面也做了一些积极的探索。资产证券化作为公司重要的业务转型方向，开始呈现多元化、可持续发展的趋势。

二是证券投资业务成绩喜人。2016年公司在以往以结构化证券投资通道业务为主的基础上向主动管理类业务转型，规模增长迅速，主动管理能力提升，业务品种不断丰富。2016年新增64.35亿元，较2015年同期增长20倍，累计管理证券资产规模66.9亿元。

三是家族信托业务已经起步。公司于2016年2月组建家族信托部，积极寻找与银行等金融机构的合作机会，并与其他有关财富管理机构建立了战略合作关系。

（四）内控基础不断夯实

一是继续完善《信托业务指引与产品手册》。2016年对产品手册进行了两次修订，提高政信类、房地产类等主要业务品种准入和风控标准；在业务种类上增加了新兴产业类产品，并对该类业务的操作标准和风控标准加以明确。

二是不断健全风控体系，强化合规文化建设。修订完善了一系列主要业务制度，在业务决策体制中引入主审委员制度，进一步强化员工的合规意识。

三是提高信息化管理能力。升级改造了盈丰业务系统，建立了资产证券化系统，启动了客户跟踪管理系统的开发。

四是完善激励约束机制。公司建立了较为全面客观的定性与定量相结合的绩效考评体系，完善了风险金制度，并形成了权责分明、奖惩有据的责任追究体系。

五是强化成本费用管理。2016年，公司本着开源节流的原则，力减不必要的支出，公司管理费用同比下降6%，业务费用同比下降20%。

二、创新业务案例

公司一直重视业务创新和开拓。2016年公司积极响应国家优化金融资源配置、盘活存量资金，更好地支持实体经济发展的政策，结合自身业务战略转型，在资产证券化领域取得突破性发展。截至2016年末，公司先后担任中国银行、国家开发银行、中国进出口银行及华商银行等多家银行信贷资产支持证券化项目的受托机构，在行业中处于领先地位，保持了一定市场份额。2016年公司对不良信贷资产证券化及企业资产证券化等新领域也进行了积极的探索，2016年12月公司完成了首单不良信贷资产支持证券的发行工作。2016年9月，公司发行的“开元2015年第六期信贷资产支持证券”项目荣获“2016年度资产证券化介甫奖——信贷类：最具规模奖”。

另外，2016年公司在证券投资类业务领域也得到较快发展，在以往开展结构化证券投资通道业务的基础上积极向主动管理类业务转型，业务品种不断丰富，投资团队能力不断提升。为响应国家支持实体经济、深化金融创新的指导思想，2016 年公司在小微金融方面也积极探索业务模式，为小微企业提供金融支持。

同时，公司也在积极布局家族信托、慈善信托等业务品种，增加在创新业务中的行业竞争能力。

三、社会责任履行情况

（一）为投资人做好资产管理，全力保障信托财产保值增值

公司以受益人利益最大化为宗旨，信守承诺，勇于承担社会责任，最大限度地为信托投资者分配收益。公司 2016 年全年共向投资者分配信托收益 51.9 亿元。

（二）响应国家产业政策，以资产证券化为手段盘活信贷资产

近年来，公司先后为中国银行、国家开发银行、中国进出口银行、华商银行、招商银行等发行了总规模为 900 多亿元的信贷资产支持证券，将优良的高信用信贷资产转化为资本市场筹资能力，盘活的信贷规模重点投向国家支持建设的重点建设领域，为促进投资稳增长、支持实体经济发展作出积极贡献。同时，公司尽职尽责妥善管理相应资产，为受益人利益最大化服务，赢得服务机构的高度评价，取得了同业领先地位。

（三）灵活利用信托工具，支持实体经济发展

公司积极响应国家对新能源公司扶持的倡导，贯彻落实绿色发展理念。成功设立相关债券投资集合资金信托计划，信托资金通过证券公司的资管计划间接投向新能源集团有限公司发行的公司债，调整其债务结构，置换资金建设新的生物质电厂及研发效力更高的生物质锅炉，有助于科技企业的优化升级。

此外，公司设立资金信托计划，投向北京周边省市核心业务为基础设施投资建设（如市政道路建设、供热、供气等）的相关公司。信托资金的注入及时补充了相关公司的流动性资金，同时有力地支持了京津冀地区基础设施建设。

四、2017 年发展规划

（一）继续加强传统业务深耕细作，挖掘新的价值和利润增长点

大力推进传统融资类信政合作业务，探索 PPP 业务模式；专业化拓展房地产业务，围绕重

点客户，提高盈利能力；加大布局新兴产业，向国家重点支持的实体经济领域寻找业务机会；稳妥推进股权投资信托，加大收益空间；以银行和保险机构为主，持续构建稳定的低成本资金渠道。

（二）坚持创新驱动，推动转型类业务向纵深发展

持续加强资产证券化业务，保持市场份额，丰富业务品种，努力提升报酬率；重点发展证券投资业务，加大向资本市场布局，扩大主动类投资规模，业务品种多样化；推动慈善信托等新业务品种落地；加强集团协同，利用信托功能与优势，丰富集团服务客户能力，提高集团经营效益；同时，利用集团客户及综合服务优势，提升信托服务客户的能力与效益。

（三）继续夯实经营管理基础，推动公司健康稳定发展

进一步完善全面风险管理体系，重点加强客户集中度管理，严控风险，严守风险底线；强化合规理念的培育和合规文化的建设，强化主动管理类业务的尽职调查、审核审批、业务操作流程及期间管理等重要环节的规范管理；优化完善绩效考核、职级晋升等制度，实现结果考核与过程考核兼顾，为引进和留住优秀人才创造条件；全力推进公司信息化建设，不断提升内部管理水平；加大员工培训力度，切实打造资产管理能力、财富管理能力、客户服务能力、创新发展能力、风险管理能力五大核心竞争力。

中国民生信托有限公司

一、2016 年经营概况

2016 年是中国民生信托有限公司（以下简称公司）第三个完整的经营年度，是三年打基础的收官之年，也是“转型发展”的第一年。公司以“投资银行管理型金融机构”为战略定位，确定了“投资、投行、资管、融资、财富”五大市场定位，“专注、专业、专享”成为公司 2016 年业务拓展的最鲜明特点。2016 年，在董事会的正确指导和坚定支持下，公司在资本层面、治理层面和经营管理层面都取得了较大的改观和进步，取得了一定的工作成绩。通过对公司经营数据的对比分析，有三个显著特点。

一是从当年数据来看，2016 年公司经营业绩继续大幅增长，核心指标净利润超额完成任务。2016 年公司实现营业收入 19.2 亿元，同比增长 78%；净利润 9.5 亿元，同比增长 143%；净资产规模 98.9 亿元，同比增长 176%；年末管理资产规模 1 577 亿元，同比增长 41%。

二是从数据结构来看，创新业务已成为公司发展的主要动力，战略转型初见成效。公司全年新增业务 1 589 亿元，其中主动管理规模为 1 231 亿元，占比为 77.5%。新增主动管理规模中，投行业务占比为 13.65%（全新），资管业务占比为 10.36%（全新），资本市场业务占比为 20.60%，较上年增长 313.92%，以上三项占全部新增主动管理业务 57.56%；工商企业业务占比为 24.95%，较上年增长 144.44%；房地产业务占比为 5.67%，较上年下降 43.75%；基础设施业务占比为 2.27%，较上年下降 79.67%。

三是从历史数据来看，从 2013 年到 2016 年，公司核心业务数据取得了连续 100% 的增长，在稳健经营的同时实现了业务高速发展。复业以来，公司资产管理规模分别为 389 亿元、617 亿元、1 120 亿元、1 577 亿元，3 年复合增长率为 59%；公司主动业务占比分别为 24%、43%、57%、75%，3 年复合增长率为 46%；公司年度新增业务量分别为 412 亿元、441 亿元、974 亿元、1 589 亿元，3 年复合增长率为 57%；公司营业收入分别为 1.67 亿元、4.68 亿元、10.82 亿元、19.2 亿元，3 年复合增长率为 126%；公司净利润分别为 5 645 万元、1.87 亿元、3.91 亿元、9.51 亿元，3 年复合增长率为 156%；公司人均净利润分别为 63 万元、116 万元、188 万元、370 万元，3 年复合增长率为 81%；公司向投资者分配收益分别为 5.34 亿元、37.92 亿元、76.26 亿元、91.18 亿元，3 年复合增长率为 158%。

综合来讲，2016 年公司较好地完成了董事会确定的“转型发展”的目标。公司创新型主动管理业务已占据半壁江山，走上了回归信托本源，打造“投资银行管理型金融机构”的发展道路。

二、创新业务案例

2016 年初，公司明确了投资、投行、资管、融资、财富五大战略转型布局，公司的创新业务类型主要围绕以上战略布局开展，代表性创新业务案例包括船舶基金业务、跨境标准化资产投资业务等。

船舶基金业务属于非金融资产管理模式，是公司战略转型布局的重要组成部分。作为全国信托行业 68 家公司中唯一具有航运板块业务的信托公司，2016 年 6 月公司成立了船舶基金部，主要业务是集中利用国际航运市场成熟的投融资模式，以多元化金融业务为依托，在非标准化资产管理（船舶资产）领域进行投融资服务。在全球经济低速运行的大背景下，船舶运力的供给平衡以及 BDI 的走势分析显示出当前船价处于历史低点，未来船价下跌空间较小，预计 2018 年以后散货船运费和价格将逐步回升并迎来新的上行周期，公司将与航运市场资深的船舶管理公司、船东等各方开展密切合作，抓住当下干散货船舶的最好投资时点，通过专业化管理将船舶打造成公司非标准资产管理领域的最适宜实物资产。

跨境投资业务是民生信托持续关注的业务领域之一，公司旨在抓住海外优质资产投资机会，满足投资人海外资产配置需求。公司 2015 年末设立的“中国民生信托・至信 100 号全球优选中概 1 期债券投资集合资金信托计划”，募集资金通过 QDII/RQDII 专户产品专项投资于境外金融机构发行的以境内企业离岸美元债券和人民币债券作为投资标的的结构化票据。作为公司首单跨境标准化资产投资项目，按照审慎原则，中概 1 期以标的债券的持有到期作为主要投资策略，优选大型基金公司、投行等作为合作机构，并以优质的中资企业境外债券为投资标的，由公司进行主动决策和投资管理，在投资实施前对标的债券主体进行严格信用风险甄别，同时通过方案设计强化风险控制，尽量规避市场波动风险与到期退出的信用风险。存续期内信托财产运行稳健，并于 2016 年 9 月顺利清算退出，取得了较好的投资收益，也为公司后续境外标准化投资业务在标的获取、投资收益以及风险控制等方面积累了一定的跨境投资市场及管理经验，为后续跨境投资项目的开展提供了较好的展业启示。

三、社会责任履行情况

公司一直以来切实履行社会责任，在促进行业发展方面积极配合信托业协会开展工作，以实际行动响应信托业协会的“自律”号召，高度深化“自律”意识，自觉加强风险控制措施，坚决恪守行业公约与业务准则，树立了良好的公司形象。

公司严格履行对客户资金安全、社会经济稳定的责任，秉承“得益于社会，奉献于社会”的核心价值观，“目标、责任、利益相统一”的经营理念，以及“热情、快捷、细致、高效”的客户服务理念，努力提高公司整体服务水平，自觉维护信托受益人利益和股东权益，坚持在“稳中求进，严控风险”的经营管理思路下稳健发展，切实保障了股东及受益人的权益。

公司自2013年复业仅三年，虽未直接参与慈善捐赠和公益信托等项目，但公司始终坚持履行社会责任，在支持保障性住房、服务“三农”、推动养老、教育等方面开展信托业务，累计上百亿元。2016年11月16日，公司受聘中国慈善联合会慈善信托委员会委员单位，公司将进一步发挥自身优势，通过开展慈善信托业务，支持中国慈善事业的健康永续发展。

公司积极践行对环境保护的社会责任，大力倡导绿色办公，积极建设无纸化办公环境。公司已建设部署了17个信息系统，主要包括以信托业务综合管理平台系统、信托计划登记过户系统、资产管理系统为主的业务信息系统，及以财务核算系统、预算报销系统、协同办公系统为主的管理信息系统两大类，覆盖了公司管理及业务处理的方方面面。截至2016年末，公司几乎全部工作流程均可通过上述系统在线处理，基本实现无纸化办公全覆盖。

公司坚决维护全体员工的合法权益，认真履行员工责任，通过社保参保、补充医疗保险和定期体检等方式保障了员工的身体健康，并提供午餐补贴、生日祝福及礼品卡、过年过节礼品等多项福利。公司还组织各类拓展与培训活动，提高员工的综合素质和展业技巧，帮助员工制定个人的职场发展规划。此外，公司积极关注员工业余生活与兴趣爱好，致力于培育团结向上的企业文化，组织篮球、羽毛球等多种文体活动及友谊赛事，促进员工业余健身及融合交流。

四、2017年发展规划

2017年，公司以2016年转型发展取得的阶段性成果为基础，继续坚持四大资产端定位：投资、投行、资管、融资，继续坚持“主动管理化、投资银行化”的发展道路，以“专业化”为核心抓手，将资产业务由“小规模质变”带入“大规模量变”的过程中。同时，将2017年作为“财富管理年”，加大财富市场推广工作，推行“多目标、多渠道、多产品”的立体营销战术，以金融机构、企业机构、高净值人群、超高净值人群、互联网理财客户为五大市场目标，拓展营销渠道，丰富理财产品，在多个渠道向客户提供固定收益类，固定收益 + 浮动收益类，浮动收益类的短期（2 年以内）、中期（2 ~ 3 年）、长期（3 年以上）小额、大额、超大额的理财产品，真正打通资金供给侧与需求侧的通道，使之形成良性互动互补的循环关系，推动公司业务发展进入新的历史阶段，力争使公司在 2017 年进入行业第一阵营。

中建投信托有限责任公司

一、2016 年经营概况

2016 年，经历了高速增长的发展周期后，信托行业逐渐迈入平稳发展期。随着中央稳步收缩刺激政策，推动供给侧改革，强调“三去一降一补”及信托行业监管持续趋向规范和完善，行业增速持续放缓，行业分化进一步加剧。在此背景下，中建投信托有限责任公司（以下简称公司）密切关注宏观经济形势变化，围绕公司《2015—2020 年发展规划》目标，及时调整内部经营策略，加快业务创新转型步伐，在加强业务布局、增设区域团队、创新业务开展、提升综合财富管理等方面取得重要成果，并在体制机制建设、风险管理、人力资源管理、品牌文化建设、审计管理以及信息化建设等方面实现了进一步提升。

2016 年，公司积极把握信托行业发展契机，深耕房地产及基础设施建设等传统业务领域，在加大培育优质核心战略合作客户基础上，挖掘不同领域产业投资机会，在 ABS、现金管理类、影视消费信托等领域取得成功案例，并携手滴滴打车等开展股权投资业务，实现公司各项经营指标的持续稳定增长。2016 年，公司实现营业收入 17.12 亿元，同比增长 12%。其中，信托业务收入 13.03 亿元，同比增长 23%；固有业务收入 4.08 亿元，同比下降 13%。实现净利润 8.52 亿元，同比增长 13%。截至 2016 年末，公司存续信托项目 354 个，信托总规模 1 147 亿元，比年初增加 159 亿元。其中，集合信托规模 726 亿元，占比达 63%。

二、创新业务案例

公司积极应对行业转型带来的挑战，深入研究创新业务模式，探索开拓创新型业务，深度挖掘产业投资机会，提升投资能力和价值研判能力。2016 年，公司在稳步拓展房地产、基础设施等传统信托业务内部结构转型的同时，持续加深对并购重组、新三板、新能源、碳排放及 PPP 等领域的业务研究，大力拓展资产证券化、标品业务和股权类业务。

一是着力开展资产证券化业务。2016 年，公司成立首单 ABS 项目，进一步盘活存量资产，提高自有资金使用效率。全年累计发行私募资产证券化业务3笔，总规模为10.7亿元。

二是积极探索标品业务。2016年，公司加强与优质投资顾问的合作力度，通过债券市场投资操作成功落地现金管理类项目，为投资者提供期限灵活的多样化投资选择。

三是积极发掘股权投资业务机遇。公司积极发掘优质股权投资标的，携手滴滴打车、乐视体育等开展股权投资合作。同时，公司还与兴全基金和财通基金合作，开展了多笔定向增发类业务。

此外，公司还尝试拓展新兴行业业务，积极联合阿里影业、保利影业等在影视文化领域开展深入合作。

三、社会责任履行情况

2016年，公司立足于发展中各利益相关方的普遍诉求，积极服务于经济发展、产业转型、结构升级和社会进步的可持续发展大局，致力于实现资产增值、业务拓展、员工发展、社会和谐的综合价值最大化。

（一）股东回报稳定，国有资产保值增值

2016年，公司营业收入、净利润、信托业务收入和信托业务规模均实现稳定增长，行业影响力和竞争力不断巩固和提升。截至2016年末，公司总资产为81.32亿元，净资产为57.79亿元，净资产收益率为15.83%。股东获得良好投资回报，有效实现国有资产的保值增值。

（二）优化经营管理，防范金融风险

公司进一步加快现代化企业转型力度，通过加强全流程内控管理、健全风险管理体系、完善审计标准化等，切实提升企业管理能力。通过进一步细化风险政策和业务指引，对风险定价和授信额度进行量化管理，不断提高自身风险经营能力，严格把控经营风险。2016年，公司凭借近年来在风险内控管理方面的卓越表现，荣获由《证券时报》主办评选的“2016优秀风控信托公司”殊荣。

（三）支持实体经济，服务产业转型升级

公司积极发挥信托制度优势，重点围绕“三去一降一补”五大经济工作任务，结合实体企业在项目研发、生产销售和市场拓展中的资金需求，打造多样化、个性化的金融产品，推进供给侧结构改革，助力产业转型升级。

一是大力支持新能源建设。公司不断推动新能源领域的投资探索，发掘服务新兴实体经济

发展新的切入点。通过贷款、租赁、股权投资、资产证券化、Pre－IPO 等业务模式布局光伏发电、生物发电和风力发电等创新领域，与包括协鑫集成、顺风清洁能源、江山控股、凯迪生态、东旭蓝天、中利科技、盾安新能源、振发控股等在内的多家国内外大型新能源企业建立了长期稳定的合作关系。截至 2016 年末，累计设立新能源领域集合资金信托计划规模 80 亿元，积极发挥国有资本在推动产业升级和结构优化方面的优势和投资导向作用。

二是深度参与民生工程与地方建设。公司积极发挥信托经营业务范围广、产品设计灵活、融资速度快等独特优势，为实体经济发展提供综合金融服务。在投向基础设施建设及工商企业的信托资金中，用途涉及基础设施建设、能源交通、工业园区建设、保障房建设等多个领域。2016 年，公司成立政信类信托计划规模超 92 亿元，进一步发挥社会资本对民生工程和地方经济建设的支持作用。

（四）坚持国有资本价值理念，加强企业文化输出

2016 年，公司先后在北京、上海、成都、杭州举办“JIC 读书会”品牌系列活动，邀请英国金融局前局长阿代尔特纳、国际特奥会主席蒂姆施莱佛以及李扬、张维迎、杨澜、夏斌等嘉宾到场做交流分享，倡导勤学、善学、好学的悦读氛围。自 2013 年至 2016 年，公司累计举办“JIC 读书会”14 场，逐步建立起自有专属品牌活动，参与人数达 3 000 人次。连续第四年自主发行出版《中国信托行业研究报告》，聚焦行业发展、市场变化、公司治理、业务创新等多个维度，集中展示对信托行业的研究成果。

（五）探索举办大型公益项目，积极参与社会公益

2016 年，公司联合腾讯·大申网开展“银信封”计划年度大型公益项目，以书信为媒介寻找 100 位“最美”教师。活动组织员工赴青海西宁、江西景德镇、湖南宜章县以及山西太原等地开展志愿者公益活动。经过历时 4 个多月的筹备、征集、采访、拍摄，累计收到来自社会各界 400 余封来信和线索。通过为期三天的腾讯公益线上募集活动，为代课老师筹集了一年生活补贴及培训费用 100 837.69 元。其间，新华社、中新社等多家媒体对活动进行了跟踪报道。

（六）依法诚信纳税，积极维护消费者权益

公司严格遵守法律法规、商业伦理和行业规则，诚信经营，依法纳税，2016 年共向国家缴纳税款 4.52 亿元。公司从制度建设、考核评价、专题活动及“双录”制度执行等方面认真推进消费者权益保护工作，截至 2016 年末，全年受理的 4 起客户投诉事件均已妥善沟通处理完毕。

四、2017 年发展规划

2017 年，公司发展总体要求是“积极拓展市场，丰富业务体系，有效防控风险，优化管控模式，提高经营效率”。公司将紧密围绕《2015—2020 年发展规划》目标，以监管“八大类业务体系”为指引，持续巩固债权信托这一核心业务优势，重点拓展股权信托、资产证券化、标品信托等业务，把握同业信托等机会型业务机遇，加快培育公司综合核心竞争力，实现公司快速、全面发展。

（一）推动八大业务体系建设

公司将进一步加大市场拓展的力度，在坚持做好债权信托的同时，增加资源投入和配置，积极拓展股权信托、标品信托和资产证券化业务，推动公司从现有单一债权信托为主的模式转变，建立债权信托、股权信托、标品信托、资产证券化、同业信托等多业务类型的相对丰富和健全的业务体系。

（二）构建财富管理新的框架体系

公司将进一步加大对权益类信托产品的营销力度，以满足对公司投资类业务发展的支持。加大培育专属高净值客户群力度，探索实行高净值客户分类管理。同时，重视财富管理规范管理，系统优化财富管理机制和各项流程，在制度建设、合同管理、信息披露、档案管理、产品推介等方面提升服务水平。

（三）加强内控管理等机制建设

公司将立足八大类业务体系，一是坚持风险有效把控，持续完善风险管理体系建设，重视合规管理；二是进一步优化组织结构、明确职责分工、改进业务流程、完善制度政策，优化资源支持，建立健全业务保障体系；三是优化人力资源体系建设，围绕公司规划及业务转型发展需要，坚持充分市场化的管理思路，优化人才队伍结构，推行分类分层特色培训体系，推动人才队伍知识结构更新和优化，进一步打造专业人才队伍；四是提升运营支持作用，加大财务数据分析、信息技术系统建设力度。

中江国际信托股份有限公司

一、2016 年经营概况

（一）经营利润

中江国际信托股份有限公司（以下简称公司）全年实现营业收入 36.16 亿元，与 2015 年相比增长 178.15%。其中，信托手续费收入 8.84 亿元，同比下降 14.59%；投资收益 26.82 亿元，同比增长 886.03%；全年实现利润总额 27.4 亿元，实现净利润 19.25 亿元，分别较 2015 年增长 264.85% 和 243.14%。

（二）资产情况

截至 2016 年 12 月 31 日，公司总资产为 108.58 亿元，较年初增长 104.79%；负债为 21.08 亿元，较年初增长 488.82%；净资产为 87.5 亿元，较年初增长 76.98%。

截至 2016 年 12 月 31 日，公司存续信托资产为 1 668.31 亿元，全年累计新增信托项目 277 个，新增信托规模 930.88 亿元。公司自 2003 年至 2016 年 12 月末，累计管理信托规模 8 573.18 亿元，累计兑付信托规模 6 938.43 亿元。

二、创新业务案例

（一）产业基金投资信托业务

此类业务与银行合作开展。一种模式是合作银行以单一信托委托人身份委托公司设立事务管理型信托，资金投向指定的产业投资基金；另一种模式是合作银行认购公司设立的集合资金信托计划，由公司将集合的信托资金投向省级及以上产业基金。例如，一信托计划募集资金 30 亿元，认购江西省铁路发展基金下设的子基金，信托期限为 5 年，信托计划的委托人均为商业银行。上述两种模式现在都采用了向第三方转让基金份额的形式保障信托的退出以及期间收益。

（二）供应链金融信托

金鹤167号上海万得凯资产投资集合资金信托计划：项目设计中涉及三方为销方甲、供方丙、中间方乙方中江信托，甲方对于丙方的供货需以商业汇票或其他形式支付购货款。为清偿货款，甲方向乙方申请融资，并指定乙方受让丙方持有的因甲、丙双方买卖交易形成的以甲方为付款方的商业汇票，从而实现丙方货款的回收。该业务模式可以为市场上的供销关系提供中间的资金过渡，有效减少了产业链环节中的资金流转时间，支持实体经济加速发展。

三、社会责任履行情况

作为扎根江西本土、横跨货币和资本、产业三大市场的非银行金融机构，近13年来，公司始终坚持“突出金融主业、服务地方经济”的经营宗旨，充分发挥信托的投融资功能，积极承担金融机构的社会责任，支持江西经济建设和社会事业的发展。

（一）募集社会资金，支持地方经济建设

在平台融资需求减少、政府债务置换、融资成本下滑、企业还款压力加大等因素的影响下，公司始终坚定不移地支持地方经济。公司围绕服务江西各级政府和企业，通过政信合作、银信合作等多样化的合作方式，募集和引进省内外的资金，先后为江西省11个设区市和80多个县市区级的大中小型企业、上市公司、高等院校发行信托计划，累积提供信托融资近2 200亿元。截至2016年12月31日，公司为省内各类项目融资存续规模200多亿元，2016年新增融资规模近50亿元。例如，金马295号九江县城镇化投资建设集合资金信托计划，资金用于建设九江县中华贤母园工程项目，融资1亿元；金马255号上饶国家经济开发区民生工程贷款集合资金信托计划，用于上饶经济开发区大塘沿安置房、上饶经济开发区大塘沿公共租赁房和上饶经济技术开发区新科花园公租房项目工程建设，融资2亿元。除支持城市基础设施建设外，公司还积极响应全省大力发展旅游业的战略，大力支持江西省旅游产业的发展。例如，金马262号修水县温泉度假旅游项目集合资金信托计划，融资2亿元，信托资金用于修水县温泉度假旅游建设项目，带动当地旅游业及服务业等相关产业的发展。

（二）积极布局PPP项目，发展产业基金项目，助力实体经济发展

公司积极拓展国家倡导和鼓励的政府和社会资本合作（PPP）项目，并大力开发产业基金项目，力争为江西省经济发展贡献力量。如参与兴铁产业投资基金一号（有限合伙），以下称子基

金（注：因基金尚未办理工商登记，此为暂定名，具体以工商登记核准名称为准）。公司拟设立金虎268号江西省铁路建设系列集合资金信托计划”向特定银行业金融机构（江西银行、九江银行、赣州银行及厦门银行）募集资金不超过30亿元，并以信托资金认购子基金的优先有限合伙份额，“兴铁产业投资基金（有限合伙）母基金”认购该子基金的劣后有限合伙份额，兴铁富江投资管理有限公司作为子基金普通合伙人。母基金由江西省铁路投资集团公司、江西铜业集团公司、江西省投资集团公司等省属国有企业，兴铁富江投资管理有限公司共同设立。

（三）助力实体经济，降低企业融资成本

为响应国家号召，有效降低企业融资成本，对于占公司主导项目比重较高的信政合作项目，公司积极与存续项目中的融资企业进行沟通，鼓励进行政府债务置换工作，协助当地政府财政部门和融资企业置换工作，将还款周期较长与融资成本过高的平台融资通过政府债务置换的方式降低企业融资成本。在置换成功后，公司努力做好与受益人的解释沟通工作，将信托项目提前兑付，使置换工作圆满完成。

（四）支持实体经济的进一步思路

为了更好地支持实体经济发展，公司将严格按照国家法律法规、监管政策的规定开展信托业务，加强行业分析和市场研究，加大产品创新力度，尝试涉足以往较少接触的“三农”信托、新能源产业信托、高新技术产业信托、公益信托、绿色信贷服务等，努力形成规模化、系列化、制度化的产品。同时，在业务发展中落实“三去一降”要求和供给侧改革的政策精神，为社会资本通过信托方式支持实体经济发展提供更好的平台和途径。

四、2017年发展规划

（一）指导原则

坚持风险第一、效益第一，立足合规经营、稳健发展，以抢抓市场机遇为龙头，力促转型创新出实效，逐步构建风险可控、长期稳定的盈利新模式，进一步提升公司的盈利能力、风险管理水平和核心竞争优势，全面完成或超额完成2017年的各项目标任务。

（二）总体目标

一是实现业务收入12亿元，利润总额8亿元，净利润5.1亿元。

二是2017年末信托资产余额不低于2 000亿元，2017年新增信托资产1 500亿元，累计管

理资产 1 万亿元以上。

（三）主要措施

1. 完善信托产品营销体系

设立信托产品销售子公司，或以收购、合资、合作等方式增设 5 家以上新的销售网点，建立分层次的营销体系，打造涵盖信托、证券、基金、保险等多元化的产品体系，为客户提供更全面的资产配置；按照财富管理需求的差异，针对不同客户的多元化需求提供有针对性和差异化的信托产品及服务；大力发展互联网金融，全面推广和使用信托电子化销售系统，建立统一的产品展示销售平台。

2. 全面发展资产管理业务

加强与各类资产管理机构的多方合作、深化资源互换；探索推进设立 PPP 模式下的市场化导向的新型城市发展基金、产业基金模式，推动股权投资基金、并购基金等基金型信托产品发展；以 SPV 模式和同业投行模式为抓手，构建资产证券化业务全链条增值服务体系；在推进公募资产证券化受托服务的同时，针对金融同业机构的个性化需求，为市场供需双方提供撮合交易服务。

3. 着力开发资本市场业务

通过作为主动管理方担任投资顾问，或充当通道角色，为私募基金等机构参与定向增发提供服务两种方式，集中发力参与定向增发项目；加大自营证券投资业务，增加盈利来源；制订信托计划，发行自身产品，根据其特点和要求，聘请证券公司、基金公司的专业理财团队做投资顾问；利用自身完善的后台服务系统，帮私募公司补上其管理短板，在清算、核算和受托下单等方面开展业务。

4. 积极抢抓大企业大项目

继续加强与大型企业集团和上市公司的深度合作，高管人员承担引领业务部门开拓大企业大项目的重任，主要领导和分管领导要靠前指挥和亲自对接，切实提升公司资源整合、信息集成和商务谈判的协同能力。

5. 继续加强与金融机构的深度合作

国有大型银行或股份制银行理财资金通过认购结构化信托产品优先级份额，投资已形成或未来形成的债权资产，以此降低融资成本，提高资金到位速度，通过引进银行、保险等金融机构的资金，设立信托计划，投资具有专业管理能力机构设立的产业投资发展基金，增加项目年限，延长收费时间；申请信贷资产转让业务资格，加强与国有大型银行及股份制银行的信贷资产转让和回购业务合作，不断做大公司收入，做大增量业务，做大管理资产规模。

6. 深度聚焦转型新路径

紧跟国家热点市场，在创新完善产品线的同时，更加突出强调产品对市场和客户需求的准确把握，并在新三板、海外信托、并购信托、家族信托、股权投资信托、互联网金融、文化产业投资、地产投后管理等多个新兴领域进行产品创新和布局；及时出台实施并不断完善新业务模式的指引文件和红黄线风险控制标准。

中粮信托有限责任公司

一、2016 年经营概况

根据自身特点和股东优势，中粮信托有限责任公司（以下简称公司）逐步形成了在信托业务发展上的“4+3”战略，即在创新业务方面，以标准化业务（资产证券化）、证券化业务、农金化业务、国际化业务 4 个方向为抓手推动业务发展；在传统业务方面，继续保持在房地产业务、银信业务、政府平台业务 3 个传统业务领域的深挖细作。2016 年公司完成营业收入（含投资收益）65 096 万元，利润总额 46 215 万元，ROE 达到 9.88%，超额完成“十三五”规划目标。

“十三五”时期，面对错综复杂的国际国内经济形势及金融行业监管和竞争的不断加强，公司将继续秉承稳健发展的经营策略，在项目审核、合规管理、制度建设、业务引导等方面完善全面风险管理体系，持续提升 ROE，实现业务规模与利润均衡发展。

二、创新业务案例

（一）标准化

公司一直在资产证券化特别是汽车金融资产证券化领域处于领先地位。公司与市场领先的上汽汽车金融公司、丰田汽车金融公司、宝马汽车金融公司均建立了合作关系。2016 年公司发行汽车金融资产证券化产品规模超过 150 亿元，其中存在许多创新亮点，公司在 2016 年获得资产证券化产品结构创新奖、风险控制奖，并创下了第一次引入国际评级机构、第一次引入境外买家、第一单二甲医院应付账款类资产证券化业务等诸多市场第一单业务。

公司结构融资部与上汽通用汽车金融在原合作基础上于 2016 年初共同开发设计并发行了新一期 ABS 产品——融腾 2016 年第一期个人汽车抵押贷款资产支持证券，在原有的交易结构中引入持续购买机制，即资产池本金回收款用于持续购买合格资产。该项创新使 ABS 从原本的静态资产池升级为动态资产池，该创新机制延长了ABS的久期，有效缓解了产品持有人的再投资风险，从而增强了产品流动性，丰富了ABS产品种类。“融腾2016年第一期个人汽车抵押贷款证券化信托”产品入选中粮集团公司2016首届员工岗位创新成果优秀作品展。

（二）证券化

公司进一步推进证券投资类产品的落地。2016年新增75亿元，年末存量规模为168亿元。通过严格执行交易纪律和遵守合同，证券投资类业务较好地避免了操作风险，无强制性平仓发生，团队能力进一步提高。通过开展证券化业务，公司与金地集团（600393）、五矿发展（600058）、重庆路桥（600106）、宝钢股份（600019）、南山铝业（600219）、生物股份（600201）、中科新材（002290）等多家上市公司在项目对接、业务支持等方面进行了深度合作。

（三）农金化

2016年重点拓展供应链系列信托、农产品价格指数信托、农事服务一体化信托。其中，供应链系列信托全年累计向中粮各业务单元下游粮油、红酒经销商及饲料客户发放信托贷款4.5亿元，贷款规模同比增长64%；农产品价格指数信托全年发行两期，累计信托规模3 000万元；农事服务一体化信托发行了第二期，累计信托规模600万元，作为土地流转系列创新产品，该项目在2016年8月获得《证券时报》主办评选的“优秀创新信托计划奖”。2017年1月16日，中粮信托在第三届中国财经领袖年会获得“2016中国农业金融突出贡献奖”。

2016年6月，公司发行了玉米种植贷2期，发行规模600万元，涉及土地面积近万亩，信托资金用于向吉林省公主岭等三家玉米种植合作社发放信托贷款用作支付流转土地价款。该项目是公司土地流转系列创新产品，也是与中粮生化合作开展上游供应链业务的创新产品，切实有效地解决农村合作社支付土地流转价款融资难的问题，在交易结构上，农村合作社将土地流转给国有物权投融资担保公司，物权公司提供连带责任保证，同时公司安排专业的农事服务公司提供农事服务管理加强控制过程风险，产出玉米最终由中粮集团下属企业收购，收储公司从粮款中直接扣除贷款本息支付给公司，实现项目资金封闭运行。

农事服务一体化信托整合和统筹了各类支持合作社发展的现代生产要素，从玉米种植的产前、产中、产后提供全方位的农事服务。在产前的土地流转环节，物权公司协助规范合作社的土地流转，保证土地流转合法合规，维护农民利益；公司为合作社提供流转资金，助力合作社适度扩大流转规模。在产中的粮食种植环节，试点区域的玉米单产接近极限，边际收益低，必须在生产全流程的精细化管理上下功夫。农事服务公司通过为合作社提供技术指导、农资采购等服务，增加技术支持、降低农资投入，在产量稳定的前提下提升品质和收益。农事服务公司为生物化工事业部提供农事服务管理报告，提升农业信息化水平。在产后的粮食销售环节，生物化工事业部为合作社提供订单支持，保障粮食收购，合作社集中收割后直接用于工厂当期使用，至少为合作社节省5%～10%的粮食损耗。

（四）国际化

公司2016年7月获得了受托境外理财业务资格。

三、社会责任履行情况

作为国内唯一一家以发展农业金融服务为战略定位及专设农业金融部的信托公司，公司忠实履行金融服务“三农”的社会责任。2016年，公司农业金融部遵循“金融手段提升产业价值”的逻辑，努力建立农业食品企业生态圈，在原有土地流转信托、消费信托、供应链信托等成熟的单一商业模式的基础上，以信托制度优势形成对农业资产的专业化覆盖，针对上、下游产业链条均能形成服务模式，逐步搭建农业食品企业的综合服务体系，通过与地方政府协商建立专项的农业产业基金，用综合服务的模式推进农金业务与地方政府及核心企业合作的产业基金模式。截至2016年末，公司共成立农业金融信托项目189个，累计发行规模267.9亿元，服务涉农企业上百家，惠及农户近14 000户，农民74 000人，累计受托耕地面积35万亩。

四、2017年发展规划

（一）固有业务发展计划

公司自有资金投资以风险性、流动性、收益性为前提，以价值投资为宗旨，以实现自有资金的保值增值为目的，投资部根据董事会授权进行资产配置，固有业务投向主要是金融股权投资、配比信托、现金管理。未来，将加强金融产品配置，平衡标准化金融产品和非标准化金融产品结构，风险透明化；非标准化金融产品配置侧重支持公司信托业务发展。

（二）信托业务发展计划

公司坚持创新业务开拓，未来将继续推进信托业务在标准化、证券化、农金化、国际化方面的工作。银信业务、政府平台业务和房地产业务这三大传统业务仍是公司业务的主要模式，未来还需要不断研讨新模式，把传统业务精耕细作。

1. 标准化业务

资产证券化可能将迎来广阔的业务机会，除了公司已经初具规模的银行信贷资产证券化和个人汽车贷款资产证券化之外，可以逐步开展企业资产证券化业务。此外，PPP 项目的资产证券化也是发改委和证监会大力支持的模式，值得研究。

2. 证券化业务

证券化除了现有结构化配资外，要把握上市公司业务机会，打造“上市公司资金管家”，要有多家紧密联系的上市公司合作伙伴。2017 年再融资新规出台之后，上市公司定增更为严格，会有大量债权类产品需求；同时，IPO 加速后，有许多新上市公司有大笔现金需要管理，这些都给公司带来了新的业务机会。

3. 农金化业务

农金化主要集中在供应链类信托、消费类信托、股权投资类信托、土地流转类信托这四个方面。模式要不断创新，原有成熟模式还要不断复制推广。初步探索基于中粮大业务体系项下的供应链融资领域的互联网延伸模式，案例有粮达网会员融资项目、央联 E 家及爱养牛项目。在股权层面，着力打造一个具有中粮特色的复合型、多层次的互联网金融业务平台，推动消费金融的互联网化。

4. 国际化业务

公司已经获得 QDII 业务资格，将密切跟踪 QDII 额度审批进展，同时可利用中粮资本的 QDIE 和 QFLP 资格先行开展跨境业务尝试，适时开启与 BMO 海外业务的合作，不断提升跨境资本营运能力，助力集团全产业链发展和全球资源配置，促进集团海外业务发展。

5. 银信业务

进一步拓展金融同业业务空间，逐步从单纯的通道类业务向资产管理业务转型，通过同业合作为单一机构客户寻求符合其投资偏好的投资类产品，满足客户资产配置需求。

6. 政府平台业务

传统政信融资模式难以为继，PPP 模式是未来方向。但 PPP 项目投资规模大、运营周期长，应从“区域 + 项目”两方面入手严格筛选 PPP 项目；积极探索产业基金模式、股权直投模式、投贷联动模式、资产证券化模式（PPP + ABS）等。PPP 相关制度和政府角色转变等问题都需不断完善，同时受制于资金来源、风险管控等因素，信托机构目前参与程度较为有限，未来还需要逐步从 PPP 通道进一步升级为主动管理。

7. 房地产业务

房地产调控政策旨在防止泡沫扩大，城镇化进程、旧城改造等仍将带来大量房地产业务需求。要在防控风险基础上把握结构性业务机会，继续提升房地产业务的专业能力，重点开发房地产资产证券化产品、房地产私募投资基金、房地产信托投资基金等新型业务模式。

8. 国企混改业务

十八届三中全会提出“积极发展混合所有制经济”，中粮集团被国务院国资委纳入首批“四项改革”试点，为公司参与中粮集团相关混改工作带来了许多机会。目前，公司已经通过专项基金、财务顾问等方式在中粮包装、中粮工科、中粮酒业等企业的混改工作中进行了初步的探索与尝试，取得了较为良好的成果。后期将继续参与到更多集团其他成员企业的混改工作中，实现公司与集团的互利共赢。

中泰信托有限责任公司

一、2016 年经营概况

2016 年，中泰信托有限责任公司（以下简称公司）以积极的精神面貌开拓进取，伴随着系统化建设的深入，公司“大风控”“大运营”“大研发”体系的作用更加成熟和稳定，人力资本建设进一步完善，企业形象不断优化，中台、后台各职能板块的支撑能力不断加强。

（一）主要业务指标

截至 2016 年末，公司受托管理资产规模达到 531 亿元，全年向信托计划受益人累计分配信托收益 87.15 亿元，为投资者取得了良好的回报。2016 年，公司全年实现营业收入 6.09 亿元，其中，信托业务净收入 4.73 亿元，固有业务收入 1.36 亿元。2016 年，公司实现净利润 2.89 亿元。截至 2016 年末，公司所有者权益达到 39.76 亿元，相较于 2012 年末的 19.16 亿元，已经翻番。

2016 年，公司信托业务平稳增长，信托业务收入占比从 2012 年的 37.49%，增长到 2016 年的 77.66%，显示公司主营业务的良好发展势头；固有业务维持了较高的盈利水平，成为公司信托业务的重要补充；财富管理中心自组建以来实现重大突破，年直销收入达到 6 829.89 万元。

（二）公司基础建设取得了可喜的成果

1. 公司稳步推进系统化建设工程

2016 年持续推进公司系统化建设的优化和完善。信息技术部在分管领导的指导下，认真及时地完成了公司要求的各项任务，积极主动地为各职能部门和业务部门做好了服务工作，全年未出现重大信息技术事故。

2016 年，在公司系统化建设二期的基础上，分管领导指导信息技术部平稳开展信息技术工作，并加强了公司各 IT 子系统的优化和完善。信托业务系统、恒生资产管理系统、知识管理系统、信托财务系统、固有财务系统、档案管理系统、邮件系统、资讯系统处于稳定运行状态。

在信息化安全方面，公司紧跟系统建设步伐同步进行灾备系统建设工作，截至2016年末，已完成业务系统、OA系统的全面热备；同时，管理系统登录账户的统一的账户管理体系正在建设当中，期望采用独立的认证方式保证内外部登录用户的身份合法性，通过系统角色操作权限设定统一管理用户对于公司内部各信息系统的授权范围和可操作权限。

2. 公司继续加强“大风控”体系建设

从2016年以来的市场情况反映看，宏观经济走势不容乐观，能够承受高成本融资的行业和主体趋于减少，资产管理行业竞争加剧。面临新挑战，公司重视风控文化的建设，进而提升公司整体风险防范和应对能力。

公司基本形成了前台、中台、后台相分离，信托资金运作与自有资金运作相分离的风险管理框架，力求将风险管理制度与措施贯穿到公司各项业务、各个部门、各个岗位，实现风险管理覆盖公司运营的全过程。同时，通过建立有效的风险管理组织体系，保障风险管理制度的有效适用，并根据国家政策、法律及公司经营发展战略的变化，定期对公司相关风险管理制度进行修订和补充。

公司的风险管理组织架构由公司董事会、风险管理与审计委员会、管理层、固有/信托业务评审委员会、风险管理部门、各业务部门及相关职能部门组成。2016年，公司战略和发展路径进一步清晰，公司董事会及高级管理层对于建立以风险管控为核心的业务运作体系高度重视，风险管理部门的设置与岗位职责基本能够匹配公司业务发展需要，风险管理质量和审慎程度不断提高。

2016年，公司的风险预警、风险应对和处置、风险解除等一系列流程运行更加流畅。公司中台、后台职能部门以流程为载体，充分发挥“大风控”体系各环节的管理效力，对项目运行中发现的风险事件或风险苗头按照风险程度启动不同的风险预警和处置程序。一是风险管理部指派风险经理对存续项目进行风险监测，及时发出风险提示预警信号，调动公司资源全面投入项目后续风险管理。二是着力开展风险排查工作，按照既定的年度风险排查方案严格执行。由风险管理部牵头，会同稽核审计部和运营中心组成风险排查小组，明确每个季度进行一次全面风险排查，按照业务部门自查、风险管理部全面复查、重点项目小组专项排查的顺序，对存续项目风险进行排查，包括现场和非现场排查两种形式。风险管理部按公司要求重点对新成立、即将到期、规模较大和暴露风险事项的集合类项目进行排查，确保做实风险排查工作，提高项目过程管理和风险监测能力。

2016年，公司经营管理层克服经营中各种不利因素，加强业务团队和风险团队的建设，加强信息系统、业务标准的建设，积极完善和落实信托项目开展中的尽职调查、业务评审和合同管理等工作环节，全面推进公司风险管理体系建设。公司在客观环境造成的展业风险上升的背景下，通过提升自身管理水平将整体风险维持在较低水平。

3. 公司“大研发”体系建设，带动业务创新转型

目前，我国的消费在经济增长中发挥主要拉动作用，公司结合当前的经济发展趋势，在支持互联网金融与消费信贷模式发展方面推出了创新的消费金融信托产品，通过利用信托的财富管理优势，服务于消费金融产业链，从实际上促进了实体经济的发展。

公司认为，未来的金融创新将会朝着金融服务差异化和服务流程标准化的方向发展。结合自身发展情况，公司拟定了服务中小企业发展、协助地方区域“城镇化”发展、提供不同流动性金融产品的业务方向，并在此基础上设立区域发展基金以及信托产品向高收益债券转型等课题研究方向。

公司基于对资产证券化业务在金融市场中的发展空间，以及公司的特点，在战略规划中，将资产证券化业务作为战略性基础业务和未来创新业务开展的支撑点，并形成了稳步开展此项业务的战略安排：立足公司战略高度，将资产证券化业务作为提升公司传统业务、打造公司核心竞争力的重要手段，借鉴公司在资产管理和金融市场交易的经验和优势，开发适应公司特点的稳定和可持续的业务板块。

2016 年，公司以产品线开发为切入点，通过“大研发”体系建设，带动业务创新转型，对结构化证券投资、区域发展基金等十几个业务方向进行了研究，形成了多项实施样本，部分成果已经落地转化为具体产品。

二、社会责任履行情况

公司始终坚持市场化、差异化、规模化的发展路线，致力于在明晰的发展战略指导下，依托优秀的企业文化和价值观、人力资本体系、法人治理结构，构建运转流畅的资产管理体系、风险运营体系和财富管理体系，将公司打造成为可持续创新的综合性金融服务平台。

公司通过资金信托、财产权信托等方式涵盖信托贷款、金融租赁等法律法规所许可的全品类。公司已经与越来越多的金融机构开展更为紧密的合作，业务条线齐全，布局合理，全面覆盖资本市场、货币市场、实业投资市场各产品，包括加工制造业、新型能源等实业领域及房地产、基础设施和新型城镇化，为机构客户及个人客户提供投资回报有竞争力的产品。

在社会责任方面，公司重视企业社会责任的履行，积极参与公益活动和相关社会活动，致力于成为一家具有高度社会责任感的金融机构。2016 年 12 月，公司在 2015 年组织公司员工参加和支持纯山教育基金会的“鞋盒礼物”公益项目的基础上，继续组织员工以更丰富的形式参与该公益项目，为乡村儿童送去新年祝福。

三、2017 年发展规划

为达成经营管理目标，公司计划在 2017 年做好以下重点工作。

一是促进信托业务转型及结构优化。金融创新是金融机构发展的重要手段和不竭动力。2017 年，公司在继续做大做强传统业务的同时，要不断推进资本市场业务、资产证券化业务、消费金融业务等新业务的发展，同时想办法促进传统业务的转型升级，最终实现公司主营业务由双轮驱动向多轮驱动的平稳过渡，这将有利于公司不断提升在特定领域的专业水平，增加公司主营业务收入来源，分散公司业务的行业性风险，从而稳步提升公司的盈利能力。

二是积极推进全面能力建设。公司 2017 年将继续以专项工作的方式，开展系统化建设和制度流程梳理工作，研究和完善管理及业务授权体系，完善系统路径和工作流程。同时，公司将重点总结风险管控的制度和经验，强化信托项目集中运营的理念，把制度建设作为抓手，继续深入推进“大风控”“大运营”体系建设，对交易主体、风控措施、风险模型和风险量化等问题进行系统研究，逐步形成以风险为核心要素的项目评价和运营控制体系，推进风控机制全覆盖和运营管理纵深发展，提高公司对风险的管理和控制能力，提升产品的社会认可度，为公司平稳度过行业风险高发期提供制度保障。在互联网金融创新方面，公司将尝试构建自己的互联网平台和客户端，打造中泰财富品牌，实现公司金融产品对潜在客户群体的线上对接，提高累积高净值客户的效率，壮大公司的产品销售能力和财富管理能力。

中原信托有限公司

一、2016 年经营概况

2016 年，面对世界经济增长乏力、国内经济“三期叠加”、下行压力依然突出的复杂环境，中原信托有限公司（以下简称公司）积极应对、认真谋划，继续实施“稳增长、促转型、强营销、控风险”发展战略，深化体制机制改革，抢抓业务机遇，严格风险控制，加强内部管理，基本实现了预期经营目标。截至 2016 年末，公司管理的信托规模余额为 1 330 亿元。全年实现总收入 15.18 亿元，实现净利润 7.49 亿元，净资产收益率达到 15.57%。

（一）信托业务稳中有进、营销工作取得积极成效

一是信托规模稳步增长。公司上下积极应对、多策并举、克服困难，取得了较好效果。全年新增信托规模 790.97 亿元，同比增加 170.86 亿元，增长 27.6%；年末管理信托财产 1 329.93 亿元，同比增加 78.12 亿元，增长 6.2%。二是实施产品集中管理和竞价制度。对拟发行产品进行集中统一管理，金融机构直销项目实施竞价制度，全年共对 39 期产品实施了竞价销售，累计节约发行成本 5 210 万元。三是增加一年期产品供应。提升了产品发行效率，扩大了金融机构直销规模，全年共实现金融机构直接认购一年期信托产品 43.4 亿元，占金融机构直销总规模的 83%。

（二）固有业务稳健发展

一是扎实开拓新业务。在股权投资方面，完成投资洛银金融租赁公司 1.76 亿元，股权占比为 10%；完成投资上海临芯投资管理有限公司 833 万元，股权占比为 15%；完成投资河南资产管理公司、长城嘉信资产管理公司以及增持郑州银行股权的审批程序。在债权投资方面，重点开展优质物业抵押和金融股权质押业务，新增贷款项目 8 个，规模为 17.35 亿元。二是做好金融股权管理。加强对郑州银行、焦作中旅银行、长城基金公司和洛银金融租赁公司的股权管理，促进参股单位健康发展。

（三）风险与合规管理工作扎实有效

一是完善风险管理体系，促进业务健康发展。开展风险后评估工作，剖析风险成因，查找风控漏洞，总结风险管理经验，提升风险管控水平。二是坚持风险动态监控，加强风险事中管理。2016 年，公司累计清算信托项目 373 个，兑付信托本金 713 亿元，分配信托收益 82 亿元，自主研发类信托项目到期清算率和信托收益兑付率均保持 100%。

二、创新业务案例

（一）业务创新

公司高度重视转型发展及创新工作，大力发展自主研发类业务，着力转变业务增长方式，不断提升发展质量：一是“固定收益 + 浮动收益”股权投资类项目。针对股权投资类房地产项目特点，采取了“固定收益 + 浮动收益”模式，满足不同风险偏好的投资者需求。二是消费信托。开发实施了规模 5 亿元的首单消费信托项目，打造了新的产品线。三是资产证券化业务。探索开展公募及私募资产证券化业务，评审通过了 2 个项目，规模共计 12.7 亿元，助力企业降低融资成本。四是医疗产业投资基金项目。研究开发了医疗产业投资基金集合信托计划，规模为 25 亿元，与有关医疗机构合作建设三级甲等医院。五是家族信托。启动了家族信托业务，为高净值人群进行财富规划，努力实现财富的保值、增值。

（二）管理创新

运营管理部于 2016 年 10 月成立，2 个月时间已接收了通道类、证券类和房地产股权信托类的部分管理业务。2017 年，公司将进一步扩大职责范围，发挥中台、后台部门专业化管理优势，发挥好运营管理部的功能效用，强化精细化管理，为提高公司整体运营效率发挥更大作用。

三、社会责任履行情况

（一）管理和服务责任

一是落实“三重一大”制度，完善分工合理、制衡有力、监督到位、运行顺畅的法人治理结构。二是按照“行为有规、授权有度、检查有力、控制有效”的内控合规总体要求，健全内控体系，实现了对风险进行事前防范、事中控制、事后监督。三是坚持“以客户为中心”的服务理念，竭诚为客户提供优质、高效的服务。

（二）经济和服务责任

公司在“稳增长、促转型、强营销、控风险”战略指导下，深化体制机制改革，创新业务模式，优化业务结构，推进信息化建设。一是紧抓省内建设机遇。公司围绕河南省内基础设施、能源交通、节能减排、产业转型等重点建设项目，深入挖掘业务机会，支持地方经济发展。二是落实反腐倡廉建设各项工作。加强反腐倡廉教育，增强拒腐防变的意识和能力，夯实道德和法纪防线，落实民主监督机制。三是荣获多项荣誉，得到社会各界认可。在《证券时报》主办的中国财富管理高峰论坛暨第九届中国优秀信托公司评选中，“中原信托乐善 1 期公益信托计划”获得“优秀公益信托计划”，公司荣获郑州慈善总会第三届“郑州慈善风云榜——慈善企业奖”称号。

（三）员工责任

一是保障员工基本权益。在招聘、录用、岗位调动、薪酬待遇、职业规划各环节，保障员工重大事项的知情权、参与权和监督权。为全体员工提供健全的保险保障，定期组织员工进行体检。二是加强员工专业培训。2016 年共完成内部培训项目 7 个，培训课时 81 个，累计参训 590 余人次。培训内容涉及宏观经济形势分析、中高层管理能力提升、新员工岗前培训、资产证券化金融实务、合同业务技能提升、团队建设与管理等多个方面。三是关爱退休员工。积极组织退休员工参与活动，如重阳节登高、健步走等，坚持对老员工“三必访”和节假日拜访，为其提供生活保障和关爱。

（四）环保和公益责任

1. 推行绿色金融，支持低碳经济

积极倡导绿色金融，支持节能减排项目建设，对高耗能、高污染和落后产能项目实行“一票否决”；加强内部节能减排管理，降低水、电、汽油消耗，努力减少自身运营对环境的影响。完善升级 OA 公文处理系统、信托业务系统等，打造手机 OA 便捷管理 APP 软件，实现电子公文、信息文档、盖章签报电子流转、手机公文办理，提倡双面打印、双面复印，鼓励使用视频会议、电话会议等绿色办公方式。

2. 慈善捐赠回馈社会

公司秉承“回馈社会、服务社会”的宗旨，积极履行信托公司社会责任，2016 年，中原信托乐善 1 期——“善行中原”公益信托计划重大眼科疾病慈善救助项目继续实施，用于救助郑州市第二人民医院重大眼病、原发性视网膜脱离、糖尿病视网膜病变的贫困患者。

四、2017 年发展规划

2017 年，公司继续实施“稳增长、促转型、强营销、控风险”发展战略，深化体制机制改革，大力发展转型业务，做精做细传统业务，深入开发客户资源，加强风险管理，不断提升管理水平，促进公司持续健康发展。

（一）以创新为抓手，优化信托业务结构

一是产业基金。加强与地方政府、各行业主管部门的联系，挖掘产业基金业务机会，研究设立或加入产业基金的切入点、资金运作模式、基金运用方式和盈利模式。二是消费信托。继续完善业务运作模式，逐步扩大交易对手合作范围，不断扩大业务规模。三是资产证券化信托。通过 2016 年对资产支持专项计划的研发，公司在企业资产证券化业务领域有所突破，为下一步大规模开展企业资产证券化业务打下了基础。四是定增基金。进一步深化、细化产品设计，在资金募集、上市公司尽调和选择、内部决策等方面形成可操作的详细方案。五是家族信托。积极向公司现有高净值客户推介，制定并逐步完善家族信托业务操作流程，在 2016 年工作的基础上，逐步扩大家族信托业务规模，提高公司财富管理的影响力。

（二）以解决问题为导向，提高财富管理能力

一是加大创新力度，丰富产品品种和销售手段。为客户提供产品推介、产品预约、信息披露、受益权转让、信息查询、客户咨询等各种服务，充分利用网络营销平台改善客户体验，增加客户活跃度，提升服务水平。二是做好两类客户的开发与管理。对自然人客户进行精细化分类管理，提供更加专业化的服务，提高自然人客户的黏性。在做好银行客户的基础上，积极拓展券商、保险、基金、信托、财务公司等其他类型的金融机构客户，逐步构建多层次的金融机构客户体系。

（三）以增资为基础，做强固有业务

以 2016 年 12 月工商登记变更为标志，公司增资扩股正式完成，资本实力更上台阶。资本金和净资产的增加为公司信托业务发展奠定了坚实基础，同时对做好公司固有业务也提出了更高要求。首先，认真筹划资金运用，深入挖掘优质项目，用好新增的固有资金，让新增的资金带来更多的固有业务收入。其次，用好固有资金，投资更多的优质金融股权，行使好股东职权，取得更好的投资收益。

（四）切实防控各类风险，确保公司稳健发展

一是完善业务授信原则和风控标准。加强宏观经济金融形势和政策研究，适时调整风控策略，增强风险管理工作的前瞻性和敏锐性，积极应对各种变化带来的挑战。二是严把项目准入关。客观分析、预测交易对手现金流，适当控制风险集中度，不断拓宽信息来源、丰富评审手段，重视实地考察，不开展产能过剩和淘汰产能行业业务。三是做实项目管理工作。认真做好风险排查，坚持重要合同面签、重要手续亲自办理。

紫金信托有限责任公司

一、2016 年经营概况

2016 年，面对日益严峻复杂的经济环境与行业展业环境，紫金信托有限责任公司（以下简称公司）顺应市场变化和业务发展需要，把握形势，积极创新，严控风险，始终坚持“中小金融机构产品供应商、中产家庭理财好伙伴”的战略定位，以“稳经营、补短板、谋未来”为发展思路推进公司业务发展，创造了良好的经营业绩，为公司进一步转型升级奠定了坚实基础。

2016 年，公司注册资本增至 24.53 亿元，净资产规模达到 34.14 亿元，资本实力显著提升。公司信托业务受托规模 1 254.14 亿元，同比增长 52.41%；实现营业收入 7.39 亿元，利润总额 5.64 亿元，净利润 4.13 亿元，净资产收益率达 17.02%。在中国信托业协会发布的信托行业评级中，公司初评结果为最高等级 A 级。

（一）传统业务创新做，产品体系多元化

2016 年，公司保持传统业务、同业业务、投行业务稳健增长的同时，顺应市场发展变化，创新展业思路，在业务模式转型上积极探索，以产业引导基金、PPP 等灵活多样的形式，带动政信业务升级。公司与江苏省信保创新性开展“城镇化信保投资系列集合信托”，顺利落地南京江北新区产业提升基金、江苏省棚改基金、淮安养老养生产业园“阳光新城”等 PPP 项目。围绕“做中小金融机构产品供应商和方案解决者”的战略目标，深挖同业资源，大力推进同业业务发展，同业业务转型为基金化，结构化融资业务，以丰富的产品品种，推动同业业务稳步转型升级。投行业务聚焦多元化资产配置主题，巩固现有大类资产优势的同时，丰富投资品种，多维度寻找资产配置落脚点，积极开展定增、并购、海外资产配置的研究与实践，成功落地组合分散投资的鑫享一号，投资中资企业海外债的中企海外债一号等项目，有效丰富了公司的产品条线，形成了以标准化资产为主，与传统业务相得益彰的产品结构。公司成功落地首单非公开市场信托受益权资产证券化业务，第一期信贷资产支持证券成功在银行间债券市场簿记发行，顺利落地公司第一单公募资产证券化业务，公司设计并主导的首单信托型信托受益权 TBN 成功发

行。积极开拓消费金融业务，顺利落地“狮桥 1 号”消费金融信托项目，公司首次进入消费金融领域。2016 年，公司顺势而为，实现软硬实力的双效提升。

（二）财富管理为客户提供综合式理财规划和品质服务

公司一直秉承“行远者　必有信”的理念，坚持作为客户提供定制式服务的“有信、用心的财富好伙伴”。实现财富稳健增值保驾护航的同时，为客户提供品质生活尊享服务。2016 年，公司所有项目均按合同约定如期兑付，所有项目实现的收益均达预期，全年为受益人分配信托收益超过 63 亿元，实现了为客户的资产配置和财富管理提供综合式理财规划和金融服务。同时，公司严格保护投资者信息，规范管理，按照监管部门的要求进行双录（录音、录像），有效保障客户财产安全。公司花神湖客服中心为客户提供交流沟通、艺术品鉴、休闲健身等具有综合性功能的互动平台，关注客户在投资理财、子女教育、休闲健康等方面的需求，通过紫金行者俱乐部、手机摄影课堂、手做爱心月饼、万圣节亲子活动等一系列丰富多彩的活动，提升客户生活品质，增进互动。

（三）风险管控全面严格，助推公司稳健发展

2016 年，面对复杂多变的市场环境，在创新转型路上，公司始终秉承“合规、稳健”的文化底色，践行“风控至上、合规于心”的理念，以“平衡、预防、奇正、权变”为风险管理工作的指导思想，有力助推公司稳健转型发展。公司推出《风控视野》期刊，传播风险管理文化，形成对风险统一的认识，将风险管控理念内化于心。通过优化多项风险管理制度，保障业务合规高效地开展。成立专项课题小组，跟进市场动向，深入研究创新业务案例。组织开展专项业务培训，推动创新结构和创新模式的开放、交流以及规模化运作。

（四）携手前行，汗水铸就荣誉

2016 年，在公司全体员工的共同努力下，公司的社会影响力进一步提升，行业知名度不断扩大，公司形象美誉度与日俱增。公司加强党建工作，在南京市国资委举办的“基层党建创新案例评选”中获三等奖。在投资者保护方面，公司荣获中国银监会江苏监管局消费者权益保护工作考核评价非银机构第一名。在公司经营管理方面，公司获得南京市国资委 2015 年度对标管理先进工作单位，南京紫金投资集团 2016 年度集团优秀团队。在权威媒体评出的 2016 年度信托公司专业奖项中，公司赢得“2016 年度最佳稳健增长信托公司”“2016 最佳收益表现信托公司”“2016 最佳风险控制信托公司”“2016 优秀风控信托公司”等多项殊荣。在履行社会责任方面，公司凭借对慈善信托的执着追求，当选为中国慈善联合会慈善信托委员会副主任委员，被南京市慈善总会授予南京市慈善义工团队。

二、创新业务案例

2016年11月24日，紫金信托·厚德6号慈善信托计划（以下简称“厚德6号”慈善信托）正式成立，这是公司在慈善公益信托领域的重大创新，也是江苏省落地的首单慈善信托，具有广泛的社会影响力。

（一）信托公司与慈善组织合作，建立优势互补的运作模式

“厚德6号”慈善信托采用“信托公司+慈善组织”的运作模式，与南京市慈善总会、南京儿童医院医学发展医疗救助基金会等慈善机构进行分工合作。公司定位于慈善信托推广、资金募集和管理运作，两家慈善机构侧重点于合作开展资金募集、救助对象遴选及具体救助实施等。信托公司与慈善组织发挥各自优势合作开展慈善信托，将推动中国慈善事业向更透明、更高效、更专业化的方向发展。

（二）“互联网+慈善信托”打造移动互联时代慈善生态链

在移动互联时代，建立与互联网特征相适应的慈善生态链可以充分发挥慈善信托的优势。公司以官方微信服务号为载体，建立前端公益宣传、资金募集，中端线上与线下活动开展，后端慈善项目实施进度及定期管理报告披露等，形成了一体化的慈善生态链。在公司官方微信服务号“紫金公益”板块或是南京市慈善总会的官方微信号，社会公众不仅可以实现“厚德6号”慈善信托的个人捐赠，还可以邀请朋友一起参与，充分挖掘社群媒体朋友圈的力量。利用形式多样的线上、线下活动吸引公众广泛参与也是新型慈善生态链的一大优势。“紫金公益”板块还提供“厚德6号”慈善信托的救助项目实施进度，定期管理报告等方便社会公众的参与和监督。

（三）依托志愿者服务团队让患儿家庭感受慈善关怀

资金救助是浅层的慈善关怀，帮助救助对象及时疏解生活中遇到的困难，鼓励扶持他们回归正常轨道才是慈善本意。为了将“紫金·厚德”系列慈善（公益）信托的慈善关怀落到实处，公司专门成立了志愿者服务团队，为大病患儿及家庭提供全方位志愿服务，包括儿童陪护、课业辅导、心灵健康抚慰等，协助解决患儿家庭各种实际困难，帮助患儿身心健康成长，让患儿家庭重现笑颜。志愿者服务团队组建三年以来，已成功举办“儿童医院爱心课堂”“爱心家访”“紫金圆梦”等多个系列数十场丰富多彩的志愿活动，吸引了全国各地两百余名志愿者参与。

（四）多种形式传播慈善理念，让慈善成为一种生活方式

在提供医疗救助、开展慈善关怀的同时，公司还组织了慈善拍卖活动、公益跑、慈善晚会

等一系列的活动，邀请客户和社会爱心人士广泛地参与，加强患儿家庭与社会的交流互动，扩大慈善信托的影响力，提升公众对慈善信托的认知。此外，公司还在《金融时报》《南京日报》等主流媒体发声，提出“让慈善成为一种生活方式”的理念，把慈善与大众的生活结合起来，在具体的生活细节中融入慈善，在促进慈善信托发展的同时，推广积极向上的生活方式，让最广泛的社会公众真正参与到慈善信托中来。

三、社会责任履行情况

（一）发挥专业优势，探索慈善信托

作为一家国有控股的金融机构，公司自开业伊始，就将履行社会责任、奉献公益事业融入自身发展的血液之中。

2016 年，公司在原有五期公益信托的基础上成功落地江苏省首单慈善信托——“紫金·厚德 6 号”开放式慈善信托计划，与专业慈善机构合作，发挥各方优势，汇聚各界力量，共同帮扶、救助困难家庭的大病儿童及残障儿童。同时，公司通过组织丰富的慈善活动和志愿者活动，扩大慈善信托的认知，持续推进紫金厚德志愿者活动的日常化，围绕患儿及其家庭需求，策划爱心课堂、医院陪护、紫金圆梦、爱心电影院等志愿者活动，在患儿与社会爱心人士之间架起爱的桥梁。

（二）依法合规经营，树立企业品牌

2016 年，公司积极响应国家号召并贯彻国家战略要求，服务实体经济，支持地方经济发展，将业务发展与支持国家经济建设、促进民生改善、推进供给侧改革相结合。公司严格遵守国家法律法规、监管部门规章、规范性文件以及公司章程，坚持诚信经营，规范运作、守法合规稳健发展。自觉履行纳税义务，依法、及时、足额纳税。严格履行受托人职责，不断加强全面风险体系建设，确保委托人利益。公司构建了包括不同风险收益配比和期限结构的产品体系，并根据客户需求不断展开产品创新，有信承诺，用心服务，用专业为客户的“财富增值 + 生活品质提升”保驾护航。

（三）支持员工成长，致力人本信托

公司珍视每一位员工的价值，视员工为企业最宝贵的资源和财富。公司始终秉持“以人为本”的人才发展理念，实现员工与企业的共同成长。

2016 年，公司围绕员工责任履行，采取一系列积极有效的措施，在人才的选聘、吸纳、任

用、培育方面不断努力，创造良好的用人环境。开展各类培训活动，全面提升人才素质。利用股东资源，选派骨干赴日本三井住友信托银行进行研修，学习日本信托发展经验，开阔展业视野，全面提升人才素质。

四、2017 年发展规划

2017 年，公司将坚持“资金、资产两端发力，服务中小金融机构、中产家庭（以下简称双中战略客户），做优做强固收产品”的整体思路，推动公司各方面工作开展，实现新三年发展战略良好开局。资金端围绕双中战略客户的多元需求，以组合策略提供有效支持。资产端坚持两条腿走路。一方面，深耕聚焦传统信托业务；另一方面，积极开疆拓土，发展创新业务。夯实传统业务，为转型发展创造条件，拓展创新领域，引领转型发展方向。

协会发展与成效

第一部分 信托行业季度评析

2016年第一季度中国信托业发展评析

中国人民大学信托与基金研究所执行所长 邢 成

2016年，作为中国“十三五”规划的开局之年。在世界经济下行和我国“供给侧结构性改革”的大背景下，信托业如何适应新常态、实现新发展、找准新定位，是当前我国信托行业发展所面临的重要议题。中国信托业协会发布的“2016年第一季度信托公司主要业务数据”的多项指标表明，中国信托业在适应“供给侧结构性改革”过程中锐意进取，在信托市场发展经历转型阵痛的同时，积极发掘市场潜力，努力提升主动管理能力，从资金供给与需求匹配角度加快业务转型，从粗放型数量扩张进一步向内涵式高质量发展转变。

一、新常态：信托资产规模增速理性回归

（一）信托资产：增速放缓

截至2016年第一季度末，信托全行业管理的信托资产规模为16.58万亿元，较2015年第一季度的14.41万亿元，年度同比增长15.06%；较2015年末的16.30万亿元，季度环比增长1.72%。在同比增速、环比增速方面，信托资产规模的增速都有所下降。2015年第一季度信托资产的年度同比增长率为22.85%，2016年第一季度较其同比回落7.79个百分点；从季度环比增速看，2016年第一季度也同比回落1.36个百分点。从2013年第二季度开始，信托资产同比增速就一直在逐季下滑，只在2015年第二季度有微弱回升，但还是难以改变连续下滑的趋势。

面对相对放缓的信托资产增速，与其把它看作“五期叠加”环境下的回落和盘整，不如把它判断为新常态背景之下信托业实现业务模式转型过程中的理性回归。其主要导因归纳如下：

第一，在“五期叠加”的特殊发展阶段，信托业面对持续下行的经济周期和竞争多变的市场环境，传统的业务模式已经难以为继，必须创新拓展实现业务模式、经营模式、盈利模式和管理模式的根本转型，在新旧模式的转型期，资产增速出现回落是十分正常的。

第二，在信托业实现转型突破转型的过程中，越来越多的信托公司意识到，转型的核心就是要彻底改变过去传统的“广种薄收”式的外延式发展、粗放式经营、低产品附加值、低业务科技含量以及盲目追求资产规模的发展模式，进而转型为“深耕细作”式的内涵式发展、精细化管理、高科技含量产品、主动性管理的创新模式，构建信托行业独有的核心竞争力，实现可持续发展。因此，从这一角度分析，2016 年第一季度乃至近一两年以来信托资产规模增速放缓，初步判断为是信托业在创新转型中的一种理性选择。

第三，截至 2016 年第一季度，信托监管部门制定出台了一系列监管规章和政策，从“99 号文”［《关于信托公司风险监管的指导意见》（银监办发［2014］99 号）］到“八项责任”再到“58 号文”（《进一步加强信托公司风险监管工作的意见》银监办发［2016］58 号），其中心意涵和政策导向就是要防控行业风险，实现创新转型。因此，对于支撑部分信托公司信托资产得以超长增长的“通道业务”“平台业务”以及多数信托公司高度依赖的贷款类集合资金信托业务都进行了不同程度和不同方式的限制、约束乃至叫停，内涵式发展的经营模式是信托公司转型创新的理性选择。

（二）固有资产与权益：优化结构

2016 年第一季度固有资产规模达到 4 609. 18 亿元，比 2015 年第一季度的 3 670. 33 亿元，年度同比增长 25. 58%，稳中有升；与 2015 年第四季度的 4 623. 28 亿元，季度环比增长为负数，初步判断是分红所致。

从资产类别来看，投资类资产一直是固有资产的主要形式。过去四年以来其占比大多在 50% 以上的水平，2016 年第一季度投资类资产规模为 3 433. 99 亿元，较 2015 年末的 3 265. 35 亿元环比增长 5. 16%；较 2015 年第一季度末的 2 576. 50 亿元同比增长 33. 28%。投资类资产规模占比高达 74. 50%，相比 2015 年第一季度的 70. 20% 增长 4. 3 个百分点；相比 2015 年第四季度的 70. 63% 增长 3. 87 个百分点。贷款类资产无论资产规模还是增长速度都在持续下跌。2016 年第一季度贷款类资产规模仅为 335. 16 亿元，相比 2015 年第四季度的 349. 36 亿元下降了 4. 06%，其占固有资产的比例也从 2015 年第一季度的 12. 50% 下降到 7. 27%。货币类资产也呈下降趋势，2016 年第一季度为 543. 22 亿元，相比 2015 年末的 725. 60 亿元下降达 25% 之多。

2016 年第一季度信托业所有者权益为 3 860. 19 亿元，相比 2015 年第四季度的 3 818. 69 亿元基本持平；相比 2015 年第一季度的 3 294. 69 亿元，同比增长 17. 16 个百分点。

从净资产的组成部分来看，信托行业的实收资本逐年呈上升趋势，但其增速逐渐放缓，其占所有者权益的比例也扭转了继续下降的趋势，略有上升。2016 年第一季度实收资本达到 1 709. 35亿元的规模，较 2015 年第四季度增长了 56. 84 亿元；其占比为 44. 28%，比 2015 年同期水平略有上升，增加 1. 85 个百分点。

2016 年第一季度末，信托赔偿准备金规模为 161. 06 亿元，同比增长 31. 43%，环比增长 2. 33%。其占所有者权益的比例较 2015 年整体水平有小幅增加。2015 年第一季度为 3. 72%，第二季度为 3. 80%，第三季度为 3. 74%，第四季度 4. 12%。信托业在不断地扩大赔偿准备，说明信托公司在有意识地抵御风险，缓解信托行业风险。

从上述 2016 年第一季度固有资产的系列数据，我们可以概要解读出下述三个方面。

首先，信托公司加速转型，以成立专业化子公司进行探索实践已渐成主要突破点。除此之外，近年资本实力大增的信托公司还明显加大了对保险公司、商业银行、期货公司等金融机构股权的投资规模和力度，以实现长期稳定的资本回报。综上所述，2016 年第一季度信托公司固有资产投资类资产规模创历史新高的 3 433. 99 亿元，较 2015 年第一季度末的 2 576. 50 亿元同比增长 33. 28%，投资类资产规模占比高达 74. 50%。这应该是一个各方都喜闻乐见的结构变化。

其次，信托公司在净资本管理约束和增强风险防控实力的双重压力下，增资扩股热情不减。截至 2016 年第一季度全行业实收资本达到 1 709. 35 亿元的规模，较上年第四季度增加 56. 84 亿元，每家公司平均实收资本规模一举突破 25 亿元大关。然而，在增资热潮之下，我们需清醒地看到少数公司不顾现实盲目攀比，资本金大规模急剧增长，其“双面刃”效应也逐步显现：一是给信托公司经营带来前所未有的压力，资本收益率堪忧；二是少数公司急功近利态势有所增加，个案风险不断集聚；三是部分信托公司固有业务收入占比不断攀升，信托主业地位遭受冲击。

最后，风险防控意识不断强化，防范行业性、系统性、区域性风险已成为行业共识。尽管监管部门成立了信托业保障基金，已经为防控行业的系统性风险搭建了一个强有力的“防火墙”体系，但全行业的风险防控意识进入 2016 年有增无减，截至 2016 年第一季度末，全行业信托赔偿准备金规模高达 161. 06 亿元，同比增长 31. 43%，这无疑为信托公司防范各种经营风险提供了基础保障。

（三）行业风险总体可控，个案风险不可小觑

2016 年第一季度末信托公司全行业风险项目个数为 527 个，规模为 1 110. 19 亿元，较 2015 年第四季度末的 973 亿元增加 137. 19 亿元，环比增长 14%。虽然风险项目的个数、规模都有一定程度的增加，但对应信托资产规模为 165 809. 95 亿元，不良率仅为 0. 66%。在 1 110. 19 亿元的风险项目中，集合类信托占比为 53%，单一类信托占比为 45%，财产权类信托占比为 2%。

总体而言，在信托保证基金业已实施和行业风险缓释机制逐步健全的背景之下，信托业上

述风险处在可控范围之内。然而，风险项目规模环比两位数的增幅，也必须引起业界高度的关注和警觉，特别是风险项目中集合类信托占比为53%，说明传统的以债权运用为主、“点对点”项目融资型的融资类信托业务已经成为风险项目的重灾区。此外，风险项目中单一类信托占比达到45%，也再次昭示了所谓“通道业务”并非可以高枕无忧，百分之百安全，而很可能是“名利”双失的赔本生意。

二、新挑战：核心经营指标有所回落

（一）主要经营指标

2016年第一季度，信托业经营业绩（经营收入、利润总额和人均利润）相比2015年第一季度均有所回落。

1. 经营收入指标

2016年第一季度，信托业实现经营收入214.99亿元，相比2015年第一季度的229.96亿元同比下降6.51%；较2015年第一季度28.72%的同比增长率，可比口径下降了35.23个百分点。

收入结构更趋合理，信托主业进一步突出。其中，2016年第一季度信托业务收入同比增速明显，其总额为156.39亿元，相较于2015年第一季度同比增长22.21%，占经营收入的比例为72.74%，信托业收入占经营收入比例增长了17.10%，信托业务收入占据了全行业经营收入将近75%的份额，主导地位进一步确立。

就环比而言，2016年第一季度相对于2015年第四季度，其经营收入、利息收入、信托业务收入及投资收益均呈现下降趋势，其下降比例分别为39.25%、11.85%、29.76%、60.40%。

2. 利润总额指标

2016年第一季度，信托业实现利润总额为139.84亿元，相比2015年第一季度的169.31亿元，同比下降17.41%；较2015年第一季度33.73%的同比增长率，可比口径下降了51.14个百分点。

3. 人均利润指标

2016年第一季度，信托业实现人均利润59.16万元，相比2015年第一季度的77.25万元有所下降。

在信托资产规模增速放缓的背景下，2016年第一季度信托业的经营业绩出现了下滑趋势，除了宏观经济周期尚未走出下降通道因素之外，同时也说明了信托业正经历着由粗放型增长向内涵式增长的转型调整阵痛期。

（二）信托资产盈利能力

信托项目收益率和信托报酬率通常表明信托公司对信托资产的主动管理能力的高低，同时也是衡量信托资产对委托人的回报率高低和信托主业对信托公司收入贡献度的一个重要指标。

就已清算信托项目而言，2016 年第一季度年化综合收益率为 8. 18%。没有延续 2015 年持续逆势拉升的趋势，整体水平稳中有降。2015 年年化综合收益率第一季度为 8. 11%、第二季度为 10. 19%、第三季度为 7. 30%、第四季度为 13. 96%，2015 年全年平均达 9. 89%。2016 年第一季度的年化综合收益率水平，相比较 2015 年全年看，表现平稳，更加趋于市场常态，符合资管市场定价的主流趋势。

相对已清算信托项目，信托业实现的平均综合信托报酬率在近两年基本处在低位盘整阶段，维持在 0. 5% ~0. 6%。2014 年第一季度为 0. 54%，第二季度为 0. 62%，第三季度为 0. 55%，第四季度为 0. 51%；2015 年第一季度为 0. 40%，第二季度为 0. 50%，第三季度为 0. 62%，第四季度为 0. 53%。而 2016 年第一季度清算信托项目 1 600 个，平均年化综合信托报酬率为 0. 50%，略低于 2015 年第四季度的 0. 53%，没有实现大的突破。

之所以说 2016 年第一季度信托项目年化综合收益率更加符合当前理财产品市场的主流趋势，是因为利率的市场化对信托产品收益率形成“熨平”效应，可以有效改变信托产品预期收益长期居高不下的困境。

长期以来，信托产品收益率一直在理财市场上一枝独秀，远远高于银行、保险公司、证券公司等金融机构的理财产品收益水平，“低风险、高收益”有悖规律的产品定位一直成为信托业难以化解的“痛”。而近期以来，在中央银行“双降”的大背景下，受融资方、市场量化宽松、利率持续走低预期以及债券发行条件放宽等因素的影响，社会融资成本普遍下降，加之一些优质项目也必然选择更低成本的融资渠道。这两方面的因素无疑为信托产品趁势大幅调低产品预期收益率、随行就市、回归供需规律常态，进而“熨平”资金成本、释放投资压力、化解兑付风险提供了难得的历史机遇。而 2016 年第一季度信托项目年化综合收益率的实际走势也充分印证了这一必然趋势。

三、新发展：信托本源业务日渐凸显

（一）以信托投资功能分析

从信托功能看，融资类、投资类、事务管理类信托在 2014 年末形成“三分天下”的局面，三者各占三分之一。2015 年后，这种局面很快被打破，融资类信托一路下降，2015 年末，融资类信托资产规模为 39 648. 07 亿元，融资类信托规模占比下降为 24. 32%；事务管理类信托稳步上升，2015 年末，事务管理类信托资产规模为 63 071. 11 亿元，事务管理类信托规模占比上升为 38. 69%；投资类信托自 2013 年以来始终保持了上升趋势，2015 年末的投资类信托达到 60 317. 02 亿元，投资类信托规模占比为37.00%。2016年第一季度，信托资产基本延续了这一趋势：2016年第一季度融资类信托为41 209.35亿元，占比为24.85%，较2015年末占比微升0.53个百分点；投资类信托为55 102.15亿元，占比为33.23%，较2015年末占比下降3.77个百分点；事务管理类信托为69 498.45亿元，占比为41.91%，较2015年末占比提升3.22个百分点。

（二）信托资金来源结构

信托业的集合资金信托占比自2013年第四季度开始稳步上升，直到2014年第四季度开始保持在一个稳定水平30%左右。具体占比分别是：2013年第四季度为24.90%；2014年第四季度为30.70%；2015年第一季度为33.26%，第二季度为35.37%，第三季度为33.84%，第四季度为32.78%；2016年第一季度为33.01%。集合资金信托占比基本保持稳定。

信托业的单一类资金信托一直占有很大的比例，但是由于单一大客户驱动的单一资金信托占比的下滑，单一类资金信托占比呈现下降趋势。2014年第一季度占比为69.48%，第二季度占比为67.99%，第三季度占比为65.01%，第四季度占比为62.58%；2015年第一季度占比为60.11%，第二季度占比为58.01%，第三季度占比为58.18%，第四季度占比为57.36%。2016年第一季度占比为56.56%。自2014年第一季度至2016年第一季度，单一资金信托占比下降12.92个百分点。

相较于集合资金信托的稳定，单一类资金信托的下滑，事务管理类信托得益于国内高净值财富人群的增多、家族信托的兴起等原因，占比反而是在稳步上升。具体占比：2011年为3.55%，2012年为6.50%，2013年为5.49%，2014年为6.72%，2015年为9.87%。2016年第一季度集合资金信托占比更是突破10%，达到10.43%。

（三）信托资产投向

2016年第一季度信托财产的投向依旧是在工商企业、金融机构、证券投资、基础产业和房地产。与2015年第四季度相比，五大领域占比发生改变。2016年第一季度信托资产投向依次为：工商企业占比为23.74%，金融机构占比为18.49%，证券投资占比为18.13%，基础产业占比为18.02%，房地产占比为8.71%，其他占比为12.91%。相较于2015年第四季度，工商企业占比上升1.23个百分点，证券投资下降2.22个百分点，其余三项变化幅度不超过1个百分点。这说明信托资金的投向基本保持稳定。

1. 工商企业

2016年第一季度末，工商企业继续保持其资金信托的第一大配置领域的地位，规模为3.52万亿元，占比为23.74%。相较于2015年第四季度工商企业占比为22.51%，上升1.23个百分点，相较于2015年第一季度23.49%的占比，上升了0.25个百分点。2015年第一季度工商企业信托规模为3.16万亿元，第二季度上升为3.18万亿元，第三季度为3.25万亿元，第四季度进一步上升为3.31万亿元，2016年第一季度规模持续上升。这进一步证明，在供给侧结构性改革和经济新常态背景下，信托公司为实体经济所发挥了积极的作用。

2. 金融机构

2016年第一季度末，金融机构为资金信托的第二大配置领域。2016年第一季度末，资金信托对金融机构的运用规模为2.75万亿元，占比为18.49%。自2015年第二季度以来，金融机构占比就呈上升趋势。2015年第二季度金融机构占比为15.30%，第三季度占比为16.49%，第四季度占比为17.93%。自2015年第二季度至2016年第一季度，金融机构占比已上升3.19个百分点。

3. 证券投资

2016年第一季度末，证券投资为资金信托的第三大配置领域。2016年第一季度证券投资信托规模为2.69万亿元，较2015年第一季度末占比增长1.57个百分点。其中，证券投资（股票）信托规模约为4 142亿元，其在信托资金投向的占比为2.79%，较2015年第一季度末5.77%的占比，下降2.98个百分点；证券投资（基金）信托规模为2 775亿元，其在信托资金投向的占比为1.87%，较2015年第一季度1.39%的占比，提升0.48个百分点；证券投资（债券）信托规模约为2万亿元，其在信托资金投向的占比为13.47%，较2015年第一季度末9.40%的占比，提升4.07个百分点。

4. 基础产业

2016年第一季度，基础产业仍是资金信托的第四大配置领域，规模为2.68万亿元，占比为18.02%。自2015年以来，基础产业占比呈持续下降趋势，第一季度为20.75%，第二季度为18.48%，第三季度为18.79%，第四季度更是跌落至17.89%。2016年第一季度基础产业终于遏制了这一下降的趋势，有微弱回落，上升至18.02%，但上升还不明显。

5. 房地产

2016年第一季度末，房地产依然是资金信托的第五大配置领域。2016年第一季度末，资金信托投向房地产领域的规模为1.29万亿元，占比为8.71%，占比较2015年第一季度的9.93%下降1.22个百分点，较2015年末的8.76%下降0.05个百分点。房地产信托占比从2015年第季度跌落10%内之后就一直持续下降，到2016年也未能改变这一局势。这是由于房地产市场调整所带来的必然结果。

四、新机遇：焦点探析与趋势判断

（一）行业调整将逐步平稳

2016年是中国宏观经济“十三五”时期的开局之年。国家统计局的数据显示，第一季度国内生产总值为 158 526 亿元，按可比价格计算，同比增长 6.7%。在世界经济差强人意的大背景下，6.7% 的同比增速合乎情理。伴随着我国“十三五”规划中的重大项目将在第二季度逐步启动，效能将逐渐得以发挥，第二季度中国经济整体运行平稳概率较大，整个经济基础有望逐步企稳。信托资金的重要投向是实体经济，占比达到 80% 左右，实体经济的好坏在很大程度上左右了信托行业的景气程度。宏观经济逐步企稳传导到经济实体，进而影响其投融资决策，再进一步反映到信托行业资产增速规模上。因此，预计 2016 年后三个季度信托行业的资产规模调整将会逐渐步入平稳时期。

（二）风险防控成为主题

“供给侧结构性改革”引领当前经济发展，经济增速回落是经济进入新常态的重要特征，虽然经济风险总体可控，中国经济的风险因素在逐步排除，但对以高杠杆和泡沫化为主要特征的各类风险仍要引起高度警惕，2016 年第一季度信托风险项目数量和规模不同程度的增长为信托行业敲响了警钟，风险防控将成为永恒主题。在风险防控中，除了要继续发挥信托行业的传统优势以外，更要注重全面风险管理体系建设，做好限额管理，在大类配置中控制投资总量，同时要有一定的逆周期思维，比如，在资本市场上涨期间，采用更加严格的优先/次级比例，坚持优中选优等。

（三）传统实业信托业务发展迎来新的机遇

首先，基建类信托稳步发展。供给侧结构性改革作为一项系统工程，深刻地影响着信托行业未来的发展脉络。一直以来，基建类投融资业务是信托公司的业务重点领域之一。《国家新型城镇化规划（2014—2020 年）》报告称，未来五年内城镇化率将提高 5%，实现 1 亿人左右的农业转移人口和其他常住人口在城镇落户，由此将衍生大量的基建投资业务机会。2016 年，信托或将有广阔的参与空间。

其次，在去库存和分化发展格局的背景下，房地产信托业务将会进一步发展。中央经济工作会议部署“去库存”的重要任务时，提出了加快农民工市民化、建立购租并举的住房制度、鼓励房地产开发企业降价和并购重组、取消过时的限制性措施等重要举措。目前，中国农民工市民化潜力巨大，可以预计由于房地产与金融高度融合的特性，以及良好的收益水平，2016 年房地产信托仍将是信托公司业务之一。

（四）不断创新探索信托本源业务，实现热点轮动

2016 年第一季度，信托业创新转型不断发力，热点频出。随着我国金融改革创新不断推进，投资环境逐渐完善，投资者理财需求逐渐趋向多元化。2016 年，信托业将不断增加有效供给，

互联网信托、家族信托、消费信托、慈善信托、海外信托等新兴业务将会取得重大突破。

第一，发挥互联网信托优势。互联网化未来依旧是信托公司的发展方向。但这种互联网化绝对不仅限于为互联网理财机构提供资产来实现信托产品的在线销售，更重要的是要将信托公司的金融优势以及信托工具的法律制度优势在互联网平台上得以运用。

第二，发展家族信托。2016 年第一季度多家信托公司试水家族信托。伴随我国高净值人群将进一步扩大，家族信托必将迎来巨大发展契机。目前，我国家族信托还处于初步发展阶段。未来，可以借助专业化家族信托设计团队，全力推进家族信托业务稳步开展，为中国富裕家庭提供个性化、专业化、系统化的财富管理解决方案，全面解决富裕家族面临的家族财富管理困惑，构建家族信托生态系统。

第三，布局消费信托。2016 年第一季度在行业领先机构的示范效应下，已有多家信托公司跟进探索消费信托。普惠金融的迅速发展、互联网金融的崛起、信托业亟待转型升级、居民对产品品质需求的提升等现状，使消费信托的发展充满了机遇，未来前景可观。

第四，推广慈善信托。伴随着 2016 年《慈善法》正式出台，公益信托已经成为信托业 2016 年第一季度最炙手可热的焦点领域。据统计，国内仅基金会与慈善机构的资产存量就已超过 2 000亿元，由于信托公司在资金的管理、保值增值、信息透明度、运营成本等方面具有优势，而其他慈善组织则在公益项目和受助群体的开发、管理等方面有丰富经验。因此，在《慈善法》《信托法》的框架之下，未来可以积极探索"慈善组织 + 信托公司"的慈善信托模式。

第五，积极开展海外信托。2016 年第一季度已有多家信托公司尝试离岸信托和跨境资产配置业务。信托业还可以依靠"一带一路"政策导向，主动探索以本外币一体化融资解决方案为核心的国际投行业务。一方面，"一带一路"有着很大的基建投资需求；另一方面，"一带一路"有着很大的贸易融资需求。信托业可以通过开展多元化业务、加强多方合作关系、适应市场需求等，不断为信托业发展注入新活力，加快"走出去"的步伐。

2016 年第二季度中国信托业发展评析

西南财经大学信托与理财研究所

2016 年第二季度，中国 GDP 同比增长 6.7%，好于市场预期。稳定增长的消费和降幅下降的外贸是保持国民经济平稳发展的主要原因。与此同时，地产投资和民间投资环比增速均有所回落，导致上半年固定资产投资同比增幅低于市场预期。但中国经济运行依然保持在合理区间，结构性改革稳步推进。一方面，PPP 项目加速落地有助于提高民间投资增速；另一方面，实际利率趋于下降，将有助于提升实体经济回报率。新常态孕育新机会，在宏观经济保持平稳运行的背景下，信托行业一方面保持稳步发展，另一方面也在探索新的业务模式和新的利润增长点。中国信托业协会发布的“2016 年第二季度末信托公司主要业务数据”多项指标表明，在宏观经济经历结构性改革、资产管理行业竞争加剧、违约风险上升等多层因素叠加下，信托业发展依然保持稳中有进态势，结合形势变化，积极发掘新的利润增长点，提升主动管理能力，强化风险管控水平，改善信托资产管理方式，进一步回归信托本源。

一、稳步发展，积极应对各种风险

（一）信托资产

2016 年第二季度末，信托全行业管理的信托资产规模为 17.29 万亿元（平均每家信托公司 2 541.94亿元），较 2016 年第一季度的 16.58 万亿元，季度环比增长 4.28%，略有上升；较 2015 年第二季度的 15.87 万亿元，年度同比增长 8.95%。这是自 2010 年以来信托资产同比增速首次跌破两位数增长，步入“个位数”增长时代。

受宏观经济下行和资产管理同业竞争的影响，信托资产增速在 2016 年第二季度达到历史低点。在面临违约风险加剧以及转型升级压力上升等困难背景下，信托资产规模能够实现稳步上升实属不易。实际上，从 2013 年第二季度开始，信托资产同比增速总体呈下滑趋势，告别了行业发展之初的超高速增长，信托行业在增速回归中不断探寻新的出路。

从信托资金的来源看，单一类资金信托占比逐年下降，但仍占据半壁江山。自 2015 年以来，集合类、单一类、管理财产类占比一直保持相对稳定的状态。截至2016年第二季度，集合类信托占比为32.59%，单一类占比为56.06%，管理财产类占比为11.35%。随着信托配套制度的不断完善以及相关平台的建立，同时伴随高净值人群催生的家族信托的兴起和发展，管理财产类信托有望走出目前低位运行的“困境”。

（二）固有资产与权益

2016年第二季度末，固有资产规模达到4 879.78亿元（平均每家信托公司71.76亿元），比2015年同期增长17.25%，增幅较2016年第一季度回落约8个百分点；比2016年第一季度环比增长5.87%，稳中有升。

从固有资产的结构来看，投资类资产一直是固有资产的主要形式，货币类资产和贷款类占比较小。2016年第二季度末，投资类资产规模达3 576.78亿元，占固有资产的比例为73.30%；货币类资产规模为565.08亿元，占比为11.58%；贷款类资产规模为367.93亿元，占比仅为7.54%。

从所有者权益来看，2016年第二季度末信托全行业规模为3 987.66亿元（平均每家信托公司为58.64亿元），比2015年同期增长12.41%，较上季度末环比增长3.30%。

从所有者权益的构成来看，2016年第二季度末实收资本占所有者权益的比例为45.67%，较第一季度增加约1.39个百分点；信托赔偿准备占比为4.05%，未分配利润占比为30.40%，均与第一季度的水平基本持平。

进入2016年第二季度，信托公司再迎“增资潮”，包括华信信托、中江信托在内的多家信托公司均有不同幅度的增资。不同于以往单纯契合行业政策对资本的监管要求，如今的增资潮更大程度上是为了增强自身的风险控制能力，提前布局防御未来的风险；与此同时，增资方式也较以往有所变化，引入战略投资者、利润转增、公积金转增等方式越来越受信托公司青睐。在大环境背景下，预计未来信托公司增资仍会继续。

（三）风险项目个数及规模

2016年第二季度末，信托行业风险项目有605个，比上季度末增加78个，规模达到1 381.23亿元，比上年同期的1 034亿元增长33.58%，较上季度末的1 110.19亿元环比增长24.41%。对比全行业管理的信托资产规模17.29万亿元，不良贷款率达到0.80%，与商业银行自年初便持续攀升的不良贷款率水平（2016年第二季度为1.75%）相比，信托行业的不良贷款率较低。

行业数据显示，2016年6月信托项目到期规模为5 363亿元，2016年9月信托项目到期规模为3 246亿元，第三季度信托行业整体面临的兑付压力会有所减缓。

进一步来看，信托公司加强了风险项目处置的规范性和市场化，公司内部的信托赔偿准备和资本实力也日益增厚，行业整体的保障基金机制已开始有效运行，信托行业的总体风险可控。

二、持续转型，进一步回归信托本源

（一）经营业绩

整体来看，2016 年第二季度信托行业经营业绩喜忧参半。从同比指标来看，2016 年第二季度仍然延续第一季度的态势，收入、利润“双降”。从环比指标来看，第二季度信托行业经营收入环比增长 30.90%，利润总额环比增长 42.61%。

2016 年第二季度，信托全行业实现经营收入 281.43 亿元，较 2015 年第二季度的 314.10 亿元，同比下降 10.40%，相比 2016 年第一季度 6.51% 的下降幅度增长了 4 个百分点左右。2016 年第二季度信托全行业实现利润总额 199.43 亿元，较 2015 年同期水平下降 10.39%，降幅比 2016 年第一季度 17.41% 的降幅水平回落 7 个百分点左右。

与 2015 年同期相比，投资收益不仅未能成为信托行业收入、利润的倍增器，反而对其业绩有所拖累。2016 年第二季度，信托全行业实现投资收益 61.88 亿元，同比降幅高达 50.20%，除了 2016 年信托行业自有资产投资收益表现欠佳的原因以外，投资收益的断崖式下跌也与 2015 年的高基点有关。值得欣慰的是，信托业务收入延续第一季度表现实现小幅增长，2016 年第二季度全行业实现信托业务收入 182.53 亿元，同比增长 8.30%，与第一季度相比环比增长 16.71%，进一步凸显了信托公司回归主营业务、转型发展的重要意义。

（二）受托管理成效

2016 年第二季度清算信托项目 1 558 个，年化综合实际收益率为 6.35%，较第一季度末回落约 1.8 个百分点。一方面，进入 2016 年以来“资产荒”问题未有根本改善，实体经济投资回报水平不断下降。另一方面，下行环境中市场风险偏好持续降低，防范投资风险日益成为投资者首要选择。因此，信托年化综合收益率的下降是整个金融投资大环境使然，在一定程度上也凸显了信托公司在投资管理上安全稳健、严控风险的谨慎态度。

从信托公司的平均年化综合报酬率来看，第二季度为 0.50%，与第一季度末的水平持平。信托公司在信托业务中需要进一步提升主动管理能力。

三、优化功能，布局未来利润增长点

（一）信托资产按照功能的分类

自 2015 年信托行业三分天下的格局形成以来，信托资产功能结构持续优化。融资类占比不断下降，事务管理类占比不断上升。截至2016年第二季度，融资类信托规模达4.09万亿元，占比为23.68%；投资类信托规模达5.73万亿元，占比为33.13%；事务管理类信托规模达7.47万亿元，占比为43.20%。

近年来，尽管投资类占比一直处于"温和"上升通道，但融资类信托业务的下降和事务管理类的快速增长充分表明信托业务功能已经显现并逐渐深化。从长远来看，投资类和事务管理类信托应当是驱动行业可持续发展的"双轮"，伴随着金融市场改革的不断推进和信托行业转型升级的持续探索，未来投资类信托这一侧轮的占比估计将会进一步上升。

（二）信托投向

从信托资产的投向来看，工商企业仍然稳居信托投向的榜首，金融机构紧随其后，然后依次是证券投资、基础产业、房地产。2016年第二季度五大投向占比情况如下：工商企业占比为23.64%，金融机构占比为19.56%，证券投资占比为17.63%，基础产业占比为17.31%，房地产行业占比为8.52%，与2016年第一季度相比，信托资产投向五大领域的相对位置未发生变化。

1. 工商企业

工商企业一直处于信托资产投向的第一大领域，2016年第二季度其规模达3.62万亿元，比2015年同期的3.18万亿元增长13.84%，较2016年第一季度的3.53万亿元环比增长2.55%；其占比达23.64%，与第一季度基本持平。

2. 金融机构

自2015年第二季度以来，信托资产投向金融机构的占比不断上升，并在2016年第一季度成为信托资产配置的第二大领域。2016年第二季度，信托资产投向该领域的占比为19.56%，成为五大投向中唯一一个占比上升的领域，充分表明大资管时代下金融同业合作不断加强，跨平台交流不断深化。

3. 证券市场

证券市场的占比自2014年以来一度攀升，并在2015年第二季度超越基础产业成为信托资产的第二大配置领域。然而，自2016年第一季度以来，证券市场占比不断下降，成为信托资产配置的第三大领域。截至2016年第二季度末，信托资金投向证券市场的规模为2.70万亿元，占比为17.63%。随着避险情绪的上升，相比股票和基金，债券类投向更受青睐。

4. 基础产业

自2013年第二季度，信托资产投向基础产业的占比逐渐下降，在2015年第二季度被证券市场一度赶超并降为第三大领域。受宏观经济走势、基础设施投资增速下滑等因素的影响，2016年第二季度基础产业占比为17.31%，成为信托资产配置的第四大领域。

5. 房地产

自2015年以来，信托资产投向房地产行业占比逐渐下降，2016年第二季度为8.52%，较2015年同期水平下降约0.41个百分点。这与近年房地产市场降温以及“去库存”的相关政策有关。

四、寻找风口，创新谋变成为行业发展主基调

2016年第二季度，中国宏观经济运行保持在合理区间，结构性改革稳步推进；与此同时，随着资产管理行业同业竞争加剧，信托业告别了行业发展之初的超高速增长，逐渐步入稳中有进的发展轨道。信托行业在增速回归中努力探寻新的出路，结合形势变化，不断强化风险管控水平，提升主动管理能力，改善资产管理方式，进一步回归信托本源。各家信托公司积极探索新的项目和业务模式，在跨界整合方面屡有突破，为行业转型和发展不断注入新动力，创新谋变已然成为新阶段信托业发展的主基调。

作为盘活存量非标产品的有效渠道，资产证券化拓宽了可证券化产品的基础资产范围。2016年第二季度，信托业首只类REITs产品发行，中航信托作为原始权益人开创行业先河；由平安信托作为发行载体，远东国际租赁有限公司第二季度成功在交易商协会注册信托型资产支持票据（ABN），拔得国内市场信托型企业资产证券化产品的头筹。此外，兴业信托与中国银行合作发行了试点重启后全国首单不良资产支持证券——中誉2016年第一期不良资产支持证券，该产品提供内部增信并设置和引入流动性储备账户，为不良资产处置和信托业务创新提供新借鉴。

近年来，随着投资者理财意识的增强，客户需求更多的向财富传承、分散资金风险转变，全球资产配置正成为新趋势。伴随信托业的转型，海外业务日益受到信托公司重视，已然成为信托业务转型和发展的又一“风口”，在第二季度的信托创新领域也多有体现。一方面，信托公司积极推进QDII、QDIE、QDLP、人民币国际投贷等，不断获取国际化业务牌照；另一方面，为更好地布局海外业务，中诚信托、中信信托、中融信托等纷纷组建境外子公司，加速建设国际化业务平台。

当前，国内高速发展的影视文化市场吸引各路资本，由于消费体量巨大，市场发展前景广阔，文化娱乐作为新兴景气行业，正成为信托资金日益关注的新领域。长安信托携手成都太平洋影城，以“长安信托影厅”冠名方式，加速引入多个城市院线并向全国扩展延伸；方正东亚信托开启影视跨界之旅，签约华诚影视并进军影视信托领域，双方合作设立“方正东亚—华诚影视基金”。

展望未来，信托行业发展的两大关键要素依然在于风险管控水平和资产管理能力。2016年

第二季度，信托公司通过引入战略投资者、利润转增、公积金转增等方式持续增资，这不仅有助于全行业增强风险抵御能力，也为未来的业务转型奠定了坚实资本基础。随着金融市场改革的不断推进、金融监管政策的日益完善以及信托行业转型升级的持续探索，信托公司将不断提升主动管理能力，强化风险管控水平，积极改善信托资产管理方式，进一步回归信托本源，推动信托行业进入一个新的更高发展阶段。

2016年第三季度中国信托业发展评析

复旦大学信托研究中心　殷醒民

2016年第三季度，我国国内生产总值同比增长6.7%，经济稳定态势持续，发展提质增效，积极因素正在累积，经济保持平稳增长。中国信托业协会发布“2016年第三季度信托公司业务数据”的各项指标表明：我国信托业发展势头始终与宏观经济运行有着紧密关系，信托业不失时机地抓住宏观经济运行的积极变化，不断开拓业务空间，第三季度行业资产规模保持增长态势，跨入“18万亿元时代”。利润总额实现两位数增长，信托公司的业务拓展能力以及与业务协同发展能力不断增强，信托业的资金实力处于提升时期，为今后信托业务转型夯实了实力基础。

一、信托资产增速回升

（一）信托资产

2016年第三季度末，全国68家信托公司管理的信托资产规模为18.17万亿元，同比增长16.33%，环比增长5.09%。与2016年第二季度同比增长8.95%相比，第三季度信托资产规模增速再次实现两位数增长。

在宏观经济明显企稳和市场预期略有好转的积极影响下，2016年第三季度的信托业已越过了第二季度“个位数”增长低点，信托业自此跨入了“18万亿元时代”。一方面，实际反映了中国经济增长韧性强、回旋余地大的基本经济面；另一方面，则是信托公司紧紧抓住经济稳定增长并出现实体经济部门资金需求的市场机遇。

从季度环比增速看，2016年三个季度环比增速分别是1.72%、4.28%和5.09%，是行业进入增长态势的实际信号。自2015年第二季度以来，信托资产同比增速是逐季下降的，2016年第三季度则呈现增长态势。第四季度信托资产增速将有赖于中国经济增长过程中积极有为因素的增多。

（二）固有资产与权益

2016年第三季度末，固有资产规模达到5 040.49亿元，较2015年第三季度末的4 177.94

亿元同比增长20.65%，环比第二季度增长3.29%。进入2016年后，信托公司增资扩股潮壮大了信托业的固有资产规模，已先后有国元信托、上海信托等9家信托公司增资，增资总额高达210.09亿元，平均每家信托公司增资23.34亿元。无论是引入战略投资者，还是向股东分配的利润转增资本金，均使信托公司的固有资金增多，资本实力得以提升。

就资产类别来说，投资类资产一直是固有资本的主要形式，2016年第三季度投资类资产为3 763.06亿元，占比为74.66%，稍高于第二季度73.30%的占比，与第一季度74.50%的占比相近。2016年第三季度投资类资产较2015年第三季度增长28.18%，环比第二季度增长5.21%。2016年第三季度末，货币类资产为486.85亿元，较2015年第三季度末的545.45亿元下降10.74%，环比第二季度末的565.08亿元下降13.84%。自2015年第三季度以来，货币资产占固有资产比率一直呈下降态势，从2015年第三季度的13.06%下跌至2016年第二季度的11.58%，再下降到第三季度的9.66%。此外，贷款类资产占固有资产比率也是下降的，从2015年第三季度的9.14%下降到2016年第二季度的7.54%，再下降到第三季度的6.36%。

2016年第三季度末的所有者权益为4 130.43亿元，同比增速为15.89%，环比增速为3.58%。虽然环比增速只有3.58%，从所有者权益数来看，2016年第三季度比2015年第三季度增加566.32亿元。自2015年第三季度以来，信托公司实收资本一直保持上升势头，2016年第三季度末为1 929.39亿元，同比增长18.76%，环比增长5.94%。2016年第二季度和第三季度信托业实收资本占所有者权益比例显著上升，分别为45.67%和46.71%，均要高于2016年第一季度的44.28%和2015年第三季度的45.58%。

（三）风险项目及个数

2016年第三季度末，信托业的风险项目个数为606个，规模为1 418.96亿元，比第二季度末的1 381.23亿元增加37.73亿元。在1 418.96亿元的风险项目中，集合类信托为761.51亿元，占比为53.67%；单一信托为636.63亿元，占比为44.87%。2016年第三季度末，信托资产规模已达到18.17万亿元，不良率为0.78%，比第二季度末的0.80%有所下降。信托保障基金设立与运作是防止信托风险扩散的一项制度性安排，也是一道“防火墙”。信托业的整体风险可控。

二、信托业务业绩提升

进入2016年第三季度后，随着稳增长的各项政策措施日渐发力，中国经济呈现消费稳定增长，投资缓中趋稳，进出口降幅收窄，企业效益改善，经济向上迹象好于预期。一个稳定增长的经济是信托业业绩改善的良好外部环境。

（一）经营业绩

2016 年第三季度，信托业实现经营收入 234.38 亿元，比 2015 年第三季度的 278.08 亿元下降 15.71%，减少 43.7 亿元，主要原因是 2016 年第三季度的投资收益仅为 56.39 亿元，比 2015 年同期投资收益的 91.98 亿元减少 35.59 亿元，同比下降 38.69%。投资收益占比已从 2015 年第三季度的 33.08% 下降到 24.06%。2016 年第三季度信托业务收入为 175.43 亿元，占经营收入的 74.85%，比 2015 年第三季度的 170.17 亿元增长 3.09%。

2016 年第三季度的利息收入为 13.65 亿元，比 2015 年第三季度的 12.3 亿元增长 10.98%。2016 年第三季度利息收入占行业经营收入的 5.82%，比第二季度末的 5.96% 有所下降。

2016 年第三季度，信托业利润为 179.37 亿元，比 2015 年第三季度利润 156.85 亿元上升 14.36%。与 2016 年第二季度的利润同比增长率 -10.39% 相比，第三季度利润同比增长率成功实现逆转。2016 年第三季度末，信托业实现人均利润 220.03 万元，较 2015 年第三季度末的 241.89 万元下降 9.04%。面对积极因素正在不断出现和增加的中国经济，信托业仍应进一步提高行业业绩，提高利润增长率和人均利润数。

（二）受托管理成效

就已清算信托项目为受益人实现的年化综合实际收益率来说，2016 年第三季度为 7.59%，与 2015 年第三季度的 7.30% 相比提高了 0.29 个百分点，与 2016 年第二季度的 6.35% 相比则提高了 1.24 个百分点。这既是中国经济向好带来总需求上升的资金需求增加的反映，更是信托业在资产管理市场上把握资金流向变化的竞争力的体现。平均年化综合信托报酬率也出现了新的变化，2016 年第三季度为 0.58%，尽管低于 2015 年第三季度的 0.62%，比 2016 年第二季度的 0.50% 略有提高。

三、持续推动转型发展

（一）事务管理类信托占比上升

2013 年第三季度以来，融资类信托经历了一次快速下降的过程，这正是信托公司推动行业转型发展的成果。信托业务曾经是融资类、投资类和事务管理类“三分天下”的格局，但到 2015 年第四季度末，投资类和事务管理类信托占比则分别达到 37% 和 38.69%，成为信托业务发展的两个风火轮。

2016 年第三季度末，融资类信托规模为 4.02 万亿元，占比为 22.11%；投资类信托规模为

5.85万亿元，占比为32.19%；事务管理类信托规模为8.30万亿元，占比为45.71%。但是，应该看到2016年前三个季度投资类信托占比分别是33.23%、33.13%和32.19%，占比相对稳定。今后，投资类信托宜进一步上升，以适应信托公司提升资产管理能力和转型发展的需求。

（二）优化信托资产来源

2016年第三季度，集合资金信托规模为6.33万亿元，占比为34.84%；单一资金信托规模为9.69万亿元，占比为53.33%。以机构客户为主导的单一资金信托规模一直居于主要地位，近一年来呈下降趋势，2016年第三季度比2015年第三季度的58.18%占比下降了近5个百分点。与此同时，集合资金信托占比要比第二季度的32.59%上升了2.25个百分点，体现了信托业持续推动行业转型的努力。

管理财产信托占比也呈现稳步上升态势，2016年第三季度管理的财产信托规模为2.15万亿元，占比为11.83%，比第一季度的10.43%和第二季度的11.35%均有所增加。可以预期，伴随着经济增长带来的基础资产增多和证券化等业务的不断深化，财产信托占比将逐步温和上升。

（三）信托资金流向切换

信托资金配置基本上与国民经济结构调整的阶段性特点具有高度相关性。2016年第三季度数据显示，16.01万亿元的资金信托根据占比来排序是投向五大领域：工商企业（23.79%）、金融机构（19.10%）、证券市场（17.72%）、基础产业（16.60%）、房地产（8.45%）。

信托业根据市场的资金需求常常在这五大领域之间进行重点切换。要看到，如果是一个百分点的变动，就是1 600亿元信托资金流向的变化；如果在不同领域间有3个百分点移动，就是近5 000亿元资金流向的重点切换。信托资金在不同领域之间的切换，是信托公司市场化运作的结果。

1. 工商企业

工商企业一直以来是资金信托配置的第一大领域，2016年第三季度为3.81万亿元，占23.79%，比2015年第三季度的22.61%多1.18个百分点；比2015年第三季度的3.25万亿元增长17.23%，比第二季度的3.62万亿元环比增长5.25%。工商企业涵盖了国民经济各个部门，信托公司根据经济结构变动找到有更高增长前景的部门来配置资金，既加快了我国经济结构的升级，同时也提高了信托资金的回报率。

2. 金融机构

2016年第三季度，资金信托对金融机构的投资规模为3.06万亿元，占比为19.10%，比2015年第三季度的2.37万亿元增长29.11%，比2016年第二季度的3万亿元环比增长2%。总体上看，金融机构在信托公司资金配置中，一直受到青睐。

3. 证券投资

2016 年第三季度，证券投资信托规模为 2. 84 万亿元，占比为 17. 72%，比 2015 年第三季度的 2. 67 万亿元增长 6. 37%，比 2016 年第二季度的 2. 7 万亿元环比增长 5. 19%。证券投资占投资信托规模占比在 2016 年前三个季度是比较稳定的，几乎是一条水平线。自 2015 年第二季度的股价异常波动以来，信托业保持了对证券市场的较高谨慎性。

在证券投资中，2016 年第三季度的债券投资规模为 2. 03 万亿元，占比为 12. 70%，比股票的 0. 48 万亿元（占比为 2. 98%）和基金 0. 33 万亿元（占比为 2. 04%）要多得多，使得债券已成为证券投资信托流向的最大部门。

4. 基础产业

基础产业是资金信托配置的第四大领域。2016 年第三季度末资金信托规模为 2. 66 万亿元，占比为 16. 60%，比 2015 年第三季度末的 2. 70 万亿元下降 1. 48%，比第二季度末的 2. 65 万亿元环比增长 0. 38%。基础产业曾经是信托资金配置的第二大领域，2015 年第三季度的占比为 18. 79%，2016 年第三季度占比已经比 2015 年第三季度下降了近 2 个百分点。2016 年上半年的投资增长率处在下降状态，启动新的基础设施投资项目还在酝酿阶段，基础产业的投资动力不足。随着稳增长所需的基础设施项目数量的不断增加，流向基础产业的资金信托数量上升，可能逐渐改变基础产业占比下降的现象。

5. 房地产

抑制和防止包括房地产在内的资产泡沫风险是中央政府宏观调控的重要内容，信托公司在开发房地产市场机会的同时也保持了高度警戒的态度。2016 年第三季度末的资金信托规模为 1. 35 万亿元，占比为 8. 45%，比 2015 年第三季度末的 8. 96% 减少了 0. 51 个百分点。从资金数量上看，比 2015 年第三季度的 1. 29 万亿元增长 4. 65%，比 2016 年第二季度的 1. 31 万亿元增长 3. 05%。

信托公司开展房地产领域相关信托业务，一方面，需进一步提升合规管理能力，防范被相关合作机构从事违规放贷行为用作筹资渠道或放款通道；要加强信托资金流向与用途监控，防范资金被挪用于不合规用途。另一方面，信托公司在风险可控的前提下，可积极配合房地产“去库存、补短板”政策，支持保障性住房建设和棚户区改造；探索开展并购信托，促进房地产企业兼并重组；探索开展房地产信托投资基金业务（REITs），助推商业地产去库存；探索通过资产证券化等合规方式，帮助银行盘活存量房地产信贷资产。

四、积极作为，谋篇布局

2016 年第三季度的各项经济和金融指标显示经济稳定增长的正面信号，第三季度的居民消费价格指数（CPI）同比上涨1.7%，工业品生产者价格指数（PPI）已从2012年第三季度以来的负值转为微幅上涨。2016年9月末，人民币贷款余额同比增长13.0%，比年初增加10.16万亿元，同比多增2 558亿元。实体经济部门的经济效益正在改善，2016年1~6月，全国规模以上工业企业利润总额同比增长6.2%；1~8月的同比增长为8.4%。中国宏观经济运行的积极变化为信托业思考和安排2016年第四季度和2017年业务布局创造了新的发展机遇。信托业要积极谋划，根据新的市场机会配置资金，布局新的业务增长点。

信托业要高度关注新一轮科技革命将加快中国经济结构调整的速度，新的投资机会正在涌现。2016年第三季度末在资金信托流向的20个行业中，有1 741.09亿元投向信息、计算机服务和软件业，比2015年第三季度末的938.08亿元增长85.60%，与这一高增长相比，同期资金信托的行业投资总额从14.37万亿元增加到16.01万亿元，增长11.41%，前者的增长率高得多。工业互联网、机器人、智能制造、航空军工、高端制造、生物制药、人工智能等产业成为实施产融结合的新模式。一叶知秋，信托公司应适时把握国民经济中科技产业兴起所迫切需要的信托服务，在推动行业创新转型中迈出新的步伐。

初步判断，国家将加大基础设施投资，促进经济平稳较快增长。2016年前三个季度，基础设施投资8.33万亿元，增长19.4%，增速比全部投资增速高11.2个百分点。基础产业类信托资金多用于地方基础设施建设，大多有地方政府财政或信用担保，是安全性高、相对收益也高的投资方向。国务院已经宣布，未来五年内城镇化率计划提高5%，实现1亿人左右的农业转移人口和其他常住人口在城镇落户，由此将衍生出大量基建投资的信托业务机会。

2016年7月，集合信托产品平均收益率为6.59%，是2009年7月以来首次跌入“6时代”。在“资产荒”的大背景下，收益率的普遍下行促使信托公司开始放眼海外市场。随着我国居民财富的快速积累，居民理财需求的日渐多元化，加之人民币汇率频繁波动，寻求资产全球配置也正成为理财市场不可忽视的重要需求。未来，随着人民币国际化持续推进，人民币跨境业务政策的不断宽松，中资机构及个人投资者对海外市场需求日益扩大，海外资产配置提供了一条信托创新发展的新途径。2016年9月1日，《慈善法》正式实施，中国慈善事业进入新时代。有慈善信托实践经验的信托公司纷纷“抢滩”，宣布成立慈善信托，信托公司将充分发挥其推进慈善信托的担当作用，进而扩大信托业的业务领域。

信托产品的投资范围正不断向外延展、创新。在教育投资领域，如产业实体、教育消费等都成为集合信托产品的标的，给投资人更丰富的产品选择。未来，信托业应努力探索新的转型方式，转型创新上要“快半拍”，深入发掘新的利润增长点，提升主动管理能力，改善信托资产管理方式，信托业必将有更好的发展前景。

2016年中国信托业发展评析

中国人民大学信托与基金研究所执行所长　邢　成

2016年，中国宏观经济缓中趋稳，供给侧结构性改革持续深化，“三去一降一补”政策效果明显，以不变价格测算的国内生产总值为735 149亿元，GDP实现了6.7%的增长率。中国信托业协会发布“2016年信托公司主要业务数据”，各项指标表明：信托业积极推进自身的供给侧结构性改革，加速转型升级，强化风险治理，寻求增长动力，回归信托本源，科学构建商业模式，实现行业可持续发展。2016年，信托资产规模跨入“20万亿元时代”，信托作为我国金融体系的重要一员，已经成为服务实体经济的重要力量和创造国民财富的重要途径。

2016年，信托业在实现信托资产规模再创历史新高的同时，不断深化落实信托业的供给侧结构性改革，坚决避免行业发展“脱实向虚”，以提升实体经济发展的质量和效益为中心，发挥好多层次、多领域、多渠道配置资源的独特优势，去通道、去链条、降杠杆，为实体经济提供针对性强、附加值高的金融服务，通过开展投贷联动、债转股、并购基金、资产证券化等业务，支持实体经济通过兼并重组去产能，去杠杆，升级做强。诸多信托机构积极探索土地流转信托、消费信托、互联网信托、公益（慈善）信托，助力农业供给侧结构性改革、棚户区改造和新型城镇化建设，服务扩大内需、消费升级和民生改善，积极履行社会责任。

一、稳步增长：2016年信托业跨入“20万亿元时代”

（一）信托资产

截至2016年末，全国68家信托公司管理的信托资产规模继第三季度突破18万亿元后，达到20.22万亿元，同比增长24.01%，环比增长11.29%。与2016年第二季度同比增长8.95%相比，第三季度和第四季度信托资产规模增速均实现两位数增长，信托业跨入了“20万亿元时代”。从季度环比增速来看，2016年四个季度环比增速分别是1.70%、4.25%、5.11%和11.29%，是行业进入增长态势的实际信号。自2015年第二季度以来，信托资产同比增速是逐季下降的，从2016年第三季度开始则呈现增长态势。

在资产来源方面，2016 年末单一资金信托余额为 101 231 亿元，占比为 50. 07%，较上季度降幅明显，单一资金信托占比在 2016 年呈现下降趋势；集合资金信托余额为 73 353. 32 亿元，占比为 36. 28%，与上季度相比上升 1. 47 个百分点，集合资金信托占比在 2016 年呈现波动上升趋势；管理财产信托余额为 27 601. 75 亿元，占比为 13. 65%，较上季度小幅上升。集合资金信托和管理财产信托余额占比已接近 50%，表明信托资产来源呈多样化分布趋势，业务结构不断优化。

在资产功能方面，2016 年末事务管理类信托余额为 100 667. 84 亿元（占比为 49. 79%），规模和占比分别较上季度提高 17 630. 56 亿元和 4. 08 个百分点，事务管理类信托占比在 2016 年呈现上升趋势；投资类信托余额为 59 893. 74 亿元（占比为 29. 62%），规模、占比较上季度反向变动，分别提高 1 416. 69 亿元和降低 2. 57 个百分点；融资类信托余额为 41 624. 49 亿元（占比为 20. 59%），规模和占比分别较上季度增加 1 458. 26 亿元和降低 1. 52 个百分点。投资类、融资类和事务管理类信托产品“三分天下”局面进一步改变，事务管理类信托产品发展速度明显快于其他两类产品。

2017 年，信托业在突破 20 万亿元站稳金融机构体系中资产规模第二大业态领先地位的进程中，应进一步发挥信托制度优势，充分整合、联通资金、资本以及实业三大市场，灵活组合金融工具，为客户提供多样化投融资服务，帮助企业实现产融结合的发展目标，支持实体经济，更好地发挥金融对经济结构调整和转型升级的支持作用。

（二）固有资产与权益

固有资产类别体现了信托公司主动配置资产的能力。2016 年末，固有资产规模达到 5 569. 96亿元，较 2015 年末的 4 623. 28 亿元同比强劲增长 20. 48%，较 2016 年第三季度末环比增长 10. 50%。就资产类别而言，投资类资产一直是固有资产的主要形式，2016 年四个季度投资类资产情况：第一季度为 3 433. 99 亿元，占比为 74. 50%；第二季度为 3 576. 78 亿元，占比为 73. 30%；第三季度为 3 763. 06 亿元，占比为 74. 66%；第四季度为 4 137. 36 亿元，占比为 74. 28%，规模较 2015 年末的 3 265. 35 亿元同比增长 26. 71%，较 2016 年第三季度末环比增长 9. 95%。贷款类资产 2016 年末规模为 294. 03 亿元，同比下降 15. 84%，较第三季度末环比下降 8. 25%。2016 年末，货币类资产规模达到 684. 87 亿元，较 2015 年末的 725. 60 亿元同比下降 5. 61%，较 2016 年第三季度末的 486. 85 亿元环比增长 40. 67%。

2016 年末，信托业的所有者权益为 4 501. 86 亿元，比 2015 年同期的 3 818. 69 亿元增长 17. 89%，比 2016 年第三季度末的 4 130. 43 亿元增长 8. 99%。

从净资产的组成部分来看，信托行业的实收资本自 2013 年以来呈现企稳上升趋势，其 2013 年至 2015 年占所有者权益比例，分别为 43. 70%、43. 38%、43. 27%。2016 年第四季度实收资本总额变化延续了上述趋势，其总额达到2 038. 16亿元，占比为45. 27%，较上年第四季度同比增长385. 65亿元。

就信托赔偿准备而言，截至2016年第四季度末，信托赔偿准备规模为187. 03亿元，环比增长14. 39%，同比增长18. 83%。2016年四个季度的信托赔偿准备规模分别是：第一季度为161. 06亿元，第二季度为161. 32亿元，第三季度为163. 5亿元，第四季度为187. 03亿元。其占所有者权益的比例较上年整体水平有小幅增加，由2015年末的4. 12%增长到2016年末的4. 15%。信托赔偿准备规模的不断扩大，说明信托公司在有意识地增强行业抵御风险的能力。

信托行业固有资产与所有者权益规模持续高速增长，主要得益于信托行业的增资扩股和风险治理的强化。随着信托行业评级的实施和信托监管评级的调整，信托公司资本扩张的动力增强。自2016年以来，共计有20家信托公司完成增资，平均每家公司增资约为17亿元。其中，增资额最大的昆仑信托，增资金额为72. 27亿元。另外，在行业整体保持盈利的基础上，部分信托公司的利润并没有全部分配，留存利润积累进一步促进了固有资产和所有者权益的增长。

（三）风险项目个数及规模

信托风险项目个数和资金规模自2015年第四季度持续快速增加以来，2016年第四季度实现双双回落。2016年末，信托业的风险项目个数为545个，较第三季度减少61个，资产规模为1 175. 39亿元，较第三季度末的1 418. 96亿元减少243. 57亿元，环比下降17. 17%。在1 175. 39亿元的风险项目中，其中集合类信托为600. 71亿元，占比为51. 11%，较第三季度降低21. 12%；单一类信托为556. 92亿元，占比为47. 38%，较第三季度降低12. 52%；财产管理权信托为17. 76亿元，占比为1. 51%，较第三季度降低14. 71%。

伴随着信托业保障基金有效运行、中国信托登记有限责任公司的正式揭牌，加上之前已经成立的履行行业自律职能的中国信托业协会，在信托公司自身不断加强风控能力的同时，支持信托业发展的“一体三翼”架构全面建成，形成了监管部门为监管主体，行业自律、市场约束、安全保障为补充的多层次、多维度的信托业风险防控体系。因此，对应20. 22万亿元的信托资产规模，不良率为0. 58%的中国信托行业，风险总体可控。

二、稳中求进：2016年经营业绩步入平稳增长期

2016年，信托公司依赖于外部市场环境刺激、利用相对灵活的制度安排追求“短平快”短期套利模式已经不可持续，信托投资收益增速大幅回落，信托业经营收入与信托项目年化综合实际收益率均呈现回落状态。但与此同时，伴随着信托公司风险治理的完善、成本控制能力的提升，以及逐渐回归信托本源，主营业务凸显，信托业利润总额持续上升。

（一）经营业绩

一是经营收入同比下降。2016 年末，信托业实现经营收入 1 116.24 亿元，较 2015 年末的 1 176.06亿元同比下降 5.09%。从具体构成来看，利息收入与信托业务收入占经营收入比均呈现上升趋势，而投资收益占比则呈现下降趋势。具体而言，2016 年末，利息收入为 62.75 亿元，较 2015 年末同比上升 5.57%，同期的利息占比从 5.05% 上升为 5.62%；2016 年末，投资收益为 270.73 亿元，较 2015 年末同比下降 28.02%，同期的投资收益占比从 31.98% 下降为 24.25%；而信托业务收入占经营收入比例，则从 2015 年的 58.61% 增加到 2016 年的 67.16%。

二是利润总额保持增长势头。2016 年末，信托业实现利润 771.82 亿元，较 2015 年末的 750.59 亿元增长 2.83%。2016 年四个季度的利润分别是：第一季度为 139.84 亿元，第二季度为 199.43 亿元，第三季度为 179.37 亿元，第四季度为 253.18 亿元，第四季度较第三季度环比增长 41.15%。

三是人均利润指标下降。人均利润是衡量行业盈利水平的主要指标，2015 年末人均利润为 319.91 万元，2016 年末则下降到 316.1 万元，同比下降 1.19%。

（二）受托管理成效

2016 年 12 月，清算信托项目 1 882 个，平均年化综合信托报酬率为 0.73%，略高于 2015 年 12 月的 0.53%。2016 年平均年化综合信托报酬率情况是：3 月为 0.50%，6 月为 0.50%，9 月为 0.58%。就清算信托项目为受益人的年化综合实际收益率而言，2016 年 3 月为 8.18%，6 月为 6.35%，9 月为 7.59%，12 月为 7.60%。而 2015 年该收益率情况是：3 月为 8.11%，6 月为 10.19%，9 月为 7.30%，12 月为 13.96%。因此，2016 年信托项目年化综合实际收益率相对于 2015 年而言，整体呈现下降趋势。

2016 年，弱周期环境下信托业仍实现利润稳步增长主要有以下三个原因。

一是提价值。面对低迷的投资环境，信托公司发力信托业务，加人主动管理业务的研发创新，努力提高信托产品的科技含量和附加值。

二是降成本。信托公司综合管理能力普遍提升，经营成本控制达到较高水平。2016 年，信托公司普遍加强资产清收，资产减值大幅减少，初步统计总成本仅为 300 多亿元，同比下降超过 25%。

三是促转型。转型创新步伐大幅度加快，市场深度拓展，盈利模式得以升级。基金化信托产品广泛操作，部分信托公司不仅可以通过固定的管理佣金获得利润，而且还可以通过基金投资分成获得浮动收益。

三、服务实体：2016 年信托价值和制度优势得以彰显

随着供给侧结构性改革的持续深入，我国实体经济转型升级步伐加快。信托业也在转型路口迎来了发展机遇期。2016 年 12 月 26 日，中国银监会主席尚福林在中国信托业年会“信托业可持续发展之路”中重点提到信托业要回归信托本源并且服务实体经济。首先，信托公司要以信托本业为主体，聚焦资产管理、财富管理、受托服务。其次，信托公司要通过开展投贷联动、债转股等业务支持实体产业的发展，通过并购基金促进落后产能转型升级，通过资产证券化盘活市场流动性，将社会闲置资金引入实体经济领域。

2016 年，信托财产的投向依旧是在工商企业、金融机构、证券投资、基础产业和房地产五大领域。2016 年第四季度末信托资产投向工商企业占比为 24.82%，金融机构占比为 20.71%，证券投资占比为 16.2%，基础产业占比为 15.64%，房地产占比为 8.19%，其他占比为 14.44%。相较于 2015 年第四季度，工商企业占比上升 2.31 个百分点，金融机构上升 2.78 个百分点，证券投资下降 4.15 个百分点，基础产业下降 2.25 个百分点。

（一）工商企业

2016 年第四季度末，工商企业继续保持其资金信托的第一大配置领域的地位，规模为 43 328.03亿元，占比为 24.82%，占比较 2015 年第四季度的 22.51% 上升 2.31 个百分点，较 2016 年第三季度的 23.79% 上升 1.03 个百分点。

（二）金融机构

2016 年，金融机构成为资金信托的第二大配置领域的地位。2016 年第四季度末，资金信托对金融机构的运用规模为 36 150.18 亿元，占比为 20.71%。自 2015 年第二季度以来，金融机构占比就呈上升趋势。2016 年第一季度金融机构占比为 18.49%；第二季度金融机构占比为 19.56%；第三季度稍有下降，占比为 19.10%；第四季度回升，占比为 20.71%。2016 年金融机构占比已上升 2.78 个百分点。

（三）证券投资

2016 年第四季度末，证券投资为资金信托的第三大配置领域。自 2015 年第四季度以来，证券投资占比一直在下降。从 2015 年第四季度的 20.35% 到 2016 年第四季度末的 16.21%，已经降低了 4.14 个百分点。2016 年第四季度证券投资信托规模为 28 297.44 亿元，较 2015 年第四季度同比下降 5.37%。证券投资（基金）信托规模为 2 800.99 亿元，其在信托资金投向的占比为

1.60%，较2016年第三季度占比2.04%，下降0.44个百分点；证券投资（债券）信托规模为19 239.46亿元，其在信托资金投向的占比为11.02%，占比较2016年第三季度末的12.70%下降1.68个百分点；证券投资（股票）信托规模为6 256.99亿元，其在信托资金投向的占比为3.58%，占比较2016年第三季度末的2.98%上升0.6个百分点。

（四）基础产业

2016年基础产业占比持续下降，第一季度为18.02%，第二季度为17.31%，第三季度为16.60%，第四季度更是跌落至15.64%，最终在第四季度末成为资金信托的第四大配置领域，规模为27 298.94亿元。

（五）房地产

2016年第四季度末，房地产依然是资金信托的第五大配置领域。2016年第四季度末，资金信托投向房地产领域的规模为1 4295.37亿元，占比为8.19%，占比较2015年第四季度的8.76%下降0.57个百分点，较2016年第三季度的8.45%下降0.26个百分点。房地产信托占比在2016年一直持续下降，与房地产市场调控密切相关。

四、回归本源：2017年信托业发展趋势展望

2017年是深化供给侧结构性改革的一年，是“十三五”规划中的一个战略发展时期。当前，资本金融时代已经到来，坚持资本思维尤为重要。资本思维的精髓是结构性重组，宏观层面上的资本运作包括对全社会的资源进行整合，发挥资源效益。在产业链上淘汰和重组过剩产能，以进一步提升全社会资源配置和生产效率。微观层面的资本运作，包括进行国企改革，关停低效、高污染、高耗能的企业，优化市场上的资源主体。在此背景下，2017年我国信托业将呈现如下趋势。

（一）信托业深化转型压力持续

随着资产规模扩大，风险因素也在逐步积累。这一方面与中国宏观经济的大环境有关，另一方面与信托业自身的结构性问题、业务短板有关。2017年信托业发展将更加关注于风险防控与监管，伴随较大的信托资产存量，预计2017年信托业资产规模增速将有所放缓。

而且从大资管市场背景来看，大资管市场行业竞争加剧，挤压了信托业的市场占有率，影响了信托公司的规模扩张。信托业在2017年将继续面临深化转型的压力。

（二）信托资产支持领域日益广泛

2017 年，信托资产将在传统投资领域与新兴投资领域广泛布局。在传统投资领域中，受累于宏观经济基本面因素和房地产市场调控政策的影响，在证券投资领域和房地产投资领域，信托资产投资将会延续 2016 年的趋势。但在并购重组领域及政府与社会资本合作（PPP）领域，信托资产投资将会持续增加。2016 年 12 月举行的中央经济工作会议，对 2017 年经济工作提出战略部署，要求深入实施西部开发、东北振兴战略，要通过政策扶持引导产业结构优化。在此过程中，基础设施投资缺口依然较大。因此，2017 年 PPP 业务预期将有一定的成长空间。信托公司应挖掘金融服务优势与政府建立产业投资基金，有效对接资产运用端和资金来源端。

在新兴投资领域，受政策的支持与引导，2016 年消费信托、公益（慈善）信托、绿色信托估计发展较快。《慈善法》颁布后，经过一段时间的摸索，预计 2017 年全社会慈善热情将上涨，信托公司也将与慈善基金会充分合作，开发慈善信托产品。同时，信托公司有机会参与到土地经营权确认和流转环节，发挥制度优势，提高农业资源的流动性和利用效率，提高农业生产率。

（三）信托业务加速创新

在信托业务上，2017 年伴随居民财富的快速积累以及营改增试点，财产信托、事务类信托有望迎来更广阔的发展空间，在信托业务回归本源的行业发展方向指引下，预计市场占比将有所提高。然而，融资类信托发展则存在诸多不确定性。首先，融资类信托的发展受到企业贷款需求的约束，不能无限扩张。其次，融资类业务仍将面临严格的监管，中小信托公司难以满足资本监管要求，开展融资类信托业务也会受到政策制约。当然，预计 2017 年信托公司会通过产品创新来缓解这一问题。一方面，信托公司将加大投贷联动的创新力度；另一方面，资产证券化也是信托公司技术创新的有效途径。而且中国信托登记有限责任公司 2017 年正式上线运营，可提高信托资产的流动性。因此，预计资产证券化信托的市场需求会更加旺盛。不良资产证券化、PPP 资产证券化等创新业务领域有望成为新的行业发展动力。同时，预计 2017 年信托公司与互联网的结合将更加紧密。信托与互联网的结合有助于在通道业务被迫收缩的背景下，吸收积累潜在的客户群体，拓展信托业务平台。

另外，伴随老龄化程度加剧、产业结构的转变和消费模式的变化，2017 年信托业将在养老服务、旅游资源开发、网络购物等新兴领域崭露头角。

（四）信托业监管规则逐步完善

2016 年，中国信托业年会提出信托业务将分为八类。新的分类方式表明，信托业务除了面临传统的信用风险的管理责任之外，还要承担市场风险、合规风险、战略风险的管理责任等，信托业风险管理形势趋于复杂化。因此，针对信托业风险的监管规则将愈发细化完善。

首先，从行业监管视角来看，2016 年监管层相继出台《关于进一步加强信托公司风险监管工作的意见》《银行业金融机构全面风险管理指引》，从强调实质风险化解、引导配资业务、加大非标资金池清理力度、强化资本管理等方面明确提出信托公司要严守风险底线，促进行业稳健发展。其次，信托行业评级体系和信托监管评级体系分别建立，信托公司风险控制、资产质量、合规经营全面纳入监管体系。最后，中国信托登记有限责任公司的成立使信托业“一体三翼”监管框架建成，信托产品统一的交易、流转平台的出现将极大地促进行业健康发展。

信托大数据平台的建立与制度的完善也使监管工具更加灵活，信托保障基金费率的差异化调整有可能成为新常态。

第二部分　中国信托业协会 2016 年工作总结及 2017 年规划

中国信托业协会 2016 年工作总结

2016 年，在中国银监会的有力指导和会员单位的大力支持下，中国信托业协会认真贯彻全面从严治党要求，深入推进“两学一做”学习教育，认真践行“自律、维权、协调、服务”职能，坚持专业化服务导向，积极稳妥推进各项工作，从 107 家社会组织中脱颖而出，获评民政部 5A 等级社会组织称号（最高级）。

一、在自律方面

第一，首次开展基于《信托公司行业评级指引（试行）》基础上的信托公司行业评级，先后经历自评、初评、复评三个阶段，最终形成《关于信托公司行业评级工作情况报告》报中国银监会。

第二，根据监管部门指示，组建《信托公司信托业务尽责指引》起草工作小组并多次召开研讨会，经反复讨论修改，形成《信托公司信托业务尽责指引》第七稿，待中国银监会信托部审订且提交理事会和会员大会批准后，作为行业自律规则发布。

第三，按照 2015 年签署的新的《信托公司开展资产证券化业务自律公约》（以下简称《公约》），受理并监督检查信托公司开展信贷资产证券化业务自律备案和业务收费自律承诺，按月向信托公司发送开展信贷资产证券化业务情况汇总数据，并开展《公约》年度实施后评估，听取意见和建议，2016 年，共受理 22 家信托公司业务自律备案 68 项。

二、在维权方面

第一，组建“会员权益保障工作小组”，切实维护会员单位合法权益，防范化解信托行业风险。目前，已协助三家会员单位协调诉讼维权事宜。

第二，针对涉及多家信托公司的某集团风险暴露事件，第一时间配合监管部门组织召开风险碰头会，组建信托联合委员会，向相关政府机构反映信托公司诉求，并组织相关信托公司参加某大型银行牵头的债权委员会，与各方积极保持沟通，有效跟进事态进展。

第三，推动协调行业面临的税务问题。就所得税，组织业内专家接待国家税务总局所得税司调研走访，解答国家税务总局关注情况，并立足行业实际对《国家税务总局关于信托业务企业所得税问题的公告（草稿）》提出合理意见建议。在“营改增”新政实施前，组织专题研讨会，在新政实施的第一个征期，向会员单位征求具体操作困难等意见，形成《关于信托公司“营改增”后面临税务难题的报告》报中国银监会。

三、在协调方面

第一，举办“2016 年中国信托业年会”，尚福林主席在会上肯定近年来信托业转型发展、服务实体经济成效，并提出“五大坚持”长效发展理念，会议还提出了“信托八大业务分类”。

第二，支持中国银监会在甘肃和政县和临洮县扶贫项目，拟定《中国信托业协会关于参加银监会定点扶贫工作方案》，从“中国信托业公益慈善基金”中支出 350 万元（70 万元/年），并与光大兴陇信托和英大信托联系落实惠及上述两县的公益信托和电网改造。

第三，组织信托业务分类研讨，形成“信托业务分类表（报审稿）”及“信托业务监管分类方法（报审稿）”报中国银监会信托部，并配合信托部对分类表进行细化。

第四，联合中国银监会消保局和信托部主办“走进信托　与时偕行”投资者教育活动，拉近投资者与信托行业之间的距离，引导投资者树立理性、正确的投资观念。

第五，举办 6 期主题沙龙活动，参会人员约 300 人次，活动主题包括“‘混改’如何助力信托公司完善治理结构”“信托业如何在‘一带一路’建设中发挥自身优势”“基金化业务如何推动信托公司业务转型”“如何在司法实践中保障信托公司合法权益”“搭建我国信托金融理论体系”“构建合理高效的人才培养与激励机制”等，会后形成《信托建言》报中国银监会，发会员单位。

第六，编制发布《中国信托业发展报告（2015—2016 年）》，围绕中国信托业在经济新常态特征充分展现的 2015 年呈现的新的发展特点，展现一年来行业发展全貌，展望未来发展趋势。

第七，编制发布《中国信托业2015年度社会责任报告》，从责任管理、法律责任、经济责任、民生责任、受托责任、公益责任、环境责任、人本责任八个方面全面展现中国信托业守法合规、诚信经营、支持实体经济发展、切实履行社会责任的努力和成果。

第八，针对信托行业基础金融理论薄弱现状，探索组织建立以开展信托金融理论研究为目的的公益信托，第一次受益人大会已经召开，未来将组织业内外研究力量逐步推进相关工作。

第九，联合长安信托成功申报并完成民政部2016年社会组织理论研究部级课题《慈善信托研究》，组织调研研讨，积极增进信托公司在相关领域的话语权。

四、在服务方面

第一，建强宣传平台，大力加强协会官网网站和微信公众号等信息平台的建设和运维。微信公众号坚持每个工作日更新，截至2016年12月底，公众号用户数量超过36 000人，宣传范围日益扩大。坚持形式创新，自2016年9月起增设“信托消息汇、人物专访、法规速递”等多个具有信托行业特色的栏目，其中，“信托消息汇”被搜狐财经、金融界等主流财经媒体转载，行业主流价值观宣传有力有效。与30家媒体建立跑口记者合作关系，媒体关系不断深化。汇编媒体精华报道形成《见证中国信托2016》，宣传紧扣发展，突出正面引导。

第二，做好舆情监测、处理、跟踪和定期分析。2016年全年共计监测舆情250天，向会员单位和监管部门发送《信托每日舆情》249期，收录信托行业相关新闻报道2 463篇，对涉及行业的负面舆情发出提示并跟踪反馈，共发出负面舆情处理单96期。针对舆情情况开展周分析、季度分析和月度分析并形成专题报告。

第三，开展专项课题研究。通过公开招标、研发领导小组评审把关等方式，在31家会员单位提交的43份课题中确定“供给侧结构性改革背景下的信托业转型研究”“互联网信托制度设计研究”“信托公司投贷联动业务研究”“《慈善法》背景下的公益信托研究”等10个课题为2016年专项研究重点，开展深入研究。

第四，开展自主课题研究。面向信托公司征集自主课题并组织评审，确定10篇优秀自主课题研究报告入选《2016年信托业专题研究报告》专辑。

第五，继续开展“中国信托业公益慈善基金”助学公益活动。2016年“千人成长助学”公益项目共支持四川省灾区或经济落后地区符合资助条件的高一入学新生1 000名，共计300万元，此外，应四川省慈善总会倡议，支持四川省慈善总会“百企扶贫行动”项目100万元。

第六，稳步开展信托全员培训。2016年，共举办十期全员培训班（北京、广州各三期，上海两期，芜湖、青岛各一期），参训学员约620人，570人通过考试并取得全员培训合格证书，通过率达84%。在培训场地方面，增设了广州、芜湖、青岛；在课程安排方面，增加了信托公司领导开班讲课及学员自由讨论两个课程环节；在培训方式方面，历时一年搭建完成线上培训平台，开设电脑端和手机端，解决线下培训时间长、成本高的问题；在教材方面，全面启动修订工作；在师资方面，面向会员单位征集讲师并进行试讲选拔，进一步扩充师资库。

第七，扎实推进信托高层管理研修班。2016 年与复旦大学经济学院合作举办高管研修班两期，共有 87 位信托公司及行业协会高层管理人员及业务骨干参训，筹备信托中层及业务骨干培训班。

第八，深化专题培训。聚焦信托业面临的实际问题和潜在风险，组织“《信托公司行业评级指引（试行）》政策解读及实操”“营改增新政对信托业的影响”等专题培训，合计培训人数约为 450 人。

五、在自身建设方面

第一，深入开展党建工作。扎实履行从严治党责任。建立健全党委组织体系和制度体系，保障信托业协会党的工作制度化、规范化。强化思想引领，认真开展“两学一做”学习教育，坚定政治立场，筑牢思想根基。深入推进党风廉政建设，强化反腐败工作力度，认真开展“尊、守、严”专题教育，进一步完善制度，营造风清气正氛围。压力层层传导，充分调动基层积极性，创新形式、多措并举，激发全体党员责任意识和担当精神，自觉履行党员义务。

第二，强化依规治会。严格按照《章程》的规定开展活动、履行职能，重大事项按《章程》提交“三会”等协会决策机构表决。建立健全秘书处规章制度，推动秘书处发展进一步规范化。认真执行财经纪律和协会会费管理规定和财务规定，坚持按照“统筹安排、量入为出、收支平衡、略有结余”的总原则进行会费管理，认真编报预算，定期核对执行情况，自觉接受理事会、会员大会的审查，积极配合国家审计单位和会计师事务所到协会开展审计工作，2016 年接受审计 4 次。

第三，扎实做好队伍建设。完善干部任用选拔、管理和考核机制，逐步推行公平竞争、择优选用的干部制度，努力建设一支德才兼备，学历、年龄和专业知识结构合理，有较强管理能力的中层干部队伍。优化绩效考核评价体系，突出政治素质、业务能力、工作实绩等指标，使之切实成为提高干部职工综合素质和营造激励氛围的重要途径。加强干部职工教育和培训，培训涉及时间管理、逻辑思维、工作方法改善、财会等多个方面。

中国信托业协会 2017 年规划

2017 年，中国信托业协会将在 2016 年工作成果的基础上，继续在自律、维权、协调、服务等方面统筹聚力，做深做透、做出品牌，努力在我国信托业发展“一体三翼”架构中进一步发挥应有作用。

一、巩固行业自律建设

第一，继续有针对性地推动行业自律规则和长效机制的建立健全，不断提升行业自律规则研究和制定的前瞻性、主动性，在此基础上，逐步建立和完善行业自律奖惩机制和正向激励机制，切实促进信托公司在转型发展中自觉坚守合规底线。

第二，以信托公司行业评级为抓手，进一步配合监管部门对信托公司的目标性监督管理，积极引导信托公司强化资本实力、有效管控风险、履行社会责任，推动加快形成合理的行业竞争秩序，实现信托公司社会形象的进一步提升。

第三，加速引导构建符合信托业特点的风险管控文化和经营理念，推动信托公司健全和完善审慎经营规则和风险管控制度，引导信托公司清晰地认识和准确地把握在不同类型业务中的受托责任。

第四，推进信托行业信用体系建设，探索建立综合性信用信息共享平台，促进信用信息互联互通、协同共享，健全信用奖惩联动机制，营造诚实、自律的信托业信用环境。

二、探索行业维权渠道

第一，进一步找准行业维权工作重点，在充分挖掘会员权益保障工作小组功能作用的基础上，积极探索和开发更多有效的维权手段和途径，努力推动在相关领域和问题上形成信托公司与行业的统一立场和呼声。

第二，严格筛选信托公司有行业代表性案例开展个案协调，在支持和帮助信托公司寻求合理维权手段与途径的同时，力争最大限度地提高全社会对信托行业的认知程度，维护行业整体利益，争取有利于行业健康发展的外部环境。

第三，重点关注行业性风险暴露事件，协助做好风险项目的化解与处置，积极向监管机构反映信托公司诉求，不断提升面向有关政府部门、合作机构、新闻媒体及社会公众的沟通和协调能力。

第四，积极与税务部门联系沟通，继续大力推动协调解决信托公司涉税事宜。

三、充分发挥协调优势

第一，针对信托业金融理论基础薄弱的现状，深化行业金融理论研究，摸索建立信托行业基础金融理论体系，彰显信托的金融属性和金融地位。

第二，鼓励信托公司根据自身战略定位、业务发展需要及研究实力，积极参与课题研究，增强信托公司自主研发能力和队伍建设，引导信托公司关注行业中长期发展，培育行业整体发展潜力。

第三，协助监管部门和信托公司及时发现和处理舆情事件，努力推动建立舆情研判机制，进一步完善舆情监测和应对机制，最终形成一套行之有效的舆情管理、处置和跟踪联动工作机制。

第四，紧扣国家大政方针政策开展宣传工作，做好协会网站及新媒体平台的建设与维护，提高选文精准度和可读性，巩固和深化与媒体合作关系，积极拓展合作形式，推动行业树立与自身地位相匹配的社会形象。

四、持续提升服务质效

第一，准确定位专业委员会功能，积极探索、挖掘和充分利用专业委员会在联系、宣传、组织、研究等多方面的重要作用，充分调动和发挥协会会员单位、合作智库单位、行业专家库及可能发动的社会力量参与协会各项建设工作的积极性，不断增强专业委员会活力和成效。

第二，统筹考虑信托业从业人员各层级、各条线、各类岗位需求，继续有针对性地开展线下结构化培训，同时，进一步开发线上培训系统，推动形成线上、线下双轨并行的培训模式，从而最大限度地依托有效的培训体系构建和实施实现提升从业人员综合素质和业务水平的目标。

第三，继续大力推动行业内、行业间沟通交流，努力打造“信托主题沙龙”品牌，促进经验共享，统筹业内外资源，组织研究探讨事关行业发展的热点、难点问题，形成具有一定分量的研究成果供监管机构和业界参考。

第四，积极协调其他社会组织，进一步深入研究慈善信托，推动其在实务、税收等方面的进展。

第五，协助做好信托业基础信息平台建设，推动大数据在信托领域的应用，实现信息共享，同时，不断强化信息统计分析能力，依托大数据分析等信息技术，研判行业现状及经营风险，提高服务能力。

第六，大力开展投资者教育活动，完善信托投资者客户投诉管理办法，强化投诉处理，切实保护信托投资者合法权益，努力促进信托投资者与信托业共同成长。

五、全面深化自身建设

第一，认真贯彻落实中央和中国银监会党委的任务部署，扎实履行从严治党责任，积极探索、加强和改进社会组织党建的工作方法，切实发挥协会党委政治核心作用。

第二，严格按照《章程》规定开展活动、履行职能，确保会员大会、理事会、常务理事会、监事会、秘书处职责明确、各司其职，认真执行财经纪律和协会会费管理规定和财务规定，做好会费的“收、管、用”。

第三，坚持民主集中制原则，按照有关规定认真做好换届工作，准确把握相关要求，确保协会换届平稳、有序。

第四，扎实做好秘书处队伍建设，完善干部任用选拔、管理和考核机制，优化绩效考核评价体系，加强干部职工的教育和培训，努力推动协会秘书处建立一支政治素质优、业务能力强、工作实绩显著的干部职工队伍。

大事记

1月

1月7日，中粮信托有限责任公司与焦作中旅银行股份有限公司签署战略合作协议。

1月15日，华融国际信托有限责任公司与华安财产保险股份有限公司签署战略合作框架协议。

1月16日，北京银监局核准成长青担任中国对外经济贸易信托有限公司独立董事的任职资格。

1月19日，上海银监局同意安信信托股份有限公司以募集新股份的方式变更注册资本。

1月19日，陕西省国际信托股份有限公司与陕西秦农农村商业银行股份有限公司签署战略合作协议。

1月22日，北京银监局同意中粮信托有限责任公司股东名称变更，第一大股东名称由原“中粮明诚投资咨询有限公司”变更为“中粮资本投资有限公司”并修改相应公司章程。

1月27日，北京银监局核准郭光担任中国金谷国际信托有限责任公司独立董事的任职资格。

1月28日，厦门银监局核准厦门国际信托有限公司以固有资产从事股权投资业务资格。

1月29日，华融国际信托有限责任公司完成工商变更登记，董事长及法定代表人变更为周道许先生。

1月29日，华融国际信托有限责任公司与中国华融广东省分公司签署战略合作框架协议。

1月29日，云南银监局核准云南国际信托有限公司股指期货交易业务（非投机目的）资格。

1月，中信信托有限责任公司发行国内首单跨境员工持股信托——“中信·贤享员工股份认购信托项目”。

1月，长安国际信托股份有限公司被中国人民银行西安分行营业管理部授予“2015年西安市金融统计工作先进单位”荣誉称号。

1月，上海国际信托有限公司被中国人民银行上海分行评为非银行金融机构及村镇银行类别A等评级。

2月

2月1日，陕西银监局同意长安国际信托股份有限公司注册资本由13.5亿元增至33.3亿元。

2月2日，苏州信托有限公司被苏州市平安金融创建领导小组授予“2014—2015年度苏州市平安金融创建活动先进集体”荣誉称号。

2月22日，方正东亚信托有限责任公司荣获武汉市人民政府颁发的“金融支持武汉经济社会发展贡献奖”。

2 月 26 日，光大兴陇信托有限责任公司完成增资，注册资本由 10.18 亿元增至 34.18 亿元。

2 月，百瑞信托有限责任公司荣获郑州市郑东新区党委会授予的“郑东新区产业发展突出贡献先进单位”荣誉称号。

2 月，五矿国际信托有限公司荣获青海银监局、中国金融工会青海工作委员会和青海省银行业协会联合授予的“2015 年度青海银行业‘绿色信贷示范年’活动先进集体”荣誉称号。

3 月

3 月 2 日，华融国际信托有限责任公司与徽商银行股份有限公司签署战略合作协议。

3 月 2 日，陕西省国际信托股份有限公司被省国资委授予“文明单位”荣誉称号。

3 月 4 日，中国信托业协会以通信方式召开第三届理事会第十一次常务理事会议。

3 月 5 日，紫金信托有限责任公司荣获南京市鼓楼区授予的“2015 年度建设鼓楼突出贡献单位”荣誉称号。

3 月 8 日，上海银监局核准黄晓峰担任中海信托股份有限公司总裁的任职资格。

3 月 9 日，福建银监局同意兴业国际信托有限公司股权变更，由福建省能源集团有限责任公司受让澳大利亚国民银行持有的兴业国际信托有限公司 8.4167% 的股权。

3 月 9 日，昆仑信托有限责任公司荣获宁波市江东区“经济发展突出贡献企业”和“五星级骨干企业”荣誉称号。

3 月 14 日，中国信托业协会以通信方式召开第三届理事会第八次会议。

3 月 14 日，山东省国际信托股份有限公司首单上市公司可交换债项目——山东信托—恒赢 17 号集合资金信托计划成立。

3 月 15 日，华宸信托有限责任公司被内蒙古自治区直属机关工委、内蒙古自治区扶贫开发办公室联合评为“内蒙古自治区直属机关、企事业单位 2011—2015 年定点帮扶兴安盟工作先进单位”，公司党群工作部副主任杜东方被评为“驻村优秀帮扶干部”。

3 月 15 日，吉林省信托有限责任公司与龙翔投资控股集团有限公司签署战略合作协议。

3 月 16 日，中建投信托有限责任公司与碧桂园集团签署战略合作框架协议。

3 月 21 日，山西银监局同意山西信托股份有限公司股权变更，原控股股东山西国信投资集团有限公司所持公司 123 079.9 万股股份全部划转至山西金融投资控股集团有限公司。股份划转后，山西金融投资控股集团有限公司持有山西信托 123 079.9 万股股份，持股比例为 90.7%。

3 月 22 日，苏州信托有限公司与中信银行苏州分行签署战略合作协议。

3 月 22 日，紫金信托有限责任公司财富管理中心荣获南京市妇联授予的 2014—2015 年度南京市“巾帼文明岗”荣誉称号。

3月23日，中国信托业协会以通信方式召开第一届监事会第七次会议。

3月23日，上海银监局同意上海爱建信托有限责任公司变更住所，由“上海市零陵路599号7号楼”变更至“上海市徐汇区肇嘉浜路746号3～8层”。

3月24日，万向信托有限公司与安吉城投集团共同设立全国首个白茶产业发展基金。

3月30日，中国信托业协会举办专题活动，解读政府工作报告、“十三五”规划纲要。

3月30日，中国信托业协会以通信方式召开第三届理事会第十二次常务理事会议。

3月，百瑞信托有限责任公司完成增资，注册资本由22亿元增至30亿元。

3月，华宝信托有限责任公司薪酬福利信托部荣获上海市人民政府授予的“2016年度上海市巾帼文明岗”荣誉称号。

3月，华宝信托有限责任公司荣获浦东新区政府、陆家嘴街道颁发的2015年度浦东新区“金融业突出贡献奖”和2015年度“浦东新区纳税突出贡献奖”。

3月，西部信托有限公司被陕西省劳动竞赛委员会授予“全省‘稳增长、促发展、建功立业劳动竞赛’先进集体”，公司副总经理齐冰被授予“2015年陕西省劳动竞赛标兵”荣誉称号。

3月，云南国际信托有限公司工会被昆明市五华区总工会授予“三星级职工之家”荣誉。

3月，中信信托有限责任公司推出“中信·遵义国投应收账款流动化信托项目”，助力红色革命老区经济发展。

4月

4月1日，昆仑信托有限责任公司在宁波银监局组织的2015年度宁波银行业金融机构信息科技考核工作中荣获先进集体一等奖。

4月4日，上海银监局核准朱建高担任上海爱建信托有限责任公司首席财务官的任职资格。

4月8日，河北银监局核准渤海国际信托股份有限公司特定目的信托受托机构业务资格。

4月11日，河北银监局核准渤海国际信托股份有限公司固有资产从事股权投资业务资格。

4月11日，青岛银监局核准姚海岚担任陆家嘴国际信托有限公司副总经理的任职资格。

4月11日，中国信托业协会以通信方式召开第三届会员大会第十次会议。

4月14日，湖南省信托有限责任公司与湘潭市城发集团签署战略合作协议。

4月14日，中诚信托有限责任公司信托创新部被人力资源社会保障部、中国银监会授予“全国银监会系统先进集体”荣誉称号。

4月18日，深圳银监局同意平安信托有限责任公司章程变更。

4月18日，陕西银监局核准赵泉担任长安国际信托股份有限公司董事会董事的任职资格。

4 月 19 日，陕西银监局核准西部信托有限公司特定目的信托受托机构资格。

4 月 19 日，中国信托业协会参加民政部社会组织评估团现场评估，荣获 5A 称号。

4 月 21 日，万向信托有限公司联合阿里巴巴和 TNC 发布《中国城市水蓝图》，并在浙江龙坞设立全国首个水基金项目。

4 月 21 日，中粮信托有限责任公司党支部召开会议，传达学习中粮集团“两学一做”学习教育动员部署会精神。

4 月 22 日，湖南省信托有限责任公司与新化县人民政府签署战略合作协议。

4 月 25 日，北京银监局核准周瑞明担任北京国际信托有限公司副董事长、总经理的任职资格。

4 月 26 日，深圳银监局核准任汇川担任平安信托有限责任公司董事长的任职资格。

4 月 27 日，山东省国际信托股份有限公司团委被山东省国资委团委授予“省管企业五四红旗团委”荣誉称号。

4 月 28 日，长安国际信托股份有限公司荣获西安市总工会授予的“西安市五一劳动奖状”。

4 月 28 日，中国民生信托有限公司完成增资工作，注册资本由 30 亿元增至 70 亿元。

4 月 30 日，重庆国际信托股份有限公司在重庆市渝北区 2015 年纳税信用等级评定中被评为“A 级纳税企业”。

4 月，百瑞信托有限责任公司推出首只消费信托——“百瑞恒益 323 号教育消费信托计划（伊顿游学）”和首只现金管理类信托——“百瑞安鑫悦盈集合资金信托计划”。

4 月，陕西省国际信托股份有限公司被陕西省人民政府评为“2015 年度先进金融单位”。

5 月

5 月 3 日，江西银监局核准姚江涛担任中航信托股份有限公司董事长、余萌担任中航信托股份有限公司总经理的任职资格。

5 月 3 日，内蒙古银监局核准新时代信托股份有限公司担任特定目的信托受托业务资格。

5 月 6 日，青岛银监局核准浦凤丹担任陆家嘴国际信托有限公司副总经理的任职资格。

5 月 9 日，北京银监局核准刘孟革、秦岭担任中诚信托有限责任公司副总裁，魏青担任中诚信托有限责任公司董事会秘书的任职资格。

5 月 9 日，北京银监局同意国投泰康信托有限公司股权变更。

5 月 11 日，西藏银监局核准王满担任西藏信托有限公司总经理助理、吴嘉怡担任西藏信托有限公司财务总监的任职资格。

5 月 12 日，北京国际信托有限公司与四川省泸州市人民政府签署战略合作协议。

5 月 12 日，中航信托股份有限公司与中信产业投资基金管理有限公司签署战略合作协议。

5 月 16 日，山东省国际信托股份有限公司被山东省政府授予“山东省金融发展贡献先进单位”荣誉称号。

5 月 20 日，湖南省信托有限责任公司与国家开发银行湖南分行签署战略合作协议。

5 月 23 日，紫金信托有限责任公司与江苏省信用担保有限责任公司签署战略合作协议。

5 月 24 日，北京银监局同意国投泰康信托有限公司修改公司章程。

5 月 25 日，中国信托业协会举办信托业新闻发言人培训交流会。

5 月 26 日，西藏银监局同意西藏信托有限公司注册资本由 5 亿元增至 10 亿元。

5 月 27 日，大连银监局同意华信信托股份有限公司注册资本由 33 亿元增至 66 亿元。

5 月，百瑞信托有限责任公司与延能集团签署延安革命老区产业振兴基金合作框架协议。

5 月，长安国际信托股份有限公司被中国人民银行西安分行评为“2015 年度综合评价 A 类机构”。

5 月，广东粤财信托有限公司荣获国家税务总局授予的“A 级纳税人”称号。

5 月，华宝信托有限责任公司刘鸿哲荣获上海市人民政府颁发的“上海市五一劳动奖章”。

5 月，华宸信托有限责任公司朱宏登荣获内蒙古自治区总工会授予的“内蒙古自治区五一劳动奖章”。

5 月，中信信托有限责任公司修改《公司章程》，股东由原“中国中信股份有限公司”更名为“中国中信有限公司”。

6 月

6 月 1 日，北京国际信托有限公司与四川省达州市人民政府签署战略合作协议。

6 月 2 日，中国银监会核准重庆国际信托股份有限公司、中航信托股份有限公司铁路发展基金专项信托业务资格。

6 月 3 日，北京银监局核准乔发栋担任英大国际信托有限责任公司董事会秘书、李翔宇担任英大国际信托有限责任公司总经理助理的任职资格。

6 月 3 日，中建投信托有限责任公司与鸿坤集团签署战略合作协议。

6 月 13 日，广东银监局同意广东粤财信托有限公司注册资本由 15 亿元增至 28 亿元，将未分配利润中的 130 000 万元按照公司现有各股东持股比例进行同比例转增注册资本。

6 月 14 日，中江国际信托股份有限公司完成增资，注册资本由 11.56 亿元增至 30.05 亿元。

6 月 14 日，紫金信托有限责任公司与汇添富基金管理股份有限公司签署战略合作协议。

6 月 15 日，中国信托业协会以通信方式组织召开第三届理事会第十三次常务理事会会议。

6 月 17 日，浙江银监局同意万向信托有限公司股权变更，由北京中邮资产管理有限公司受让浙江省邮政公司持有的万向信托有限公司 3.97% 的股权。

6 月 20 日，中原信托有限公司组织开展“两学一做”学习教育主题活动。

6 月 21 日，华融国际信托有限责任公司与中国人寿养老保险股份有限公司签署业务合作框架协议。

6 月 22 日，华澳国际信托有限公司党总支荣获市委组织部、市社会工作党委、市人力资源和社会保障局联合授予的“上海市‘两新’组织先进基层党组织”称号。

6 月 22 日，北京银监局同意国投泰康信托有限公司变更住所及营业场所，由“北京市西城区西直门南小街 147 号 7 层、8 层”变更至“北京市西城区阜成门北大街 2 号楼 16 层、17 层”。

6 月 22 日，山西银监局核准刘叔肄担任山西信托股份有限公司董事长的任职资格。

6 月 23 日，江苏银监局同意苏州信托有限公司变更住所及营业场所，由“苏州市竹辉路 383 号”变更至“苏州工业园区苏雅路 308 号信投大厦 18 ~22 楼”。

6 月 24 日，厦门国际信托有限公司党总支组织召开第三届党总支换届选举大会。

6 月 27 日，陕西银监局核准姜燕担任长安国际信托股份有限公司总裁助理的任职资格。

6 月 27 日，中共上海爱建信托有限责任公司委员会被中共上海市金融工作委员会评为上海金融系统“两优一先”先进基层党组织和“最具影响力先进基层党组织”。

6 月 28 日，浙江银监局核准蓝翔担任浙商金汇信托股份有限公司董事长、张逢伟担任浙商金汇信托股份有限公司董事的任职资格。

6 月 29 日，重庆银监局同意新华信托股份有限公司修改《公司章程》。

6 月，长安国际信托股份有限公司被西安市人民政府评为“支持西安经济发展先进金融机构”。

6 月，中航信托股份有限公司成功发行首只由信托公司作为原始权益人的类 REITs 资产证券化产品“中航红星爱琴海商业物业信托受益权资产支持专项计划”。

6 月，中信信托有限责任公司荣膺全国金融系统职工代表大会制度建设示范单位。

6 月，平安信托有限责任公司完成法定代表人变更。

7 月

7 月 5 日，吉林省信托有限责任公司与中国华融资产管理股份有限公司吉林省分公司签署战略合作协议。

7 月 5 日，山东银监局核准万众担任山东省国际信托股份有限公司董事的任职资格。

7 月 7 日，华融国际信托有限责任公司与贵州贵安新区和贵安新区开发投资有限公司签署战略合作协议。

7 月 12 日，北京银监局核准中粮信托有限责任公司办理受托境外理财业务的资格。

7 月 15 日，山东银监局核准万众担任山东省国际信托股份有限公司总经理的任职资格。

7 月 27 日，山东银监局核准贺创业担任山东省国际信托股份有限公司董事会秘书、付吉广担任山东省国际信托股份有限公司风控总监的任职资格。

7 月 27 日，陕西银监局核准徐谦担任西部信托有限公司总经理的任职资格。

7 月 28 日，重庆国际信托股份有限公司荣获重庆市人民政府“2015 年度支持重庆经济发展成绩突出金融机构”金融贡献优秀单位。

7 月，百瑞信托有限责任公司推出首只私募股权基金——“百瑞瑞历 1 号私募股权投资基金”。

7 月，长安国际信托股份有限公司、天津信托有限责任公司被中国人民银行征信中心评为“企业征信系统数据质量工作优秀机构”。

7 月，华宝信托有限责任公司首单家族信托业务成功落地。

7 月，华润深国投信托有限公司完成增资工作，注册资本由 26. 30 亿元增至 60 亿元。

7 月，华能贵诚信托有限公司信托业务五部副总经理李传庆获得贵州省国资委授予的“优秀共产党员”荣誉称号。

7 月，中海信托股份有限公司办公室主任兼资产经营部总经理杨皓鹏荣获上海市总工会颁发的 2016 年“上海市五一劳动奖章”。

8 月

8 月 3 日，青岛银监局核准陆家嘴国际信托有限公司特定目的信托受托机构资格。

8 月 4 日，交银国际信托有限公司携手交通银行新疆区分行与乌鲁木齐市政府共同签署战略合作协议。

8 月 9 日，重庆银监局核准重庆国际信托股份有限公司受托境外理财业务资格。

8 月 11 日，北京银监局核准张树忠担任中诚信托有限责任公司总裁的任职资格。

8 月 15 日，方正东亚信托有限责任公司携手湖北省武汉市黄陂区学生资助管理中心，举办第三期“爱 · 共成长”公益夏令营活动。

8 月 17 日，华宸信托有限责任公司因股东名称变更修改《公司章程》相应条款。

8 月 18 日，江苏银监局同意紫金信托有限责任公司注册资本由 12 亿元增至 24. 53 亿元。

8 月 19 日，山东银监局核准王映黎担任山东省国际信托股份有限公司董事长的任职资格。

8 月 25 日，西藏银监局核准西藏信托有限公司获得特定目的信托受托机构资格。

8 月 26 日，中国信托业协会发布《中国信托业发展报告（2015—2016 年）》。

8 月 26 日，陕西省国际信托股份有限公司与渤海银行西安分行签署战略合作协议。

8 月 29 日，渤海国际信托股份有限公司荣获河北省文明办授予的“河北省创建诚信企业先进单位”荣誉称号。

8 月 29 日，中航信托股份有限公司与安永（中国）咨询服务有限公司签署战略合作协议。

8 月 30 日，新时代信托股份有限公司完成增资，注册资本由 12 亿元增至 60 亿元。

8 月 31 日，中航信托股份有限公司与河南省国有资产控股运营集团有限公司签署战略合作协议。

8 月，广东粤财信托有限公司与华夏银行广州分行签署全面战略合作协议。

8 月，厦门国际信托有限公司发起设立首批“家业常青”家族信托产品。

8 月，厦门国际信托有限公司发行首只契约型私募基金——厦信一号资产组合私募投资基金。

8 月，陕西省国际信托股份有限公司党委中心组（扩大）召开“两学一做”第三次专题学习研讨会。

9 月

9 月 1 日，华融国际信托有限责任公司与华融广东自贸区投融资控股有限公司签署框架合作协议。

9 月 1 日，平安信托有限责任公司推出国内首单永续型集合慈善信托——“中国平安教育发展慈善信托计划”。

9 月 1 日，兴业国际信托有限公司成功备案国内首单慈善信托——“兴业信托·幸福一期慈善信托计划”。

9 月 1 日，中航信托股份有限公司在北京举行爱飞客慈善信托成立新闻发布会，标志着中航信托首单以航空领域为背景的慈善信托正式成立。

9 月 5 日，安信信托股份有限公司参与发起的“蓝天至爱 1 号”慈善信托项目正式启动揭牌，该项目是目前国内规模最大的一个慈善信托项目。

9 月 6 日，新疆银监局同意华融国际信托有限责任公司变更《公司章程》。

9 月 6 日，山东银监局核准孟茹静担任山东省国际信托股份有限公司独立董事的任职资格。

9 月 8 日，苏州信托有限公司设立党政监察室。

9 月 10 日，新疆银监局同意华融国际信托有限责任公司注册资本由 19.83 亿元增至 23.69 亿元。

9 月 14 日，北京银监局核准中国民生信托有限公司受托境外理财业务（QDII）资质。

9 月 19 日，宁波银监局核准肖华担任昆仑信托有限责任公司董事长的任职资格。

9 月 20 日，宁波银监局同意昆仑信托有限责任公司注册资本同比例由 30 亿元增资至 102 亿元。

9 月 20 日，大业信托有限责任公司成立行业首单纯粹意义上的农业贷款项目——大业信托湖北农业贷款项目集合资金信托计划。

9 月 20 日，中航信托股份有限公司被江西省综治委授予“2015 年度综治工作（平安建设）先进单位”荣誉称号。

9 月 21 日，中国信托业协会以通信方式召开第三届理事会第九次会议。

9 月 21 日，北京市东城区政府向中国民生信托有限公司颁发东城区“百强企业”奖牌。

9 月 23 日，中国信托业协会发布《中国信托业 2015 年度社会责任报告》。

9 月 26 日，青岛银监局核准黎作强担任陆家嘴国际信托有限公司董事的任职资格。

9 月 26 日，陕西银监局同意长安国际信托股份有限公司股权转让，股东上海证大投资管理有限公司将持有的 271 983 092 股股份（8. 168%）转让给公司股东上海淳大资产管理有限公司；将持有的 196 207 987 股股份（5. 89%）转让给公司股东上海景林投资发展有限公司。

9 月 27 日，交银国际信托有限公司与重庆钢结构产业有限公司签署《战略合作备忘录》。

9 月 28 日，万向信托有限公司与宁波鄞州银行公益基金会在杭州发布企业慈善信托——华龙慈善信托，开创同一慈善信托的共同受托人分别履行信托财产管理和慈善事务管理的全新模式。

9 月 27 日，北京市东城区政府向英大国际信托有限责任公司颁发东城区“百强企业”奖牌。

9 月 30 日，大业信托有限责任公司首只公益信托产品——“大业盛德系列—东方爱心慈善信托计划”成立。

9 月，东莞信托有限公司完成《公司章程》变更手续。

9 月，中铁信托有限责任公司与中铁城投签署战略合作协议。

9 月，中国信托业协会出版《见证中国信托 2015》。

10 月

10 月 8 日，安徽国元信托有限责任公司注册资本由 20 亿元增至 30 亿元。

10 月 10 日，江西银监局核准刘寅中担任航信托股份有限公司副总经理的任职资格。

10 月 12 日，四川信托有限公司“锦绣未来慈善信托计划”在成都市民政局成功报备，四川首单慈善信托计划正式落地。

10 月 13 日，中国信托业协会在北京召开第三届会员大会第十一次会议。

10 月 17 日，重庆银监局核准项琥担任新华信托股份有限公司总经理的任职资格。

10 月 18 日，上海国际信托有限公司首只支持文化艺术发展的信托——上信“上善”系列悦享盛音资金信托计划扶持的第一个项目正式落地。

10 月 18 日，中航信托股份有限公司完成增资，注册资本由 16.86 亿元增至 40.22 亿元，股东持股比例不变。

10 月 19 日，昆仑信托有限责任公司与中油股份江苏销售分公司签署战略合作框架协议。

10 月 20 日，江苏银监局核准王颖担任国联信托股份有限公司副总经理的任职资格。

10 月 20 日，上海银监局核准吴瑞忠担任华澳国际信托有限公司总裁的任职资格。

10 月 21 日，北京银监局核准张泽星、郝彬、李文峰担任华鑫国际信托有限公司董事，赵远波担任华鑫国际信托有限公司副总经理的任职资格。

10 月 25 日，长安国际信托股份有限公司在中国人民银行西安分行、陕西银监局、陕西证监局、陕西保监局共同举办的 2015 年陕西省“金融知识普及月”活动中荣获“银行信托业先进单位”荣誉称号。

10 月 31 日，陕西银监局核准喻福兴担任长安国际信托股份有限公司副总裁的任职资格。

10 月 31 日，浙江银监局核准战伟宏担任浙商金汇信托股份有限公司董事、总经理的任职资格。

10 月，华宝信托有限责任公司与上海宝冶集团签署战略合作协议。

10 月，中信信托有限责任公司荣获中宣部、司法部和全国普法办公室联合授予的“2011—2015 年全国法治宣传教育先进单位”称号。

10 月，中国信托业协会根据《信托公司行业评级指引（试行）》完成首次年度行业评级工作。

10 月，中国信托业协会获评民政部 5A 级社会组织称号。

11 月

11 月 1 日，北京国际信托有限公司刘人玮获共青团北京市委、北京市劳动资源与社会保障局联合授予的“北京市青年岗位能手”荣誉称号。

11 月 2 日，北京银监局核准范海荣担任英大国际信托有限责任公司董事的任职资格。

11 月 3 日，天津银监局核准王迈担任北方国际信托股份有限公司董事的任职资格。

11 月 4 日，中国信托业协会以通信方式召开第三届理事会第十次会议。

11 月 4 日，中国信托业协会以通信方式召开第三届理事会第十四次常务理事会议。

11 月 4 日，中国银监会同意方正东亚信托有限责任公司调整股权结构。

11 月 10 日，中国信托业协会以通信方式召开第三届会员大会第十二次会议。

11 月 14 日，山东省国际信托股份有限公司被山东省企业联合会、省总工会评为“山东省维护女职工权益先进企业”。

11 月 16 日，北京国际信托有限公司与北京建工集团签署战略合作协议。

11 月 16 日，中国信托登记有限责任公司召开创立大会暨第一次股东会议、第一届董事会第一次会议及第一届监事会第一次会议。

11 月 18 日，中航信托股份有限公司在北京举办“资产证券化生态圈发布会：金融 + 科技”，发布两大前瞻性创新基金——Pre - ABS 基金以及 ABS 夹层基金。

11 月 18 日，山西银监局核准陈凯担任山西信托股份有限公司独立董事的任职资格。

11 月 22 日，天津银监局核准毛翔担任北方国际信托股份有限公司独立董事的任职资格。

11 月 22 日，甘肃银监局核准李春菊担任光大兴陇信托有限责任公司总裁助理的任职资格。

11 月 23 日，中国信托业协会以通信方式召开第三届理事会第十一次会议。

11 月 23 日，中航信托股份有限公司发行信托界首单基于数据资产的信托产品。

11 月 24 日，山东银监局核准山东省国际信托股份有限公司特定目的信托受托机构资格。

11 月 25 日，中国信托业协会出版《中国信托业年鉴（2015—2016 年）》。

12 月

12 月 1 日，江苏银监局同意国联信托股份有限公司股权变更，由无锡华光锅炉股份有限公司以吸收合并无锡国联环保能源集团有限公司的方式持有国联信托股权。

12 月 6 日，中国信托业协会以通信方式召开第三届会员大会第十三次会议。

12 月 6 日，在中国银监会组织的 2016 年度银行业信息科技风险管理课题评比中，云南国际信托有限公司、陆家嘴国际信托有限公司、北京国际信托有限公司、交银国际信托有限公司的研究课题分别荣获全国非银行机构一类成果奖、二类成果奖、三类成果奖和四类成果奖。

12 月 13 日，中国信托业协会举办行业培训座谈会暨行业在线学习平台上线启动培训会。

12 月 14 日，湖南省信托有限责任公司与北京首创股份有限公司签署战略合作框架协议。

12 月 14 日，陕西省国际信托股份有限公司与陕西省公安厅民警英烈基金会签约并推出全国首个专注于扶助公安民警的公益信托计划。

12 月 15 日，天津信托有限责任公司与中国中车股份有限公司建立战略合作关系。

12 月 15 日，紫金信托有限责任公司与新华报业集团签署战略合作协议。

12 月 18 日，中航信托股份有限公司联合中信银行、香江科技、华为技术、德国电信与扬中市政府签署战略合作协议。

12 月 19 日，上海银监局核准刘显忠担任中海信托股份有限公司财务总监的任职资格。

12 月 21 日，天津银监局核准王辉担任北方国际信托股份有限公司董事会秘书的任职资格。

12 月 22 日，中航信托股份有限公司与北京信中利投资股份有限公司签署战略合作协议。

12 月 23 日，广东银监局同意大业信托有限责任公司注册资本由 30 000 万元增至 100 000 万元。

12 月 26 日，中国信托登记有限责任公司在上海正式挂牌成立。

12 月 28 日，北京银监局核准中国民生信托有限公司股指期货交易业务资格。

12 月 28 日，广东银监局同意东莞信托有限公司股权结构调整，由东莞市财政局向公司股东东莞金融控股集团有限公司划转 30% 股权（36 000 万股）。

12 月 28 日，苏州信托有限公司信托业务总部工会小组获苏州市总工会授予的“苏州市模范职工小家”荣誉称号。

12 月 28 日，山东省国际信托股份有限公司获山东省财政厅最高评级 AAA 级。

12 月 28 日，中原信托有限公司完成增资，注册资本由 25 亿元增至 36.5 亿元。

12 月 29 日，上海银监局核准温冬芬担任中海信托股份有限公司董事长的任职资格。

12 月 29 日，陆家嘴国际信托有限公司荣获中国人民银行青岛市中心支行金融统计工作先进单位三等奖，运营管理部王一帆荣获金融统计工作先进个人称号。

12 月 29 日，云南国际信托有限公司首单银行业信贷资产登记流转中心资产登记流转业务成功落地。

12 月 29 日，中国对外经济贸易信托有限公司《外贸信托青年职业价值观研究》课题荣获中央企业党建思想政治研究会 2015—2016 年度优秀研究成果三等奖。

12 月 30 日，北京银监局核准北京国际信托有限公司股指期货业务交易资格。

12 月 30 日，内蒙古银监局核准新时代信托股份有限公司以固有资产从事股权投资业务资格。

12 月 30 日，浙江银监局核准杭州工商信托股份有限公司以固有资产从事股权投资业务资格。

12 月 30 日，重庆银监局核准项虢担任新华信托股份有限公司董事的任职资格。

12 月，百瑞信托有限责任公司创新业务部副总经理、百瑞仁爱·天使基金 1 号项目信托经理程磊被中国青年志愿者协会、共青团中央青年志愿者工作部评为“第十一届中国青年志愿者优秀个人”。

12 月，东莞信托有限公司荣获广州市委市政府授予的“2016 年度税收突出贡献奖”。

12 月，杭州工商信托股份有限公司被杭州市总工会评为“杭州市社会责任建设最佳企业”。

12 月，江苏省国际信托有限责任公司以 81.4904% 的股权成功注入 * ST 舜船，成为年内首家成功“曲线上市”的信托公司。

12 月，中信信托有限责任公司推出北京市第一单双受托人慈善信托，即“中信·北京市企业家环保基金会 2016 阿拉善 SEE 华软资本环保慈善信托”。

12 月，中信信托有限责任公司“航天科学慈善信托”完成捐赠，首笔资金用于支持第五届中国宋庆龄基金会“中信航天发展人才奖”，10 名为中国航天科技作出突出贡献的中青年科学家获此殊荣。

12 月，交银国际信托有限公司成功实施公司首单扶贫基金“商丘交银商发扶贫建设发展基金”。

2016 年，中国信托业协会参加民政部组织的“中国社会组织建设与管理”理论研究部级课题。

2016 年，新时代信托股份有限公司荣获内蒙古自治区政府授予的“2016 年度金融支持创业创新贡献奖”。

2016 年，安徽国元信托有限责任公司在安徽省政府对全省金融机构支持地方经济发展经营业绩考核中，获评“良好”等级。

2016 年，中铁信托有限责任公司被四川银监局评为“2016 年度四川银行业扶贫工作先进单位”。

2016 年，安徽国元信托有限责任公司荣获由安徽金融工会颁发的“安徽金融五一劳动奖”。

2016 年，北方国际信托股份有限公司业务二部总经理张文栋荣获天津市“劳动奖章”。

2016 年，百瑞信托有限责任公司第一单家族信托业务“百瑞安鑫 3 号”信托计划成功设立。

2016 年，杭州工商信托股份有限公司科技信息部被共青团杭州市委、杭州市安全生产监督管理局授予杭州市“青年安全示范岗”荣誉称号。

2016 年，江苏省国际信托有限责任公司荣获江苏省精神文明建设指导委员会授予的“江苏省文明单位”荣誉称号。

2016 年，四川信托有限公司荣获四川省财政厅授予的“全国其他类金融企业绩效评价 AAA 级企业”称号。